泳ぎを楽しめるようになったよ! 私たち

~ 「知的障がい・発達障がい児者への水泳指導実践40年」の記録 ~

原　通範

清風堂書店

遠泳に初めて取り組む。本番を前に海のどこを泳ぐのか確認をしているところ（1988年8月31日：夏休み最終日）

プールの中で水中に潜ってグライドするタカちゃんの様子（1986年13歳のとき）

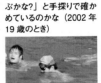

「そうだ、トシアキ」「いいぞ、その調子!」。水が怖くて、プールの壁から手を離すことも怖かったトシアキくん。優しい、頼れるリーダーに見守られて「輪くぐり」する（1990年夏16歳のとき）

ゴーちゃんが深い海の中、救命胴衣を初めて脱いだときの様子。「海に顔をつけて大丈夫かな?」「浮かぶかな?」と手探りで確かめているのかな（2002年19歳のとき）

快調にキックしながら「ドルフィン遠泳」の最後の遠泳。クロール泳ぎの途中で、つなぎの両手かき・バタ足キックをしながら水中の様子を確認しているKナオヤ（2016年夏29歳のとき）

「さあ、今日の遠泳、がんばるぞ!」。「あんなこといいな♪ できたらいいな♪」と皆で手をつなぎ、遠泳開始前に互いの気持ちを合わせ、歌声を奏でる（2012年夏の遠泳メンバーたち）

「あんなこといいな♪ できたらいいな♪」での「あお向け浮きー!」。ほとんどの人が「あお向け浮き」の動作に入っていて、足が水面近くに浮いてきている（2016年秋〜冬のプールでの様子）

Ｉナオヤくんがビート板を使って縦の輪をくぐろうとするところ。後ろの床板の所であゆみちゃん、恵ちゃんが順番を待ち、そして向こう側のプカプカボールの所でヒロキがナオヤの様子を見ている（2017年秋のプールでの様子）。

ショウゴくん：あお向け浮きで手脚を伸ばしたところ（右上）。ショウゴくんは輪くぐり等の「連続的に潜り〜息つぎ」の課題やうつ伏せ浮き等々、どんな課題でも体をキレイに伸ばして泳ぐのも上手（2018年春4月）

トモくんがプカプカボールの下をくぐっていくところ。トモくんは壁から手を離して行動することに大きな抵抗を抱えていたが、2018年になってから輪くぐりコースを手前壁際にセットするようになった後は、基本的には壁にいつでも手が届く範囲の所ではあるが、壁から手を離してプールの中をくぐって移動することができるようになった（2018年6月の様子）

タクジくん（向こう側の黒いワンピースの水着の人）が「グライド〜切り返し・推進〜浮上へ」と向かうところ。キレイに伸びている。ゴーちゃん（手前）がこちらの方を見ている（2018年4月）

トモちゃんの輪くぐり（左側後ろから2番目で、次の白い輪の方へ浮き上がる方向定め中）。その後ろ（最後尾）であゆみちゃんが深い所を推進、その前をタクジが白い輪をくぐって出ようとしている。タクジの前にはＩナオヤが赤い輪で立ち、向こうにはヒロキがどこかを見ている。Ｉナオヤはタクジの前の赤い輪に入り、立ち上がりかけているところ（2017年秋）

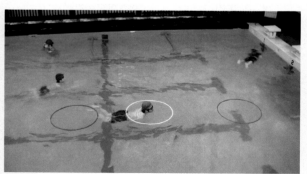

あゆみちゃん（真ん中の白い輪の中で息つぎしているところ。あゆみちゃんの泳ぎは少し力が入り過ぎるきらいがあるが、息つぎをしながらプールの中を何度でも往復する（2017年秋）

まえがき

　知的障がい、発達障がいのある人々との40年間にわたる泳ぎの指導に取り組んだ実践の記録。

　私が関わることになった障がいのあるこれらの人々は言語でのコミュニケーションが難しい人が多く、言語を通じて泳ぎを指導するというよりもむしろ、教具（教材）として水中に物的な障害物を設けながら、可能な限り自然的な条件を設定することによって、泳ぎに必要な運動・動作の条件・要素を形成していくという方法を通じて、泳ぎのスキルを獲得していく。そのような趣向を凝らした中で、障がいのある彼らが大学生やお母さんたちに支えられ、泳ぐこと、泳ぎの楽しみを身につけていったものである。

　物的な環境・泳ぎを促す条件というのは、丸い輪っか（輪の直径約80 cm）やフロートバーなどをくぐることである。「くぐる」というのは顔を水につけることであり、息つぎをすること、そして輪の中に潜って入り、次の輪っかくぐりに挑むために、浮かび、呼吸（息つぎ）をする、そしてまた、潜って進むというような運動・動作行為の連鎖を作りだしていくことが必要になる。

　だからどうしても水を怖がる人々に対しては、そのままその方法では泳げるようにはできないという欠点をもつものでもある。したがって、こういう水への恐怖心が強い子どもたちに対しては、数年間を要す長い単位での水慣れ経験や顔をつける機会をつくるための様々な取り組みが必要である。顔を水につけることを繰り返すことによって、そのうちいつの間にか水が怖くなくなったという例もなくはないが、恐怖心の強い子にとっては、顔を入水できるようになることはそう容易いことではない。そうした障がい児者の例は、本著の後半（第6章や第8章）に事例的な形で紹介する。

　本著はまず、水慣れはしているがそのままの形では決して呼吸をしながらどこかの地点や目標を目指して泳ぐことができる段階には発展していかないのではないかと考えられる、自閉的・情緒的な障がいのある人々を主な対象として、水泳指導を行って得た成果をまとめている（第1章）。

　次に、そうした成果を生み出すための方法論的着眼点・原理として、水泳指導プログラムの開発の問題について論じた（第2章）。それが、泳ぎ方としての「ドル平」やドル平泳ぎへと結びつく方法・手段としての教具＝「輪くぐり」である。第2章ではこのように、知的障がい・発達障がい児者（「知的・発達障がい児者」ともいう）に水泳を導入していくための原理や方法・視点について理論的に考察した。

　以下、こうした指導方法論に基づいて発達した、彼らの泳ぎの技能および技術的特徴について検討・確認し（第3章）、泳いでいる最中の彼らの身体機能等はどう働いているのか（第4章）、そして、和歌山県の地勢的・地域的特質を生かして、海での遠泳の

取り組みとその成果について報告をしている（第 5 章および第 7 章）。等々、取り組みの成果について述べている。

　この点に加えて、元々、水に対する恐怖心が強く、自分ペースで慎重に物事に対処する傾向の強い子ども（人）が、彼らなりに水との関係を深め、泳ぎができるようになっていくか、また、その取り組みの過程や指導者側での対応の仕方で大事にすべきこと等について、事例的な角度からの検討を試みた（第 6 章）。

　こうして、水泳との関わり方を展開していく上で、障がいの比較的軽い人においても、また比較的障がいの重い人（障がい程度の重さという場合もあるが、ここでは、水への恐怖心が強い人、あるいは泳ぎができることそれ自体に全く興味を示さない人などを指して「障がいが重い」と使っている）においても、共通して彼ら知的障がい、発達障がいの人々に水泳への関係の深まりを作りだした水泳指導の方法について、その成果と課題を述べることにする（第 6 章、第 7 章、第 8 章）。

　障がい者においては特に、十把一絡げに水泳指導の効果について言及するのは望ましくないことだけれども、概ねこうした方法をとって、このような水との関係、水泳文化に触れさせていく試みを追求していけば、彼ら知的障がいのある人々に対して、水泳ということに携わって、人間としての楽しみの行動を作り出していくことが可能なのではないか。私は、そのような展望を抱いてささやかながら、約 40 年間、知的障がい児者との水泳指導実践の取り組みを、若い学生リーダーさんたち、そして障がい者の保護者の方たちとともに追求し続けてくることができた。その一端について報告をしたいと思っている。

　そして障がい児者の水との関わりや泳ぎ方の特徴や変化等の様子についての具体的な姿は、各障がい児者を担当し、指導し、彼らの行動記録を観察・記述してくれた学生リーダーさんたちに負うものであることをお断りしておきたい。

目　　　次

11

序章

第1節　障がい児者水泳指導実践を志すきっかけを生んだ場について

　誰もが泳げるようになるために、呼吸法の獲得に焦点を当てたドル平泳法を手がかりとした指導論（指導の原理並びに方法論）が学校体育研究同志会によって公刊され、そこでは、陸上での呼吸法〜シャワーを使っての呼吸、そして水に入っての呼吸、立位から水平位へと導入する際の呼吸、連続的に呼吸…といった周到な呼吸法の指導方法と指導のプロセスが用意され、呼吸法を原点に据えた水泳指導の系統性について提案されている*1 *2。

　しかし、知的な障がい、情緒的・発達的な障がいのある子どもや大人の同様な障がい者の場合、このように呼吸法の様々な段階で設定されたプログラムは、基本的にその練習によって得られることが何に繋がるのか理解すること自体が難しいと思われる。その理由は、言語を介し、指導者の言っていることを理解する能力の未発達、また泳ぎの目標と呼吸法の習得の繰り返し訓練との関係理解の不十分さから、呼吸法の練習や学習の実施自体が、苦痛を伴う極めて厳しい事柄となると思われる。多くの場合、まず学習はその行為自体が彼の認識や発達の能力に見合った課題によって「たのしい」と思える体験を通しながら徐々に獲得していくことが重要ではないだろうか。

　こうした水泳学習についての長所と短所に関する具体的な特徴や問題については、第2章の水泳指導の方法論議において、私たちが試みた〈物的環境「輪くぐり」による泳ぎ獲得の方法を編み出す手立て・方法〉で述べるとして、本序章ではさしあたり、「輪くぐり」という水泳指導の「教具・教材」に依拠して40年間も水泳指導を続けるに至った、私自身の「研究的資源（研究の場）」もしくは「文化的資源（教育および人間の成長の基盤についての考え方）」とも言える、私自身が直面した教育・研究環境について概説しておきたいと思う。

　そうした私自身の研究の発端と研究の継続、並びに研究の展開に関わった「研究資源」「文化的資源」として、次の3つの場が私自身を支え、研究者としての道から大きく外れないように枠を嵌め、私自身の導きの糸として作用してきたと言える。

　1つ目は、水泳指導法、とりわけ初心者・苦手な者への水泳指導法を編み出した研究集団があったこと。すなわち、これが学校体育研究同志会（通称、「体育同志会」）という民間の研究組織団体である。

　2つ目は、知的・発達障がいの子どもたちに対する体育的指導（運動教育的指導）を実施し追求している機関「和歌山県教育委員会並びに和歌山県体育協会」が存在し、和歌山大学とそれらの機関が連携して、自閉症児や発達障がい児および知的発達の遅れを

もつ精神発達遅滞児（通称、「知的障がい児」）の教育を支援する「和歌山県情緒障害児体操教室」という教育的事業の実施、並びに和歌山大学教育学部に研究の場（「情緒障害児・自閉児教育に関する読書会」と「障害児運動教育研究会」）をもつことができたこと。

　3つ目は、上記「体育同志会」において、「体育は何を教える教科か？」という持続的な問題意識のもと、1990年代に入ってからではあるが「体育・健康教育の教育課程自主編成プロジェクト」が発足し、その研究推進の理念に基づいた教育実践課題・方法論として「三とも」*3 という研究視点が創出され、2020年の現時点においても今後の研究方法論として、鮮やかに輝いていること。

第2節　ドル平泳法による初心者指導法に意義を見い出す過程について

1　水泳指導の失敗によって初めて、「大学で学ぶ」ことの意義に目覚める

1）クロール指導での失敗体験

　私が大学に入学したのが1966年。当時の大学は学園紛争が真っ盛りで、比較的多くの若者が政治に真剣に取り組んでいた最後の時期と呼べる、そんな時代だったからこそ、私のようなノンポリ、不勉強、遊ぶために大学に行ったような人間でも、いつしか政治のことを考え、そしてある先輩学生のお伴で手伝った小学生への水泳指導での失敗をきっかけに自分自身の専攻する体育教育に関する「学問的こだわり」といったような一定の研究欲めいたものが芽生える発端ともなった。

　その失敗というのは、教えていた子どもは確か小学校高学年、クロールでの泳ぎのフォームはとても奇麗だったけれど、最大限泳げて10数mだったので、私はいつもイライラとその子のことを「根性なし」と思ったりして、ちょくちょく彼の頭に拳を食らわしたりという、体罰指導にも依存した指導を行っていた。

　こうした指導は、指導者自身の気分を不安定なものにするばかりでなく、何よりも罵声を浴びせられ、怒られながら水泳の技術取得に取り組まねばならない子どもの方こそ、「たのしい！」はずの水泳が「怖い！」「おもしろくない！」という災難の場に首を突っ込まされてお尻をたたかれる悲劇の主人公でもあったのだ。

2）呼吸を楽に行う泳ぎ方を取得させることが「水泳苦手」克服への道、発見！

　この失敗体験がきっかけで、「息つぎ」に失敗する「水泳学びの壁」の必然性をどう

突破するかを機会があれば考えていて、私なりに「ドル平」によく似たような泳法から指導することを思いつくようになっていた。それは、大学院在学当時に泳ぎの苦手な下宿先の子どもに泳ぎを教えた泳ぎ方がクロール型ではなく、両手を同時にかいて息つぎをしたら、また水面から底に近い所をめがけて潜って、また浮き上がるような泳ぎ方で、特に潜ろうとする際、脚をドルフィンに似たような両足同時に水面から下向きに打ち下ろされるようなキック（ドルフィン的なキック）となっていたこと。そして、呼吸が苦しくならないためには、顔・口が水面から出たら息を「吸う」のではなく、息を「パッ」とか「パアー」とか声を出すようにする方が楽になる。そのような泳法の指導であった。

　こうした泳ぎは、呼吸が「ラク」になること、また浮いたり、沈んだりする中で、ちょうど波のように、手足の動作に大きな負担をかけずともけっこう進んでいくということの発見でもあった。

　こうした経験をしたちょうどその頃に、学校体育研究同志会という研究団体が「ドル平泳法」による指導を提唱していることを、文献的にも知ることになった。

2　ドル平泳法を知ることで、初心者指導から障がい児者水泳の指導へと展開

1）"ドル平泳法" とは

　民間教育研究団体「学校体育研究同志会」が提唱した初心者水泳指導法である。

　　「初心者は『呼吸』ができなければ、決して泳げるようにはならない。このきわめて当然であると考えることが従来は全く指導されてこなかったのである。」

　　　〈中略〉

　　「私たちは、『泳げる』ということを、①呼吸をしながら、②浮いて、③進む、という条件が満たされたときにいえることであると考えている。しかも、呼吸の『方法』は、従来、一般に主張されてきたような『吸う』ことを強調するのではなく、『はく』──一気に、強く、パッとはく──ことを強調、指導すべきであると考えている。[4]」

という考えから、

　　「初心者の最初に泳ぐ泳法は、現象的には手の動きが『平泳ぎ』に、そして足の動きが『ドルフィンキック』に似ている。そこで、『ドル平泳法』と名づけられたのである」。[5]

　こうした、ドル平泳法を知ることによって、一般の人々で泳ぎの苦手な人や初心者に対して有効な指導を展開できることを知り、体育教員として勤務することになった和歌山大学でそうした人々に指導できるようになるとともに、以下述べるように、知的な障がい・発達障がいをもつ人々に対してもドル平泳法を基にした泳ぎを指導していくことで、彼らが泳ぎを習得していけることを知るきっかけを得ることになった。

２）知的・発達障がい児者へのドル平的泳ぎ適用：「輪くぐり泳ぎ」の導入

　しかし第２章において後述するが、私たちの水泳指導では、この学校体育研究同志会（以下、「体育同志会」ともいう）で提唱された指導法に基づいて泳力獲得のプログラムに忠実に実践したものではなく、知的な側面での障がいのある人々ではもちろん、そして一般の健常者である子どもたちや大人においても、運動学習では、知的な意味形成の学習や指導の系統性に基づくというよりも、さしあたり、彼らの心身の発達や能力的特徴、自然科学的な摂理・特質を生かした運動行為・スキル行為の発現・獲得を追求することによって、その方法や法則を自然に発揮させ、獲得形成しやすい方式を導き出すことが重要と考える。

　その主な理由は、具体的な水泳学習・スキル形成の方法論の考え方および展開については第２章で示すが、とりわけここでは、知的・論理的な物事に対して知的な推論を生かして「学び」を進めることは、知的な発達に障がいを伴う人たちには極めて息苦しい過程であること、一方、逆に知的に発達した人々（特に大学生などの若者など）にとっても、「運動の技術課題の学び」を一歩一歩辿って指導者の指示に従って受動的に進めていくことよりも、学び方に「発見」と「サプライズ」のある過程で進められる能動的・自己組織的な方式の方が興味を引きやすい課題であることだと考えられるからである。

　もちろん最終的には、一部の優れた人たちだけが「学び」を実現することよりも、「学び」を誰もが学習課題の仕組みや原理、到達のためのプロセスを理解して、「ともに学び、ともに教え合う」ことを実現する。このことが、私たちの社会においては極めて重要な事柄なので、すべての人が技術習得し、互いにその技術を楽しみ・享受し合う社会実現に向けて集団的に努力する。こうした考えは、体育同志会がその発足当初の 1950 年代から提唱されているような考え方であって、そのためには、体育同志会で提唱されているような「系統的な技術習得」と「その技術（文化）を相互に享受し合える社会的富＝「教授－学習の仕組み」を構築すること」が大事ではある。

　しかし、泳ぎの技術や文化の学習が難しいとされてきた多くの知的障がい・発達障がい児者に対して、「泳ぐということの楽しみ」を享受させうることを実現するために、「自然科学的な摂理・特質を生かした運動行為・スキル行為の発現・獲得を追求させやすい方式」、ここでは、「『輪くぐり』（水中に浮かべた輪っか＝教具・教材をくぐることを利用した泳ぎ指導の方法）[6]」と呼んでおくとして、この方法による彼ら障がい児者における習得効果・成果について検討することが、大事なのではないかと考えられる。その効果がどういった障がい児者に波及させうるのか、逆に効果が見られ難い人々に対してはどうしていけば、効果の実現を図ることが可能なのか。

　こうした点について明らかにすること、これが本著の主な課題となる。

こうした水泳のスキル学習に関連しての物的・自然科学的方法の重要性に着目するようになった発端は、下記のような、私たちが和歌山県庁や教育委員会との連携のもとに試行した「情緒障害児体操教室」で得た経験が元になっている。ここでは、とりわけ、自閉症傾向をもつ子どもたちにおいては、指導者側が提供する「教示」や「模範的動作」を示してそれに従っていく運動課題においてよりも、物的・自然的にセットされた運動課題に対しての方が関わっていきやすい傾向にあったことが影響しているものと思われるので、その体操教室を実施することになった経緯などについて、以下簡単に素描しておきたい。

第3節　運動実施課題としての物的（用具的）運動環境設定の効果について

1　情緒障害児体操教室開催の運び実現の足跡

　障がい児者水泳を行う前には、和歌山県の保健体育課と共同で「情緒障害児体操教室」というのを、1979年から開始するにあたり、その準備というか、きっかけとして、当時「和歌山県自閉症児親の会」の方たちが、「自閉症児にハンガリー体操が効果的」との期待から、私の先輩の体育教員・家崎満大先生のところに訪れた。体操が専門であった家崎先生は、障がい児教育教室の橘英彌先生に相談に行き、そこに私も加わり、そのための準備を始めることになった（家崎、橘の両先生は既に他界）。

　自閉症児者に関する勉強会は、1977年、1978年あたりから橘先生の研究室での読書会において行われており、私も家崎先生も上記の体操教室を開催するにあたり、折に触れて参加することになった。

　家崎先生に自閉症児親の会から「体操教室」の相談があって以降、和歌山県の保健体育課から根来康司氏、田中清子氏も参加されることになり、1978年の秋に「情緒障害児体操教室」開催に向けて、情緒障がいを伴う知的な障がい・発達障がいのある自閉症児や知的発達遅れ児の運動場面に対してどのような反応をするかという実験的観察の場を設けたり、また横浜市でそのような体操教室の試みをやっているということで、私と保健体育課のメンバーとでその場に観察に行ったりした。

　この横浜市への見学会実施の発端は1978年秋に実施した実験的観察場面で、運動課題提示場面で子どもたちがどのような反応をするかを見た際、最も驚愕したのが、ボールを10ｍ横の方から転がしたとき、ほとんどの子どもたちがそのボールに見向きもしないで、そのまままっすぐに走り去っていく姿だった。今でもそこに居合わせたメン

バーに会うと、決まってその思い出話が話題にのぼった。

　こうして待ちに待った「和歌山県情緒障害児体操教室」が 1979 年の 4 月より開催されることになった。

　この体操教室に関する研究の意図やプログラム、またどのように彼らが運動場面と関わり、その関わりが変化していったか等に関しては以下のような論文・実践報告等*7 *8 *9 に示す通りである。

2　情緒障害児体操教室でみられた成果と課題

　1979 年実施の情緒障害児体操教室での子どもたちの運動場面・課題への関わりの状況については、*7 に報告した通りである。

　その後の状況については、1982 年報告（＊8）と 1985 年報告（＊9）にまとめた通りである。

　＊7 より次のように観察・考察の結果が示されている。

「和歌山県情緒障害児体操教室の 79 年度と 80 年度におけるそれぞれ各 1 年間における情緒障害児 33 名の運動行動について、担当リーダーの行動観察結果に基づいて分析した。その結果、情緒障害児（自閉症傾向の子ども）にとっては、非自閉傾向の子ども（知的障がい児）に比べて、マットや跳び箱などのような固定的、閉鎖的なスキル課題においては同程度の運動遂行状態を示すが、模倣リズム系（ハトぽっぽ体操）などの開放スキル課題に対処することは困難な傾向にあることが明らかとなった。その点をさらに、自閉児における認知発達や暦年齢との関係に着目すると、暦年齢よりも認知発達面での差が、課題への関わりやスキルに影響している可能性が高い結果が示される傾向にあった。特にその差の影響は、開放的スキル課題において顕著な傾向のあることが認められた。」

　前報告（＊7）は各参加者にマンツーマンでついた各リーダーの評価をもとにしたもので、評価者によって評価基準にバラツキがある。それで、＊8 と＊9 は 81 年度の教室に参加した体操教室の参加者を対象に、統一的な観点でみた成果の検討を試みたものである。81 年度の教室においては、1 年間の成果の確認として教室開催前と開催後とで統一的な観点から評価するために、各運動課題へのパフォーマンスおよびそのパフォーマンスの変化について検討した。＊8 は開催前のパフォーマンスとしてマット、跳び箱などに対する閉鎖的スキル課題とボールの受け渡しや簡単なボールゲーム並びにリズム反応や模倣運動などの開放的スキル課題への対応スキルが自閉児と非自閉児でどう違うかについて確認・検討した。＊9 はそれらのスキル課題への対応が開催前（Pre テスト）と開催後（Final テスト）でどう変化しているかを検討したものである。なお、

テストへの参加者は Pre テストにおいては自閉児、非自閉児ともに 25 名、Pre と Final の両方に参加した人は自閉児、非自閉児ともに 18 名であった。

　その結果、＊8 の Pre テストにおいて、「自閉児は非自閉児に比べて、閉鎖型のスキル課題では複雑性の高い課題においても高いパフォーマンスを示すが、開放型のスキルにおいては低調であることを明らかにした」。

　また＊9 の Pre と Final での変化においては、「自閉児は非自閉児よりも困難度の高い課題での変化が大きい。認知発達が相対的に高い自閉児は困難度の高い課題に、低い自閉児や非自閉児は困難度の低い開放スキル課題に、変化の割合が大きくなる傾向があることが明らかになった」。

　総じて、自閉症傾向のある子どもにおいては、課題難度が比較的高かったとしても、用具などの物的な運動対象・環境に直接働きかける運動（閉鎖的スキル課題）に対しては高い運動パフォーマンスを示す傾向にあること、それに対して、相手が示す運動の模倣や聴き取った音のリズムなどに合わせる運動等の開放的スキル課題に対しては、時間をかけてじっくり取り組む中で変化を期待できるが、認知的に低い子どもの場合は変化を促すことが難しいことが想定される。そのような結果が示された。

第4節　体育同志会における「教育課程試案」研究（「三とも」課題追求）の成果に学ぶ

障害児体育分科会での「三とも」；「ともにうまくなる」・「ともに楽しみ、パフォーマンスし合う」・「ともに意味を問い直す」（指導者側での課題）の追求

　この知的障がい者への水泳指導実践や情緒障害児体操教室等の実践を始めてからかなり年数を経てから、筆者が体育同志会（学校体育研究同志会）のサークルにおいての共同的研究の過程で学んだこと。とりわけ、和歌山支部でのサークル活動と体育同志会全体での活動において学んだ「誰もがうまくなること」「学習集団活動によるみんなで教え合い・学び合うことですべての子どもの学びが深まること」の実践を通じて学んだこと。その中でもとりわけ、「学校体育研究同志会教育課程自主編成プロジェクト」に入り、『体育・健康教育課程試案』*10 *11 作成過程の中で学んだ内容、すなわちそれは「三とも」＝「ともにうまくなる」「ともに楽しみ競い合う」「ともに意味を問い直す」、体育教育の実践課題に学ぶところが大きい。

　これらが学校体育・体育授業での教育・指導の重要な原則として働かせることによって、子どもたちはただ運動がうまくなるだけでなく、仲間とともに「教え合い・学び合

い」ながら運動スキルの発達（うまくなる）とともに、運動・学習の内容や仕組みについての理解も獲得し（分かり）、人間としての重要な発達基盤を膨らませることに寄与することが明らかになりつつある。

　この取り組みは 1986 年から開始された、当時は旧・社会保険センターがもっていたプール（その後、民間の事業体で「トップウェルネス和歌山」という施設の経営体が経営していた）で行えることになった温水プールであるが、最近 2、3 年前からある活動（模倣リズム系の運動で、「シンクロナイズドスイミング」的演技をまねた『あんなこといいな・できたらいいな♪』課題）において、参加者（今は「障がい児」というよりも、みんな 20 歳以上になった大人の「障がい者」）たちに日替わり的、もしくは数回の機会を続けて、音頭取りのリーダーをやってもらっている。このリーダー役は、積極的にやりたがる人もいるが、他の参加者みんなに対して働きかけること自体が初めてで、無理矢理押しつけられたことで行う人もあるけれども、イヤイヤ的にやった場合においても、やってみると「ニコッ」と笑顔になってくれたり歯を出したりしてまんざらでもない表情をとってくれることもある。

　「三とも」課題の教育原理を知的な遅れや発達の障がい者の水泳学習にも適用することによって、彼らは言葉を十分使用できず重い障がいを有しながらも、単に泳げるようになっていくだけではなく、「みんなとともに」活動することを通じて、笑顔を宿しながら集団の中での個人として、個人差はあり、多くの人は遅々とした過程での変化しか得られないにもかかわらず、彼らなりの成長を遂げている姿を目にすることができている。

　「三とも」のうち、特に「ともにうまくなる」「ともに楽しみ、パフォーマンスし合う」によって学んだことを、プールでの数人のリーダー（大学生並びにお母さんたち）とともに、障がい者自身、一人ひとりがリーダーになる体験を試みながら行う中で少しずつリーダーとして行うことに慣れてくることなどは、「ともに楽しみ競い合う」行為の一環として培われていっていることではないかと考えた。

　体育同志会での「三とも」は、①「ともにうまくなる」②「ともに楽しみ・競い合う」③「ともに意味を問い直す」の視点である。しかし、知的障がい・発達障がい児者を対象とする障害児体育分科会（2023 年からは「特別なニーズのある子どもと体育」分科会と改称している）の場合には、②の「楽しみ・競い合う」が「ともに楽しみ、パフォーマンスし合う」の意味として解して実践を重ねてきていること、また、③の「意味を問い直す」というテーマは意味自体の理解も危うい、知的障がいのある当事者自体にとってはとても難しい内省思考・哲学を要する課題でもあるゆえ、「ともに意味を問い直す」の主語は教員であり、指導者集団・実践者による「問い直し」であると理解し実践を進めてきている[12][13]。

以上の３つの側面から、知的障がい・発達障がいの人々に対する水泳指導の取り組み実践を進めていくに当たっての動機というか契機について述べてきた。

　●呼吸法を確実に身につけることに根ざした、ドル平泳法を通じた初心者水泳指導法の研究集団・研究団体があったこと、●『情緒障害児体操教室』という知的障がい・発達障がい児に対する教育・研究を志向する教育環境・専門的に研究・実践する場が身近なところに存在したこと。さらに、●「三とも」という教育実践課題・研究の視点が明確にされ、研究の進度を絶えず評価しつつ研究を進めていける評価の尺度が大枠として見いだせていることが、私自身が曲がりなりにもこれまで研究というか、水泳指導の実践の場を絶やさずに歩むことが可能であった大きな要因であったと思っている。

　以下、第１章から第８章の私の取り組んだ障がい児者への水泳指導の中で、水泳指導実践体験の過程とその方法論、特に、実践の過程を営むために考案した「水泳指導のための教材・教具（輪くぐり）論」を展開し、何名かの水慣れ度合い（水への誘因性）の異なる障がい者の水泳での成長事例に基づき展開した指導の実際と彼らの学びの過程などを明らかにして、障がい者水泳指導の原理把握に努めていこうと思う。

　最終の第８章において、遠泳での障がい児者の泳ぎ経験などを経てその後プールでの泳ぎに遠泳がどのように反映されて取り組まれているか。また、プールにおいて、学生リーダーによって進められた、障がい児者たちが集団として楽しむことのできるプログラムがどのように行われているかについても取り上げた。

　最後に、学生リーダーたちによって取り組まれたプールでの活動の成果を、学生たちが卒業する中でお母さんたちがどう引継ぎ、展開しているのかについて紹介し、お母さんたちと障がい児者たちのプールでの泳ぎや活動課題について考察した。

※【本文に関する補足事項】

　以下の各章において、かつて発表した論文を直接引用している箇所については（一部本稿用に修正加筆している部分もあるが）、その論文中に記した「注記」や「引用・参考文献」等はそのまま表示している。本文において直接補足説明として並びに参考・引用文献として使用した点に関しては、以下のように「＊１」～「＊ n」のように後注として示している。

＊１　学校体育研究同志会編（荒木豊他７名による共著）『水泳の初心者指導―ドル平泳法による指導』，ベースボール・マガジン社，1965.

＊２　学校体育研究同志会編（荒木豊・永井博・中村敏雄共著）『学校体育叢書　水泳の指導』，ベースボール・マガジン社，1972.

＊３　学校体育研究同志会教育課程自主編成プロジェクト編『教師と子どもが創る体育・健康

教育の教育課程試案（第1巻）―すべての子どもに豊かな運動文化と生きる力を―』，創文企画，2003.《本著第1巻は理論編であるが、「三とも」は巻全体に通じる教育の実践課題領域の内容を示す。それらは、「ともにうまくなる」（技術の分析と総合）、「ともに楽しみ競い合う」（メンバーの合意形成）、「ともに意味を問い直す」（自由・平和・平等）の3つの課題内容の領域である。このことは同著のpp. 182-189に理論骨格として説明されている。》

＊4　前掲書＊1，p. 20.

＊5　前掲書＊2，p. 54.

＊6　原通範・吉田敦也・橘英彌・家崎満大共著「発達障害児の水泳指導プログラムの検討―輪くぐり教材の意味とその指導効果について―」，『教育研究所報（No. 9）』（和歌山大学教育学部教育研究所発行），1985，pp. 110-127.《成果等、内容の詳細な記述は本著第1章に示す。》

＊7　原通範・橘英彌・家崎満大・根来康司・田中清子共著「情緒障害児（自閉児）への運動教育的アプローチ（3）〜情緒障害児における運動行動の分析〜」，『教育研究所報（No. 4）』（和歌山大学教育学部教育研究所発行），1980，pp. 41-59.

＊8　原通範・橘英彌・家崎満大・根来康司・田中清子共著「情緒障害児（自閉児）への運動教育的アプローチ（4）〜自閉児の知覚―運動パフォーマンス〜」，『教育科学（第31集）』（和歌山大学教育学部紀要），1982，pp. 7-23.

＊9　原通範・橘英彌・家崎満大・田中清子・北村敦共著「情緒障害児（自閉児）への運動教育的アプローチ（5）〜自閉児の知覚―運動パフォーマンスの変化について〜」，『教育研究所報（No. 8）』（和歌山大学教育学部教育研究所発行），1985，pp. 43-61.

＊10　前掲書＊3。

＊11　学校体育研究同志会教育課程自主編成プロジェクト編『教師と子どもが創る体育・健康教育の教育課程試案（第2巻）―子どもたちと共に創る授業―』，創文企画，2004.

＊12　辻内俊哉著「特別支援教育7年目を迎え、今、改めて大切にしたいことを問い直す！」，『たのしい体育・スポーツ（2013号外）：第146回学校体育研究同志会全国研究大会（あわじ大会）提案集』（学校体育研究同志会編），2013，pp. 21-24.

＊13　大宮とも子著「『ともに』を育む教材づくりとコミュニケーション的関係の豊かさを」，『たのしい体育・スポーツ（2014号外）：第148回学校体育研究同志会全国研究大会（東日本大震災復興祈念みやぎ大会）提案集』（学校体育研究同志会編），2014，pp. 23-26.《これら辻内氏、大宮氏の各論考は毎年夏8月に実施の全国研究大会の「障害児体育分科会の基調提案」であり、2015年以降も「三とも」の障害児体育分科会の基調提案の中で提起されている。》

第1章

障がい児水泳の取り組みとその成果

本著をひも解くにあたりまず、【障がい児水泳指導実践に着手した最初の5年間における実践の流れと成果】を確認することから入りたい。

　それは『発達障害児の水泳指導プログラムの検討』と題して、「知的障がい者（知的障がい・発達障がい児）に対する、初めての水泳指導の取り組み—とりわけ2人の障がい児における泳ぎの獲得・実践事例を中心に、泳ぐ技能の習得過程の考察と5年間の実践で比較的水慣れの早かった障がい児への実践成果—」*6 について報告したものである。

　水泳指導の対象とした障がい者のことを「発達障害児」から「知的障がい・発達障がい児」と用語を変換したのは、以下に述べる理由からである。

第1節　本章のねらい

　ここで私が「知的障がいのある人・子ども」と言っている人たちは、たとえ高機能の自閉性障がいがあって「知的発達の遅れ（精神遅滞）」と区別する意味（知的障がいがないという意味）で“発達障がいのある”自閉症、と称される人々・子どもをも含んで「知的障がい・発達障がいのある人・子ども」と称していると解していただければと思う。

　というのは、私が接してきた自閉症の人たちのうち高度な記憶力や特殊な能力を有する子ども・人々においては、少なくとも対話において、私たちが彼らと互いに共感し合える内容のことを話しているつもりでいても、両者の間でそのことについての話し合い、やり取りは極めて困難である。そして話しているつもりの内容がその人に受容されているのかどうかは分からず、互いに把握している内容に大きなズレを伴っていることが多いことから、私はそうした自閉症の人たちのことを「“知的障がいのある”子どももしくは人」＝「知的障がい・発達障がい児（者）」あるいは「知的・発達障がい児（者）」と、そのように呼んでおきたい*14。

　例えば、TS2くん（第3章で「泳ぎ獲得の熟練の知的・発達障がい者」として取り上げる）。彼は、就学前段階から、私たちが和歌山県の体育協会とともに始めた「情緒障害児体操教室」*15 *16 において当初より、言葉をいっぱい話し、数計算力にも優れ、特異な記憶能力（何年か前の何月何日は何曜日かを即座に計算する）を示していたにもかかわらず、ともに共通に理解し合う言語的・身体的コミュニケーションの行為は執り難い子どもだった。

　ただ彼の場合はもちろん、さらに彼ほど言葉の使用が発達していない子どもたちにお

いても、その人が行きたい所や触りたい対象物などがはっきりしていて、そのものに到達する手段（通路や道具、身体部位など）がはっきりしている場合は、そういう感覚的、知覚的な物的環境を利用して、その場に合った有効な行動や運動を起こすことができる。

　私が本稿で述べたいことは、水泳においてどうすれば泳ぐことができるのか、私たちが泳ぐためには何をしなければならないか、何をすれば泳ぎやすいのか、そのような動作・運動行動の必須条件を明らかにすること。それらのことと、コミュニケーション的・言語的な能力発達が不十分な（乏しい）子どもや人々においても、言語的手段によるコミュニケーションに頼らずに、目標に到達するためのルートが確保されているならば、目標的行為（目標に到達しうる動作や行動）をすることができる。そのような物的・空間的環境を設定することができるならば、彼にとって水の中での行動はいつしか泳ぎの行為（泳ぐことができるということ）の獲得へと結びつく。
　ここで、「水泳指導における "物的・空間的環境"」とは、以下第2節並びに第2章以降で詳述する「輪くぐり」や「フロートバーくぐり」などを指している。

　以上のような考えのもとに、1980年以来、5年間で知的障がいを伴う子どもに対して私がこれまで泳ぎや水慣れの能力獲得に関して実践してきた指導法と彼らの泳ぐ力の発達の状態を記してみたい。

 ## 第2節　水泳指導実践の概要と発達障がい児の泳ぎの変化

1　概要

　私たち[*17] が障がいや知的遅れだけが認められる子ども（「知的障がい児」と称しておこう）、とりわけ情緒的・自閉的な障がいをもつ発達の障がい児（「知的・発達障がい児」と称しておこう）の水泳指導に取り組んだ初期の日程を表1-1に示す。今から見れば「初期5年間」としているが、次のような事情による。
　それは1979年より「情緒障害児体操教室」を開始し、その翌年の夏休みより水泳指導に取り組み、和歌山大学教育学部の校舎が現在の和歌山大学附属小・中学校の地にあった1984年夏休みまでの5年間のことを示す（現在の栄谷の学舎に移転したのが1985年の夏休み時点ゆえ、それまでの5年間が一区切りの時点となる）。

表 1-1　初期 5 ヶ年の水泳教室の日程

1980	1981	1982	1983	1984
4 日間 (8/19〜8/22)	5 日間 (8/25〜8/29)	7 日間 (7/22〜7/30 うち 2 日休み)	7 日間 (7/21〜7/28 うち 1 日休み)	7 日間 (7/23〜7/29)

表 1-1 に示すように、1980 年夏休みから日程は 8 月後半の時期と 7 月、小・中学校や附属特別支援学校（当時は「養護学校」と呼んだ）が夏休みに入った頃から時期の違いはあるが、概ね 4 日間〜 7 日間での取り組みとして行った。この 5 年間での水泳教室への参加者は総数 50 名ほどであった（参加者により、1 年経験から 5 年経験の幅があった）。また各開催日の活動プログラムは表 1-2 の形式で行った。

表 1-2　初期 5 ヶ年・水泳教室_1 日のプログラム

時　間	内　　容
10分	集合・点呼、準備体操、シャワー
10分	水慣れ（キック、コース歩き etc）、リズム体操
10分	小プール輪くぐり
5分	休　憩
20分	大プール or 小プールでの個別課題 ・大プール（25 m）の輪くぐり ・呼吸練習（キック、浮きの練習） ・泳ぎ練習
5分	リズム体操、別れの挨拶、解散

すなわち、プログラム全体において参加者共通に占める「輪くぐり教材」への取り組みは 10 分程度（小プール輪くぐり＝全体の約 1/6 程度の時間）と言えるが、各対象児によりその利用は異なっている。特に、水慣れのしている子どもでは輪くぐりを面白がってやる。しかし、水への恐怖心の高い子にとっては、どうしても顔をつけることに対する圧迫感を輪くぐりはもっていたと思う。p.32（写真 1-1）や p.64（図 2-9 c）等の写真や図に示した「輪くぐりⅢ」の形で小プールで学生リーダーたちが順番に並んで輪をもって構えて待っている形だったので、自分の順番が回ってくるまでの間に「顔をつけねばならない」とする圧迫感はより高まったようだ。

なお、プールは大プール（25 m × 13 m × 深さ ＝ 大人の腰〜腹くらい）と小プール（25 m × 5 m × 深さ ＝ 大人の膝付近くらい）だった。

それと、以下に示す事例を研究成果として取り上げたのは、参加当初から泳ぎの要素的スキル（顔をつける、平浮き姿勢をとる、など）を保持していた 2 人についてである。彼ら 2 人は輪くぐり教材を導入することによって、泳ぎの発達・変化の様相が比較的明瞭に出てきていたからである。資料は VTR 録画と、各対象児をマンツーマンで指導した学生リーダーの記録を基にしたものであった。

2 泳ぎの変化

1）事例1（AM：男児、84年7月時点11歳8ヶ月、知的障がい・多動）

（1）《AM の行動特徴》

◦ 本で遊ぶのが好き。しかし、読むのでなく、めくる、見る、感触を楽しむ等。

◦ 担当のL（リーダー）とよく遊ぶ。抱っこをされたり、背中に上ったり等のスキン
　シップ的関わりを好む。

◦ 積み木等を電車に見立てて遊ぶ。

◦「ホン」「ミズ」「ヨミたい」「トッテください」等を1音ずつ区切りながら自分の要求
　を示す（Lに何か尋ねられ、オウム返し*18で応答する場合は流暢に発音できる）。

◦ Lに点線等で平仮名を示されると、なぞり書きができる。

◦ 鉄棒の前回り下りやボールの受け渡し等も行うことができるが、運動遊びには余り興
　味を示さない。

（2）《AM における水泳動作の習得過程》

　とにかく、言語発達面で顕著に遅滞しており、スキンシップ的に指導者（L）と交わることを好む子どもである。

　80年当初から、頭を水に潜らせる、脇を抱えれば平浮き姿勢を取れる等の水慣れができていた（表1-3）。「輪くぐりⅠ」も自分で行えたが、一つの輪をくぐっては立ち上がって顔を拭き、そこで休むというものであった（図1-1）。82年の教室の中頃から、「輪くぐりⅢ」動作時に水平姿勢をとってグライド*19することも時々行えるようになっていたが、ほとんどの場合、輪をくぐる毎に立ち上がっては3〜5秒ほど顔を拭き、少し休むというものであった（図1-1：'82の小プール輪くぐり）。

　したがって80年〜82年までは、泳ぎのための基本的動作成立までの段階であると言える。

　83年には、小プールの輪で立ち上がらずに呼吸できるようになり、その4日目のように呼吸時に時々長い休憩をとることもあるが、平均的に約2秒で次の輪くぐりに入っていけるようになった（図1-1：小プール「輪くぐりⅢ」'83）。このときの水平姿勢時に面かぶりのバタ足で7〜8秒間潜水したままで進み、輪を約1個くぐった状態で進んでいく泳ぎを行ったりしていた。こうした泳ぎは、「泳ぐ（進む）行為」に夢中の心理状態（がんばって泳ぐことに集中した状態）で、第2章 p. 46（表2-1「水泳学習の階層的モデル」）に示す用語で説明するならば、「（第1層〜第2層の）無意図的学習〜粗協応の学習段階」、もしくはロシアのクレストフニコフやプーニによる「泳ぎの学習過程（段階）における『興奮過程の拡延・汎化の層*20』（習熟形成の第1層）」に相当する。

表1-3　AM における5ヶ年での泳ぎの変化

実施の年度・日数	課題	A	B	C	D	E	F	泳　法	距離（m）
'80 (7)	1	○	○	×	×		×		
	2・③・4	○	○	○	×		×		
'81 (8)	1・2・3・4	○	○	○	×		×		
	⑤	○	○	○	△	○^A輪II	×	両手犬かき*	0〜1 (輪3)
'82 (9)	1	×	×	×	×	×	×		
	②・3	○	○	○	○	×	×	両手犬かき	1〜2
	④・5・6	○	○	○	○	△	×	〃	2〜3
	⑦	○	○	○	○	△	×	〃	2〜3 (輪5〜6)
'83 (10)	①・2・3	○	○	○	○輪III	○足	×		
	④	○	○	○	○輪III	○足	×		
	⑤	○	○	○	○	○	△輪III	両手犬かきドルフィン	5 (輪7〜8)
'84 (11)	①・2・3・4	○	○	○	○	○	○輪III	両手犬かきドルフィン	輪10
	5	○	○	○	○	○	○	〃	25 (輪25)
	⑥	○	○	○	○	○	○	〃	25〜27
	⑦	○	○	○	○	○	○	〃	50

（　）：実施当時の年齢（日数の⊗は VTR 撮影時）

- -

A ：顔を水につける。
B ：頭を水に潜らせる。
C ：水面近くに一瞬両足を浮かすことができる（水平に近い姿勢をとることができる）。
D ：Cの姿勢をとって、自力で水中を進むことができる。
E ：呼吸時に足を底につけることもあるが連続的に輪くぐりIIIができる（呼吸とグライドの結合）。
F ：呼吸して自力で泳ぐことができる。

- -

○^輪：輪を使ってできる（輪II：縦輪、輪III：横輪）。
○^A：Lに補助してもらってできる（○足：呼吸時ごとに床に足がつく）。
△ ：できるときもあるが、できないことも多く、判断できない。
× ：できない。
両手犬かき：犬かきのような速いリズムで両手を同時にかいて泳ぐ（写真1-2参照）。
　　　　　脚はこのとき交互にペダルを踏むようにキックする。
両手犬かき・ドルフィン：ドルフィンキックと両手犬かきプルの結合形態。
輪（Xm）：輪くぐりでXm（輪のない場合は、数値のみ）。
　　　　例：表中の'82の⑦の最右欄（距離m）に"2〜3"と"(輪5〜6)"が示されている。
　　　　　　これは、輪なしだと2〜3m、輪くぐりだと5〜6mという意味。

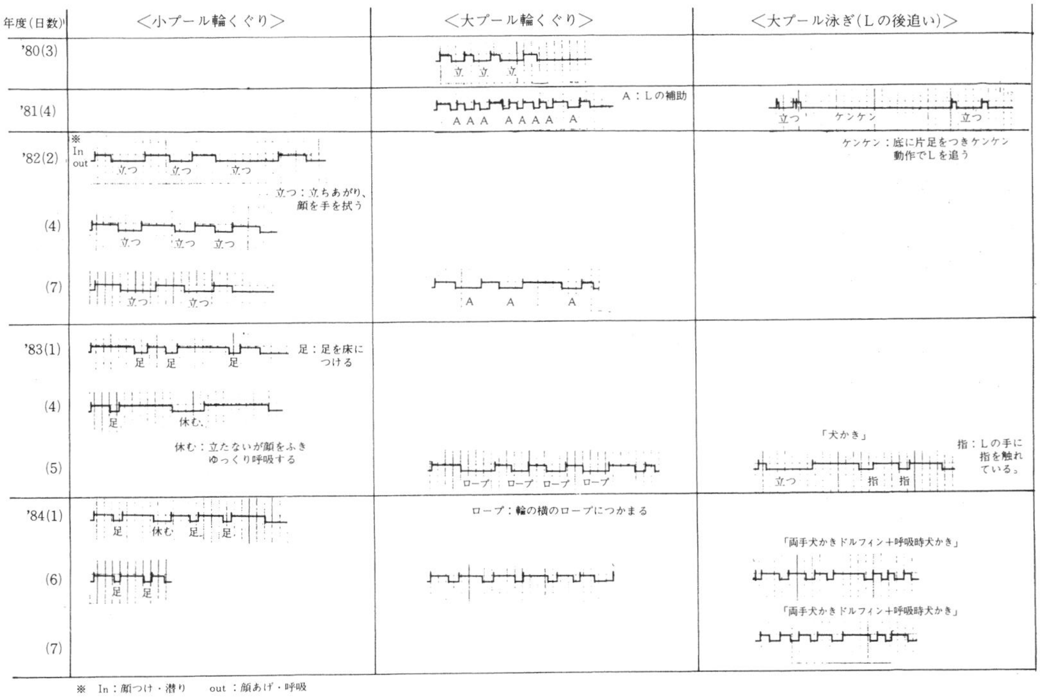

図1-1　AM の 5 年間での各種泳ぎにおける呼吸と浮き身の協応リズム

また、大プールの連続「輪くぐりⅢ」（図 1-1：大プール輪くぐり）では、連続する輪の両端をロープで繋いだ形式をとっていたので、一つの輪を潜ってグライドして浮き上がる際、一つくぐっては次の輪のところでロープをつかみ、呼吸するというパターンを取っていた[*21]。それゆえ、「輪くぐりⅢ」を完遂するスキル段階にはまだ達していなかったことが明らかである。ただし、輪を使わないで、L（リーダー）が彼の前を先導した形で泳がせると、途中で一度顔を上げ、再び顔を水につけて泳ぐ「犬かきペダリング模様[*22]」の泳ぎで約 5 m ほど進むことができるようになっている（'83 の第 5 日・最終日）。そしてこのときは、先導するリーダーの指に何度か触れつつ進めるようになっていったことが示されている（図 1-1 の右欄：大プール泳ぎ（Lの後追い泳ぎ）で、顔を上げた際に「指」「指」と示しているのがその様子を示している）。

　AM において、「輪くぐりⅢ」でのリラクゼーション化された動作リズムが形成され（写真 1-1）[*23]、大プールで輪を使わない場面での泳ぎに成功したのは、84 年に入ってからのことである（写真 1-1 は小プール輪くぐり、写真 1-2 は大プールの第 7 日目における L の後追い泳ぎでの泳ぎを示したもの）。84 年は初日から既に小プールの輪くぐりにおいて、83 年よりもグライド－呼吸（足は底について行う）のリズムが安定化してきていることが分かる（図 1-1 の '84、小プールの輪くぐり）。また表 1-3 から分かるよ

写真 1-1　小プール輪くぐりⅢをする AM

写真 1-2　大プールで L の後追い泳ぎをする AM

うに、大プールにおいても初日から輪くぐりで 10ｍほどグライド－呼吸で泳げていたが、明確な効果が出てきたのは 4 日目からである。5 日目には、写真 1-2（第 7 日目）に見られるような、腕は脇の下から腰までひっかくような両手かき、脚はドルフィンキックを基調とした泳ぎで、L の後追いをしながら 25ｍ継続して泳ぐことができた。最終日には、途中 25ｍのターン地点で休憩は入っているものの、この両手かきドルフィンの泳ぎで 50ｍを泳ぐことができた。ただし、L を追っている途中で、プールの底に足をつけようとする行為はまだ少し残っており、その都度 L が彼の足を払う等の刺激（指図〈さしず〉）が必要である。

　以上のように AM においては、顔を水につけて頭を潜らせたり、手でバチャバチャ水しぶきを上げ、喜々として水が楽しくて堪〈たま〉らないといった「水慣れ」に昂〈こう〉じて遊ぶだけの段階から、輪くぐりで連続的に水中を進んでいけるようになるのが 4 年目（16 日＋ α [24]）、L の後追いをしながら自力でドルフィンキックと犬かき的プルを使用して進む泳ぎで 25ｍ以上進めるようになるのが 5 年目（24 日＋ α）に達成されるようになった [25]。

2）事例 2 （SH：男児、84 年 7 月時点 13 歳 3 ヶ月、自閉児）

（1）《SH の行動特徴》

・新しく出会った人が働きかけても拒絶する態度を示すことが多いが、馴染〈なじ〉んだ人の指示には従う。

・言葉はかなり理解もしており、特に数計算等にも強い（分数の四則演算ができる）。しかし日常的な「～くん何歳？」の質問に対しては、反芻〈はんすう〉するような感じで質問と同じ言葉が返ってくる（考えながらの「オウム返し」）。

・ボール遊びが好きで、手まり程度のボールでキャッチボールをしたり、バレーボール的パスをしたり、キックボール、バットで打つ等の運動を好んで行う。85 年 5 月現

在では、ボールをバットで打っては一塁まで走ることを覚え、ゲームのルールにも多少の理解を示し始めている。

○やってみてうまくできないことに出くわすと、執拗(しつよう)にできるまでやろうとするところがある。

（2）《SHにおける水泳動作の習得過程》

SHは80年の初めて参加した当初から、水に潜って、立っている人の股間をくぐり抜ける等の「泳ぎの基本動作単位」は形成されていた（表1-4：横軸各項目は表1-3に同じ）。しかしそれでいて、顔に水しぶきを掛けられたり、「輪くぐりⅠ*26」をくぐる動作時には積極的な対応を示すことができないという特徴もあった。とにかく、一つの

表1-4　SHにおける5ヶ年での泳ぎの変化

実施の年度・日数	課題	A	B	C	D	E	F	泳 法	距離（m）
'80 (9)	1・2	○	○	○	○	×	×	・グライド・潜水 ・面つけクロール	3～5
	③	○	○	○	○	×	×		
'81 (10)	1・2・3	○	○	○	○	×	×	平かき バタ足	7～8 (輪15)
	4	○	○	○	○	○輪Ⅱ	○		(輪30)
	⑤	○	○	○	○	○輪Ⅱ	○輪Ⅱ		
'82 (11)	1・②・3	○	○	○	○	○	○輪Ⅲ	平かき バタ足	5 (輪25)
	④・5・6	○	○	○	○	○	○輪Ⅲ	〃	5 (輪25)
	⑦	○	○	○	○	○	○輪Ⅱ	〃	5 (輪Ⅱ 50)
'83 (12)	①	○	○	○	○	×			
	②・3・4・5	○	○	○	○	○	○	ドル平・バタ足	
	⑥・⑦	○	○	○	○	○	○	ドル平 バタ足	25～
'84 (13)	①	○	○	○	○	○	○	ドル平 バタ足	10
	2・3	○	○	○	○	○	○	〃	25
	4・5	○	○	○	○	○	○	〃	25～100
	⑥・⑦	○	○	○	○	○	○	ドル平	25～100

泳法の「平かきバタ足」：ほぼ平泳ぎのプルとバタ足キック
　　　「ドル平バタ足」：プルは平泳ぎ、キックはドルフィンとバタ足のコンビネーション
　　　　　　　　　　　　　　（呼吸後のグライドのためにドルフィンを使う）

グライド動作を行ってはすぐ底まで水に潜って、足がついてから立ち上がり、再び同じことを繰り返すというのが彼の水中での基本的な行動・運動パターンであった。

　81年の3日目から集中して「輪くぐりⅡ*27」に取り組ませた。その年のLの記録をもとに、本児の81年における変化の様子を詳しく拾ってみると：

・第3日目；浅いプールでの「輪くぐりⅢ*28」が非常にうまい。何もなしでは腰を曲げてクニャクニャさせて足を床につけてしまう。深いプールでも輪くぐりのような場所（空間）を設定して泳がせるのもよいのかもしれない。

・第4日目；深いプールの輪くぐりの距離が伸びた。はじめは3mほどを1回呼吸して泳げた後、輪を10数個（輪くぐりⅡ）にすると、手をつかずバタ足で底に足をつけずに15mくらい泳げた。

・第5日目；輪くぐりⅡで30m泳げた。このとき、手（腕）もかきながら呼吸もできた。15mほどの中間に輪を1つ浮かべ、それに向かって泳いでいくことができる。母親に向かって呼ばれる方に5mほどは（目標＝母に向かって）泳いでいく。

　　しかし、示範したとおりに泳がそうとしてもついてはこなかった。彼の興味とこちらの刺激がマッチするところがどうもみつけにくい。

　このように輪くぐりによって泳ぎを継続できるようになり、少し離れた目標（別の輪、母親等）に向かって泳ぐこともできるようになった。しかし輪を取り除くと、可泳距離が格段に低下するという現象が生じている。そうした点から、担当したLには彼の行動がいかにも不可解に映ったようである。

　82年は輪くぐりでの泳力が定着した時期であるともいえるし、逆に、ほぼ全く泳力変化の得られなかった年であるともいえる。というのは、最終的に輪くぐりで50m泳げているものの、3～6日目まで輪くぐりで距離が伸びていないし、自由泳ぎでの泳ぎも5mという一般的に「かなづち」といわれる段階から全く変化していないことから明らかである（表1-4）。この理由として、夏休み前に学校でクロールの特訓を受けたということと、私たちの教室では指導においてもクロールは泳がせないようにしていたものの両腕を前に出して平泳ぎ姿勢をとらせようと試みたことが挙げられる。

　というのは、SHは81年の段階では輪くぐりで30m泳ぐことができるようになっていたものの、それが輪くぐり時に頭を潜らせ、その後頭を起こして次の輪に滑るように浮き上がっていく「グライド」による浮き身と呼吸の協応によってではなく、バタ足と平かき（平泳ぎ的プル）の動作の繰り返しの中に、リズムの一定しない呼吸のランダムな結合となっている（図1-2：'82の大プール輪くぐりでの呼吸のリズム＝下側の」の繰り返しが不規則的間隔となっている点に着目すると分かる）。この不規則性は興奮過程拡延の強い状態での泳ぎ*29に過ぎなかったと思われる。このような本児に対して、82年時の指導の取り組みが合理的な動作フォームに向けての改善に過ぎなかった

年度(日数)	＜小プール輪くぐり＞	＜大プール輪くぐり＞	＜大プール泳ぎ（L横or先導）＞
'80(3)		立　立　立	
'81(5)		縦の輪（犬かきバタ足）	
'82(2)	In／out　足　足　足　足　足		
(4)	（面つけバタ足）		
(7)		縦輪（平バタ足）	
'83(1)	休　休　休　休		
(2)	足足　足足・足足		
(7)		縦輪（平バタ足）	
'84(1)	足　足　足　足　足		
(6)		（平ドルバタ足）	立　立
(7)			

図1-2　SHの5年間での各種泳ぎの呼吸と浮き身の協応リズム

ことでこうした結果に繋がったのかもしれない。

　83年では、Lの記録がなくVTRでのデータをもとに彼の泳ぎを理解しなければならないが、この年の7日間でかなり泳ぎは改善されたようである。これは最終日のテスト場面で、プルは平泳ぎ型、キックは浮上～呼吸時にバタ足を2～3回、呼吸後にドルフィンを1回打ってからグライドに入るという「ドル平模様の泳ぎ」で25m以上継続できたことから明らかになっている。

　84年は、初日の小プール輪くぐりⅢでグライドと呼吸のリズムが定着しており（図1-2の'84＜小プール輪くぐり＞）、最終日（第7日目）の自由泳ぎ（Lが横についていく）においても、83年のときに比べて呼吸に要すリズムが短かくなり（平均して1秒以内）、リズムの安定した「バタ足を使ったドル平的泳ぎ」[*30]で泳げていることが分かる（図1-2の'84＜大プールの泳ぎ（7）＞＝写真

写真1-3　SHの輪くぐりⅢで泳ぐ様子

1-3）。しかしまだ、体育同志会の言う「ドル平」ではないが、言わば「ドル平模様の泳ぎ」で25m以上を継続して泳げていることが明らかになっている（表1-4参照）。

　大プールの自由泳ぎにおいては、途中で足を床につけて立つ行為も時々出ており（図1-2の'84（6）－6日目で下側┐┌のところで「立」と表示）、Lの記録（表1-4）でも、

第4日以降「25 m以上で100 mくらい可能」と記された状態が最終日（第7日目）まで続いている。指導する側で、彼が全く1人で自立した泳ぎを展開する動機を得るための手がかりを得ていないのか、それとも輪くぐり動作のリラクゼーションをもっと強調して安定した呼吸と浮き身の結合をはかるべきなのか、この点が現段階（84年時点）では不明確であるが、いずれにしても一定の停滞と進歩を繰り返しながら徐々に泳力を獲得・改善していっているのが、本児SHの泳ぎの発達・変化であると言えよう。

3　輪くぐり導入の効果と残された課題

　これまで輪くぐり教材を使っての実践事例を2例紹介した。輪くぐり教材を使った指導を通じて、泳ぎのための一定の要素的スキルをつけていた2人の知的・発達障がいのある子どもが、1年に約5〜6日の夏季講習を通じて5年間で概ね25〜50 m程度の泳力を獲得した。この教室に参加した知的・発達障がいのある子どもたちでの彼らのような例は他に11件ある。その中で、1名を除く10名の子どもたちの泳ぎは、AMとSHの場合と同様な形態―マンツーマンでついた指導担当者Lに先導されるか、横に付き添われ、途中で足を床につけようとする行為をLに阻止されたりしつつ泳ぐ―であった。現段階の泳力を正確に表すことは困難であるが、2人の事例を含めた13名の泳力はおおよそ次のとおりである。

◦ 10〜20 m：3名
◦ 25〜50 m：6名
◦ 100 m以上：4名（うち1名は付き添い不要）

　これら13名の「Lの後追い泳ぎ」ないしは「Lの付き添い泳ぎ」を伴って、どうにか輪に頼らずに泳げるようになっている子に対し、「輪くぐり」が効果的に作用したとみられる実際の泳ぎの動作行動を挙げると以下のようである。

（1）　輪くぐりにより、顔や頭を水に沈めることが可能である。
（2）　頭・上体を潜らせると足が床から浮き、そのあと頭を前方・上方に上げることによって、足が床につき、立ち上がって呼吸するという動作がみられた。
（3）　キック動作を継続させて、いくつかの輪（縦輪＝輪くぐりⅡ*31）を連続的にくぐり進んでいく動作行動が生じた。
（4）　小プールの横輪の系列（輪くぐりⅢ*32）により、グライド動作と呼吸（息つぎ）を結合する動作過程が形成された（13名全員）。
（5）　深いプールでの連続輪くぐり（輪くぐりⅢ）において、主として、浮上時と呼吸時には犬かき模様のペダリング動作、潜り込み時にドルフィン的キックを使ってのグ

ライド動作が生じ、両者（息つぎ時のペダリング動作と潜り込み時のグライド動作）が結合し、徐々に落ち着いた「グライドからの呼吸に基づく両手かき泳ぎ」*33 （SHの写真1-3のような呼吸時の動作：両手を数回かくことをもとに、息をしっかりと吐くことによって呼吸している）が形成されていった。

（6）Lの後追い泳ぎにおいて、ペダリング中心のゆとりのない泳ぎから、呼吸後にドルフィンキック～グライドのパターンが生起し、部分的に比較的ゆったりした動作経過が見られるようになった（7名）。

（7）Lが付き添わなくても、（6）の動作でたくさんの距離を泳いでいけることを、泳ぎの場面における自己の目標として形成していきつつある（1名）。

　以上の7項目が、輪くぐり課題によって得られたおおよその効果であり、またこれらの動作パターンは知的・発達障がいのある子どもたちに泳ぎを発展させていく道筋であるとも考えられる。私たちの教室に参加した際の出発点である個々人のスキル、ある段階を通過するのに要した時間、現在の到達段階等には個人差はあるが、今回焦点を置いた主な対象とした多くの子どもは（2）ないしは（3）の段階で出発し、（4）と（5）の段階は13名すべてに共通して生起している。したがって、時間的効果の点を別にすれば、泳ぎの基礎となる水慣れのスキルを既に保有している知的・発達障がいの子どもに対しては、輪くぐり教材により、グライド動作と呼吸の結合という、泳ぎの基本となる系列的動作過程を形成することができると言えよう。

　問題・課題としては、次の2点が挙げられる。

　1つは、事例の2（SH）を含む6名（上記（5）と（6）の差）にみられるように、輪くぐり時に、呼吸とグライド動作の系列動作がある程度獲得されていたとしても、輪を取り除いて泳ぎのコースを制限しないで泳がせると（Lの後追い泳ぎにより）、それまでに形成されていた好都合な動作系列が壊されて、反射的な犬かき・ペダリング動作に戻ってしまい、一人泳ぎの場面においては動作協応の指導を始めからやり直さなくてはならないという問題である。

　第2点は、先の第（7）段階に達した子どもが厳密にはまだ1名、また、どうにかその段階に到達させられそうである子どもが1名というのが、私たちの教室で見出し得ていた問題（この場合は一人泳ぎを達成させていくための手がかり・切り口としての解決視点）である。

　前者（第1点目）については、輪くぐりでの一定の動作協応を得て、一人泳ぎで25～50mを泳げるようになった年の秋からスイミングスクールに週に一度通い、約1年後の本教室での練習過程でこのような泳ぎの段階（5）に達したのである。この例からいえば、水泳学習の量的体験が一人泳ぎの重要な要因であるといえそうだが、しかし

その子（第 3 章に登場する TS1 くん）の場合、向かいのプールサイド（目標として母親が立っている）を目指して 25 m 完泳できるようになる前段階に、徐々に目標となる輪を遠ざけながら（L が放り投げることによって）距離を伸ばしていったというプロセスを設定していったことも大きな要因となっていると考えられよう。

　一方後者（第 2 点目）の場合、まだ可泳距離が伸びることに興味を示して泳いでいるわけではないが、ある物語やクイズを L が作ってやれば、その筋書きに興味を示して 25 m を泳ぎ、次の 25 m も筋書きに従って帰ってくる、というものである。この例の場合は、子どもがある程度言語的コミュニケーション機能面で発達していることが前提であり、発達のある時期に物語やクイズ等に対する特異な関心を示していることが泳ぎ行動を解発する動因となっているといえよう。

　以上、輪くぐりでの指導をもとに指摘・推察し得た点から、知的・発達障がいのある人が自分の目標をもって一人で能動的に泳ぐことを楽しみとしていくような、指導の展開パターンを仮設すると、図 1-3 のような模式図[*34] が構想される。

　ただし、輪くぐり教材を用いることによって、逆に水慣れをし、泳ぐことにためらいをもたらし、輪くぐり教材が却って負の効果をもたらしたのではないかとの実践上の大きな課題・問題も残している。それは、水への恐怖心の強い人にとって、輪くぐりの具体物が却って、水に顔をつけることを強制され、不快感を植え付けることに繋がる「象徴」としての機能を果たしていた可能性があったことも否定できない。この点については、今後の大きな実践課題を提起しているので、末永くその解決策を練り上げていく必要のあることを私自身の胸に留めておきたいと思う。

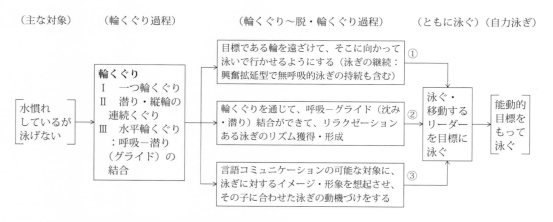

図 1-3　自立的泳ぎに到達するための指導ストラテジー（原ほか、1985_修正版）

＊6 前掲書＊6（p. 23：「論文題目『発達障害児の水泳指導プログラムの検討―輪くぐり教材の意味とその指導効果―』の概要」）として著した論文題目の別表現。

＊14 ＊150（第7章 pp. 360-361 の DSM-5：精神疾患分類の考え方）として述べたところを参照のこと。

　　本著（『泳ぎを楽しめるようになったよ！私たち～「知的障がい・発達障がい児者への水泳指導実践40年」の記録～』）が特に DSM-5 の診断分類に基づいて、論文執筆当時の障がい児者について障害分類を考えていたわけではない。そのことと、＊150で述べた、米国精神医学会が DSM-5 によってそれまで提唱してきた「DSM-Ⅳから多くの幅広い変更が生じている」とされているけれども、大筋で障がい児者に対する捉え方が根本的に違っているのであれば、この第1章に示した障がい対象に対する呼称や障がい分類自体を根本的に改めなければならないであろう。しかし現時点で、精神疾患に関する障害分類に従って各障がい者における学習や発達の捉え方の改変までが提起されているとまでは到底思えない。それゆえ、本著では、「自閉症スペクトラム障害」とされる自閉的・情緒的発達障がいの人たちを含んで、知的な発達障がいをもつ人たちのことを「知的障がい・発達障がい」とし、従来「精神遅滞」とされてきている人たちのことを「知的障がい（精神遅滞）」と捉えて、「本章のねらい」に示した考え方で言及していきたい。

＊15 橘英彌・家崎満大・原通範共著「情緒障害児（自閉児）への運動教育的アプローチ（1）～情緒障害児（自閉児）教育での位置づけ～」、『教育科学（第29集）』（和歌山大学教育学部紀要）、1980、pp. 11-21.《本論文は、自閉児教育の中で運動教育的接近がどのような意味をもつかについて検討し、情緒障害児体操教室の位置づけを論議した。結論的に、情緒障害児体操教室は、学校や訓練機関で学んだことを社会生活で応用するための橋渡し的役割を果たすべきであることを確認した。》

＊16 原通範・家崎満大・橘英彌共著「情緒障害児（自閉児）への運動教育的アプローチ（2）～運動教育プログラムの検討～」、『教育科学（第29集）』（和歌山大学教育学部紀要）、1980，pp. 23-44.《本論文では、とりわけ、情緒障害児体操教室での運動プログラムについて論拠を求め、その重要なポイントは「運動の般化」にあることを確認した。そして、1年間のプログラムとして、一定のパターンの運動課題のサイクルに慣れていくことと、そのパターンの般化・応用として一定の変化ある運動課題の提案を試みている。ここで「運動の般化」とは、例えば平地で歩けるようになった人がマットの上とか、平均台の上とか、塀の上で歩けるようになる等、他の環境や条件下においても運動の実施ができる、発展していくということである。》

＊17 「私たち」としているのは、私自身の取り組んだ情緒障害児体操教室や夏休みの水泳指導等は全て橘英彌氏や家崎満大氏、他との共同研究であり、たまたま私が当時若く、業績づくりの中心メンバーとして働かなければならなかったので筆頭著者の役割を担うことが多かったからである。

＊18 「オウム返し」とは、言われた言葉（音声言語）をそのまま応答することを言う。

＊19 グライド（glide）とは、「水中や空中を滑るように動く」ということで、下半身のキッ

クとともに首・体幹を一旦下向きにして水中に潜らせた後、そのまま前方、上方に視線を向けていくことでこのように水中に潜り－浮き上がっていく運動が発現される。「輪くぐり」は輪をくぐろうとすることで、このような首・体幹の運動を誘発していく装置（教具）とも言える。これを図（や写真）で示したものが、第 2 章の図 2-7（p. 56）や図 2-9a～c（p. 64）、図 2-10（p. 67）、図 2-14（p. 70）等々である。

＊20　プーニ，A. ツェー著（藤田厚・山本斌共訳）『実践スポーツ心理』，不昧堂出版，1975.
　　　《プーニは A. N. クレストフニコフという神経生理学者が提唱した運動技能習熟形成の過程「3 層説」の立場に立ち、その第 1 層を「汎化の層」＝大脳での神経過程が広範囲に興奮拡延の状態にあって、多くの分析器（視覚や聴覚、皮膚感覚その他）から信号を受け入れて、どの器官を中心に反応・運動実施すればよいかの内制止（抑制）が働きにくい状態と説明している。その後、学習するにつれ、第 2 層（内制止の発達）、さらに第 3 層（安定化の層）へと発展するという。こうした習熟形成（学習）の層過程を、本著第 2 章の表 2-1（p. 46）の「水泳学習の階層的モデル」に対照すると、クレストフニコフやプーニ等の「汎化の層」（第 1 層）は「（第 1 ～第 2 層の）無意図的学習～粗協応学習の段階」に、「内制止発達の層」（第 2 層）は「第 3 層・精緻協応の段階」に、「安定化の層」（第 3 層）は「第 4 層・動作自動化の段階」に対応するものと考えられる。》

＊21　図 1-1 の横軸の真ん中〈大プール輪くぐり〉欄の '83（5）＝ 5 日目で、顔上げ時に「ロープ」と表示。これは輪くぐりの後ロープをたぐって顔を上げて呼吸していることを示す。

＊22　「犬かきペダリング模様の動作」とは、両手の左右並びに両足の左右がそれぞれ交互に片側肢ずつ、繰り返し動かしている動作のことを呼んでいる。

＊23　〈小プールの輪くぐり〉（写真 1-1 および図 1-1 の '84）では、第 1 日目（1）より、小プールゆえ浅いので当然底に足をつきながらではあるが、2 回目の呼吸時に少し休憩（┗┛の下に「休む」と表記）をした後、リズミカルに息つぎとグライドを繰り返して泳いでいく様子を示し、また 6 日目（6）の大プール輪くぐり（横軸の真ん中欄）では連続的に同じような間隔で息つぎ（┗┛）とグライド（┌┐）を繰り返している様子（同じような時間間隔で連続している）が示されている。また写真 1-2 に示す如く、リーダー（L）の後追い泳ぎで両手での犬かき模様の動作で顔を水につけて泳いでいくことができている。このことは、図 1-1（横軸の最右欄）6 日目、7 日目の息つぎと潜りのデータを、（横軸の真ん中欄の 6 日目）輪くぐりの規則的で、かつ息つぎおよびグライドともに間隔が少し長くなっているリズムと比較するとよく分かる。

＊24　α：夏休みの期間家族と水遊びを楽しみ泳ぎに行ったり、学校の授業で水泳がある等の日数。つまり、AM が輪くぐりで連続して泳げるようになるのに要した日数が 4 年目で16 日（それまでの 3 年間の開催日数）、そこに別の機会に泳いだ等の日数を「α」としたということである。

＊25　このようにデータの読み取りができるのは、図 1-1 の ┌┐ は「In：顔つけ・潜り」、┗┛ は「out：顔上げ・呼吸」を意味することに基づいている。こうしたデータの解釈は事例 2 に対して示す図 1-2 のデータ読み取りに関しても同様である。

＊26　第 2 章図 2-9a（p. 64）の「輪くぐり I」を参照。

＊27　同図 2-9b（p. 64）の「輪くぐりⅡ」を参照。

＊28　同図 2-9c（p. 64）の「輪くぐりⅢ」を参照。

＊29　「興奮過程拡延の強い状態」とは、A. ツェー・プーニ『実践スポーツ心理』（＊20）参照のこと。要するに、「（そのような状態）での泳ぎ（輪くぐり）」を達成しようという目的指向性が強すぎて、まだどうしたら楽に輪をくぐっていけるか、俗に言う「力を抜く（手を抜く）」とか「楽をしながら泳ぐ」といったゆとりをもって泳ぐことができない状態（プーニ等は「内制止の発達」という第 2 層の習熟形成には至っていない状態）と呼んでいる。自閉傾向の強い人ではこのような人も少なからずいる。要は「一生懸命」に物事に取り組み過ぎる傾向のある「がんばり屋さんの姿」である。

＊30　息つぎ後に輪くぐりをする際にドルフィン的キックではなく、バタ足を使って潜りのグライド動作（輪の下に滑り込むような動作）で水中に潜り込んでいく、そのような動作をそう呼んでいる。

＊31　p. 64 の図 2-9b ＝ 輪くぐりⅡ

＊32　p. 64 の図 2-9c ＝ 輪くぐりⅢ

＊33　水中に潜り込む際に、滑り込むような頭を下げた動作を使って水に入っていくことを「グライド」と呼び、そこから頭・顔を前方に向けそのまま顔が水上に浮き上がっていって息つぎができていくことを「グライドによる呼吸」と呼ぶ。この息つぎの際に両手を同時に数回プルを繰り返して息つぎをすることをここでは「両手かき泳ぎ」と呼んでいる。「ドル平」では通常プルは 1 回もしくは 2 回までのうちに息つぎを完了する。

＊34　模式図（図 1-3）は、前掲書＊6 の論点を要約的に示したものである。
　　　要点をまとめると次のようになる。
　　　輪くぐりを通じて、潜りと息つぎとのある程度の結合を得て、物的環境（輪などの障害物）に頼らなくとも、先導してくれるリーダーを目標に泳ぐなど、自分なりの目標を見つけ、その目標達成に向けて泳ぐ。
　　　このように次第に、物や人の助けを借りなくても、自ら自立して泳げるようになる過程・方法・戦略を描いてみた。

第 2 章

なぜ知的・発達障がいの子どもたちに
水泳指導で「輪くぐり教材」の導入をするのか

1　人間の運動遂行における脳の制御機構

　従来、水泳の初心者指導法においては大別して、次の3つのタイプがある。

　第1のタイプは「旧日本式伝統」とでも呼びうるところの「溺れさせて泳げるように
する」というもの。2番目は、推進力を強調して、「水慣れ」→「浮きけのび」→「面
かぶりキック」または「背面キック」というような手順で進めていく、世間一般に普及
している方法である。そして第3のタイプは生命保全の立場から、呼吸法を重視し、呼
吸技術を習得したならば、まずそれに腕の動作（平泳ぎのようなプル）、そして脚の動
作（バタフライのドルフィンキックのようなキック）を結びつけていく系統である。

　クロールや平泳ぎ、背泳ぎなどの泳ぎの動作を神経機構から見ると大変複雑な脳の仕
組みに従って行われている。ここでは、腕の動きだけに着目して、ごく簡単に手と脳と
の関係の仕組みだけを取り上げて図式化してみると図2-1のようになる。

　例えばクロールや背泳などでのプル動作は、実際には上腕全体の動きが関係するの
で、左右両方の上肢の動きだけに着目してみても、左右上肢を動かす動作の時間タイミ
ングや動かす空間、そして詳細には、左右の肩関節、肘関節、手首、指（細かくは5本
の指；両方で10本の指）の筋緊張具合をどう連携・協応していくかが重要な課題とな
る。それゆえ、一つの水泳運動においては、図2-1のシステムの内部にさらに何倍もの

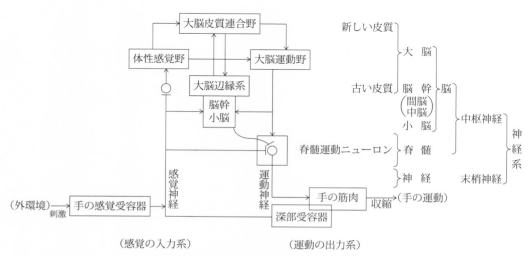

図2-1　手の運動と脳制御の仕組み（久保田競、1982）*35

大変複雑な脳・神経－筋の関係を働かせる仕組み（システム）を必要とする。

　こうして、クロールという一つの泳法を取り上げても、左右の腕の運動の他に、腕と脚の動作の連携、さらにそれら上下肢の連携、そのうえクロールの泳ぎを続けていくにはこれら上下肢の連携の他に「息つぎ」という生命保存に不可欠の装置＝「呼吸運動」との連携をどのように行っていくかという、非常に複雑な知覚－運動連携の課題を解決することが必要であるといえよう。

2　水泳学習におけるスキル習得の階層

　一つの種類の泳ぎ、とりわけうつ伏せ姿勢をとっての泳法ができるためには、呼吸運動（息つぎ）と四肢の動作との結合・統合が最も重要な課題であり、その運動における知覚系と運動系の有効なフィードバック回路（例えばクロールなどで右腕をかき、左腕はその反対に頭より前方に伸ばされるようにして、上半身を右に回転させ、顔を右側に向けて呼吸をする動作の形をとる、「この知覚－運動パターン」）をしっかりと記憶に刻み込む。こうした知覚－運動のフィードバックサイクルを形成するためには、意図的・組織的な学習過程を欠かすことができない。

　ここで学習を、「一定の経験の結果として『行動体の内部に、行動の可能性の変化が生じ、その結果として外部的な行動』が変容する」[*36] と考えると、われわれ人間の生体においては大きく 2 つのレベルでの学習現象が存在すると思われる。

　一つは、「いつのまにか水が怖くなくなった」などという例のように、ある明確な意図なしに生理的、情動的レベルでの変容を被るもの。もう一つは全く意図的にある行動にチャレンジして、それを獲得し、習慣化してしまうという、いわゆる世間一般に「学習」もしくは「習熟」と呼んでいる類いのものである。もちろん前者の場合も、水中に入ったら息を吸うのではなく、息を止めるとか、体が沈み潜ってしまえば手足を動かして顔を水面に出すなど、全く偶然的に情動の変化を被ったものではなくて、水に入っている際に、視覚、聴覚、温覚・冷覚、息苦しさなどの感性的刺激を感受して、どういう動作反応をすれば水の中で危機を回避して何とか過ごせるかという、「第 1 信号系」を介した学習（条件反射化）が行われている。一方、後者の学習の場合には、対象についての刺激（信号）をさらに言葉という「第 2 信号系」を介して、意識的・意図的に泳ぎ方（技術）を習得しているものである[*37]。

　このように水泳学習を無意図的と意図的の 2 つのレベルとして捉えると、表 2-1 のように水泳学習は 4 つの階層として把握することができるものと考える[*38]。

　階層の第 1 は、第 1 信号系の働きによるもので、これに対する中枢での統合作用の中

心は大脳辺縁系[*39]と間脳（視床と視床下部；自律神経機能の中枢）である。これは顔を水につけたり、潜ったり、水中ジャンケン遊びなどの水との接触経験によって、水への恐怖心が取り除かれる「水慣れ現象」が生じる。この現象によって水への快の情動が形成され、水への積極的な興奮系（促進作用）をつくり出す素地（そじ）が生まれる。しかしこのレベルの適応に失敗すると、大脳新皮質系による意図的な学習行動への動機を形成しにくくなる。ということが経験的に理解しうるところである。なぜならば、大脳辺縁系と間脳の視床下部が本能行動や情動行動の発現の中枢であるからである。

表 2-1　水泳学習の階層的モデル（原他、1978；一部修正版）

学習の階層		脳の統御機構	水泳運動形態の具体例
無意図的学習	第 1 層 水との接触経験 ・恐怖心の消失 ・水慣れ	大脳辺縁系〜 間脳（視床下部） ↓・情動制御 ↓ ↓ 大脳〈新皮質系〉	○顔に水がかかっても平気 ○水中に顔をつけられる ○水中ジャンケン ○その場での連続呼吸 　（bobbing up and down） ○浮き身・けのび ○水中に沈み・潜り、ワニになって追いかけっこ　　　　　　　　　　　　　　等々
意図的学習	第 2 層 粗協応の段階 呼吸と ・浮き身 ・おおまかな四肢動作の結合	大脳〈新皮質系〉 1 ↓　↑ 2 ↓　↑ 脳幹・脊髄系 〜大脳辺縁系 （原始的な運動 反射パターン の賦活と制御）	○ドル平的な泳ぎがどうにかできる（呼吸と四肢の粗い結合） ○面かぶりキックやクロールあるいは平泳ぎ的な動作で一定の距離をなんとか泳ぐことができる ○背面キックで進む　　　　　　等々
	第 3 層 精緻協応の段階 （動作の矯正期） ・（合目的的な）四肢動作と呼吸との結合・統合	大脳〈新皮質系〉 （新皮質系各領域内 および間の相互作用） ⇩ 《両半球間の統合》 《上下肢間の統合》	○ドル平や平泳ぎ、クロール、バタフライ、背泳ぎなどで 50 m 以上泳げる ○泳ぎのフォームで部分的なリラクゼーションを得た泳ぎをしているが、全体的には少し堅さも残っている ○リラックスした泳ぎだが、幾分部分的に疲れが残っている　　　　　　　　　　等々
	第 4 層 動作自動化の段階 （動作協応の定着と安定化） ・状況に適応した運動実施	（外的環境・情報） ↑　　↓ 大脳〈新皮質系〉 （新皮質系内の統合） ↓↑ 小　脳	○考えなくても動作が自動化された協応パターンで泳げている ○状況に合わせて、ピッチやテンポを変えたり、泳ぎの種類を変えたりして泳ぐことができる ○また力強い泳ぎ、ゆったりとした泳ぎを動作の必要性や、表したいイメージを想定して泳いだり、ポーズをとったりすることができる

（注）「→」：統御中枢の移行　　「A ⇨ B」：Aの中身＝B　　「A ⋯→ B」：情報処理の力学方向

　　　（第 2 層の ⇄（1/2）は、移行の順序を示す）

第2層以下は、意図的な学習によるもので、全体的に新皮質系が中心になって働き、神経細胞の興奮と抑制が活発に起きる。これらの層を順次下っていくにつれて、粗協応、精緻協応（精密協応ともいうが本文では表に即して精緻協応とする）、動作の自動化・安定化という、運動習熟の異なった位相[*40] が展開していく。

　第2層は水泳における「粗協応」が初めて成立する段階である。既述したように、うつ伏せ姿勢で行う泳法の動作結合においては、呼吸運動を意識的にコントロールすること（新皮質系により脳幹・脊髄系、主として延髄の作用を統制すること[*41]）が最難関となる。特に、序章（p.16）において、「ドル平泳法」を提唱した体育同志会が「私たちは、『泳げる』ということを、①呼吸をしながら、②浮いて、③進む、という条件が満たされたときにいえる」としたことを取り上げたが、このことは次のことを意味すると考える。

　それは、呼吸動作と浮き身動作が大まかながらも結合されるならば、たとえ四肢間の動作の協応がよく働いていなくてもゆっくりとしたテンポで水の中を進むことが可能である。これを「泳げる」という言葉で定義づけることができるならば、この状態が水泳学習における「粗協応」の第一歩であると言える。まさしくこれが体育同志会のいう「ドル平」である。言わばドル平が、水泳学習における「粗協応」の第一歩である。

　もちろん、ドル平泳法自体も粗協応段階を経て、次の精緻協応、自動化へと発展するのであるが、この泳法が水泳運動における粗協応を最も成立させることが容易な泳ぎである。ドル平泳法については、私は「輪くぐり」との関係で、その詳細は、以下本章の第2節の2（pp. 51-60）に示すので、ここでは簡単にその利点を端的に示すと、それはたとえ脚のキック動作と腕のプル動作の関連付けを意識として分かっていなくても、この泳ぎは緊張性の頸反射（tonic neck reflex）[*42] の利用によって、腕のプルとキック動作の協応がなされ、その結果、呼吸と浮き身の結合も行われやすいのである。

　第3層は、粗協応から脱して、精緻・精密な運動協応が成立していく段階である。それゆえに、この段階では「肩の力を抜いて、肘を高く上げ、それを前に運ぶような感じでやりなさい！」等の言語教示が学習者によってよく理解され、動作が次々に矯正されて、より合理的な動作（運動技術）が獲得されていく。つまり、ゆとりを持って呼吸動作が行われ、前段階までは 10 m 程度進むだけでも相当にエネルギーを費やしていたが、このレベルでは 50 m 以上の距離を泳いでもそれほど疲れず動作の修正に取り組んでいける。

　しかしながら、この段階ではまだ一つひとつの動作に余分な注意が払われ過ぎる欠点も残っているので、比較的ゆっくりとしたリズムで泳いでも局部的な疲れや筋肉の痛みなども覚えるものである。

　それでさらに練習を積むことにより、動作がリラックスされ、ステレオタイプ化され

たパターンとして動作が定着した「自動化と安定化」の段階の第4層の段階がある。

第4層は、特に意識しなくても一連の動作が自動的に行われることで、より高い要求をもこなすことが可能となり、環境（表2-1での「外的情報」）の変化に対して流動的に対処できるとともに、多様な自由処理能力を働かせていけると言われている[*43]。ただし、自由処理能力とはいっても、問題は何のために、何を、どのように、いつ、どの程度の力で（あるいは、どの方向に向かって、とか、どういう力加減の変化を考慮して）…などの動作の行為を行う目的を考えた上で、運動の仕方や動作の行為を決定していくことが大事なのであり、こうした、泳ぎで流動的・柔軟に環境の求めるところに対処できるためには、大脳全体で各系が全体的でかつ有機的に働くことが大事である。それは、大脳皮質の運動野と感覚野との情報連絡を密にしながら、決まり切った動作系列（一連の動作の連鎖）は大脳皮質のより下部の小脳や脳幹などで自動的に動作が実行されていくことが必要で、こうした行為の計画および決定は新皮質の働き・采配が重要になる。

例えば、競泳では、相手のスピード、その他、その時々のスピード変化との関係で自分自身のその時点並びにその後ゴールまでのスピードの出し方を見積もり直したり、再プログラミングしたりなどが求められるし、シンクロナイズドスイミングなどにおける仲間の動きのスピードや方向、リズムなどのちょっとした変化に合わせて自分自身の動き方を修正するなど、新皮質系と大脳の感覚運動制御系全体の働きが必要となる。また一般人で海に潜って貝を捕るなどの際に、例えば海面を泳ぎつつサザエやアワビなどがどこにいるかを水中メガネで確認し、対象物を見つけたら、岩場等でどの場所から潜り始めると確実に貝を捕れるか等を計算する。下に向けて潜る場所を決定したら、後は水深等を確認しながら、潜っていく動作の速さや手足・他の身体部位の動かし方を決定（選択）し、潜っていく。この潜りの動作自体は、小脳などの下位の脳部分の自動化されたプログラムに基づいて行われる。

こうした自由処理能力は、初心者やまだ泳ぎということを十分にできない人に対して不必要とも思えるものだが、指導者側では、泳ぎのスキルの学習を進める際、何を習得することを重視すべきなのか。その目的や要因について考えておくことが重要である。

まず水中で、ただ「推進すること」を大事にするのか、そうではなく、「呼吸を確保する方法」を大事にするのか、あるいは「呼吸を確保した上でより楽な身体操作で浮いたり沈んだりの動作を確保する」のか、等々について考えておくと、その指導者によって習ったことから子どもたちは水中において挑戦や操作・獲得できる運動行動（泳ぎ）の中身が相当に違ったものになるのではないだろうか。

ということで、以下、水泳の技術獲得のための具体的な方法の話に入っていきたい。

第2節　初心者水泳指導法のタイプ

1　伝統的な初心者水泳指導法＝推進力強調（キック指導→プル指導→呼吸法指導）

　この指導のタイプは全国的に最も普及しているところのもので、「水慣れ－浮き身」が前提となって、推進のための動作技術の習得が出発点となる指導法である。クロールの場合、「面かぶりキック」が「泳げる」ということの第一歩となる。もちろん、腕のプル動作に力点を置いている人もいる。

　いずれにしても、この「推進力」という基本線の獲得によって初めて呼吸技術が教えられるのである。

　図2-2はこのタイプの指導法における代表的なもので、「波多野式教程」[*44] [*45]と呼ばれている。図のaはキック、水慣れから、各種近代泳法への発展系列を全体的に捉えたもの、bは各種泳法に共通する指導原理、cはキック動作の訓練過程にスポットを当てたもの、である。

　図のbとcから、キックとプルはそれぞれ個別に強化・獲得が強調され（表

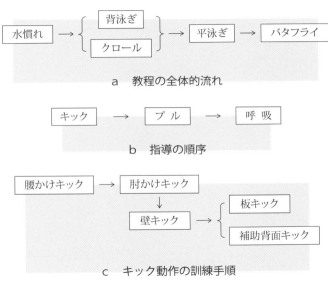

a　教程の全体的流れ

b　指導の順序

c　キック動作の訓練手順

図2-2　波多野式教程モデル（1968）[*44]

2-1：水泳学習の階層的モデルの第3層）、その後呼吸技術の指導に移ることが予想される。クロールの例で示すと、一定の面かぶりキック（両腕のプルを左右交互に行いながらバタ足のキックで進む）ができるようになって初めて、呼吸動作が組み入れられて三者の運動の結合が図られる。

　ところが、「初心者が伏し浮きで息を止めておれる時間は数秒から10秒前後」と言われているので、面かぶりキックでよく進めたとしても10m前後だと思われる。しかしこの場合、呼吸技術も教えられるのだから、当然面かぶり的泳ぎも継続されるだろうという議論も起きるかもしれないが、このことは次ページ（図2-3）の模式図[*46]で説明

されていると考えられる。

　すなわち、水泳動作の全体は部分の総和ではなく、それには粗協応として呼吸動作との新たな再合成が必要なのである。多くの人は、この再合成にたくさんの時間とエネルギーを費やすのである。そして、所定の学習時間でこの過程を通過できない人たちが少なからずいることが、我々もよく経験するところである（序章第2節の冒頭で取り上げた私自身の大学時代のクロール指導経験にも示した）。

　つまり、この教程が成立するためには、次のようないくつかの条件が必要になると思われる。

　まず、水泳のための施設・設備の管理や運営の条件が十分整っていること、そして学習者の能力や性格特性、学習の時間が十分にあって、その上指導者が水泳初心者の気持ちや心理をよく受けとめつつ、指導のための手立て・引き出し（情報）を適確に提供できること等が挙げられる。したがってこれらの条件がそれほど整っているとは言えない学校現場の状況を考えると、この系統で指導すると少なからずたくさんの落ちこぼれを生まざるを得ない[47]と言えよう。

　ただここで、背泳ぎにおける初心者指導については、呼吸法が第一義の問題とはならないかとも言えるので、検討を要す課題ではある。

　しかし背面の姿勢に恐怖心をそれほど抱かず、比重の軽い女子学生などにおいては、背浮き、キックを

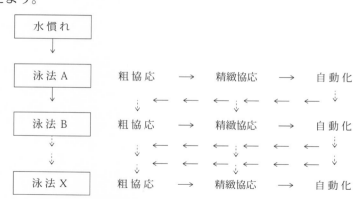

図2-3　新しい泳法獲得過程＿＿ご破算とやり直し原則[46]

ベースにした泳ぎで一定の距離を進むところまではそれほど難しくない泳法だとも言えるが、背泳ぎのコンビネーション、すなわち両腕のプルを交互にかき、キックとのコンビネーションが加わり、かつ一定の距離、例えば25m以上、50m程度を継続して楽に泳げるようになろうとすれば、背泳ぎで顔を水中につけたりして一定の息つぎ方法を獲得して背泳ぎコンビネーションを泳ぐスキルを学習していかないことには、他のどの泳法よりも最も習得の難しい泳ぎが背泳ぎである。とりわけ、クロールの場合でもそうであるが、クロールコンビネーションや背泳ぎコンビネーションで下半身、脚部を上手に浮かせて泳げるようにするためには、特に上半身でのローリング（左右方向への回転）をうまく取り入れ、かつ潜る・浮くという「上下方向（前後方向）へのグライド動作」との複雑な協応動作（コンビネーション）が必要とされる。

つまり、クロールや背泳ぎは、平泳ぎやバタフライの左右両側が同時に動作される泳ぎに比べて、より次元の高い複雑な協応動作スキルが要求される泳ぎである。なぜならば、平泳ぎやバタフライは回転軸としては、左右両側への交互の回転動作（ローリング）は不要で、上下両方向へのグライド動作だけが必要とされる泳ぎだからである。

2　ドル平泳法による初心者指導の特徴と課題

1）ドル平泳法の特徴

　序章（とりわけ p. 16）に述べたように、学校体育研究同志会（体育同志会）が提案した「ドル平泳法」は、脚はドルフィンキック、腕は平泳ぎのプルに似た動作で泳ぐ泳ぎ方である。しかしこれは、先に示した波多野式教程で「バタ足」を使って水中を進めるようにし、そこに顔を水につけたまま「面かぶりでのプル動作」の追加、その上で呼吸法を教えて泳ぎの導入を図ったように、単にキックをドルフィン型にし、プル動作を平泳ぎ型にしてバタフライに平泳ぎを結合した泳ぎから導入すると初心者が泳げるようになるとしたものではない。

　これは「泳げる」ということを「呼吸をコントロールしながらからだを水に作用させ、水上または水中を移動できること」と規定[48] し、まず初心者を「呼吸がしんどい」ということから解放するために「呼吸法」を教えることを「水泳指導の第1歩であり、基礎である」[49] と捉えた上で、以下に述べるような考え方[50] に基づき、初心者指導「ドル平泳法」への手順・系統を構成したものである。

《ドル平泳法の考え方》

① 「足は脱力して浮かすだけで何も動作しない。それでも、呼吸した後十分脱力して水にのれば、連続して呼吸ができ、何メートルも泳ぐことが可能である。したがって、水泳の基礎技術は『呼吸と手の協応動作』であると規定できる。」

② 「しかし、呼吸と手の協応動作だけでは推進力や呼吸後の浮上力にまだ若干の難点がある。そこで、呼吸後その反動で沈んだからだをよりスムーズに水面に浮かせるために、また、より一層の推進力をつけるために足のキックを使うのである。」

③ 「この場合、初心者にとっては、『両足をそろえてひざから曲げて軽く足の甲で水を打つ』方法がもっとも容易で効果的である。すなわち、これがドルフィン・キックである。」

④ 「初心者の最初に泳ぐ泳法は、現象的には手の動きが『平泳ぎ』に、そして足の動きが『ドルフィン・キック』に似ている。そこで『ドル平泳法』と名づけられたのである。」

⑤ 「『ドル平泳法』とは子どもがつけた名である。…中略…　それは単に『平泳ぎ』と『バタフライ』のキック法を組み合わせたものではない。それは、水泳技術の習得に必要な技術的な条件（呼吸と手のかきの協応動作、リラックス、リズム、バランス）

を備えた泳法である。」

　ドル平泳法を図解すると、図2-4*51 に示す通りであるが、上記考え方の①～③に基づいて全体の流れを再確認すると次のようになる。
《ドル平泳法の流れ》
（1）　水面に脱力して伸びる。（図2-4の①、考え方①）
（2）　顔を前に起こしながら手をゆっくりかいて、口が水面に出たとき「パッ」と息を吐いて呼吸する。（同図の②、考え方①）
（3）　脱力（特に首、手首、腰）して水に入る（呼吸した反動でからだが沈む）。この呼吸した後の脱力は、大変重要である。（同図の③、考え方①～②）
（4）　沈んだからだをもう一度脱力して十分に伸ばし、ドルフィン型のキックでだんだんと浮かす。（同図の④、考え方②および③）
（5）　水面に脱力して伸びた姿勢になる。（同図の⑤、考え方①）
　図2-4、および「ドル平泳法というものの『考え方』と『流れ』」に基づいて、体育同志会のドル平泳法における技術指導の系統の骨子をまとめると図2-5*52 のようになる。
　すなわち、水泳では何よりもまず、「呼吸」のコントロールができることが重要である。そのために、確実に・楽に呼吸が確保できる「呼吸法」を教える。図2-4の②の時

①平浮きの姿勢で十分伸びをとる。

②ゆっくり大きくかいて、「パッ」と呼吸する。「パッ」としたあと脱力する。

③その反動でからだは水に沈む。しずかに手を伸ばして伸びた姿勢になる。

④足をかるくけってだんだんと浮いてくる。

⑤水面に浮いてきて、ふたたび、平浮きの姿勢になる。十分伸びをとる。

図2-4　ドル平泳法の泳ぎの流れ模式図

| 呼　吸 | ＋腕のかき | ＋脚のけり |

図2-5　体育同志会の水泳初心者への技術指導系統

点（上記、ドル平泳法の流れの（2））において、頭・顔に続いて口が水面に出た際に「『パッ』と息を吐き出す」呼気が大事であり、この呼気に引き続いて反射的に横隔膜の収縮によって息が吸える（吸気）が生じて呼吸が行われる。

　実際の泳ぎにおいては、この呼吸動作の際に「腕のかき（プル）」の助けを借りて、「呼吸時間」の確保と吸気の深さ（呼気＝「パッ」の強さ）とによって、確実に十分な空気を確保することができる。

　こうした呼吸法を獲得するために、体育同志会では表2-2[*53]に示すように、Ａの呼吸法の練習を ①「陸上（四股の姿勢で実施→座っての実施など）」→ ②「シャワー（立ったままでの実施→移動しながらの実施など）」→ ③「水中（立ったまま四股の姿勢での実施→立ってプル動作を加えての実施→移動しながらでの実施など）」の大きく３つの段階に分けて、そして各段階で詳細な条件を変化させて行う。そして各実施において、まず前を向いて「パッ」と大きく「口を開けて」息を吐き出し、続いて、下を向いて「口を閉じて」反射的に口の中に息が入る動作を繰り返す。こうして各段階での「呼吸動作の訓練・学習」によって、反射的に呼吸動作が確実に行われることをスモールステップで習得し、定着を図ることを試みている。

表2-2　体育同志会の水泳の技術指導系統（1972、*は原の補足説明）

```
Ａ．呼吸法の練習
　　① 陸上（プール・サイド、海岸など）で呼吸法の練習
　　② シャワーを浴びながら呼吸法の練習
　　③ 水中にはいって呼吸法の練習
Ｂ．呼吸法と腕のかきとの結びつきを作る練習
　　④ 水中にはいって両腕を伸ばしたまま行う呼吸法の練習
　　⑤ 水中にはいって両腕で水をかきながら行う呼吸法の練習
　　⑥ 水中で、両腕で水をかき、歩行しながら行う呼吸法の練習
Ｃ．立った姿勢から平浮き姿勢への移行と呼吸法との結びつきをつくる練習
　　⑦ ケンケン歩き（片脚とび）と呼吸法の練習
Ｄ．平浮きで、呼吸法、腕のかき、脚のけりの協応動作を完成する練習
　　⑧ ドル平（ドルフィンキック・平泳ぎ）泳法
Ｅ．各種の近代泳法への移行*
　　⑨ バタフライ型泳法
　　⑩ クロール
　　⑪ 平泳ぎ
　　⑫ 背泳ぎ
　　⑬ 個人メドレー（総合練習）
```

---

* 1965年の「ドル平泳法による指導法」では、指導体系（指導系統）は、Ｄの「ドル平泳法」までの表記で終えている。本文の中では、「9.平泳ぎ」として、ドル平泳法から平泳ぎへの移行の仕方について記している。但し、平泳ぎとドル平の違いとして、「腕・脚の運動の目的および運動の方向」における違いが取り上げられている。その理由として、平泳ぎでは「推進力」、ドル平では「浮力」を目的とし、平泳ぎにおける腕の運動、脚の運動ともに推進力に結びつくような動作の仕方が強調されている。

Aの呼吸法習得における各段階の学習（呼吸法の練習の①〜③）を経て、Bの段階（呼吸と腕のプルの結合をめざす学習（練習））、Cの段階（立った姿勢から平浮き姿勢への移行とプル・呼吸の結合をめざす学習（練習））、Dの段階（平浮き姿勢と呼吸法の結合に加えて、＋プル・呼吸、＋キック・プル・呼吸の協応動作の学習（練習））へと系統指導が進められていく。

　その上に立って、1972年の学校体育叢書『水泳の指導』[*53] では4つの近代泳法の系統的指導のプログラム（1965年の『水泳の初心者指導—ドル平泳法による指導—』[*54] では「ドル平泳法から平泳、そして脚を使わないクロールの指導」への系統性）が提起されている（これは、5年以上の実践研究の成果に裏づけられた提案に基づいている）。

　以上が、体育同志会で提起する「水泳の初心者指導→近代泳法を含んだ水泳の指導系統」である。

　この指導系統がまとめられたことで、従来のクロールや背泳ぎへと結びつける推進力強調の指導法ではたくさんの落ちこぼれ（かなづち）を生まざるを得なかったけれども、ドル平泳法の指導によって、小学校段階において誰もが泳げるようになるとともに、多くの子どもたちが近代泳法の各種目を泳げるようになるに至っている。

　その意味で体育同志会の提起した、ドル平泳法の指導法における成果は著しいものと言えよう。

2）ドル平泳法指導の系統性における利点と課題（いくつかの問題点）

　大きく2つの利点と、それに伴っての課題（問題点）を指摘しておくことにする。

　まず、ドル平泳法においては、何をおいても「呼吸法」において、水面に顔を出した際に「パッ」と一気に「吐き出すこと＝呼気」を重視し、「吸気」のことは特に考えなくても呼気がしっかりと行われれば自然と肺に吸気されるという点が大きな特徴（利点）である。これは、《筋肉＝呼吸筋の粘弾性》と《肺自体の収縮特性》によって説明されている[*55]。すなわち、前者では私たちの筋肉は「急激に伸展させれば急速に収縮し、ゆっくり伸展させればゆっくり伸展するという性質をもっていること」、また後者では「肺自体が常に縮まろうとする性質をもっていること」という2つのことを考えると、常に縮まろうとする肺に「一気に『パッ』とまとめて吐く」ことが、呼吸筋や肺の性質に最も合致した方法だとされること。

　次に、体育同志会（表2-2）では、まずこの呼吸法の練習を、陸上、シャワー、水中でのいくつかの場で強化・定着することが強調されているが、これはバイオメカニックス・運動学者の小林一敏氏による「動作焦点」と「意識焦点」の関係に関する研究と推察をもとに、（水泳運動スキルの中核に近い）「呼吸」の制御方法を先に練習・習熟、つまり「動作焦点（＝反射的動作）」化しておくことにより、後から、手・腕や足の動作

を「意識焦点（＝随意運動）」化して学ばせた方が、呼吸を必須の条件とする水泳のスキルをより確実に習得できるとする考え[56] をもとに、呼吸法を徹底して訓練・練習することを、系統性の根本に置いたものと思われる。

　ここで小林氏の言う「動作焦点」と「意識焦点」の関係について補足すると、動作焦点というのは、「運動を起こす主動力となっている身体の動作部分」と言われ、「殆んど（ほと）無意識的に行える反射的動作にまで高められている状態にある」と説明されている。一方、意識焦点というのは、「動作焦点と同じようなリズムで意識を働かせながら動作させる身体の随意的動作部分」、つまり「意識して動作をしないと、目的とする動作をまだ正確には遂行できない状態」、すなわち「考えながらでないと目的とする動作ができない」ということである。

　すなわち、波多野式教程の初心者指導法のように、クロールや背泳ぎなどで「推進力」獲得のために先に「動作焦点」化して手足の動かし方（制御方法）を定着させていたとしても、呼吸自体が不安定なものとなり、四肢の協応自体も狂ってしまう。そこで体育同志会では、四肢におけるそうした「協応の学びの崩壊」を避けるために、「初心者における最初の意識焦点は脚や腕の動作でなく、呼吸法であろうと考えたのである」[57]。これが、体育同志会が徹底して、呼吸法を「陸上」、「シャワー」、および「水中に入って」…と詳細なスモールステップを設定して行うことにした理由と考えられる。

■問題点（その１）

　しかしながら、以上の点を総合的に捉えた場合、体育同志会での呼吸法指導のスモールステップは、必要以上に細かすぎる基本過程を準備しているとも考えられ、呼吸法を学ぶ（訓練する）段階が、序章にも述べたように、とりわけ知的・発達障がいの人々や大学生等の知的発達に長けた（た）人々に対しては、それと同等の効果を発揮しうるような学習手段（物的な環境の設置）等の工夫による学習方法・過程を構成する必要があるのではないかとの課題・問題が指摘されうる。

■問題点（その２）

　次にもう一つ、他の問題点を指摘しておきたい。

　それは、呼吸をした後、いつ浮き身に入ったり、前に進んでいくための動作（キック）をすればよいかという、呼吸とキックのタイミングに関してである。

　体育同志会の提唱した初心者指導としてのドル平の場合、pp. 51-52 に示した《ドル平泳法の考え方》の①と②（呼吸後にからだを伸ばして脱力することと、脱力後にキックを入れて浮き身をとること）および《ドル平泳法の流れ》の（３）や（４）（呼吸後に脱力して水に入ることと、沈んだ状態からもう一度脱力してキックによって浮上する

図2-6　キックー水平浮きの推進

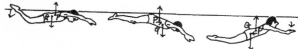

図2-7　キックーグライド動作の推進

こと）は、その前に行われる呼吸動作との時間的関係をきっちり分けて考えた上で、キックは浮き身のための手段として行うように明記している。

　これは図2-4において、「呼吸」（②）と「脱力して前にからだを伸ばすこと」（③）および「キック（ドルフィンキック）」（④）の順番をはっきりさせておいた上で動作をそれぞれ行っていくという点では、動作を学び、練習する人にとっては動作をコントロールする「順番」および「時点」を意識しやすいので分かりやすいとも言える行い方ではあるのだが、問題は大きく2つあると思われる。

　1つは、④（キック）～②（呼吸）へと結びつけていく過程での問題。もう一つは、③（呼吸後に「脱力してからだを伸ばす」）という動作は「言うは易し」、「行うは難し」であるのではないかという問題である。

　前者の場合、「足が沈んできたら、キックする」とは言うけれど、呼吸時にからだが立っている人の場合は、既に足が下がった状態にあり、こういう立ち姿勢になった際には「脱力してからだを伸ばす」ということ自体が難しい。からだを伸ばして水平姿勢をとるためには、もう一つ別の動作要因を追加しないと水平状態の確保は難しい。

　一方後者の、「呼吸後、『脱力してからだを伸ばす』」とは言っても、からだを伸ばすためには、作用－反作用の法則に則って、足場となる水を後方に押しつつ（つまり、「押す」＝「キックをしながら水を押す」という条件を加えて）、からだ自体が前に伸ばされることが必要になる。脱力はその上で確保される身体内部の筋肉弛緩の状態であるだろう。

　したがって、呼吸時もしくは呼吸後に身体の下半身（主として膝から下の部分）を水に押しつけつつからだ（上体）を前に伸ばす（図2-6）、あるいは上体を水中に潜り込ませる（図2-7）ように伸びることによって、ようやく「脱力状態」が確保されるものと思われる。後者の図2-7のように、潜ってそのあと浮き上がってくる推進は「グライド[58]」と言われる。グライドについては第1章（p.29）に取り上げ、その動作の詳細は[19]に示したが、図2-7に具体的に描かれたので、その概略・定義をここに改めて付記しておく。

★解決視点（その1）

　いずれにしても「脱力して○○する」というからだのリラクゼーションに関する身体操作（内観的な身体操作）それ自体が抽象的な用語であり、むしろ「視線を○○に向ける」とか「手を○○に向ける」「○○をもつ」などの外部の方向や目標物を明確にして、

それら対象に対してどのように動作するのか等々、具体的に動作できる空間や物体との関係でどうするのかを示してやらないと、却って混乱する課題の指示になってしまうのではないかと考えられる。特に、自閉症の子どもたちの場合、行動・動作する際にそのような具体的な空間や対象物を指定してやることが大事であること（情報を構造化して提示する必要のあること[59]）が指摘されている。また、自閉症児は中枢での統合は苦手（言葉で課題の理解をすることは困難）だが、中枢への入力機構としての図形認知や空間認知力は高い[60] と言われている。

　そうした知的・発達障がいのある自閉症児の能力の特徴などを考えると、体育同志会におけるドル平の系統性の考え方に基づいて、様々な場面を通じての呼吸法の練習・訓練を試みたとしても、彼らの泳ぎの習得にとってそうした練習が果たしてどのような意味をもつのかという、意味の統合の段階でうまく制御していくことが難しいと予想される。

　このことは、後述する「輪くぐり」という空間認知を働かせやすい道具（教具）を使って呼吸動作習得の訓練をする中で、粗いながらも大まかな呼気の動作（「プファー」とか「パー」）と輪くぐりでの「キック－潜る」を繰り返すことによって、「呼気・吸気」と「潜る」動作の関係を結びつける契機を内包していると考える。

★解決視点（その２）

　そして、「輪くぐり」の輪っかという道具（教具）は反射系の動作を誘発しやすいという利点、すなわち緊張性頸反射[61]（図 2-8 の a、b、c）を表出する効果も備えている。
　輪くぐりをすることを出発点にして、動作の経過を示すと次のようになる。
①輪をくぐるために顔を下に向け潜っていく動作は図 2-8a に示す、腹屈（前屈）していく屈曲の姿勢となり、一旦脚も膝および股関節が屈曲する体勢になる。
②輪をくぐり抜けようとすると図 2-8b のように、顔が下向きから前向きに切り替わろうとする際に、曲げられていた膝が反射的に伸びようとする姿勢をとる[61]。
③さらに上部に浮かぼうとするために顔が前向きとなって（反射動作の用語でいうと「背屈頭位」の反射的姿勢＝図 2-8c となって）、水平位の状態から顔が水面に浮き上

図 2-8a　人の乳児における緊張性頸反射＿腹屈頭位姿勢：「頭部を腹方に屈し、頭を下に垂らした姿勢を取らせると、四肢は屈曲し、躯幹は腹方に彎曲する」という。これも緊張性頸反射の図（福田精，1957）。水面に浮かんだ輪をくぐるために水中で顔を下（お腹の方）に向けたとき、上下肢の緊張が緩んで上肢、下肢ともに屈曲する。引き続き、泳ぎでは、次の図 2-8b「グライド１」＝お腹に視線を向け、その後徐々に下方から前方向に首の向きを換えて、下向きから前方、そして上方へと進み浮き上がっていく。

図2-8b　水中に潜っての腹屈頭位時の伸脚姿勢（グライド1の姿勢）：この姿勢は動物の緊張性頸反射（腹屈頭位姿勢）に見られる脚の伸展状態に類似の反射的な動作[61][62]（p.67の図2-10では図2-10-1aの①加重の局面）となる。ただグライドにおいては、さらに引き続いて水中で前方に伸びて浮き上がろうとする「グライド2の姿勢」（頭部を前に起こす運動＝背屈頭位に向かう姿勢：図2-10-1aの腹屈頭位姿勢は図2-10-1bの「抜重の局面」へと連なる前段階の動作）である。人間の緊張性頸反射においては次の図2-8cへと繋がり連続していく。

図2-8c　水中に潜っての背屈頭位時の伸脚姿勢（グライド2〜浮いて息つぎ時の姿勢）：この姿勢は動物の緊張性頸反射（腹屈頭位姿勢）[61]（福田p.13）とは逆に脚の伸展状態へと繋がる反射的動作である。グライドにおいては、潜り進んだ後さらに、引き続いて水中で前方に伸びて浮き上がろうとする「グライド2の姿勢」（p.67の図2-10の図2-10-1b「楽な浮きの確保（②抜重の局面）」）〜図2-10-2「楽な息つぎの確保」へと繋がり連続していく。

がってくる。

　すなわち、頸部・頭部の動き次第で脚部の動きがつくられている。その意味からすれば、ドルフィンキックの大元が緊張性頸反射の動きを介してつくり出されるので、ドル平において、輪くぐりのような障害物を利用して泳ぎの骨格を形づくることは大変重要な技術獲得の手段として機能させうるように思われる。つまり、呼吸動作を基軸に、腕・手の助けを借りて、頭と顔の上げ下げを行うことにより、足のキックを特に意識しなくても、脚の屈曲（弛緩）と伸展（打ち下ろし）が結合しやすい（引き続いて起こる）条件が備わっているし、輪くぐりはそのような一連の動作を誘発する条件を備えていると言えるのではないだろうか。

　体育同志会のドル平における体の使い方の手順・系統および図2-4におけるドル平泳法に関連づけて、緊張性頸反射の特性を生かしたドル平の指導法の意義を考えてみると、次の2つの点を指摘できるのではないかと思われる。

　1つは、呼吸後に「脱力してからだを伸ばす＝水平に近い状態に戻る」ということを確実に遂行していくためには、このように緊張性頸反射の特性を生かしながら、ドル平的な泳ぎが成立しやすい環境条件（ここでは輪をくぐること等）を整えていくことによって、図2-4における「呼吸動作」（②）と「潜り─浮き」（③〜⑤）の関係を軸に、腕・手による「プル」の動作と脚・足による「キック」の動作（曲げた脚部を「伸ばす」

「打ち下ろす」動作）を②と③〜⑤のどちらかにあるいはどちらにも関係づけながら繰り返していく運動、それが泳ぎ・水泳という運動の基本構造と言えるのではないか、ということである。

　2つ目は体育同志会の図2-4（p. 52）のドル平の呼吸後（③）において、「その反動でからだが沈む。しずかに手を伸ばして伸びた姿勢になる」と書かれているが、こうした「脱力して伸びた姿勢をとる」ために確実な方法は、乳児の腹屈頭位姿勢（図2-8a）に示すように、呼吸後頭・顔が水中に潜るために腹屈（前屈）すると膝が一定屈曲した状態（緊張が緩んだ状態）になり、続いて脚の伸展に向かって脚部を水中に打ち下ろしたり（ドルフィンキック；図2-7）、開いた脚部を閉じたり（平泳ぎのキック；図2-6）すると「脱力して伸びた姿勢」が確保されやすい（図2-8b）。この上半身を中心とした脱力と伸びを取る姿勢は、ドル平はもとより、近代泳法等すべての泳ぎの種目（横泳ぎおよび背泳ぎ等の各種泳法）いずれにおいても共通する呼吸後の動作原理であるという点があげられる。これは、「浮きと呼吸をしやすくする楽な泳ぎの原理」の模式図（p. 67の図2-10）に示すように、浮心に身体重心を乗せる（預ける）ように体幹全体の伸びを取ることによって、推進力とともに浮力が得られるので、潜ったり浮いたりの運動がスムーズに行われると考えられる。

　もちろん、上記したことは、体育同志会のドル平泳法（これを「ドル平1」とする）における呼吸後の「脱力して伸身状態になる」（＝図2-4の③）は、呼吸直後に「キックして伸身状態になる」（図2-6の右側や図2-7の中間部＝図の第2局面）に比べて、キックという明確な身体動作を伴わないという点で言えば、技術的に「より易しい」とも考えられるかもしれないが、以下2つの理由から呼吸後にキックを伴う動作が介在した方が泳ぐ動作行為を容易にするものと考える。

　その一つとして、泳ぎの苦手な人、初心者に見られやすいのは、呼吸時に体のラインが立位に近い状態になるので、キック動作によって上体を水中に潜らせなければ、図2-4の③のような水平位姿勢が得られないこと。もう一つは、輪くぐりを使うことで、輪をくぐるに際して身体全体が屈曲した図2-8aから脚部の伸展（キック）が生じて図2-8bの伸身状態へ、そして輪をくぐった後に進行方向にある次の輪を見ようとすることで、図2-8cに示す上半身・顔が水面（輪っかの中）に浮き上がってくると考えられることである。こうした過程は緊張性頸反射の作用を示すものである。

　これは初心者においては、呼吸時に上体が立位的姿勢になりやすいことを考えると、呼吸動作とキック動作を関連づけ、図2-7のようにグライド的動作からのリラクゼーションを導入していくようなドル平泳法（「ドル平2[*63]」と呼んでおきたい）の指導の方が、確実に息つぎをし、進みながら浮いていきやすいのではないか。少なくとも、平泳ぎやバタフライ、クロール、そして背泳ぎなどの近代泳法の基本的構造の把握へと発

展させていきやすいのではないか。差し当たりここで私は、そのように押さえておきたいと思う。

　以上、体育同志会のドル平泳法の指導法においては、とりわけ知的障がい・発達障がいの人にとっては、呼吸法獲得でのスモールステップが入念に設定されすぎているのではないかということと、呼吸後に「脱力し水平姿勢」に移行していくに際して、緊張性頸反射の特質を生かしながらキックが行われる方法（首・頭部の上げ下げに伴って膝が曲がったり伸びたりすることでキックが行われる動作）を採り入れていく必要があるのではないかということの2点を指摘した。

3　和歌山大学における水泳指導法の考え方（体育同志会のドル平泳法指導との比較）

　和歌山大学に私は1976年度より赴任することになった。その当時、夏休みが7月11日から9月10日頃まであり、夏休みが終盤に迫った9月はじめから1週間程度教育学部学生対象に補講が行われていた。それは、男子が100m、女子は75m泳げないと、教育学部生は体育実技前期の単位が保留になるという仕組みで、6月中旬〜7月10日頃までの3週間ほどの期間は水泳実技の授業が教育学部の全学生を対象に行われていた。それで、上記の距離を泳げなかった学生に対して、9月の前期試験が始まるまでの機会に再テストがあるので、そのような補講を先輩教員の2人の先生方が行っており、その年度から私自身も加入することになった。

　泳げない学生の中にはほとんど初心者の学生もおり、そのような学生をはじめ、補講に参加した全学生が、要はリラックスした泳ぎができないので100m、75mという距離を泳げていないという結果に繋がっていた。なので、参加学生全員にドル平（私たちの場合は「ドル平2」）を指導し、教員採用時に課題として取り上げられてもいた「平泳ぎ」や「クロール」に結びつけて指導をする試みもした。

　76年度の着任1年目は、私の方からドル平を提案し、先輩教員も同意してくれて、互いに議論しつつ、どのようにドル平をしていくかということを確認し合う1年でもあった。そして、77年、78年で表2-3[*64]のような和歌山大学方式のドル平ー平泳ぎの方式を確立することになった。

　この表において、ドル平へのステップが5段階。平泳ぎに4段階を設定。下記に、ドル平について簡単に補足説明を加えておきたいと思う。
①体育同志会のドル平泳法（ドル平1）の指導系統（表2-2）の「A. 呼吸法の練習」
　に相当するものは基本的にステップ1の「水慣れ」段階において行った（「ンー・パー」
　や「浮きと沈みの練習」等で）。

表 2-3　和歌山大学夏期水泳教室での水泳指導プログラム＿「ドル平－平泳ぎ」教程

Step	目　標	内　容	練習形式とその特徴
1	水慣れ （水の抵抗感、浮くこと、沈むことの理解〈感覚・知覚〉）	◦ 水かけごっこ ◦ 水中での移動運動（歩のバリエーション） ◦ 水中ジャンケン ◦ bobbing を使っての呼吸運動「ンー・パー」 ◦ 浮きと沈みの練習	円陣で手をつないだ形式。2 人一組の形式。フリー形式：特に円陣形式においては、集団によって運動方向が規定される。
2	伏し浮き・けのびから立位姿勢になる（安全性の確保）および呼吸のタイミング（粗野なタイミング）[注1]をつかむ	伏し浮き（けのび）→ 立ち・呼吸 ※背屈的頸反射[注2]を利用し、片足を前に踏み出してゆっくり立つ	一般には補助はつけずに行う。 ：能動的な動作獲得を強調（能動的動作習得傾向）
3	呼吸法「ンー・パー」[注3]の習得、およびそれとキック・伏し浮きの粗野な結合	伏し浮き → プル・呼吸 ↑　←キック←　（立ち） ※ドルフィン的キック	腕の補助あり ：受動的な動作習得傾向
4	視線方向の操作による「頸と体幹のリラックス（上体潜り）」[注4]と「浮き－プル・呼吸」[注5]のタイミングの習得	伏し浮き ⟶ プル・呼吸 ↑（キック）　←（キック動作）↓ （頸・体幹弛緩） （視線を前）　（視線を下）	脚の補助あり ：受動的な動作習得傾向
5	ドル平的泳ぎの全体的経験による各種運動要素間の結合	伏し浮き ⟶ プル・呼吸 ↑（キック）　←キック・上体潜り←↓ （視線操作）　（頸・体幹弛緩）	補助なし ：能動的な動作習得傾向
6	平泳ぎ動作への導入（1）：股関節屈曲を抑制するための「開脚はさみキック」の習得	1．壁キック（脱力開脚とはさみ閉じの動作） 2．開脚はさみキックを使っての全体的遊泳（Step 5 に類似、しかし、潜り動作は抑制する）	1．壁による腕の補助：受動的動作習得傾向 2．補助なし：能動的動作習得傾向
7	平泳ぎ動作への導入（2）：「膝部の脱力・外転[注6]」による開脚はさみキック」の習得	1．壁キック 2．膝脱力のはさみキックを使っての全体的遊泳	Step 6 に準ず
8	平泳ぎ動作への導入（3）：一般的な平泳ぎキック（足首を屈曲して足裏で水をはさみ押す動作）の習得	壁キック	Step 6、7 の 1 に準ず
9	平泳ぎコンビネーション（全体的動作結合）	けのび ⟶ プル・呼吸 ↑　←キック←↓	補助、非補助の動的な使い分け

（全体的注）内容欄中の□は動作単位、「□・□」は□と□の強い結合（時間的融合）、「□→□」は□と□の間に時間的な "間" を置いた結合、（ ）は動作系列中の留意事項。

注1）これは「伏し浮き・けのび」から「立位姿勢」になるのに、慌てずに立ってから「呼吸する」（『パー』と息を吐く）ことを強調。これを「粗野なタイミング」と示した。

注2）背屈的頸反射とは顔を前方・上方へ起こすと、腕は肘のところで屈曲し、それに伴って脚部も膝のところで弛緩し軽い屈曲となる。そのことによって、水平位になっていた体が立位姿勢に近い状態となって立ち、呼吸が可能となる。

注3）呼吸法「ンー・パー」とは、水中では「ンー（＝止息）」、水面に顔面（口）が出て「パー（＝呼息）」の動作を言う。しかしここで、止息＝息を止める際、口を閉じて「ンー」と軽く鼻から息が漏れるような止息の呼吸動作を示す。また、水面で呼息＝息を吐き出す際、「パー」（できれば「パッ」もしくは「プファ」）と、強く息を吐き出す（「呼息動作」という）。その呼息の結果として、吸気＝たくさんの空気が肺に入ってくる。そのような呼吸動作の方法のことである。

注4）「頸と体幹のリラックス（上体潜り）」とは、足のキックに伴って首・体幹を下向きにうな垂れると、上半身がリラックスして水中に潜っていく状態を示している。

注5）「浮き－プル・呼吸」とは、注4）に示す「上体潜り」の後、首を起こして顔を前方に向けると、体は水面に向けて浮き上がってくる。その時まず頭部・顔面が水面に出てきた際に腕のプルによって、口を水面に出し、強く息を吐き出すことを「プル・呼吸」と言う。

注6）「外転」とは、両脚部を屈曲・開脚した状態から、両膝頭を更に外側に開く（両脚部が外側に押し出される＝両脚が外側向きに回転される）ように開き、そのまま両脚が伸びて閉じられていくような動作を言う。

②体育同志会の「ケンケン呼吸」に相当するものは、ステップ2の「伏し浮き（けのび）
　→立ち・呼吸」、特に立ち・呼吸時に顔を前方に向けての「背屈的頸反射（＝緊張性
　頸反射における『背屈頭位』の状態）」（表2-3の注2）、*42および*62と図2-8c
　も参照）を利用して、前方に視線を向けることで、まず腕と体幹、脚が伸び、体が水
　平姿勢をとって浮きやすくなり、顔と口も水面上に出る。その後、足をついて立つ場
　所を確認するように下を向くことで、人間の乳児における「腹屈頭位」姿勢（図2-8a）
　となり、背（体幹）と脚の緊張が緩んで膝が曲がり、立って呼吸がしやすくなる。
③第3ステップで、立ち呼吸からキック（ドルフィンキック）後、少し潜って伏し浮き
　になる（グライドの習得）。その後、立ち呼吸に戻り、この過程を慎重に繰り返す。
④そして第4ステップで呼吸時には立たず、呼吸をすると、ドルフィンキックによりグ
　ライドをリラックスしてとらせることを重視し、この際、視線方向を水中の「下方」
　〜「前方」（手の方を見る）に意識の焦点化をさせていく。
⑤ドル平2のコンビネーション（特に、グライド動作に留意して、首・体幹のリラック
　スと視線方向の移動に意識焦点化しながら）で泳ぎ込ませた。

　こうしたポイントの設定により、人生18年以上を経て、それまで「泳ぎ」と言えば
苦しくて仕方なかった体験を一挙に覆す体験をしているのだから、「泳ぐのが楽しくて
しょうがない」と言って、500 m〜1000 mの距離を泳ぐ学生も現れるとともに、所定の
距離を超えて泳ぐのを楽しんでいった人が49名の参加者中23名と約半数近くいた*65。
　また、参加者のpre-test時の可泳距離を、① 5 m、② 10 m、③ 25 m、④ 50 mの4
つのグループに分け、男女それぞれの課題距離75 m（女子）、100 m（男子）を達成し
た日数別に整理すると、①＝3.8日、②＝2.6日、③＝1.6日、④＝1.2日であった。
参加者のうち1人だけが課題達成できずに2日間のチャレンジで帰ってしまったが、そ
れ以外の人は全員課題達成することができた。
　なお、課題距離を達成するのに6日間を要した人は2人だけで、その人たちは6日間
の練習が必要であった（しかし、うち1名は6日目に500 mを泳ぐことができて、とて
も喜んで帰った）。また、最初5 mしか泳げなかった人（10名）のうち3日以内で目
標達成した人は6名。10 mの泳力だった人（18名）のうち3日以内で目標達成できた
人は13名。25 mの泳力だった人（15名）では、1名を除き2日以内で達成した人は
14名。50 mの泳力だった参加者は6名で、うち5名は1日で目標達成できた。
　以上のことから、大学生の男女ともに、ほぼ金づちに近かった人でも、「ドル平2」
の指導で数日間の練習で概ね100 mほどの距離は泳ぐことができるようになったので、
ドル平2の泳ぎの指導力はかなり高いことが証明できているのではないだろうか。

第3節 知的障がい・発達障がい児への水泳指導法（輪くぐり教材・教具）の開発

1 輪くぐり教材・教具について

1）輪くぐりとは

　言葉でのコミュニケーションが難しい知的障がい・発達障がいをもつ人々においては、これまで見たように、水泳の指導においては、ただ「このようにするのです」と言って見せても、相当に彼、彼女の興味と合致する場合でなければこちらの示すことに注目をしてくれないし、「なぜ」「何を」「どうやって」「やる・行うのか」ということまではとても聞いてくれるものではない。

　しかし障がいのある子どもたち対象の子ども会でプールの活動を学生たちがやってくれた際に、私は輪を1つ持って行って、リーダーの学生とその子どもさんに、「お風呂だよ。入ろうか」と言って輪っかの一端を指で持ち上げながら、そのリーダーにまず中に入ってもらった。そうするとそれに興味を示してくれた子どもさんも、一緒に輪のお風呂の中に入った。そのときの表情がにこやかだったこともあって、その輪っか1つでリーダーと子どもさんが、何度か入ったり、出たりして遊び楽しんでくれた。

　後は、本著の冒頭でも述べたように、自分では喜々として、水に顔をつけ、潜ったり、プールの底に置いたおもちゃや石などを拾ったり、手の平で水を掬（すく）って空中にシャワーのように水をザアッと投げ上げたり、自分の顔や頭などにかけたりしながら、楽しむことのできる自閉的なタイプの子どもさんを見ていて、何とか息つぎをして、水の中を連続して泳いだりすることを楽しめるようにならないものかと思い、下記の図（図2-9）のような輪くぐりをする道具を作って、彼らに提供してみると、意外とすんなりとそれをくぐって水中を移動することを楽しんでいることを発見！

　あと詳しくは、1章でのAMとSHの輪くぐりによるスキルの発達の過程で紹介した通りである。

　さて、こうした輪をくぐる動作は、運動の局面を分割してみるとp.67の図2-10の①〜③のように3つの部分（①＝加重の局面、②＝抜重の局面、③＝息つぎの局面）に分けられるが、その前にまず輪くぐりの4つの図を元に、輪くぐりそのもののねらいを確認すると、以下のようになる。

　a.「輪くぐりI」（図2-9a）：
　1つの輪で、通常の腰やお腹くらいの深さのプール（深いプール）では、立った姿勢

から輪に向かって顔および上半身を水につけて、輪っかの手前の縁をくぐり、輪の中で「パー」や「プファー」と息を吐き出しながら手をかいて呼吸（息を吐き出し・息つぎ）をする。小さな浅いプール

図2-9a　輪くぐりⅠ
図2-9　輪くぐり教材模式図(1)

では、手を底につき足の膝や足指を底につけた状態から始め、顔・頭を水につけ輪っかの手前の縁をくぐって、先の場合と同様に輪の中で呼吸する。

b.「輪くぐりⅡ」（図2-9b）：
　深いプールで、輪を縦にして（リーダーたちが両手で1人2つずつ輪をもつか支えるかして）連続的に並べ、少し離れた所まで潜って手のプルや脚のキックを利用しながら目標地点を目指して（他のリーダーなり、親御さんが

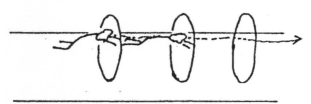

図2-9b　輪くぐりⅡ
図2-9　輪くぐり教材模式図(2)

プールサイドに立つなりして）、そこまで無呼吸、もしくはしんどくなるなどの場合、無理をせずに途中で息つぎして進んでいく。つまりこの輪の場合は、プール空間の中でどこに向かって泳ぐのかを明確に意識して泳ぎ動作を続けることを目指している。

c.「輪くぐりⅢ」（図2-9c）：
　これは、深いプールにも、そして浅いプールの場合にも随時、そのプログラムもしくはその個人にあった目的・目標を設定できるメリットがある。
　それは、参加者の全員に、息つぎを連続して行う、もしくは途切れ途切れになってもいいので、一つひとつの輪をくぐって、「潜り〜浮き（進むことを含んで）〜呼吸」の動作

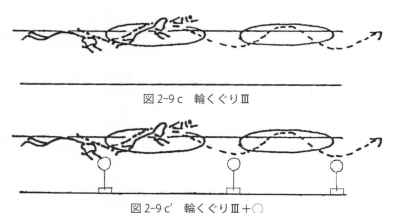

図2-9c　輪くぐりⅢ

図2-9c′　輪くぐりⅢ＋○
図2-9　輪くぐり教材模式図(3)

を一連のものとして行い目標地点まで進むこと、すなわち、これを「泳ぐ」ということの動作行為として定着・意識づけることを目的にしている。

　c′．輪くぐりⅢ＋○（図 2-9 c′）：
　これは、輪と輪の間にボールをセットし、息つぎの後いったんプールの下の方に向いて進む・潜ることを意識づけ、ボールにタッチした後は斜め上方にある輪の方を向き、水中の上方に体を滑り込ませて進み浮いていく。すなわち、輪くぐりの後は一旦下方に向かうとともに、その後上方に顔を向けることにより浮き上がっていく進行の動作＝「グライド動作」を習得させていくことをねらいとするものである。
　なぜ、c′ のように呼吸後にいったん水中に潜ることを、可能ならば習得させようと試みるのか。

2）「水泳＝文化」となる決め手：楽な泳ぎの原理＝ "単位" の獲得
　泳いでいる最中に最も速いスピードとなっているのがどんなときかというと、それはバタフライを泳いでいるときに「両手を伸ばし頭を下げて全身が水に入ったとき、秒速 3.6 m（時速で 13 km 弱）が出ている」[*66] という。もちろん、輪くぐり時の水中に潜り込んでいく「グライド動作」と競泳でのバタフライ時の「グライド動作」では速度は全く違うが、水中を速く進んでいくというのは泳ぐ運動における効率性＝無理・ムダのなさの証しでもあり、楽に泳げるスキル・動作技術の獲得にとって、「グライド動作」はとても重要な泳ぎの原理であり要素であると言えよう。
　輪くぐりの運動は、スムーズに連続すると、魚が水中を左右や上下に進んでいくのと同じように、上に行ったり、下に行ったりがリズミカルに繰り返される。言わば泳ぎの動作自体に快適な「波の運動」が包含されている。人間が泳ぐ際では、水中で前に立ちはだかる抵抗物（輪）を避けながら進み、上に行くのは「呼吸」のため、下に行くのは呼吸後の「グライド」と「推進」のためである。すなわち、グライドと推進は「快適さ」を生む運動であり、一方、呼吸は「生命保持」に不可欠な運動、言わばこれらの両者で水泳が文化として存続するための「最小限の必須の原理」、すなわち呼吸とグライド・推進が結びついて泳ぎの「単位」[*67] となっている。輪くぐりと出会うことによって、知的障がい・発達障がいのある人たちが「水泳」を「楽しめるもの」として意識・認識する。言わば水泳が、楽しみを生み出す原動力＝「文化的価値・意味を担った存在」として働かせるきっかけ・キーを担っているとも言えよう。これが輪くぐりのもつ「文化的価値」ではないだろうか。

　では、こうした「波動の連続的運動」を生み出す方法・原理を考えてみよう。

それは、身体の中で最も重い部分の１つである頭を沈めることによって、体幹を水中に沈める（潜らせていく）と、身体の浮袋の中心点（浮心）である肺に対して、身体で重力の働く中心である腰部（重心）を軸に回転運動が生じ、前方〜下部に滑り込むように潜る運動（グライド）が起こっていく（図2-10-1a「楽な潜りの確保」（①加重の局面）と図2-7（p. 56）の「キック―グライド動作の推進」の前段２つの図等を参照）。その後、頭を起こす（視線を前方〜上方に向ける）動作によって、潜っていた運動が浮き上がる運動へと切り替わっていく。頭・顔が水面に浮上した段階で呼吸（息つぎ）をすると、「泳ぎの単位」が成立する。

　図2-10をもとにもう少しこの楽な潜り〜浮きと呼吸のコンビネーションの関係（泳ぎの単位）を考察すると、以下３つの動作局面・過程が成立する。

（１）　楽な潜りの確保（図2-10-1a ＝ ①加重の局面）である。

　　キックを基にして、頭を下げ肺にある浮袋を抱くように、身体重心（腰）をその肺の上に覆い被せるようにして、前方〜下方に推進させていく。これはまさしく輪をくぐっていく際の動作そのものである。

（２）　楽な浮きの確保（図2-10-1b ＝ ②抜重の局面）である。

　　①により前方〜下方へと進んでいく中で視線を前方〜やや上方へ（できれば両手を前に伸ばして視線を手に）向けるようにすると、下向きのベクトルが前〜少し斜め上方へと移動し、身体下方からの浮力（水圧）を受けていく。これは、輪をくぐった後、次の輪に向かって推進する際の水中での動作そのものである。

（３）　楽な息つぎの確保（図2-10-2 ＝ ③浮いて「プファー」）である。

　　②（抜重の局面）の経過を待って視線を前方に向け続けていると、そのうちに頭そして顔、その後口が水面に出てくる（浮いてくる）。このときに両腕・両手で水を軽く押さえて自分のお腹の方にかき寄せ（プルし）、口がスッポリと水面に出たら、吐かずに我慢していた息を「プファー」とか「パッ」・「パー」とか言って吐き出す（呼気）。その後お腹〜胸（肺）の下の方に水をかき寄せるようにしながら「ハア」とか「ファア」と息を吸い込んでいく（吸気）。水中を進んで、次の輪の中で呼吸（息つぎ）する際の動作はまさしくこれである（p. 35のSHの呼吸時の写真1-3）。

　これら（１）〜（３）の過程は、その順に「イチー」・「ニー」・「サーン」、そして一呼吸置いて、「プファ・ハア」といったリズムで声を出しながら行うと、自らの動作を意図的に制御（コントロール）しやすいと言える。

　しかし今の考察は、知的障がい・発達障がいの人たちにはそのように指示してうまく

図 2-10-1 a 　「楽な潜りの確保」（①加重の局面）
　　　①加重の局面：視線を下か少し後ろに向け、背を丸める（頭を水に沈める）
　　　　　　　　　　頭・上体を沈める「反作用」としてのキック（ドルフィン的）

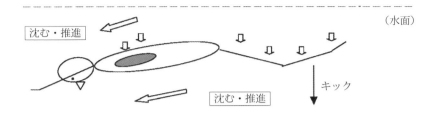

　🔲 水圧、水流＝重心の方向　　キック：沈み潜り〜浮きを創り出す原動力
　⬤ 肺＝浮き袋　　　　　　　　　↳ グライド（滑水するための「うな垂れ〜水平」）の姿勢

図 2-10-1 b 　「楽な浮きの確保」（②抜重の局面）
　　　②抜重の局面：視線を前方か少し斜め上に向け、水平姿勢確保　腰椎部を軽く緊張

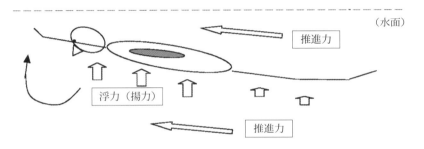

　🔲 水圧、水流＝浮力の働く方向　　・浮き袋に加えていた圧力を抜く
　⬤ 肺＝浮き袋　　　　　　　　　　・視線を下方から前方へ：浮きを創り出す原動力
　　　　　　　　　　　　　　　　　　・グライド（or 水平）姿勢：沈みから浮上への転換と揚力

図 2-10-2 　「楽な息つぎの確保」（③浮いて「プファー」）

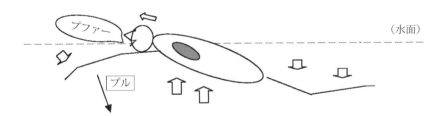

　プルは、息つぎ＝首の運動（＝呼吸の動作＝「プファー」）を助けるためのもの
　呼吸時、視線は前方に向け、口から息を吐き出し（プファー）その反動で吸う（ハア）

図 2-10　浮きと呼吸をしやすくする楽な泳ぎの原理

いくものではない場合がほとんどである。むしろ彼らは彼らなりに動作のリズムを刻みやすい環境（知覚－運動の操作環境＝リズム・空間）があるのではないかと思う。

　それが上記した「輪くぐり」や「ホースロープくぐり[*132][*135]やプカプカポールくぐり[*151]」（第 7 章 p. 334 と p. 361）、「輪くぐり－ボールタッチ」（図 2-9c′）のような物的環境（物的な運動リード空間）なのではないか。それが「輪くぐり教材・教具」を考案し、提案することの意義・価値である。

　彼ら、子どもたち・大人たちは浅いプールなら、足そして手で床にタッチやプッシュをしながら、そして輪と輪の間にある色とりどりの小石や小輪を拾いながら「潜り－浮き上がり－息つぎ」をして輪の下の空間を上下にうねりを伴いながら進んでいくのを楽しんでいる。また深いプールなら、図 2-9 の c および c′ に示したように輪をくぐり抜けながら泳ぐのを覚え、いつの間にか図 2-10 の①～③に示すのに近い泳ぎの動作過程を経て、リーダーの後追い泳ぎをし、それから後、遠泳（第 5 章等に示す）においてリーダーとともに泳ぐことの楽しみ、また、その後の人生でいつか大海において、自分 1 人で目標地に向けて泳いでいく楽しみを見い出す可能性を秘めていると言えよう。

3）輪くぐりを支える理論的考察

　「輪くぐり」を知的・発達障がいの人々の水泳指導に導入して利用することの意義・価値については以上のとおりである。言うなれば、これまでの視点並びに理論的考察は「水泳指導」という専門的分野において、他の指導法に比べて、輪くぐり導入の効果性がどのような形で存在しているのかという点からの価値追求であった。

　ここではもう少し突っ込んで、「輪くぐり」という物的な環境を利用することにより、環境の取り込み（感覚・知覚的側面から）や課題の理解と実施に関して、対象者（障がい児者）における運動反応（実施の動作プログラミング）のしやすさ、また、解決しなければならない運動の手順やすべきことの内容の明瞭さ（動作の種類や運動のタイミング、強さなど）、さらに、こうして泳ぎの獲得に成功していくことがその人の発達にとってどう生かされていくのか。

　このような点の考察を追加しておきたい。

（1）アフォーダンス論と輪くぐり

　アフォーダンスとは英語のアフォード（afford）＝「～ができる、～を与える」などの意味を持つ語（動詞）から来ているが、Affordance という名詞は存在しない。それゆえ、Affordance は知覚心理学者、ジェームズ・ギブソン（James. J. Gibson；1904 年～1979 年）による造語である。その意味は、「環境が動物に提供する『価値』のこと」また、「アフォーダンスは事物の物理的な性質ではない。それは『動物にとっての環境の性質』」

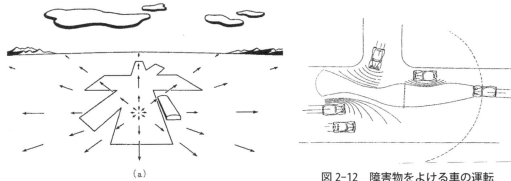

図 2-11　視覚性運動感覚（a）：着陸時のパイロットの見え方

図 2-12　障害物をよける車の運転アフォーダンス

そして、「それは環境の中に実在する、知覚者にとって価値のある情報である」等々で、「すり抜けられるすき間」、「登れる段」、「つかめる距離」はアフォーダンスである*68。言わば、知覚者＝主体者にとっての「価値」「環境の性質」「情報」を指す概念である。

　「視覚は外部からの情報を得る感覚だといわれてきたが、視覚は同時に自身の動きについての感覚ともなる」と言われ、これはまさしく「輪くぐり」という、視覚情報・価値であるが、その情報には自らの動き＝泳ぐ動作をイメージさせ、泳いでいる実感を蘇らせるための情報でもある。

　一方では、もちろん、顔を水につけるのが怖い人にとっては、「輪くぐり用にセットされた輪」は見るも恐ろしく、近寄るのも嫌な対象として知覚されるのかもしれない。私のこれまでの水泳指導実践において、そのような子どもたちも少なからず存在した。

　「輪くぐり教材・教具」によってイメージされるアフォーダンスは図 2-11*69 よりも、道路上に止めていたり、交差点から入ってこようとする情景でもある図 2-12*69 の方により近いのかもしれない。

　とにかく、輪くぐり教材・教具はそれによって、単に輪と輪がヒモで結ばれてプール上に存在する視覚的対象物ではなく、それは図 2-9（p. 64）の例えば c や c′ に見られるような輪と輪の間を呼吸とグライドを繰り返しながら泳ぐ、自身の姿・運動の知覚像・自己感覚を伴うものである。

（2）デクステリティ（巧みさ）と輪くぐり

　輪くぐりにおいて、輪の中で「息つぎ」をして、輪の中の水中へ頭を沈め、そこから足で水を後ろに押しながら頭を中心に、輪の下で身体を前方へと移動させていくと、輪をくぐって次の輪の方向にからだが伸ばされて進んでいく。つまりこれは図 2-10（p. 67）における「楽な浮きの確保」に向けての「①加重局面〜②抜重の局面」での動きを

表している。これはすなわち、最も速くからだが水中において進んでいくときの様子を表したものである。

　ニコライ A. ベルンシュタイン（N. A. Bernstein；以下、ベルンシュタイン）[70] は、これを動作構築における「緊張のレベル（レベル A）[71]」と呼んだ。このレベルは「体幹と首」の筋が受けもち、体肢に先行するレベルで、通常、多くの運動においては「背景」となって隠れた運動の制御役（先導役）を果たしている。

　ベルンシュタインはレベル A の例示としてスキーのジャンプ競技（図 2-13）を図示していたのだが、本著においては水泳の先導役のケースとして、ドルフィンキック（図 2-14）でのグライドを例示した。元々、重力の直接的な作用の働きにくい環境である水中で泳ぐ魚の運動がルーツであることや、他には水泳の飛び込み等においても同様に、首・体幹の連動が運動の先導役（レベル A）となるのである。

　ベルンシュタインが提示する動作構築のレベルは以下、レベル B、これは「筋―関節リンクのレベル」＝体肢を使っての移動運動：陸上競技、その他スポーツ運動全般で「先導役」を果たす。そしてレベル C が続き、それは「空間のレベル」＝狙いを定めて対象を移動させる運動：物を指したり、手に取ったり、動かしたり、引っ張ったり、置いたり、投げたりする動作は皆レベル C に含まれる。

　このレベル C における、レベル B との違いは自分自身の身体の筋肉動作自体に注意が払われるのでなく、身体外部の空間に動作が適合しているかどうかだけに注意が払われる。要は動作が対象物を正確な場所・空間に収められるかどうかだけを問題にする。水泳では水球や飛び込みなどがその対象に含まれてくるし、輪くぐりもその対象となる。

　最後に「行為」を表すレベル D がある。これは、人間における目的的行動すべてに関わってくる運動で、目的達成に対して連鎖的・階層的そして有意味性（合目的的な行為かどうか）が問われる。

図 2-13　首―体幹での動作制御 1（スキージャンプ）[71]

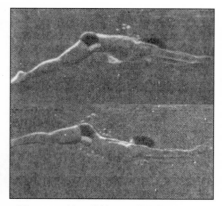

図 2-14　首―体幹での動作制御 2（水泳ドルフィンキック）[71]

水泳でのスキルは「合目的性・有意味性」を伴うという点では、競技者もしくは、たとえ競技選手ではなくても自分自身の身体や能力特性などを考えて、それに見合った技術習得や技術研究を伴って工夫を重ねている行為をする人、彼は「行為レベルの水準に働きかけている人」と言えるであろう。もちろん一般的には、水泳の技術的追求の行動自体はレベルDの「行為水準の運動」であり、その背景として作用しているのはレベルAの体幹・首の運動の制御に支えられた運動だということである。特に、水の中での姿勢の操作で、浮かんだり、潜ったりの運動が効果的に行われるとともに、そこに呼吸運動における合理性が伴うことによって、泳ぎの運動制御の要件が整うと言えるであろう。

　さらに、「その運動の仕方が合理的・合目的的であるかどうか」というスキル的性質の問題に関しては、レベルC（空間制御）の問題であるというよりも、行為レベルDの水準が関与する問題であると言えるであろう。

　したがって、「輪くぐり」は何と言っても、レベルAの体幹・首の運動制御を成立させる大事な基礎的動作の学習を、物的・知覚的環境の助けを借りて、特に合目的性を意識せずとも成立するものであり、「輪」という対象物を見て、首・視線の上げ下げやそれらの動きの維持などを習得しうる公算が強い道具（＝教具・教材）となりうるものであると言えるであろう。

（3）感覚統合の発達から人格発達への橋渡し役を演ずる輪くぐり

　輪くぐりは「輪くぐりⅠ」から「輪くぐりⅢ」までのいずれにおいてもそうであるが、とりわけ「輪くぐりⅠ」の中において、「頭・上体を水に潜らせる」と、重心の移動により「足が地面・床＝プールの底から離れて腰・体が浮く」、次に斜め上方（輪のある方向）に顔を向けると、「下半身は沈み、上体が浮き上がる」、その後に「立って・呼吸（休憩）をする」。こうした「浮き沈み体験」および「立つ・呼吸する」という安心の体験は、図 2-15 に示す Ayres, A. J.（エアーズ）の示す「感覚統合」のレベル 1 およびレベル 2 の機能を主にした活動である[*72]。

　すなわち、「水」という触覚的な場において、「輪」という視覚的物体（環境）に対して示す、「潜る」「浮き上がる」という「姿勢・バランス」の運動は、『レベル 1』の体験である「筋の緊張」「重力に対する安定性」という「筋運動感覚並びに前庭・バランス感覚」の賦活過程である。そして、こうした運動の後に続く「立つ・呼吸する」という生命保全の活動は「姿勢・バランス」の制御を必要とし、「身体両側の協応」が不可欠である。こうした生命保全の運動の成功により、子どもは「身体像」や「運動企画」力が養われるとともに、こうした成功体験は「快の情動」（情緒の安定）をもたらし、「活動水準」や「注意力」という「（生の）能動性」に関わる『レベル 2』の発達過程を誘発する。

　こうした発達過程はやがて、「言語（話しことば）」並びに「視知覚」や「目的行動」

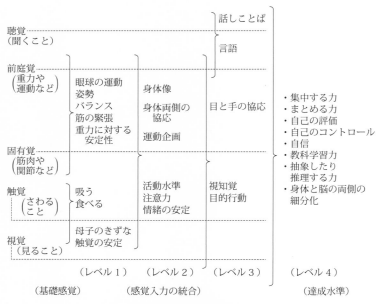

図 2-15　感覚統合の発達過程モデル

（『レベル3』）へ、さらには『レベル4』の「自己コントロール」や「自信」、「教科学習力」さらには「抽象的思考・推理力」などの人格発達へと結びついていく。

　言わば「輪くぐり」は、人間の発達過程の中の基盤をなす土台となる過程であると言うことができるのではないだろうか。したがって、「輪くぐり」を通じて泳ぎの運動行動を獲得していくことは、何らかの形でその後の「人間としての発達」に貢献する重要な一里塚を担うと期待できるであろう。

---

*35　久保田競著『手と脳─脳の働きを高める手』，紀伊國屋書店，1982，p. 25.

*36　中村嘉平・織田守夫共著「学習制御」，北川敏男編『情報科学講座E・17・4─学習制御および学習制御機械』，共立出版，1966，pp. 4-9.

*37　人間や動物などでは、視覚、聴覚、温覚などの感性的刺激が対象についての「信号」（第1信号系）を通じて、外界の対象に対する直接的な刺激反応、あるいは代謝関係を行っている。一方人間の場合はさらに、「信号の信号」である言葉（第2信号系）を通じて、人間だけに特有の行動を獲得し、環境に対して独自の有意味な文化を切り拓いて行動する存在でもある。

*38　原通範・家崎満大・中俊博共著「水泳の初心者指導研究（1）─従来の初心者指導法・教程の吟味と試案的指導モデルの作成─」，『教育研究所報』，和歌山大学教育研究所，1978，pp. 1-19.

*39　大脳皮質における旧皮質と古皮質が「大脳辺縁系（Limbic System）」と呼ばれている（図

2-1 参照）。これの機能的特徴は生存の"たくましさ"を保証するところのもので、特に本能的欲求の調節や情動的感情（快・不快、怒り、恐怖など）の体験に関与している。情動の体験、情動行動の調節に関係する中枢として、視床下部（間脳）および大脳新皮質の前頭連合野も挙げられるが、前者は情動行動発現の場、後者はそれの統合の座とされている。

*40 Kurt Meinel 著（萩原仁・綿引勝美訳）『動作学（下巻）』、新体育社, 1981.《クルト・マイネル（Kurt Meinel）はスポーツ運動学習の学習過程の位相として、次の 3 段階を示している。第 1 学習相（粗協応の発達；動作の粗協応）、第 2 学習相（精密協応の発達；精緻化・分化の位相）、第 3 学習相（精密協応の安定化といろいろな自由処理能力の発達；動作の自動化と安定化）である。さらに、各学習位相についての詳細な説明が、萩原仁「（第 3 節）運動学習の階層構造と知覚－運動のシステム化」（萩原仁・調枝孝治編著『人間の知覚－運動行動』、不昧堂出版, 1975, pp. 181-205）でなされている。クレストフニコフとプーニの示した「運動習熟形成の層過程」（前掲書＊20）もこれら学習位相の 3 段階と同様な分析をしている。》

*41 延髄が呼吸の制御・統制の中枢と言われている。

*42 運動技能の習得・指導に際して、言語機能を駆使して大脳皮質の連合野に働きかける以前に、大脳辺縁系機能や小脳系、それ以下の脳部位に蓄積されている反射機能の有効活用ができれば、技能の獲得・形成が行われやすい。そうした運動反射、姿勢反射として緊張性頸反射がある。水泳の技能取得・発揮の反射機能として、緊張性頸反射はとても重要である。

　　ただし人間においては、内部に反射機構を持っていることははっきりしているが、生まれたばかりに近い乳児などで見られるだけなので（＊57 に示した 2 つの参考文献：前掲書＊1 と前掲書＊2 を参照すると）、本著ではドル平の技術習得方法について直接記した箇所（第 2 章第 2 節 2 の 2）)）において「ドル平泳法の利点と課題」を取り上げ、「問題点（その 2）」として、体育同志会ドル平泳法の指導において「呼吸後に脱力をすること」と「その脱力の後にキックをして浮上すること」を強調している点についての問題点を指摘した。とりわけこの問題は知的障がい・発達障がい児者への指導において現れるので、彼らの場合には、言語情報よりも視覚情報に依拠して行動する特性に着目すること（解決視点（その 1））、それと、「緊張性頸反射」ということの特質を生かした動作形成上の課題に着目すること（解決視点（その 2））として、輪くぐりなどの物的な泳ぎの環境条件に着目することの利点を論じている。具体的な論点として、以下のように、緊張性頸反射を利用した「輪くぐり」と「呼吸（息つぎ）」および「ドルフィン的キック」との結びつきについて提案している。

　　これは、p. 57 の図 2-8a に示した輪をくぐる際の動作「腹屈頭位（前屈頭位）姿勢」と、浮き上がって顔を前に向けて呼吸をする際に見られる p. 58 の図 2-8c の「背屈頭位姿勢」であるが、輪をくぐって腹屈頭位から背屈頭位に切り換えるためには顔・頭部を前向き方向にする。その際、反射的には図 2-8b に見られるように、顔・頭部は斜め後方（腹側）から下方、そして前方へと切り換えられ、そのとき上肢（腕）は屈曲し、下肢は伸展する。

ここで、緊張性頸反射の仕組みについて補足しておくと、乳児の場合、腹（前）屈頭位＝頭をお腹側（顔を下）に向ける（顔を水につけて水中に潜る）と、緊張が緩んで体幹および上下肢とも屈曲する（図2-8a）。一方、背屈頭位＝頭を背中側に反らせる（顔を上げて呼吸する）と、体幹および上肢と下肢ともに緊張が増し伸展する（図2-8c）。それで、腹（前）屈頭位（図2-8a：輪くぐり時の姿勢）から背屈頭位（図2-8c：呼吸時の姿勢）への移行姿勢がドル平においてどうなっているかに関してはどうかということで、泳げるようになっている障がい者（この図は自閉児YU1当時14歳）からトレースして示したものが図2-8bである（詳細は第3章p.86写真3-2-3③）。

　なお、他の四足動物やサルなどにおける立ち直り反射（緊張性頸反射の姿勢もこの反射の一種と考えて）を参考にすると、腹（前）屈頭位では頭部と前肢（上肢）の屈曲、後肢（下肢）は緊張伸展の姿勢となり、背屈頭位では頭部と上肢が緊張伸展し、下肢は屈曲するという（島村宗夫著『運動の反射生理学』，真興交易医書出版部，1976，pp. 94-95およびpp. 144-145）。いずれにしても2つの姿勢反射間で頭部と上肢の動きに対して、下肢の動きとの間で伸展と屈曲の関係は逆になりながら交代し合う関係になっていることが分かる（p.76の*62を参照）。

　これに対し上記したように、人間の赤ちゃんの場合は、頭部・頸部での屈曲（腹屈頭位）に際して上肢も下肢も屈曲し、頭部・頸部の伸展（背屈頭位）においては上肢下肢ともに伸展する。動物の場合とは違って、頭部・頸部の動きに応じて上肢と下肢の屈曲と伸展は同調的に生じているということでの違いはあるけれども、図2-8bにおけるように視線がお腹側から下方そして前方・上方へ（腹屈頭位から背屈頭位の方に）頭部・頸部の動きが変化していくにつれて、上下肢ともに屈曲から伸展へと変化する。

　いずれにしても、緊張性頸反射の示すところに従えば、呼吸動作に伴って頭・顔の上げ下げを行うことによって、「頭と腕（と体幹）の動きに連動して、脚部の曲げ伸ばしが起こる」ということなので、呼吸の動作と潜り・浮きの動作をきっちりする（頭を起こし両腕をかいて息つぎをし、頭をうな垂れて潜り～浮きへの動作をする）と、脚部の動きは意識しなくとも上体の動きに付随して動く仕組みが備わっている、ということである。すなわち、キックは意識しなくても頭（首）・上体の動きに合わせて自然に行われるので、呼吸後に輪くぐりをしたり、水の中に顔を突っ込む遊び環境を用意すると、泳ぎの基礎的スキルが自然に養われる条件を秘めているということでもある。

＊43　＊40に記した、マイネル、プーニおよびクレストフニコフ、萩原等の各前掲書を参照。

＊44　波多野勲著『水泳教室』，大修館書店，1968.

＊45　前掲書＊44から、筆者らが要約したものである（前掲書＊38）。

＊46　新しい泳法獲得の過程は「ご破算とやり直し原則」という『幼形進化』過程を辿るという考え方に基づく。幼形進化とはガルスタング（Garstang, W., The Theory of Recapitulation: A Critical Restatement of the Biogenetic Law）の造語で、「幼形進化の現象の示すところは、ある情況下では、ある道を進んで袋小路まできてしまったとき、いわばその歩みを逆戻りして、新しくてもっと希望の持てそうな方向に出なおすことができるということである。ここでの要点は、ある有用な新しい進化形質が祖先生物で幼生あるいは胚の時期に現れてきて、この新形質はその祖先型では成体に達する以前に消え失せてしまう

が、子孫生物では成体の段階にも現れていて、保存されていくというものである」（アーサー・ケストラー著（日高敏隆・長野敬共訳）『機械の中の幽霊』，ぺりかん社，1969, p. 222）。図 2-3 は筆者による。

*47　松岡重信著「学校における水泳の取り扱いに関する調査」，『日本体育学会第 23 回大会号』，1972, p. 468.　安倍泰人著「短期大学女子学生の水泳能力に関する調査研究」，『日本体育学会第 23 回大会号』，1972, p. 466.

*48　前掲書 * 2, p. 95.

*49　前掲書 * 2, p. 11.

*50　前掲書 * 2, pp. 53-54.

*51　前掲書 * 2, p. 55.

*52　前掲書 * 2, p. 12.

*53　前掲書 * 2, p. 10（具体的内容の展開は第 1 章全体（pp. 9-72）に渡っている）.

*54　前掲書 * 1, 序章, pp. 19-86（p. 21 に「呼吸法」から「ドル平泳法」までの指導体系の骨子が示されている。その後、その体系の具体的展開が示された後、pp. 72-81 に「平泳ぎ」、pp. 81-86 に「クロール」（脚を使わないクロール）の指導法が示されている）.

*55　前掲書 * 2, pp. 108-109.

*56　前掲書 * 1, pp. 124-125 の小林一敏氏の講演会（福岡県教育委員会主催『学校体育指導者講習会講義要旨』p. 19）の引用（以下本文との関係で一部省略を加えて述べる）。
　　　「動作焦点である足と腕の動きは反射的動作にまで訓練されていても、呼吸法が訓練されていないと、非常に不安定なリズム状態にある呼吸が、運動者の意識焦点になってしまう。そうすると、反射的動作系にあった動作の焦点は、統一的制御のない状態で運動を続けるか、あるいは、乱れた意識焦点のリズムに引き込まれて、随意的動作状態に移行することになる。これが水泳動作能率を著しく低下させる原因ではないだろうか」。

*57　前掲書 * 1, p. 125.《体育同志会において呼吸法の指導を第 1 に重視する理由は、*56 にも示される小林一敏氏の指摘に基づくものではあるが、前掲書 * 2 の pp. 106-107 に示す運動生理学原理に基づき、水泳指導においては、呼吸における息苦しさからの解放が生命維持する上において最も重要な技能・技術上の特質であると指摘するものである。》

*58　前掲書 * 6《この文献の本文に「発達障害児の中には、泳ぐための要素的技能（顔・頭を水に浸ける、浮きの姿勢をとる、水中に潜ってグライドする、など）を保持しているにも拘らず、その泳ぎを継続し具体的な目標地点まで進もうとする行為を示さない子どもたちが僅かながらもいる」とし、その注書きに「上体を水中に潜り込ませていく始動動作としてのキックにより斜め下方への慣性を得れば、自然に水中に滑り進んでいく。これがグライドである」と説明。》

*59　杉山登志郎著「自閉症の体験世界とその発達」，杉山登志郎他著『自閉症児の発達と指導』，全障研京都支部企画，2001, pp. 27-29.《杉山氏は「自閉症の認知とその障害」の見出しのもと、他者との共感をもって行動していくことの発達が阻害されていることを説明し、「構造化」という「入力する情報を極力絞り込むことが日本の教育の中で不足している」という。》

＊60　ウタ・フリス著（富田真紀・清水康夫共訳）『自閉症の謎を解き明かす』，東京書籍，1991，
　　　pp. 167-172（特に pp. 169-170 参照）．熊谷高幸著『自閉症からのメッセージ』，講談社
　　　現代新書，1993，pp. 127-128.《「自閉症児が飛び抜けた成績を出すことで最も確かな
　　　のは，WISC の『積み木模様』課題とのこと」．この例を引いた上で，その理由として，
　　　情報処理モデルの考え方として，中枢の思考過程と，より周辺過程としての入力過程と
　　　出力過程を例示し，自閉症児は入力過程では優れていることを述べて説明している。》
＊61　福田精著『運動と平衡の反射生理』，医学書院，1957，p. 13.《特に図 2-8b は福田精の
　　　赤ちゃんの緊張性頸反射の図では示されておらず，次の＊62「島村宗夫の図（除脳サル
　　　における前屈頭位（腹屈頭位）の図）」に示されるところのものに相当すると思われる。》
＊62　島村宗夫著『運動の反射生理学―その基礎と臨床的応用
　　　―』，真興交易医書出版部，1976，pp. 144-145.《除脳サ
　　　ルにおいて，頭を前屈させると，上肢は曲がり，下肢は伸
　　　展する。つまり，人のドル平泳ぎで頭を下に向けて水中に
　　　潜ると脚部が伸びるのは，このような前屈頭位の姿勢反射
　　　が表出しているとも考えられ，頭の上下運動によって脚の
　　　動きは意識せずともドルフィン模様に反射的に行われうる
　　　ものである。「一般に人では姿勢反射の発達はよくない。

　　　これは中枢神経系の進化が関係することであって，動物に見られるような姿勢反射は，
　　　生後間もない乳児には著明であるが徐々に痕跡的になる」とある。それゆえに，ドル平
　　　で頭部を上下に動かして行うドルフィンキックは，必ずしも反射であると言い切れない
　　　かもしれないが，しかしそうした痕跡的な姿勢反射が現れているともいいうる。なぜな
　　　ら顔を水につけ，頭を上下に動かすと，自ずと両足が上下に振られてドルフィン的キッ
　　　クが頭部の動きに連動して行われているからである。図の左側がサルをモデルにした前
　　　（腹）屈頭位図，右側が背屈頭位図である。》
＊63　「ドル平2」：体育同志会が創造したドル平は「ドル平1」とし，それはここまでに縷々
　　　指摘してきたように，「呼吸」，次に「腕のプル」，最後に「脚のキック」の重要度の順
　　　位制を強調する余り，キックは呼吸の後で沈み〜浮き上がる（そして進む）過程で必要
　　　とされるだけの運動要素としての位置づけしかなされていない。そのことに比べ，「ド
　　　ル平2」では呼吸に伴って首・頭部の上げ下げの動作が生じ，キックをもとにグライド
　　　を誘導する不可欠の運動（これを「運動単位」（p. 65 と＊67 を参照）という）として
　　　必須のものと位置づけられる。
　　　　具体的には，図 2-7（p. 56 のグライド図）から想定され，さらに図 2-10（p. 67 の「浮
　　　きと呼吸をしやすくする楽な泳ぎの原理」）に示される泳ぎの動作図に見られるように，
　　　息つぎ（呼吸）に引き続いてドルフィンキックをすることによって水中に潜り（①），
　　　体幹の頸から背筋にかけてうねるように動作をしながら水中を滑り抜けて浮上する「推
　　　進・浮きの動作」（②），これを利用して浮き上がってきた際にもう一度軽くドルフィン
　　　キックをすることで身体全体（顔・頭から足先まで）を水面近くに水平に保ち，ゆっく
　　　りと平泳ぎのプルを加えて，口を十分に開けて呼吸する（③），このような過程を容易
　　　にさせるような泳ぎである。ここに示した①、②、③はそれぞれ、p. 67 に示される図

2-10-1ａ（楽な潜りの確保（①加重の局面））、図2-10-1ｂ（楽な浮きの確保（②抜重の局面））、図2-10-2（楽な息つぎの確保（③浮いて「プファー」））であり、pp. 66-67 の本文説明によってどういう動作が「ドル平２」の過程に含まれているのか、そうしたドル平がどのように楽に泳げる泳ぎであるのかがよく理解されると考える。

＊64 前掲書＊38（本著の表2-3）での「ドル平－平泳ぎ」教程（p. 61）。《この表の中では特にステップ４の「キック」によって得られる「頸と体幹のリラックス」によって得られるグライド（表の注４））と、それに伴う「浮き－プル・呼吸」（表の注５））が体育同志会の生み出したドル平（「ドル平１」）と異なるところであり、これは「ドル平２」と呼ばれる。この泳ぎは広島大学の佐野・松岡等が提唱した「グライド・バタフライ」（佐野新一・松岡重信「知覚－運動行動の組織化と学習の成果」、萩原仁・調枝孝治編著『知覚－運動行動の組織化』、不昧堂出版、1978、pp. 167-187）へと比較的容易に結びつけうるものでもある。》

＊65 原通範・家崎満大・中俊博・奥長康郎共著「水泳の初心者指導研究（Ⅱ）―ドル平型の泳法指導による学習効果についての一考察―」、『教育研究所報 No. 3』、和歌山大学教育学部教育研究所、1979、pp. 47-58.《本研究は本著の表2-3 の「ドル平－平泳ぎ」教程の元版（＊38：試案「ドル平－平泳ぎ」教程モデル）に基づき実践された成果によるものである。表2-3 は元版と、特に注部分を大幅拡充・修正しただけの違いである。》

＊66 宮畑虎彦著『新しいクロール』、不昧堂新書、1972、p. 12.《因みに 2020 年 12 月現在、50 m 自由形（短水路）男子の世界記録は 20 秒 16、秒速が約 2.5 m である。これは飛び込みとターンも含めてのタイムゆえ、バタフライでのグライド動作の速さ（スムーズさ）＝秒速 3.6 m がどれほど他の泳ぎの瞬間速度（秒速）を凌ぐ速さであるかということが頷ける。》

＊67 「単位ということでわれわれが考えるのは、要素とは異なり、全体に固有な基本的性質のすべてをそなえ、それ以上はこの統一体の生きた部分として分解できないような、分析の産物である。」／《ヴィゴツキー著（柴田義松訳）『（新訳版）思考と言語』、新読書社、2001、p. 18》

＊132 ホースロープについては p. 284 の＊132 と＊135 を参照。図に示すように、ロープの周
＊135 りに水道ホースを適当な長さに切り概ねコースの幅が約 1.5 m、長さが 2.0 m～3.0 m くらいにしてはしご状の輪くぐり同様の潜り～息つぎができる形状にしている。ホースの中は空洞なので、水面に一定沈みもするが水面近くに浮かばせることができるので、輪くぐりの応用版として、プールで試作していた。第６章第１節の事例（ヨウちゃん）はこのホースロープくぐりで泳ぎの力を飛躍的につけていった。

＊151 プカプカポールについては、p. 334 の写真7-3-2 や p. 342 の写真7-3-6①～③）に示されている。

＊68 佐々木正人著『アフォーダンス―新しい認知の理論』（岩波科学ライブラリー 12）、岩波書店、1994、pp. 60-61.

＊69 アフォーダンスの例示として、図2-11（飛行機を操縦し着陸しようとする際にパイロットに見える飛行場の姿）と図2-12（車を運転している際に追い越す車、その右側道路から入ってこようとする車、対向車などに当たらないようにしながら走り抜けていくさ

ま）を表示している。

　輪くぐりにおける輪と図2-12における車は、障害物としてそれに当たらないように避けるべき対象として現れるという点で、図2-11よりも相互に似ているのかもしれない。図2-11の飛行場における着陸コースの見えは、前者の2つのケース（輪くぐりと図2-12における車）よりも厳密で繊細なタッチ（接触）の感覚が求められる。もちろん前2者もスピードを出して輪や車と接触しないように要求されれば後者に近い厳密・繊細な感覚が求められてくるであろうが、スピード制御におけるゆとりの範囲・幅は飛行機で着陸する場合と比べれば断然大きく、自由度が高いであろう。とりわけ、水泳における輪くぐりは、泳ぎながら顔・頭や他の身体部位を引っかけないように水に浮かんだ輪をくぐるという点で、スピードもスロー、しかも少々輪に触れたところで泳ぐ本人にも、輪においても支障がある訳ではないので、はるかに易しい動作課題と言える。ただし、どのアフォーダンスをとっても、デクステリティ（巧みさ）という習熟性が求められる。

＊70　ニコライ A. ベルンシュタイン著（工藤和俊訳・佐々木正人監訳）『デクステリティ　巧みさとその発達』，金子書房，2003.（On Dexterity and Its Development; by Nicholai A. Bernstein translated［from the Russian］by Mark. L. Latash.（1996））.《原著は1940年代に執筆されたにもかかわらず、1990年代になるまで出版されなかったのである。》

＊71　前掲書＊70，pp. 132-140.《動作構築のレベルをA〜Dの4段階に分け、最初の段階を「レベルA：緊張のレベル」と呼んだ。これは、動作の大元を支える土台（動作の最も根源となる背景）として働き、首と体幹の働きが中心となって身体の平衡状態を整える役目を果たしている。レベルAの土台を基に、レベルB以降の体肢の運動・動き（移動運動）から、目的となる空間範囲に動き・動作を調整・制御し（レベルC）、動物や人間の行為＝動作行為の目的や意味に沿った運動・動作が行われていく。多くの運動ではレベルAはあくまでも背景に徹する。ただ、水泳や空中での飛翔の動作・運動、器械体操などでの回転やひねりなどの運動ではレベルAの操作が重要な働きを担うことになる。》

＊72　① A. J. Ayres, Sensory Integration and the Child, Western Psychological Services, 1979, pp. 59-66.　②坂本龍生編著『障害児の感覚運動指導』，学苑社，1982，pp. 13-21.

第 3 章

泳げるようになった知的・発達障がい児の
泳ぎ動作の技術とは

かくして、輪くぐりを使用した知的・発達障がい者の水泳指導を 1980 年に試行錯誤的に着手して以来、毎年継続して夏休みになると行ってきた。

　輪くぐりは、1 年目から思いつきのような形で使用していた。記録として残っているのは 2 年目の 1981 年の途中からで、まずは輪くぐり II を（担当する子どもがその日お休みで手の空いたリーダーや私たち教員などが両手で縦輪にして持って）行うことから利用し始めた（p. 30 の表 1-3、p. 33 の表 1-4 参照）。

　それで本格的な輪くぐりの使用は、3 年目の 7 月、子どもたちが夏休みに入った段階の初日から採り入れることになった（表 1-4 の SH の '82 で 1 日目〜 3 日目に「輪 III」での自力泳ぎが記されていることから分かる）。

　最初の 5 年間における指導の成果は 13 名の子どもたちに明確な形で示された（p. 36）。

　そして和歌山大学の学舎移転がまず教育学部から 1985 年夏休みより始まったが、その後も夏休みの水泳教室は附属小学校のプールで継続して行われた。ただし移転によって、栄谷新学舎の 50 m プールも使えるようになったので、深いプールにおいても泳ぎのできる子どもたちに対しては、経済学部の移転が行われた 1987 年まではお盆の時期や夏休みの期間に適宜来てもらって、プール指導をしたり、ビデオ撮影をしたりという機会をもつことができた。

　それで、栄谷のプールにおいて 1986 年、87 年、プールの上から、およびプールの中を撮影できる場所も設けてあったので水中撮影も行った。本章ではまず、87 年にプールの上から撮影したときの記録から、4 人の子どもたちにおける泳ぎの姿、そして時間は前後するが続いて 86 年のプールの中から撮影した泳ぎの姿をいくつかの局面に分けて、泳げるようになった知的・発達障がいの子どもたちにおける泳ぎのスキル（技術）について分析を試みることにする。

　その他、彼らの泳ぎの動作技術（フォーム分析）からすると、「もっと疲れて泳ぎをリタイアしてもいいはずなのに、そうした懸念をものともせずに泳ぎ続ける彼らの体力は如何なるものか？」といった角度から、彼らの心拍数変動と泳力の関係についての分析・考察も試みた。ただしこの点は次の第 4 章で取り上げることにする。

第 1 節　100 m 以上泳げる知的・発達障がい児の泳ぎについて（水上での映像分析）

水泳指導 5 年以上の取り組み時点での知的・発達障がいの子ども 4 名の映像分析

　撮影日：1987.8.14　場所：和歌山大学プール（50 m プール）

　対象児：TS2_14 歳、AT_17 歳、YU1_15 歳、TS1_16 歳（いずれも当時の年齢）

1　泳ぎの動作経過（局面変化）

1）TS2（通称；タカちゃん_14歳）：ドル平（写真 3-1-1）

①呼吸局面

②潜り〜キック開始の局面

③グライド1：キック〜潜り・伸脚局面

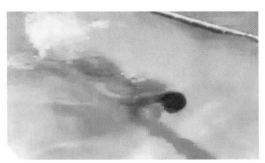

④グライド2：伸脚〜切り返しの局面

⑤グライド3：浮上局面

⑥呼吸準備局面

コメント　タカちゃんは幼いときから典型的な自閉症スペクトラム（autistic spectrum disorders：以後、「自閉症スペクトラム」か「自閉症」と呼ぶ）の人である。1982年からの参加者で、TS1（写真 3-1-4）とともに、本水泳教室で育った泳ぎの名手の一人である。
　1987年時点での上記①〜⑥の泳ぎの経過に示すように、特に③グライド1〜⑤グライド3に典型的に見られる通り、無理のない形で呼吸後に水中へのドルフィンキックによってグライド（水中に滑り込み）して進み浮いていることが明らかである。

2）AT（通称；アッちゃん_17歳）：平泳ぎ（写真3-1-2）

①呼吸局面

②キック開始準備局面

③キック〜潜り開始初期の局面

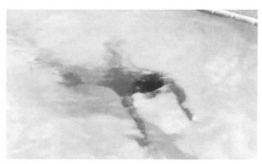
④キック〜潜り・伸脚への局面

⑤伸脚〜浮上への局面

⑥呼吸準備局面

コメント　アッちゃんも自閉症スペクトラムの人として、学童期も育ってきた。ただ比較的おとなしいタイプの人で、一見して「自閉症」とは分かりにくいところもある。1981年からの参加者で、その後毎年参加。トシオくん、タカちゃん等とともに、1988年の初遠泳にも参加。

　彼の泳ぎは、①〜⑥に見る如く、ドル平ではなく平泳ぎで、ドル平で泳いでいる他の3人とは異なり、③〜⑤の動作が水中に滑り込む「グライド」というよりも、第2章p.56の図2-6と同様なキック〜水中での伸び（蹴伸び）と同様な推進の泳ぎとなっている。いわゆる「潜って→蹴って→水平浮き→呼吸」という平泳ぎの動作過程である。

3）YU1（通称；ヨシヒロくん_15歳）：ドル平（写真3-1-3）

①呼吸局面

②キック〜潜り開始の局面

③グライド1：キック〜潜り・伸脚局面

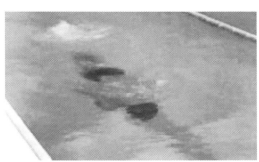

④グライド2：伸脚〜切り返しの局面

⑤グライド3：浮上局面

⑥呼吸準備局面

コメント　ヨシヒロくんはタカちゃんと同様、一見して分かる自閉症スペクトラムの人である。自分自身が納得したこと、興味深い事柄に対しては一生懸命に取り組み、気に入らないことが生じると、それを拒否するパニック反応が目立つ人であった。83年からの参加者である。

　①〜⑥の動作を見て分かるように、③〜⑤のグライドが明確で、しかもキックした後の脚の伸びが著しく、とてもきれいである。なおここで、トシオくんおよびタカちゃんとヨシヒロくんに見られるグライド1（G1）〜グライド3（G3）を補足すると、G1はキック〜水中への潜り、G2は潜ってそこから上昇への切り返し局面。G3は浮上への過程である。

4）TS1（通称；トシオくん_16歳）：ドル平（写真3-1-4）

①呼吸局面

②キック〜潜り開始の局面

③グライド1：キック〜潜り・伸脚局面

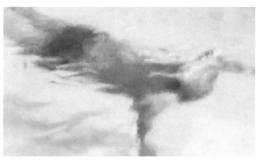

④グライド2：伸脚〜切り返しの局面

⑤グライド3：浮上局面

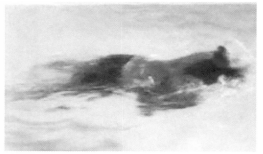

⑥呼吸準備局面

コメント　トシオくんは80年の水泳指導開始年からずっと参加していた人である。彼も自閉症スペクトラムだが、タカちゃんやヨシヒロくんほど典型的な自閉症とは判断しにくいところがある。彼は泳ぎ始めの2〜3年間は水がとても怖く、泣いてプールに入るのを拒否する行動もとっていたが、82年に出会ったリーダーをきっかけに見違えるように変化した子どもである。元来、「行うことができない」ということに我慢ができない性向が強かったのか、何事に対しても吸収しようと一生懸命に取り組む。

　泳ぎとしては、ここに示したドル平以外にも取り組み、私が接した障がい者の中で、私に「原先生、バタフライを教えてください！」と言った唯一の人である。次項2に彼の水中動作映像（1986年時点での泳ぎ）を示したが、その時点では、クロールの片手プルの試みを行っていた。

2　4人の水上から見た泳ぎについての全体的考察

　4人の自閉症児には、この日50mプールで往路だけを泳いでもらって、スタート地点から20mほど離れたところからビデオ撮影した。

　上に見たように、AT以外の3人はドル平（ATは平泳ぎ）で、①呼吸局面、②キック〜潜りの開始局面（大抵は脚が大きく屈曲している）、③キック動作をし、脚がほぼ伸展に近づいた潜りの時期で、平泳ぎのATを除き、水中に滑り込もうとする「グライド1」の局面、④潜っていくところから上昇・浮上に向けての頭部・顔の方向を前向きに切り返す「グライド2」の局面、⑤グライド2〜水面近くに頭部が浮上・推進していく時期で、「グライド3」と称した局面、⑥息つぎに向けて頭部・顔が水面に出てきた局面の6つの局面を抽出した。

　平泳ぎをしたATでは、平泳ぎのキックがドルフィンに比べて、両足で股間・脚の水を挟み付けて進もうとすることと、彼のかえる足キックがまだ不十分な完成度で両足が閉じられることがないためか、他の3人に見られるような「グライド」（水中に滑り込む）とまでは呼びにくい動作過程が示された。しかし他の3人には、十分なグライドとは言えないまでも、ドルフィンキックという脚を膝で折りたたんだ状態から下に打ち下ろすような運動を起こし、その脚部の動きと頭部・顔・頸の「下方〜前方〜斜め上方」にうねらせる動きとの連動によって、波の如く推進し浮上する動きのような、リラックスされたグライドが示されている。

　バタフライが平泳ぎから独立した種目として生み出されるに至った契機となったのが、1953、54年頃、平泳ぎの選手であった長沢二郎という選手が膝を痛め、「かえる足キック」ができない状態のときに膝の力にほとんど頼る必要のない「ドルフィンキック」を使って泳いだことによると言われている（バタフライが正式種目として平泳ぎから独立したのが1956年で、日本の長沢選手による泳ぎが契機となった）[73]。つまり、それだけ平泳ぎのかえる足キックをするには筋力発揮のための動作機構もより複雑になっているので、ATに見られたキック開始の準備動作に②〜④の動作過程を要していること、そしてかえる足も最後まで両足が閉じ合わされない状態のままで、彼なりに50mは楽に泳げていること、また翌年の88年に海での遠泳で約600mを完泳していることからも、グライド動作まできっちりと取らないままでも長距離の泳ぎができるのが平泳ぎの「かえる足キック」でもある。もちろん、海での浮力による支えが大きかったのかもしれないが、ATにおける脚のキック動作はそういうことを物語っている。

　話を、ドル平を泳いだ他の3人に移すと、ドルフィンキックを使用することによって、グライドによる「潜り〜推進・浮上」というかなり効率的でリラックスされた泳ぎが可能であるということ。その理由の主となるものがドルフィンキックに伴う頭・頸から体幹、そして足まで一直線になって波のようにうねって進むことのできる動作の技術機構を備えているということ。これらのことが3人の泳ぎから読み取れるところである。

すなわちこの泳法には、第2章 pp. 57-59 等で論議したように、緊張性頸反射を利用した楽な泳法であること。また、これは、水泳が N. A. ベルンシュタインのいうデクステリティにおける動作構築レベルA（体幹と頸による「緊張のレベル」）を制御役に据えた運動であることが関係したものであることを立証するものであろう。

　したがって、「輪くぐり」を通じた泳ぎの学習によって、ドルフィンキックを利用したドル平泳法を習得することが、知的・発達障がいの自閉症スペクトラムの人たちに毎日1時間余りの水泳指導の取り組みを通じて、夏の5日間〜1週間程度の学習を5年間、概ね30日程度の練習によって習得させ得ていることが明らかになっていると言える。

 第2節 　泳げる障がい児の水中から見たドル平映像

1　和大プールにて水中動作撮影（1986年8月盆前）

　和歌山大学の統合移転で1985年夏休みにまず教育学部が移転し、それに伴って、86年夏には子どもたちに来てもらって、水中映像で泳ぎの撮影をすることも可能になった。

　前項で87年に水上から4人の障がい者の映像（6つの静止画）を紹介したが、今回はその1年前の86年夏休みに撮影した、ドル平的泳ぎをしている YU1（ヨシヒロくん）と TS1（トシオくん）および TS2（タカちゃん）のケースを確認しておきたい。

1）YU1＝ヨシヒロくんの場合（写真3-2-3）

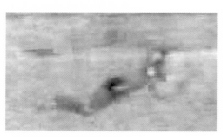

①呼吸局面

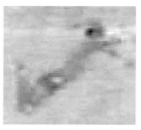

②キック〜潜り開始の局面

③グライド1の局面

④グライド2_切り返し局面

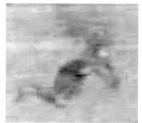

⑤次の呼吸局面

前項（p. 83）のヨシヒロくんの1年前のドル平で、その1年後に比べ、完成度には相当の開きを感じさせる泳ぎではある。しかし、この86年当時においても、③のグライド1局面に入るための②「キック〜潜り局面」での立位に近い状態から④における水平姿勢に見られるように、ドルフィンキックによる足の打ちおろしをうまく利用しつつ、頭部・頸部のうな垂れ〜首を起こす動き、そしてその頭部・頸部の動きを体幹のうねりへと連動させる動きをつくり出していった様子が窺い知れる。そのような動作過程がこれら①〜⑤の一連の動作によって想定される。

2）TS1＝トシオくんの場合（写真3-2-4）

 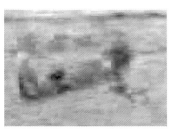

①呼吸局面　　　　　　　　　　　②キック〜潜り開始の局面

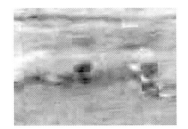 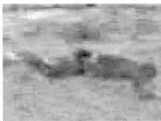 

③グライド1の局面　　　④グライド2_切り返し局面　　⑤次の呼吸局面

トシオくんは80年の水泳指導開始年からの参加者であるが、前項（p. 84）ともほぼ同様なグライド1の時点における水平位（③）から④の「頭部が腰の位置よりも低い姿勢」へとうねりをつくり出せている。しかも④のグライド2（下向きから上昇方向へと方向切り返し運動）において、右手がクロール的な水を引き寄せる動き、左手は前方へと伸ばされようとする動きの協応を認めうる。つまり彼の、泳ぎにおけるいろいろなパターンの泳法を獲得しようと試みている様子が見てとれる。こうした試みが「原先生、バタフライを教えてください！」という言葉を発する、彼の飽くなき自己可能性の探求の姿へと結びついている。

3）TS2＝タカちゃんの場合（写真 3-2-1）

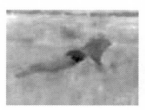 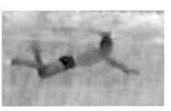

①呼吸局面（脚部が比較 ②キック開始（潜り、グライド
　的伸びて行っている）　　に向かう局面）

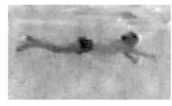  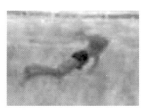

③グライド 1 ～ 2 の局面（キッ ④グライド 2 ～ 3 局面（首の切 ⑤次の呼吸局面（息つぎを
　クグライドで水平位に伸びを 　り返しが行われ、手のプッシュ 　している場面）
　取り、頭・顔はやや前向き、 　で浮上へと動作融合）
　かつ下向き姿勢）

コメント　タカちゃんのドル平においては、グライド 1 の局面＝キック・潜り～伸脚・推進の動作局面（写真 3-2-1 の②～③）がヨシヒロくん（写真 3-2-3）やトシオくん（写真3-2-4）と比べて、この両者の場合の③と④の局面を合わせた部分が融合・結合されたような形で動作されている。ヨシヒロくんとトシオくんの③（グライド 1）では明らかに 2 人の頭・顔は水中下方に向けられているのに対して、タカちゃんのドルフィンキックによるグライド 1 では、頭・顔の向きは下方というよりもむしろ前方を向いているといった方が正確で、手のプルの動きなどにおける詳細な動作の違いは別として、③～④のグライド 1 ～グライド 2 での上半身や頭・顔の動き方は、第 2 章の競技選手のような感じでの速いドルフィンキックで示される動作（p. 70 の図 2-14）と似た、首・頭から上半身の切り返し方をしているグライド動作のように見える。

　どういうことかと言うと、タカちゃんの場合、キック開始とともに頭・顔を下に向ける動作というよりも、ドルフィンキックを打ったらそのまま頭・顔を含めた上体全体が前方から下方に投げ出され、そこに腕・手のプルを伴って前方～上方に向けて推進・浮上していく。つまり通常、グライド動作は呼吸後に下方・前方に向け水中に滑りこみ、その後顔の方向を前方～上方向きに切り返すことによって水上に向けて浮上していく泳ぎにおける推進のためのごく基本的な技術であるが、水中を素早く滑り抜け次の呼吸へと向かっていくためには、タカちゃんが行っているような首・頭および腕・手の運動操作を行っていく方がグライド動作がより洗練された形で遂行されていく。

　そのように、どちらかというと、水中に潜る動作と前方～上方に推進・浮上する動作とが融合されたような形式でのグライド動作がタカちゃんの泳ぎでは見られるのである。これが、写真 3-2-1 におけるタカちゃんの①～⑤の動作過程である。

　しかしこの水中映像としては取り上げていないが、第 5 章の第 2 節（pp. 201-202）において 1995 年および 1996 年の遠泳リーダーをしてくれた勝田晋二リーダーが書いているコ

メントのように、他のパターンにおけるタカちゃん特有の泳ぎとを併用させた形でドル平を泳ぐ場合が多い。それは、彼のドル平泳ぎには３つの動作タイプがあって、１つ目はバタフライの動きのリズムのような感じで激しく手足をバチャバチャと動かしていく動作、２つ目は体を垂直気味にして、自転車漕ぎのようにドルフィンキックをしながら、それほど潜ることなくすぐに呼吸をしに顔を上げていく（これも忙しいタイプの）泳ぎ、そして３つ目はグライドしているような力みのとれた泳ぎ（この写真 3-2-1 はこの第３タイプの泳ぎ）である。

　だから、第４章の心拍数比較や第５章の遠泳などにおいても取り上げるように、泳ぎの動作が第３タイプで泳ぐ場合はとても素晴らしいが、どうしても長距離の泳ぎになると、トシオくんの場合と違って、安定して同じペースで泳ぎ切れていない弱点をもつ。

　なお、私たちは一般の大学生などに、こうしたグライド１（水中に潜っていく動作）とグライド２（水面に向けて浮上していく動作）の両方の過程があることを初心者（初期学習者の人たち）やまだ泳ぎを楽にできていない人たちに分かりやすく示すために、ドルフィンキックにおいて楽に泳げる動作過程としてのグライド１とグライド２があることを学習者たちに明瞭に示すことを通じて伝えるようにしている。その動作過程を参考までに示しておくと以下のようである。

４)《参考例》熟練者（SK）の映像：ゆっくりしたドル平（写真 3-2-5）

①呼吸局面　　　　　　　　　　②キック～潜り開始の局面

③グライド１の局面　　　　④グライド２_切り返し局面　　⑤次の呼吸局面へ

コメント　乳児における緊張性頸反射（背屈頭位）で脚も伸ばされて息つぎをしている姿が、①の呼吸時に示される。これは発達障がい児のドル平的泳ぎの熟練者たちにおいても、①の呼吸局面において同様に認められるが、熟練者（SK）においては彼ら以上に明瞭に示されている。

　また③、④のグライド１からグライド２への展開姿勢がゆっくりしたドル平で示された動作にもかかわらず、競技スイマーのドルフィンキック動作過程におけるグライド１～グライド２の展開過程（p. 70 の図 2-14 の２つの図）に類似した形で示されている（スピードにおいては競技者とこのドル平での熟練者、２人の泳ぎ運動は全く対照的な相違であるにもかかわらずである）。そういうところが熟練したドル平動作（ドル平２）の大きな特徴である。

2　障がい者のドル平動作過程の特徴について

　最後に、ドル平の熟練者の動作と障がい者の場合とでは習熟していくプロセスにおいて大きな開きがあるにもかかわらず、つまり、熟練者では泳ぎにおける動作理論等も学びつつドルフィンキックによるうねりの創り出し方をあれこれと考えて形成してきたドルフィンキックによる動作と、輪くぐりを通じて自分なりの動作パターンに熟練してきた障がい者の動作との関連性（同質性）と違い（異質性）について考察しておこう。

1）同質性

　ドル平をしている、特に TS1（トシオくん）と YU1（ヨシヒロくん）の 2 人には、②のキック開始の後の膝を曲げた状態から、水中で脚を伸ばしながら（キックをしながら）頭・顔を下に向けて③の「グライド 1」に入り、そして足のキックによる脚の伸展を維持しながら上昇へと切り返す④の「グライド 2」が存在すること。ただ、TS2（タカちゃん）の場合にはグライド 1 において、顔を下に向ける動作はそれほど明瞭とは言えないが、しかし彼においても最初に示した写真 3-1-1（p. 81）のプールの水面上方から映した映像では②〜③では明らかに顔を前方〜下方に向けていく状態が認められる。

　といった点からすれば、障がい者の 3 人においても共通に、熟練者の動作過程において見られる「グライド 1 〜グライド 2 へと展開する仕組み」（同様な動作構造）が存在していることを示すものである。これらドル平泳ぎの過程にはさらに次の動作過程も、当然のことながら同様に存在していることが確かめられている。

　この点を 1986 年の水中映像の記録にある上記の④「グライド 2_切り返し局面」と⑤「呼吸局面」の間に、次の 2 つの局面、④＋1「グライド 3：浮上局面」と⑤−1「呼吸準備局面」を付記することによって確かめておきたい。

　これらの結果、いずれの人の泳ぎにおいても④のグライド 2（頭の方向を下方から上方に転換する＝切り返し動作）の後、その首・頭の切り返しによって水からの浮力を受ける④＋1 の「グライド 3：浮上局面」、それと⑤−1 の「呼吸準備局面」が存在する。特にこの⑤−1 では、3 人の障がい者（自閉性障がいの人々）においても熟練者と同様の動作形態、すなわち膝の部分で一定曲がりが大きくなっている状態が見られる。つまり、④＋1 のグライド 3 の局面ではその前のグライド 1 および 2 で脚が伸びた状態を受けつつ浮上し、一方、⑤−1 の呼吸準備局面では脚が曲がり、キックをしながら浮上し呼吸に向かっていっていることが理解できる。

　これは、熟練者の場合には p. 89 の⑤の呼吸局面においてキックした足の後ろで泡立っているので、キックをしたということが明瞭であるし、それはまた、熟練者の同写真での④＋1 〜⑤−1 の動作経過（④＋1「グライド 3」の脚の伸びた状態から、⑤−1「呼吸準備局面」

◆ YU1（ヨシヒロくん）の場合（写真 3-2-3-2）

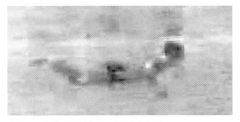 

④＋1「グライド 3：浮上局面」　　⑤－1「呼吸準備局面：キックを入れて呼吸へ」

◆ TS1（トシオくん）の場合（写真 3-2-4-2）

 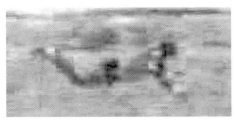

④＋1「グライド 3：浮上局面」　　⑤－1「呼吸準備局面：キックを入れて呼吸へ」

◆ TS2（タカちゃん）の場合（写真 3-2-1-2）

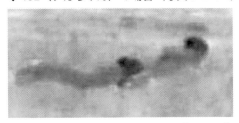 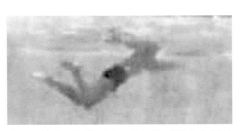

④＋1「グライド 3：④の両手のプッシュ後　⑤－1「呼吸準備局面：⑤に比べ膝の曲がり
　を受け、腿まで手をかき浮上へ」　　　　　が大きい」

◆ SK（熟練者）の場合（写真 3-2-5-2）

 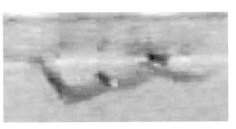

④＋1「グライド 3：浮上局面」　　⑤－1「呼吸準備局面」

の膝の曲がり）は、「呼吸局面」（①）での膝がかなり伸ばされた状態に繋がっていくことを考え合わせると、呼吸時にキックを伴って行われていることを示す証拠でもある。

　これは熟練者の場合ほど明瞭ではないが、障がい者の場合においても呼吸準備局面（⑤−1）のときの方が、呼吸局面（①）と次の呼吸局面（⑤）のときと比べて、膝の曲がりが少なくとも同等もしくは幾分大きくなっているのではないだろうか。例えば、ヨシヒロくんでは p. 86 の①や⑤、トシオくんにおいても、①や⑤の呼吸局面よりも p. 91 の呼吸準備局面（⑤−1）において膝の曲がりが心もち大きく見える。すなわち、熟練者、障がい者ともに呼吸するときにはキックをしながら行っているということである。したがって、ここで泳がれている泳ぎ（＝ドル平[*74]）ではこれら 3 人の障がい者および熟練者においては、「1 呼吸の間で 2 キック」で行われていることが明らかである。

２）異質性：泳ぎの熟練者に対する障がい者の腕・手の操作に関する違い

　一方、87 年の陸上からの撮影および 86 年の水中撮影を合わせて確認した結果、ドル平をしている障がい者（平泳ぎをしている AT を除く 3 人の障がい者）の動作を熟練者の泳ぎと比較して、その大きな違いは、④のグライド 2（潜り〜浮きへの切り返し局面）で熟練者は両腕が前につき出されて手をかいていないこと（p. 70 のドルフィンキックをしている競技スイマーにおいても同様）である。

　障がい者の場合は、1 ブレス（1 呼吸）の間に、基本的に 2 ストローク、2 キックでのドル平である。これに対して、熟練者のドル平は 1 ストローク、2 キックの泳ぎ（バタフライの泳ぎに同じ）である。障がい者においては、まず、キックしながら潜ってグライドをする際に（③のグライド 1 〜④のグライド 2 にかけて）手をかいており、そしてもう 1 回は、呼吸に際して行っている（YU1 と TS2 および TS1 のいずれにおいても、④＋1 のグライド 3 〜⑤−1 の呼吸準備局面の過程および①の呼吸局面を総合して）。

　これに対して熟練者の場合は、グライドに際しては腕は前に伸ばしたままで、呼吸をする際にだけストローク（プル）を行っている。熟練者の泳ぎにおいては、プル（ストローク）は呼吸時に行う 1 回だけであり、これはキックに続いて、頭部および頸と体幹のうねりの操作により、水中に潜り、グライドをし浮上をしていく際には、プルはむしろ不要である。理由は、宮畑虎彦による次の分析・推察[*75]から示しておきたい。

　　「さて、泳ぎは、水の抵抗を利用して身体を前に進めることは、前述のとおりである。ところが、前に進む身体は、同じ水から、いろいろな抵抗を受けて進行をじゃまされる。まず前進する身体はその前方にある水を押すことになる。この前方からの抵抗を最少にすることが、水泳では大切な技術になる。」

　すなわち、「前方からの抵抗を最少にする」ためには、グライドに際して水の抵抗を受ける身体の断面積と厚み全体（容積）が最小になるように身体の形や動きを整えるこ

とが大事で、そのためには、両腕を前に突き出して身体の断面積を小さいままにしておくことが重要である。とりわけ長い距離をリラックスして一定の速度を得て泳ぐためにはキック～グライドによって推進していく際には腕のプルは行わず、プルは呼吸に際してリラックスして確実に楽に十分な酸素量を確保するために重要な技術であると考える。これは、本著第2章において、学校体育研究同志会が初心者指導においてドル平を生み出した際の重要な原理・仕組みとして考察したところのものでもある（pp. 51-60；特に p. 52 の図 2-4 と図 2-5 を中心に説明済み）。

　しかしここに取り上げた障がい児たちは、輪くぐりによってドル平的な泳ぎが獲得されると、ほぼ、キック～グライドによる推進の際に、両腕・両手（以下、「両腕」と呼ぶことにする）を平泳ぎの形でのプルとして行っているものでもあり、彼らにとっては水中に潜って浮き上がろうとする際にはこの「キック～グライド」に「平泳ぎのプル」を同時に使っていく。

　私はここで水の抵抗との関係で見た推進力に関して、次の公式が成り立つのではないかと考える。

　　A ≧ B

　　$\left(\begin{array}{l} \text{A ＝「キック～グライド」（両腕を前に伸ばしながらの伸び姿勢）の推進力} \\ \text{B ＝「キック～グライド」＋「腕のプル」による推進力} \end{array}\right.$

　子どもたちは大抵顔を潜らせて進もうとするとき、Bのように、顔を水に突っ込むと同時に両腕を腿のあたりまでかく（プルする）。この方が水の中を推進している感じが強いのだろう。おそらく、腕をかいた方が彼らのうねりの技術（グライドの技術）ではその方が推進力が強いのだろう。

　ただし、水泳運動は「キックして、顔を潜らせて、浮き上がって、呼吸する」を繰り返していく循環運動（周期的運動）なので、両腕をプルしてそれら両腕の動きを再度呼吸時のプルに備えて戻す（リカバーする）際に生まれる水の抵抗の大きさを考えると、決して上記公式Bのように、「キック～グライドの動作」＋「腕のプル」の二重の推進動作を加えたからといって推進力が大きくなるとは限らない。むしろ循環運動であることにより動作をたくさん行うことによるエネルギー消耗および腕・手を動かすことでの水に対する抵抗のことを考えると、Aのように、キック～グライド時は両腕を動かさないで、推進時に際しての抵抗を小さくして進んだ方が疲労も少なく、その意味では「A ≧ B」と考えた方が長い距離、長い時間を泳ぐ際には特に、Aによる推進技術を学ぶことが通常、水泳の技術を学んでいく上では重要となる。

　しかし、自閉性障がいのある彼らに、何度か腕を前に出しておくように指導を試みた

こともあるけれど、まず、そうした指示で動作を修正させることは難しかった。私に「バタフライを教えてください」と言い、上記86年の水中撮影時の④「グライド2」において右手だけをプルしている（おそらくクロールのプルをイメージしてそういう試みをしたのだと思われる）TS1においても、そうした動作の修正はできなかった。

　おそらく、障がいのある彼らにおいては、緊張性頸反射の支配を脱し、頭と頸の動きに連動して反応する「腕をかく動き」、これを制御して腕は前に出しながら水中をうねるスキルを獲得することはとても難しいことだ。タイムレースなどで勝つための原理を学んだり、その他、「この泳ぎ方がきれい」などの美意識が芽生えない限り、反射化された動きを修正したり変更したりすることは至難の技である。元来、泳ぐことは、水中を進むときの一かき、一蹴りの進み具合や体が水に浮く感覚の気持ちよさを感じられることこそが重要なのであろう。

　そういった点で、自然に沿って行う彼らの動作の習熟・熟練を尊重することが、彼らが泳ぎの楽しみを知る上では大事なことだと思われる。確かに、近代泳法をきっちりと獲得する上ではそれを修正して、水の抵抗の原理や各種泳法の動作原理に基づいた動作の習得・制御の必要性もあるけれども、真の意味での競争・競技のおもしろさを追求したり、泳ぎのフォームの格好良さを求めたりする「楽しみ方」の段階や必要性が生じ、長い距離を泳いで両者の泳ぎの違いを厳密に追求しない限り、そういった動作技術獲得の必要性はないと考える。私の接してきた障がい者における泳ぎを見る限り、他の章で紹介するような「海での遠泳」の楽しみや、彼らと一定期間試みた「シンクロ的泳ぎ」で一定の技・課題に取り組んでみるなどが、彼らと水泳の技術・文化との交わりの最前線であったのではないかと思う。

 ## 第3節　動作分析により見た知的・発達障がい者のドル平的泳ぎの特徴[*76]

1　目的

　以上、第1節と第2節で見たように、泳ぎのできるようになった知的・発達障がいのある人々の獲得したドル平においては、呼吸動作の後水中に潜ってグライドをして進むことは「ドル平2 [*77]」と同様な構造のドル平を行っているようでもあり、一方そのグライドをする際に彼らはほとんど平泳ぎや潜水動作時のような両手かきのプルを行っている。こうした彼らの泳ぎの特徴をもう少し客観的な手法（定性的・定量的な分析）を用いて検討してみることにしてみようと思う。

そこで、ドル平泳ぎの熟練者、100 m〜200 m 程度可泳の（泳げる）大学生、および泳力の異なる知的・発達障がい者間での比較において見た、ドル平を泳いでいる際の知的・発達障がい者、とりわけ上述の TS2 や TS1 等、上手に泳げるようになった障がい者の泳ぎ方の特徴を画像処理による動作分析の視点から考察してみることにする。

2　データの採取と分析方法

1）被験者

　1992 年の夏休みの終わり頃、知的・発達障がい児 9 名および、泳ぎの苦手な大学生対象に行った 86 年夏休み 5 日間の水泳講習により 100 m 以上泳げるようになった人々 4 名、さらに熟練者 1 名で、いずれも水中画像データを採取した。

　障がい児 9 名の内訳は、●遠泳可＝遠泳では途中概ね 100 m〜150 m ずつくらいの間隔にブイを浮かべ、1 周約 600 m〜700 m 程度のコースを設定し、そこで 1 〜 2 周程度の距離を付き添いリーダーとともに泳げる人 6 名、●遠泳時のコース途中で船から海に入るなどをして、自力で 50 m〜100 m ほど泳げる人（「可泳者」、「可泳の人」ともいう）2 名、さらに、●遠泳には不参加だがプールで 50 m 程度自力で泳げる人 1 名である。また、86 年の夏休み 5 日間の「和歌山大学夏の水泳講習」で 100 m 以上泳げるようになった人 4 名（障がい児教育専攻学生：うち 3 名はドル平、1 名は平泳ぎ）に泳いでもらった。そして熟練者（ドル平並びに近代泳法を大学においても教えている教員）には、「ドル平（ドル平 2）」と「平泳ぎ」を泳いでもらった。これはドル平というものの技術的特徴を把握するために、どちらも遠泳時などで取り入れる、「"比較的ゆっくり目"と"超ゆっくり目"のペースで泳ぐ泳ぎ方」をしてもらった。

　なお、障がい児データに、上記 92 年時の遠泳日程の約 2 週間後にドル平的泳ぎで「速く泳ぐ」と「ゆっくり泳ぐ」の指示の下に泳いでもらって水中画像データ収集に協力してくれた発達障がい児 5 名、さらに同年、上記日程のどちらかに協力参加してくれた、まだ 15 m 程度しか泳げない聴覚障がいのある小学生の「平かきバタ足（平泳ぎ的プル・バタ足）での泳ぎ」の画像データも採取した。

2）資料の採取

　和歌山大学プール（50 m 用）の横壁面の覗き窓に、ビデオカメラをセットし、「平泳ぎを泳いでみて！」（障がい児に対し、ドル平のことを「平泳ぎ」と称していた）の指示の下に、ドル平的泳ぎを収録した。右手首、右肘、右肩、右腰（腰骨：大転子部付近）、右膝、右足首には画像処理のための目印の白いバンドを貼った。

3）動作分析の方法

　ピアスの画像処理システム（LA-555と1秒間60コマ再生用のビデオデッキコントロール（AG-6750AF）・パソコンPC-9801RA）を用いて、上記身体部位6ポイントについて移動計測処理を行った。ビデオ収録した画像から画像処理対象として抽出した動作場面は次の3点である。

　①息つぎ（呼吸）後に推進のためにキックを開始した場面（時点）、②グライド1〜2の場面（キック開始後に頭を潜らせる動きに伴って身体が水中前方に推進していこうとする時点）、③顔が水面に出て息つぎ（呼吸）を行っている場面（呼吸は大抵プル動作に合わせて行われているのでプルと顔を水面に上げている時点を抽出）、である。

3　結果と考察

1）ドル平泳ぎの典型的・顕著な動作データ比較

　このためにまず、熟練者（SK）と発達障がい（自閉性障がい）TS2のドル平泳ぎ、および泳ぎがまだ不十分の聴覚障がい（軽度な知的障がいも重複）の児童SY2（女子＝♀）の「バタ足平かき泳ぎ」（平泳ぎ的両手プル＋バタ足）を下記に示す。

　次ページのⅰ）、ⅱ）、ⅲ）のデータを比較すると、以下の4点が指摘できる。

（1）　ⅰ）SK、ⅱ）TS2、ⅲ）SY2♀の各左図の「線画」（泳ぎのスティック図）における動作経過より見れば、泳げるSKと障がい者TS2では、キック開始、水中へのグライド（グライド姿勢）、息つぎの3つの動作局面で真ん中（両者の図の❷）のグライド姿勢において、SKでは頭の位置が腰および足の位置よりも下がった状態まで潜っているのに比べて、TS2では頭の位置が腰および脚の位置よりも僅かに高い状態で体全体が伸びたグライド姿勢であることが分かる。この両者に比較して、ⅲ）SY2♀の未習熟者では体全体が屈曲したままで何とか次の息つぎ（顔が水面上）に向けて水中を這い上がろうとする[*78]ような動作経過が示されている。

（2）　これらの動作経過を反映して、右側の身体部位（肩・腰・膝の身体中心線上3点の動きの軌跡において、とりわけ未習熟者SY2♀ではいったん下方に沈んでいくような動きからその後は急速に水面に這い上がり、その後下がるというように移動している。それに対して、SK、TS2においてはともに、膝部においていったん少し上向きに円弧を描いて浮き上がる状態を示し、その後水平方向に移動していく様子が、未習熟者との大きな違いである。とりわけ、SK（熟練者）では全体として、肩・腰・膝の各部ともに「浮き上がり」→「沈み」→「浮き上がり」→「沈み」の波動的な動きが明瞭に現れている。

（3）　以上の（1）（2）より推定されることは、ⅲ）の未習熟者においては息つぎ後

ｉ）熟練者（SK）のドル平（線画（泳ぎのスティック図）と身体部位の動作軌跡）

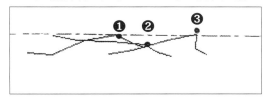

図 3-3-5　SK のドル平：動作経過

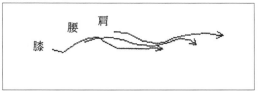

図 3-3-5-2　SK：ドル平泳ぎ時の肩・腰・膝

ⅱ）発達障がい TS2 のドル平（線画（泳ぎのスティック図）と身体部位の動作軌跡）

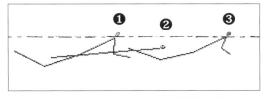

図 3-3-1　TS2 のドル平：動作経過

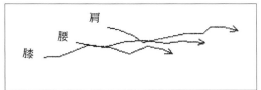

図 3-3-1-2　TS2：ドル平泳ぎ時の肩・腰・膝

ⅲ）泳ぎ未習熟児 SY2♀の平かきバタ足（線画（泳ぎのスティック図）と身体部位の動作軌跡）

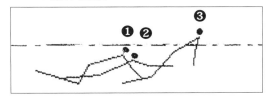

図 3-3-13　SY2♀の泳ぎ：動作経過

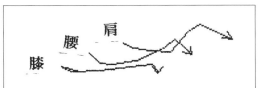

図 3-3-13-2　SY2♀：平かき泳ぎ時の肩・腰・膝

におけるキックの不十分さとそのキックを利用して、頭・顔、肩および両腕の上体部を水中前方に投げ出していくことができず、腰部と太腿および下腿部を中心にすぐに水中下方に体が沈み、その後に腕・上体の力を頼りに息つぎ（呼吸）のために急速に浮上しようとする。その後また、急に身体が水中に沈んでいくことが見てとれる。すなわち、こんなに沈んでその後に急に浮き上がるということは、大変な労力の浪費をしていることが推定され、泳ぎ続けることは困難になる。

　これに対して、熟練者 SK および障がい者 TS2 では、息つぎ後のドルフィンキック開始に合わせて、まず膝がフワーと浮き上がっていく。それに伴って、腰部や肩部も水平方向への動き（SK では腰部が上方に波動的に浮き上がるカーブ）を示して、浮力を十分に生かした水平的かつ波動的な動きを示して泳いでいる。だから、泳ぐことはそれほどエネルギー消耗をもたらさない比較的楽な運動であると推定される。

（4）　なおもう1点、ⅰ）の熟練者とⅱ）の障がい者を比較しての大きな違いとして、

「動作経過＝泳ぎのスティック図」に着目して、熟練者においては 3 つの線画の真ん中＝「❷グライド動作」時に腕を前方に伸ばしているのに対して、障がい者 TS2 においては腕・手は身体体幹軸に沿った 1 本線となってグライドしていることが示されていることである（これは、前節 2 において、障がい者は手をかきながらのグライド、熟練者は両腕両手を前に伸ばしながらのグライドという、「両者の異質性」として示したところのものである）。

２）知的・発達障がい児者のドル平的泳ぎの特徴：ドル平熟練者および 100 m 以上泳ぐことができて日の浅い大学生との比較、および泳力差のある障がい者間での比較

ドル平泳ぎは基本的にリラックスした楽な泳ぎで、その楽さの決め手となるのがグライドであることは特に 2 章において指摘したところであり、本章においても前節および前項 1 ）の分析からも指摘できるところである。ここではその泳ぎの楽さを生み出す定性的・定量的視点として次の 3 つの視点から分析・検討してみようと思う。

①「腰の外角度」（肩と腰、腰と膝を結ぶ線同士が交わる背中・お尻側でのなす角度）

②手首、腰、足首の 3 つの各身体部位における運動速度の変化の仕方

③腰、手首、足首の各部位の水平移動率（動きの経過各時点での「水平移動量／ 3 つの各身体部位の各々の動き全体の移動量（延べ移動量）」）

ここで①は、ドル平泳ぎがゆったりとした波動的・水平的動き（逆 S 字カーブに近い動き）をしているのかどうかを見るために体幹軸として 180 度（身体が直線上になった姿勢[*79]）をめぐりどう動くのか。1 呼吸（1 ブレス）の間での腰の外角度（肩－腰－膝の裏）の変化から見たものである。

ここで、逆 S 字カーブとは、呼吸後に次のグライド（水に滑り込んで進んでいく）のために身体を水に向かって投げ出すには、上体を水に潜らせていく動作（腰から下の脚部とりわけ膝から下の部分を上から下に打ち下ろし、水を後方に押すようにして水中の下方に潜っていく運動）が行われ、腰の部分で身体が折れ曲がる動き、すなわち腰の外角度が 180 度より大きな状態（典型的には p.56 の図 2-7 の真ん中の図や p.67 の図 2-10-1a「楽な潜りの確保（①加重の局面）」）が生まれる。その後、前方並びに上方に向けて進もうと顔の向きを前向き、すなわち頭を起こすと、上体は前方から上向きになり、腰から下の脚部は軽く膝の部分で曲がり、身体は腰の部分で真っ直ぐか、体を少し反るような状態の姿勢（図 2-7 では最右側の状態、図 2-10-1b「楽な浮きの確保（②抜重の局面）」）、すなわち腰の外角度では最大 180 度かそれより小さい角度が生まれる。

その後は呼吸に向かってのグライドの動きが行われ、もう一度キックを軽く行ってプルして呼吸となっていくが、こうした際にも腰の外角度では 180 度前後の動きが推移するであろう。いずれにしても、ドルフィンキックによるグライドの動作が行われ、これ

を体幹軸での背中側の腰角度＝腰外角度で見ると、キック後は180度より大きく、キック開始時は小さくなる。このような波動的動きの確認ができると思われる。

また②と③は、とりわけ「呼吸〜次の呼吸までの1ブレスのサイクル」において、手と足の動きが身体体軸の中心である腰の動きに比較してどのような動き方をしているかを確認することができるので設定した。②はそれら部位の動き方の時間軸（速度）から見たもの、③は空間軸（水平移動効率）の点から見ようとしたものである。

②の腰、手、足の身体各部位における動きの速度変化を見ることで、まず最初のグライドを創り出していく動きの中心となっている身体部位はどこか、それが切り返しの動作過程（身体の動きの方向が下向きから上向きに切り替わる状態）ではどの部位の動きが優位か、次の呼吸動作を誘導する際はどこが主に働いているのか、というように、それぞれの動作経過での主導的な身体部位の特定をしていけると思われる。

③における腰、手、足の身体各部位のそれぞれ前方に動いた水平の移動距離を、それぞれ3つの各部位が1ブレスの間に動かしていた全体の移動距離に占める割合を各部位ごとに算出する（比率を出す）ことで、その泳者が身体のどの部位の動きに頼って泳いでいたか想定することができると考えた。

そこで、まずドル平泳ぎ（ドル平2）における熟練者（SK）の動作の特徴から示しておこう（以下の（1）、図3-4-5a〜図3-4-5cの6枚の図）。

（1）熟練者 SK のドル平の動作特徴

①熟練者 SK における腰角度の変化の仕方を、スロードル平と通常の速さでのドル平について見てみた（図3-4-5a）。

他の図（図3-4-5b：「通常ドル平の身体部位の動き速度」）に見るように、1ブレス（呼吸）が約3秒を要しているが、スロードル平（図3-4-5b-sl）では1ブレスが6秒なので、通常の約2倍ゆっくりと呼吸間隔も空けて泳いでいることが分かる。それで、通常ドル平ではきれいな逆S字形の波動的な動きをしながら泳いでいる（図3-4-5aの◆−◆）のに対して、スロードル平（同図の×−×）では腰の外角度を200度以上〜ほぼ180度に保ってゆっくりと浮力を利用しつつ泳がれていることが分かる。つまり、ゆっくりとドル平をしようとすると、ゆったりしたうねりの動きとともに、浮力を存分に生かした泳ぎをして進んでいることが想定できる。

②腰・手・足の動かす速度（次ページの4つの図：ドル平＝図3-4-5b および図3-4-5b-sl、平泳ぎ＝図3-4-5b2、図3-4-5b2-sl）から見ると、まず、ドル平および平泳ぎともに、キック開始時の「泳ぎの経過1」では足（×−×）の速度が他に秀でて高く、ほぼキックだけの動作をもとにグライドして進んでいることが示されている。これはキック動作によって水中にグライドする際（p.89のスロードル平：写真3-2-5の②

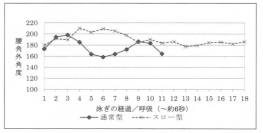

図 3-4-5a　SK 腰角度変化

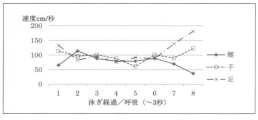

図 3-4-5b2　SK の通常平泳ぎでの身体各部位に
おける動きの速度変化

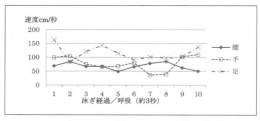

図 3-4-5b　SK のドル平での身体各部位に
おける動きの速度変化

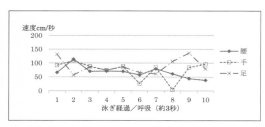

図 3-4-5b2-sl　SK のスロー平泳ぎでの身体
各部位の動きの速度変化

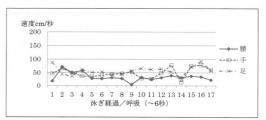

図 3-4-5b-sl　SK スロードル平での身体
各部位の動きの速度変化

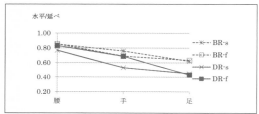

図 3-4-5c　SK のドル平（DR）と平泳ぎ（BR）
での通常、スロー間での腰手足の
水平移動率比較

〜④参照）、腕・手はキックとともに泳ぎの進行方向に伸ばされていくだけの動きなの
でそのように示されているものと思われる。また、平泳ぎ（通常、スローの両方）やス
ロードル平では、全体の泳ぎ経過において、足、手、腰の動きが概ね同じような速度で
動かされているのに対して、「通常ドル平」（図 3-4-5b）の前半部では足の動きの速度
が相対的に大きい。これは身体上半身に比較的大きな動きのうねり動作を行わせるため
に、足の動きの振れが大きくなることによるのではないかと思われる。そしてスロードル
ル平（図 3-4-5b-sl）のケースを除く他の泳ぎ全てにおいて、「泳ぎ経過」の最後の部
分で、手の動きにおける速度の上昇が見られる。これは、平泳ぎおよびドル平において
は、泳ぎの最終局面において初めて、腕・手のプルによって呼吸が確保されていくのに
対して、スロードル平では最終局面において、足と手、並びに腰の速度が低下・下降す
る中で息つぎされていくということ、すなわち、手で水を下に押す運動がなくても呼吸

動作ができているということなので、浮力に依存したより安定した呼吸運動が行われているということが示されていると言える。

　③腰・手・足の水平移動比率（図3-4-5c）を見ると、移動比率が腰→手→足の順にほぼ直線的関係で低下していくことが示されている（なお以下では「移動比率」を「移動率」と呼んでいる）。足の水平移動率で見ると、平泳ぎ（BR）とドル平（DR）で比べた場合、平泳ぎの場合概ね0.6、ドル平は0.4なので、平泳ぎよりもドル平において0.2の差で水平方向への移動割合が低い。すなわち、ドルフィンキックよりもはさみキックの方が水平方向への移動の効率がいいということで、このことは、その身体部位だけの移動率で見た場合、はさみキックによる「開きから閉じ・伸ばしの動き」の方がドルフィンキックにおける上下動での曲げ伸ばし（打ちおろし）の動作よりも、足の水平方向への移動割合が高いことを示していると見ることができる。

　それと、スロードル平においては手を水平方向に移動していく割合が他の泳ぎに比べて低いという結果も示されている。移動率の数値で示すと、移動率＝「水平移動距離／延べ移動距離」で、BR-s（スロー平泳ぎ）、BR-f（通常平泳ぎ）、DR-s（スロードル平）、DR-f（通常ドル平）の順に0.76、0.69、0.53、0.69であり、DR-sが他に比べて低かった。これはドル平ではキックの上下動に伴って腰と腕・手が水中に潜った分だけ、スロードル平においては水面に浮き上がってくるのを待つ時間が長くなり、前方にそれほど進まずにその間、下に下がった手が上方に浮き上がってくる割合が大きいためにスロードル平における手の水平移動率が低くなったものと考えられる（後で見るp.104の図3-3-5と図3-3-5-slにおける進み具合の違いに明らかである）。

（2）知的・発達障がい児のドル平泳ぎ動作の特徴

　上記（1）熟練者（SK）に示したように、障がい児者たちにおいて、①腰角外角度の変化（以下のi）とii）で）、②腰、手、足の身体部位における動き速度の変化（以下のiii）で）、③腰、手、足の各身体部位がそれぞれ同部位において水平移動に還元できている比率（水平移動率）がどうなっているか（以下のiv）で）、①、②、③の各視点ごとに熟練者の場合とどう違うのか、また関連しているのかを見ていきたい。

　なお、3つの各項目ごとに、夏休みの講習において基本的にドル平を学ぶことによって100ｍ～200ｍ程度泳ぐことができるようになった大学生のケースも参考に取り上げ、発達障がい児者が輪くぐりの泳ぎを通じて泳ぎができるようになったことと何らかの関係を見出しうるのかどうかについても検討を試みておきたい。

ⅰ）腰角外角度の変化に見られる障がい児の泳ぎの特徴

このケースとしてまず、本章の第1節と第2節に取り上げた、1986年、1987年時点

においてもすでにプールで100 m以上の距離を泳ぐことができ、その後1988年以降の夏休み終盤に海で行った遠泳にも参加し、500 m～600 m以上の距離を泳ぐことができていた人々から順次例示していってみる（遠泳には参加していなかった人も逐次取り上げている）。

図3-4-4a～図3-4-11aに記載したTS1からMUまでの8名中、MUとTH♀を除く6名はすべて、1992年時点で海での遠泳を500 m以上1500 m程度は、途中100 m間隔くらいで海の中に浮かべたブイで少しの間休憩をしたりすることはあっても、2、3分程度休めばすぐに泳ぎを続けていった人々である。また、図3-4-10aは92年時点では遠泳でドル平と立ち泳ぎで海中に浮かべたブイ1区間程度（概ね100 m）を付き添いリーダーに助けてもらいつつ泳ぐことができていたTH（当時16歳の女子＝♀）、そして図3-4-12aは92年当時17歳で遠泳への参加はなく、90年夏（15歳時）にプールで50 mを何とか泳げるようになったばかりのときにしんどくなれば足をついたり歩いたり、その場で休んだりをくり返しながら何とか400 mを泳いでそのときの心拍数変動の測定にも協力してくれた、SY1における腰角度変化の様子である。そして図3-4-11aの一人、MUは肥満度の高い子で息つぎが不安定であるが、同じように肥満でよく泳げるTKとともに、腰角度の変化の様子を掲載した。2人は他の子どもたちよりも、腰と膝、肩を結んだ背中側のライン（腰角外角度）が大きな角度、つまり他の子たちは皆、180度を前後させながら浮き沈みを行っているにもかかわらず、大半が180度～200度（あるいはそれ以上）の角度を維持しつつ泳いでいるのである。MUは息つぎが不安定なのでプールではよく泳いで10 m～15 m程度以上は続けて泳がないが、海では浮きやすいので、ブイからブイの間（100 m程度）を連続して泳ぐこともあった。その理由は、浮きながら顔を上げて泳ぐ中で何とか呼吸もできているのではないかと思われる。

肥満児のMUとTKおよびSY1以外の6名（TS1、TS2、YY2、TN、HHおよびTH♀）は、腰角外角度が呼吸後の一定の間は180度を超えて、つまり腰・尻を浮かせるようにしながら水中に潜り、その後水中に潜って、180度以下の腰角外角度、すなわちある程度体を反らせるようにして沈んだ後浮き上がっていく（図3-4-1a～図3-4-10a）。

これに対して、肥満度の高いTKとMUは水中に沈んでも180度以下になることは少なく、泳ぎを続けていっている（図3-4-11a）。しかし肥満とまるっきり反対で、身長176cm、体重49 kgで皮脂厚が7 mmという痩せ型のSY1は、かなりの痩せであるめか、輪くぐりで習得した、頭を潜らせて沈んだ後すぐに、腰角外角度を200度以上に膨らませて体を浮かせる動作で泳ぎを行っている（図3-4-12a）。これは彼自身痩せであるがゆえに習得せざるを得なかった、彼流の技術であったのではないかと読み取れる。因みに彼の泳ぎの経過は以下の図3-3-12（p. 105）の如く、❷「潜ってグライド」の体勢でしっかりと腰・背中を膨らませた姿勢をとっていることが明瞭である。

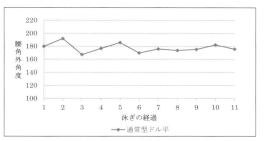

図 3-4-4a　遠泳可 TS1 のドル平での腰角度の変化

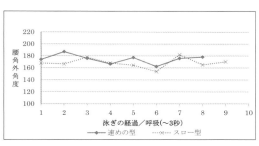

図 3-4-1a　遠泳可 TS2 のドル平（速めとスロー）での腰角度の変化

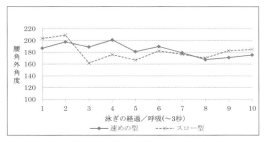

図 3-4-7a　遠泳可 YY2 のドル平（速めとスロー）での腰角度の変化

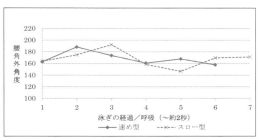

図 3-4-8a　遠泳可 TN のドル平（速めとスロー）での腰角度の変化

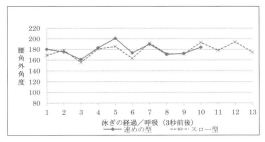

図 3-4-9a　遠泳可 HH のドル平（速めとスロー）での腰角度の変化

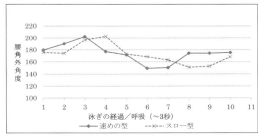

図 3-4-10a　遠泳△の TH♀のドル平（速めとスロー）での腰角度の変化

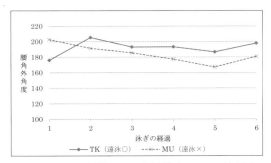

図 3-4-11a　遠泳可 TK と遠泳△の MU ドル平腰角度の変化

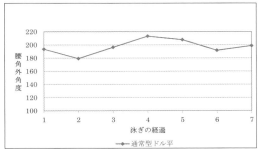

図 3-4-12a　遠泳？の SY1 のドル平での腰角度の変化

このSY1と同様、キック後の腰外角度が200度前後となりその後180度に近づいて体の姿勢を保っている図3-3-11①のTKの泳ぎは、熟練者（SK）がゆっくりとドル平をする際の泳ぎ（図3-3-5-sl）に近い泳ぎである。もちろん、SKの場合はゆっくりと進むために腰・お腹の部分を十分に引きながら（萎ませることに時間を割き）、顔を上げていく際にもゆっくりと顔・上体を起こすようにして浮力を十分に確保するので、1呼吸にほぼ6秒程度費やしていたのである（p.100の図3-4-5b-sl、および図3-4-5bを参照）。しかしTKの場合は既に詳細な時間データ等は保存されていないので正確な記述はできないが、障がい児の場合は以下に示す「泳ぎスティック図」（図3-3-1～図3-3-9-sl）におけるTS2、YY2、TN、HHの4名に見られるように、スロードル平と速めのドル平（「速く泳いで！」の指示の下での泳ぎ）との泳ぎの差は明確ではないので、TK自身も自分の泳ぎを速度的にうまく表現できるわけではない。彼は自分の身体に備わった大きな浮力に従って腰の外角度で見ればキック開始時（スタート時に180度にごく近い腰角度）で行う以外では腰の外角度が200度前後の曲がり具合で十分に浮きに頼った泳ぎとなっている（図3-4-11a）。一方SY1の場合、SKのようにゆっくりとしたペースでは泳げないけれども、同様に浮力を高めるために全体的に180度を超えた外角度の姿勢をとっている（図3-4-12aと、図3-3-12参照）。細身の身体を浮かせるために上体と脚部との角度並びに上体の腹部に膨らみを持たせ、浮力向上・維持のための身体操作を行っていたのではないだろうか。身体重心であるおへそ・腰の周りに体を丸くすると、肺にある浮力も重心の付近に寄せられて体全体が浮きやすくなることから、このことは頷けるところである（ダルマ浮き姿勢はほぼ誰でも浮く）。

ⅱ）　障がい児のドル平動作経過データと腰角度の変化データとの関連づけ

　スロー型と通常型（障がい児の場合は"速めに泳ぐ"を指示されている）の2つの泳ぎを区別して泳ぐことを求められた、TS2、YY2、TN、HH、TH♀の5名の泳ぎ（図3-3-1～図3-3-10-sl）における「速めの泳ぎ」と「スローな泳ぎ」を対比し、SKにおける両者の泳ぎのケース（通常ドル平〈図3-3-5〉とスロードル平〈図3-3-5-sl〉）の差と比べると、彼ら障がい者にとってこのペースの仕分けは随分な難題であることがよく分かる。

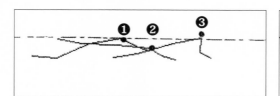

図3-3-5　SKのドル平

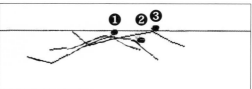

図3-3-5-sl　SKのスロードル平

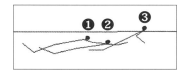

図 3-3-4
TS1 のドル平の泳ぎの経過

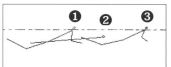

図 3-3-1 TS2 のドル平
「速く」泳ぐ際の動作経過

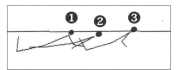

図 3-3-1-sl TS2 のドル平
「ゆっくり」泳ぐ際の動作経過

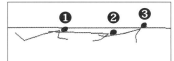

図 3-3-7 YY2 のドル平
「速く」泳ぐ際の動作経過

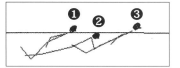

図 3-3-7-sl YY2 のドル平
「ゆっくり」泳ぐ際の動作経過

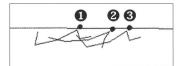

図 3-3-8 TN のドル平
「速く」泳ぐ際の動作経過

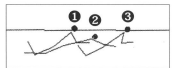

図 3-3-8-sl TN のドル平
「ゆっくり」泳ぐ際の動作経過

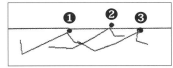

図 3-3-9 HH のドル平
「速く」泳ぐ際の動作経過

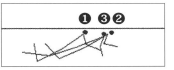

図 3-3-9-sl HH のドル平
「ゆっくり」泳ぐ際の動作経過

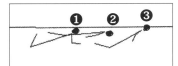

図 3-3-10 TH♀のドル平
「速く」泳ぐ際の動作経過

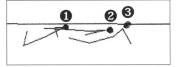

図 3-3-10-sl TH♀のドル平
「ゆっくり」泳ぐ際の動作経過

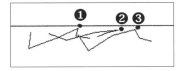

図 3-3-11①
浮力大の体型者のドル平
TK（遠泳 1 km 以上可）

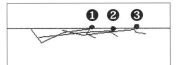

図 3-3-11②
浮力大の体型者のドル平
MU（遠泳約 100 m 可）

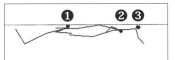

図 3-3-12 SY1 のドル平
痩せ型 SY1 のグライド姿勢
（プールで 50 m 可泳。プールの
底に足をつきつつ、400 m 泳ぐ。）

この要因として次の2つが考えられる。

彼らにとって、時間的認識や時間的感覚・観念が生活上の必要性の中に果たしてどれほどあるのかどうか、このことがまず1つの疑問。もう1つは、「ゆっくり」と「速く」という概念の区別はあっても、泳ぎの動作としてそれをどう身体表現することができるのかということ。彼ら5人がその泳ぎ動作上の課題に取り組んでいる様子から見て、ゆっくりと体を動かす場合における5人それぞれに共通している点に着目すると、腰の外角度が180度（直線的・水平的ライン）よりも低い状態（少し体が反る状態）を示す傾向にあると認められる（特にp. 103でのTS2の図3-4-1a、YY2の図3-4-7a、TNの図3-4-8aにおける「スロー型の泳ぎ」に顕著である）。

なぜそうなるのかはまだ論理的に考察できるところではないが、ゆっくり泳ごうとすると体の動きが一瞬止まった状態になるのか、水中に沈み込んでいる状態が長くなるようである。一方SKにおいてはゆっくり泳ごうとすると、逆S字カーブでうねるのではなく、キック後に腰の重心の周りに浮心のある上体（胸・肺）を被せるように頭を下げて潜り、その後ゆっくりと顔を起こして浮力を十分に利用した姿勢を保って息つぎに向かう泳ぎを意図的に行っているものと思われる（図3-3-5-sl）。要するに、熟練者においては動作の緩急を、頭の上げ下げ、それに伴って体幹や四肢の動きの速度調節、動かす空間や力の入れ具合等を微妙に調節・プログラミングしている。障がい児者には、こうした動作調整が極めて難しいことだったのではないだろうか。

熟練者（SK）においては、上記のように、スローなドル平での動作経過を、通常の速さで泳ぐドル平に対比してみると、1呼吸で進んでいる距離がはるかに違うことが分かる。SKのスローに泳ぐドル平（図3-3-5-sl：超スローに近い）では、❶「キック開始」〜❷「グライド姿勢」〜❸「呼吸体勢」の各図がほとんど重なるようになっている（それだけ前方に進んでいない）のに対して、図3-3-5の通常ドル平では❶〜❷〜❸の各ブロック線図間における各動作経過の間隔が互いに一定間隔で空いている（それだけ進んでいる）ことが明瞭である。

ここで、それぞれの障がい児者の実際の泳ぎの経過図もSKと同様にスティック図として表し、上記同様、❶「キック開始」〜❷「グライド姿勢」〜❸「呼吸体勢」の3局面において、通常ドル平（速めのドル平：「図3-3-○」）に対してスロードル平を「図3-3-○-sl」とし、両者のドル平を対比した図を表示しておく。なお、通常ドル平のデータだけの人（TK、MU、SY1）も図に表示しておく。

障がい者で「ゆっくりドル平」と「速めのドル平」の間での❶〜❷〜❸の間隔には、それほどの明瞭な開きは認められないものと考える（図3-3-1、図3-3-7〜図3-3-9のTS2、YY2、TN、HH、さらに図3-3-10のTH♀において）。もちろん、YY2やHH、そしてTH♀には、「速めのドル平」の方で❶〜❸トータルな間隔は少し広くなっている

ことは認められるけれども、明瞭な差とまでは言いがたい。

それゆえに、障がい児においては「速く泳ぐ」と「スローに泳ぐ」を、概念・感覚的あるいは動作的に区別して泳ぐことはなかなか難しい課題なのだということが明らかになっていると言える。

iii）腰、手、足の身体部位の動き速度の変化で見る障がい児のドル平

熟練者（SK）は p. 100 の図 3-4-5b（ドル平）および図 3-4-5b2（平泳ぎ）ともにそれぞれ「通常の速さ」で、「スローな速さ」はその各図に「-sl」を付記して示した通りである。

一方、以下の図 3-4-1b、図 3-4-7b～図 3-4-10b で障がい児 5 名での腰手足の動きの速度変化の様態を確認する。

ただし以下では、通常の（障がい児では「速めに泳ぐ」の指示の下に泳ぐ）泳ぎの場合と、スロードル平（「ゆっくり泳ぐ」）の場合とで身体部位（腰手足）の動き方にどのような差異が現れているかを見るために、両実施条件下で泳いだ人だけのデータに着目して言及することにしたい。

これらの結果として、SK の場合は通常の速さで泳ぐときに比べてスローで泳ぐときには（ビデオ画面上で見て）、基本的にドル平では 50 cm／秒の速さを基準ライン（基線）に、平泳ぎでは 75 cm／秒を基線にして泳いでいる。通常の速さの泳ぎではこれら基線がそれぞれさらに、25 cm～50 cm 上がったところにあるようである。つまり、ドル平では概ね 75 cm～100 cm／秒を基線に、平泳ぎでは約 100 cm／秒を基線にして泳いでいる。

一方、障がい児の場合は、通常、スローともに、各部位の速度上特筆すべき違いは示されていない。動作速度は各子どもによって違いはあるが、概ね 50 cm～100 cm／秒を基線にして泳ぐ傾向があると言える。

ただし、YY2 においては、通常の場合は 100 cm／秒を中心にしつつ、手などでは 150 cm／秒に近い付近を基線として泳ぎ、スローの場合は 50 cm～100 cm／秒を基線として泳いでいることと、「通常の泳ぎ（速く泳ぐ）」においては特に前半（泳ぎ経過 3）での足の動き速度と後半（泳ぎ経過 7）での手の動き速度がほぼ 200 cm／秒ほどあるので（図 3-4-7b）、「速く泳ぐ」と「ゆっくり泳ぐ」を区別して泳いでいると考えられる。

彼の泳ぎにおける《通常泳ぎ》と《スロー泳ぎ》の違いを確認するために、p. 105 の泳ぎのスティック図（図 3-3-7 と図 3-3-7-sl）、および p. 108 の図における「通常・速く泳ぐ（図 3-4-7b）」と「スローに泳ぐ（図 3-4-7b-sl）」の腰・手・足各部の動作速度の状態を取り上げて確認してみる。

まず、前者のスティック図においては、真ん中の❷の「グライド 2」（頭の向きを上

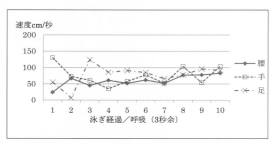

図 3-4-4b　遠泳可 TS1 のドル平における
腰手足の動きの速度変化

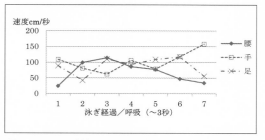

図 3-4-1b　遠泳可 TS2 の速めのドル平における
腰手足の動きの速度変化

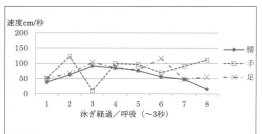

図 3-4-1b-sl　遠泳可 TS2 のスロードル平に
おける腰手足の動きの速度変化

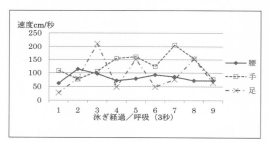

図 3-4-7b　遠泳可 YY2 の速めのドル平に
おける腰手足の動きの速度変化

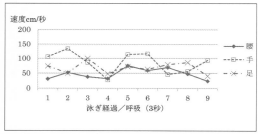

図 3-4-7b-sl　遠泳可 YY2 のスロードル平に
おける腰手足の動きの速度変化

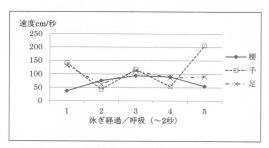

図 3-4-8b　遠泳可 TN の速めのドル平に
おける腰手足の動きの速度変化

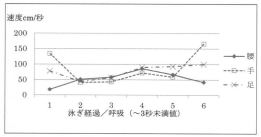

図 3-4-8b-sl　遠泳可 TN のスロードル平に
おける腰手足の動きの速度変化

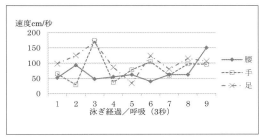

図 3-4-9b　遠泳可 HH の速めのドル平における
　　　　　腰手足の動きの速度変化

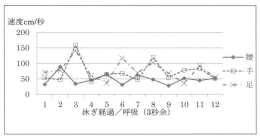

図 3-4-9b-sl　遠泳可 HH のスロードル平における
　　　　　　腰手足の動きの速度変化

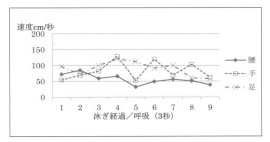

図 3-4-10b　遠泳△ TH♀の速めのドル平に
　　　　　おける腰手足の動きの速度変化

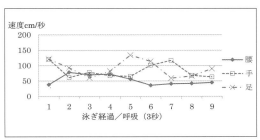

図 3-4-10b-sl　遠泳△ TH♀のスロードル平に
　　　　　　おける腰手足の動きの速度変化

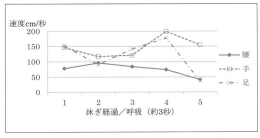

図 3-4-11b①　遠泳可・浮力大型の TK のドル平に
　　　　　　おける腰手足の動きの速度変化

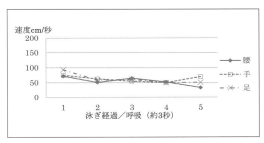

図 3-4-11b②　遠泳△・浮力大型の MU のドル平に
　　　　　　おける腰手足の動きの速度変化

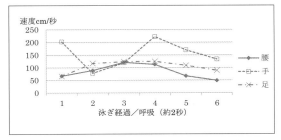

図 3-4-12b　痩せ型・遠泳未経験の SY1 のドル平に
　　　　　おける腰手足の動きの速度変化

向きに切り返す時点）が「スローに泳ぐ（図 3-3-7-sl）」に比べて、「通常・速く泳ぐ（図 3-3-7）」では動作形態上も明確な差があり、❶のキックの後、体をきれいに水平位、あるいはそれ以上に頭が腰・足の位置よりも低く潜っている姿勢をとれていることがわかる。そして後者の腰・手・足各部の動作速度の状態の違いに着目すると、先述したように、「スローに泳ぐ（図 3-4-7b-sl）」では比較的速い動きをしている手の動き速度で速くて 100〜150 cm／秒に満たないにもかかわらず、「通常・速く泳ぐ（図 3-4-7b）」では泳ぎ経過前半の経過 3 において足の動き、後半の経過 7 において手の動き速度がそれぞれ、200 cm／秒と速くなっていることが見られた。

　このことは、p. 103 の腰の外角度においても「速めの泳ぎ」において、動作経過の前半半分くらいまでの時点では 180 度以上の角度を保って進んでおり、グライドの明確な体勢をとって進んでいることが示唆される。「スローな泳ぎ」では最初のキック時点以外では、そのような腰の外角度の大きな状態が見られず、キック後の泳ぎの経過 3 〜 5 においては腰の外角度は 180 度未満である。おそらく、これは、p. 105 のスローな泳ぎのスティック図の❷に見られる背中が反り気味の姿勢で浮き上がっていく動作過程と合致するのであろう。

　このように、YY2 においては、「速めの泳ぎ」と「スローな泳ぎ」の動作過程には何らかの顕著な違いが見いだされる。これは、「ヨシくんの勝ち！」と言って、「勝ち負け」に拘って泳ぎに取り組むとき、一層の積極さを示す姿に如実に示されている。

iv）腰手足の水平的動き占有割合（水平移動率）でみた障がい児のドル平の特徴

　障がい児のドル平的泳ぎの特徴を把握するためには、pp. 96-97 の（２）と（３）、並びに pp. 99-101 の②と③に述べたように、ⅲ）に示した「腰手足の動きの速度的関係（時間的側面）」の特徴だけでなく、「腰手足の動きの空間的側面」すなわち「身体の中心的部位が進行方向に対して働いた動作の効率性（水平移動率）」から見てみることが重要である。

　それは、息つぎ後のキック開始〜次の息つぎまでの範囲で腰手足 3 つの各部位の移動運動全体のおおよその移動距離（「延べ移動距離（単位 cm）」）を算出し、これに対して、腰手足各身体部位が X 軸前方向に動いた移動距離（単位 cm）を算出することによって、後者の前者に対する比率（腰手足各部位の水平移動率）の関係について確認することである。

　その際、①遠泳を泳げる人とそうでない人の特徴（腰手足各部位の水平移動率の関係）、②（２）での分析同様に、ドル平の「スロー（s）」と「速めの泳ぎ（f）」の関係が示されている泳ぎの特徴（腰手足各部位の水平移動率の関係）、③障がい児のドル平と、短期間の学習によって 200 m 程度を泳げるようになった大学生のドル平の特徴（腰手足各部位の水平移動率の関係）について分析を試みることにしたい。

①障がい児における遠泳可の人と遠泳が不可の人の特徴

図 3-5-1 を見ると遠泳可の人々においては YY2 以外は全体として、腰手足の順に水平移動率が右肩下がりに低下する傾向にある。また、各部位での移動率の値を見ると、腰ではほぼ全員が概ね「1.0」に近い値、手では「0.5〜0.8」の範囲、足では YY2 以外は概ね「0.5〜0.6」の範囲に収まっている。

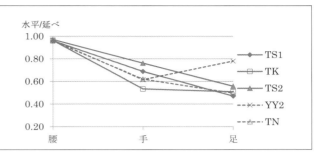

図 3-5-1　遠泳のできる障がい児 5 名における
身体各部（腰、手、足）の水平移動率

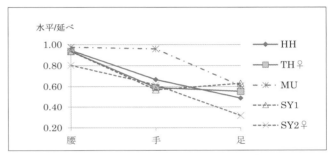

図 3-5-2　遠泳が不可 or 自立して泳ぐことが不十分な
障がい児 5 名における腰手足の水平移動率

　すなわち YY2 以外は、手のプルよりも足のキックを推進の原動力にしつつドル平を泳ぐ傾向にあり、YY2 の場合は足のキックよりも手のプルに頼ったドル平をしているものと推測される。このことは、図 3-4-7b の中盤〜終盤への泳ぎの経過で手の動き速度が 150 cm〜200 cm／秒の高い値を示していることからも裏づけられる。

　一方、遠泳がまだ 1 人で十分には泳げない（遠泳をがんばってできるが泳ぎが苦しそうな HH も含む、TH♀や MU）、もしくはプールでは 50 m 泳げるが遠泳未経験の人（SY1）および泳ぎ自体が犬かき型で極めて未熟、手足の動きをいっぱい使ってどうにか泳げる SY2♀などにおける、腰手足の水平移動率の関係を見てみた（図 3-5-2）。

　その結果、浮力の高い体をして手足を余り動かさなくても浮いて進んでいる MU は手の水平移動率はほぼ「1.0」、足では他の一定泳げる人々と同様な水平移動率（0.61）ながら、移動した距離自体が比較的低い値（これは HH や SY1 および TH♀などは 100 cm を優に超えているにもかかわらず 57 cm という値）であった。そして犬かき的足のキックおよび手の動作を使いながら進む、泳ぎ自体が未熟な SY2♀も足の水平移動距離が MU と同じ「57 cm」で、その上彼女は腰の水平移動率が「0.8」でこの値は熟練者 SK の p. 100 の図 3-4-5c に示す腰の水平移動率の値（ほぼ「0.8」）と同様である。

　しかし SY2♀の腰の動きが他の障がい者の場合と比べて水平移動率において熟練者の場合に類似した「0.8」という値を示しているのは、熟練者におけるその値はドルフィ

ンキックによるグライド動作に伴って、腰も上下動をしていくからであるが、SY2♀の場合はp. 97の図3-3-13および図3-3-13-2に示すように、腰が深く沈んでからプルとキック（犬かき的にもがくようなキック）を駆使して息つぎのために体を引き上げるので、腰の水平移動率が「0.8」、足のそれが「0.3」と低い値を示したものと思われる。これは呼吸後に深く沈んだ体全体（特に重心である腰の位置が大きく沈んでいる）を「足のキック＝犬かき的バタ足」を駆使して余分な動作が多く、動き全体の移動量の多さの割に水平方向への移動が少ないことを物語っている。

　遠泳がまだ不十分なその他のメンバーは概ね遠泳可のメンバーと同様な腰手足の水平移動率が右肩下がりの形を示していると言えよう。これは基本的に、遠泳の1周（約500m）を自力でしんどそうながらもがんばって泳ぎ切れるHHおよび1992年時点ではまだ1周を泳

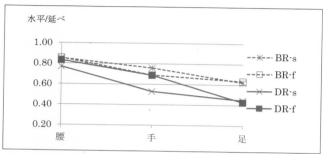

図3-4-5c　SKのドル平（DR）と平泳ぎ（BR）での通常、スロー間での腰手足の水平移動率比較

げず、リーダーにもたれて休み休み泳いでいたTH♀においても、そして遠泳には参加したことがなく、プールで継続して50m以上泳げるとともに、途中足をついて歩くことを交えながらも何とか400mの泳ぎを行うことができたSY1においても、呼吸をしながらドル平を泳ぐことができる人たちは腰手足の水平移動率の関係がおおよそ右肩下がり的であり、かつ手の水平移動率が「0.5」以上、足の水平移動率が「0.4」以上となっている。概ね、手のプルの動きよりも足のキックの動きに依存して進む傾向をもつのが障がい者においてもドル平の特徴なのであろう（これは図3-4-5cの結果に見られるように、熟練者のドル平が平泳ぎ以上にドルフィンキックという、脚部の上下動によって進むキックゆえに特に足の動きの水平移動率が低い動作に負うものであることからも頷けるところである）。

　なお熟練者においてはドル平でゆっくりと泳いだ場合と、通常のドル平（速めのドル平）で泳いだ場合で手の水平移動率が違ってくるのはなぜなのか。それは、p. 101の③で述べたように、熟練者におけるp. 104の通常のドル平（図3-3-5）とスロードル平（図3-3-5-sl）に示す通り、後者は上下の運動が大きくなり水平的移動率が低くなる。それが特に、手の水平的移動率の差として現れているのである。

　では障がい児のスロードル平と速めのドル平（「速く泳いで！」の指示で泳いだドル平）において、どのような結果が示されたであろうか。

②障がい児におけるスロードル平と速めドル平の腰手足の水平移動率の関係

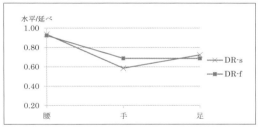

図 3-4-1c　TS2 におけるドル平のスローと速め
　　　　　の泳ぎでの腰手足水平移動率比較

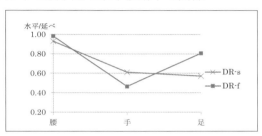

図 3-4-7c　YY2 におけるドル平のスローと速め
　　　　　の泳ぎでの腰手足水平移動率比較

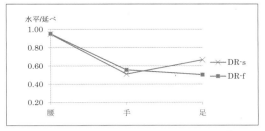

図 3-4-8c　TN におけるドル平のスローと速めの
　　　　　泳ぎでの腰手足水平移動率比較

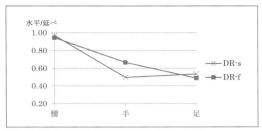

図 3-4-9c　HH におけるドル平のスローと速めの
　　　　　泳ぎでの腰手足水平移動率比較

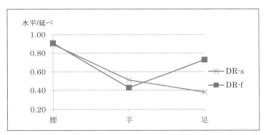

図 3-4-10c　TH♀におけるドル平のスローと速め
　　　　　の泳ぎでの腰手足水平移動率比較

　障がい児個人により差があるが、ここに示した 5 人の間では 2 つのパターンが認めら
れる。

　1 つは YY2（図 3-4-7c）と TH♀（図 3-4-10c）に見られるように、速めのドル平
（DR-f）における方が手の水平的動きの効率が低く（すなわち腕・手が上下や左右その
他の方向への動きを多く取っている）、足の水平移動率が高く示されたタイプ。一方、
TS2（図 3-4-1c）、TN（図 3-4-8c）、HH（図 3-4-9c）のように、速めのドル平では手
の動きを抑えて足のキック動作の動きを強めており（すなわち手よりも足の水平移動率
が低く）、そしてスロードル平（DR-s）ではその逆に、腕・手の水平移動率が相対的に
低くなって、足の動きの水平移動率が相対的に高い動きとなる（足の上下動にそれほど
頼っていない）タイプの 2 つに区分される。すなわち、速めのドル平で泳ごうとする場

合、YY2 と TH♀のタイプはプルの動きの割合を高くするタイプ、TS2、TN、HH のタイプは足のキックを強めて泳ぐタイプと言えるのかもしれない。

　しかし障がい者の場合は、p. 105 で見た図 3-3-1 および図 3-3-8 や図 3-3-10 においては、スロードル平と速めのドル平の泳ぎ自体に明瞭な泳ぎ方の差は認めがたい。それゆえ、こうした動作分析の数値で示された違いは、泳ぎのスキルや意味（運動目的）の把握において、スローと速めというドル平の区別をする必要性がなかったのではないかと思われる。何年も遠泳を経験する中で、泳ぎの最中にいくつかの型のドル平的泳ぎで泳いでいるタカちゃん（TS2）においてもこちらが要求する泳ぎ方に応じる必要が特になかったのかもしれない。ただし、彼が遠泳に参加したのは 22 回であったが、年齢とともに泳ぐ速さでは少しずつ遅くなっている感じも拭えなかった。とりわけ彼は第 20 回目（2009 年）海が荒れている際の泳ぎではたいそう疲れた様子を示していた（第 7 章第 3 節の後の「追記」参照）。

③障がい児のドル平と短期間の学習で 200 m 泳ぎ習得の大学生のドル平の特徴比較

　右に示した 4 人の学生は、上記に見た熟練者や、遠泳の可・不可に関わらずドル平を泳げている障がい者たちがおおよそ示した、「腰手足の水平移動率の間の関係」と同様に、腰手足の水平移動率の値が右肩下がりになっている傾向を示している。言わば、多くの人がドル平を泳

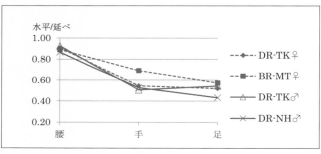

図 3-5-3　ドル平 or 平泳ぎ 200 m 習得後間もない大学生の腰手足動作の水平移動率比較

げるようになると、足の動き（ドルフィンキック）による推進の動作に多くを依存しながら水の中を進んでいく傾向があることを示している。

　ただ 200 m をドル平で泳げるようになった学生（上記図の TK♂および NH♂の 2 人の男子）および 100 m 泳げるようになった学生（TK♀および MT♀：MT は平泳ぎ）は、障がい者の場合と違って、p. 100 の図 3-4-5c の熟練者の腰の水平移動率の値に見たように、熟練者の「0.8」という値に幾分近い「0.9」前後の値を示して泳いでいることである。すなわち、ドルフィンキックに伴って頭の上下動をさせることで、腰の上下動の動作習得に繋がり、それまで泳げなかった人が数日のうちに 200 m という距離を泳げるようになっていることが示されていると言えよう。

　逆に言えば、数日のうちにドル平で一定の長い距離を泳げるスキルを習得するためには、頭・顔、腕・手、腰・背、脚部の身体全体を波打たせる技術を習得・体現しなければ

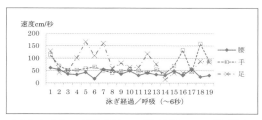

図 3-4-14 b　学生 TK♂のドル平 200 m 泳ぎ時の腰手足各部位の動き速度の変化

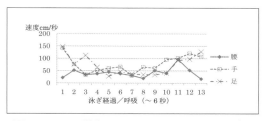

図 3-4-15 b　学生 NH♂のドル平 200 m 泳ぎ時の腰手足各部位の動き速度の変化

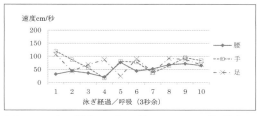

図 3-4-16 b　学生 TK♀のドル平 100 m 泳ぎ時の腰手足各部位の動き速度の変化

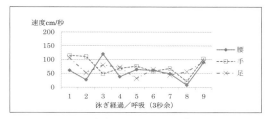

図 3-4-17 b　学生 MT♀の平泳ぎ 100 m 時の腰手足各部位の動き速度の変化

200 m 以上の長距離の習得は難しいことが示されていると言えるのではないだろうか。

　それに対して、自閉的傾向をもつ障がい者の場合では、輪くぐりなどを使用することで、水中での自然的環境のなかで泳ぎの動作を習得し、学生たちの場合のように指導者の動作を見ながら泳ぎのフォームをイメージし、楽に泳げるための動作企画（運動プログラム）を構想しながら泳ぎスキルの習得をするのではなく、ドル平的泳ぎに自然に環境によって訓練され・訓化されていっている習得過程があったのではないだろうか。

　参考までに、学生たちの腰手足の各部の動作速度の泳ぎ経過における動きの様子を以下に示しておこう。

　200 m も泳げるようになった 2 人の男子学生の場合は、息つぎ後のキック開始時付近の動作においては、腕の動きもあるものの、×－×で示される足の動き速度の大きいことが分かる（上図の TK♂と NH♂）。一方、100 m を泳げるようになった女子学生（♀）の場合、まだ 100 m が精一杯という状態でもあって、動き（キック）の開始当初から腕・手の動き（□－□）が優勢な様子が認められる。

　これらの結果からは、200 m 泳げるようになったケースでは足のキックを中心に推進していることが明瞭であると考えられる。

＊73　編集代表・岸野雄三『最新スポーツ大事典』，大修館書店，1987，p. 992《（バタフライの発展史）を参照。「1935 年にアメリカのジークという選手が平泳ぎ種目において 1 ストローク 2 ビートのドルフィンキックのバタフライを行っていたが、この時代のバタフライはあくまでも「平泳ぎ」の 1 つの形態に過ぎなかった。》

*74 TS2、YU1 はドル平。TS1 もグライド 2 のところで右側向きになって、右手だけをプルしているが、クロールというよりもドル平の泳ぎである。

*75 前掲書＊66，p. 102（「水の抵抗」の項）を参照（本著第 2 章＊66）。

*76 原通範・家崎満大・加藤弘・矢野勝・橘英彌「発達障害児・者の水泳動作の分析」，日本スポーツ教育学会（第 12 回大会抄録集、1992.10.18 ／福島大学）を参照。

*77 ドル平 2：詳細は＊63（pp. 76-77）の説明のとおり。本文では p. 59 に説明している。

*78 水中に沈んだ状態から、水面に向けて急いで移動（上昇）しようとするような動作イメージなので、「這い上がろうとする」という比喩言葉を使った。

*79 ここで、水面から下に潜っていこうとすると腰部で屈曲するので「腰外角度＞180 度」。一方、水中から水面に上昇しようとしたり、息つぎをしようと口を前に出し、顔を少し上向け気味になるので、腰〜背中の部分で反り気味となり「腰外角度＜180 度」となる。

第４章

泳げる知的・発達障がい児の
水泳動作時の心拍数変動

楽だと言われるドル平泳法においても、その泳ぎの熟練者においてはより楽に泳ぐために、より効率的に水中を進めるような身体の側での効率的・機能的な動作機能を働かせて泳いでいた（p. 100 の図 3-4-5b と図 3-4-5b-sl および図 3-4-5a）。つまり、腕・手の動きよりも脚部の動きを駆動し、頸・体幹のうねりを生かした泳ぎの動作であった。その意味で発達障がいをもつ子どもたち（14 歳〜19 歳の中学生から高校卒業程度の年齢の青年）のドル平泳ぎの様子では、脚部におけるキック〜潜りに伴って、腕をかきながら水中に潜っていく動作をとる傾向があった（p. 81 の写真 3-1-1 の②〜④、p. 83 の写真 3-1-3 の②〜④やその他、p. 105 の図 3-3-1 と図 3-3-1-sl、図 3-3-7 および図 3-3-7-sl 等々）。これは、pp. 108-109 における「身体各部の動き速度」の図（図 3-4-1b〜図 3-4-12b）での「泳ぎ経過」のほとんど全ての 1 や 2 〜 4 の初期動作で、足のキックに合わせてそのように腕・手を大きく動かすことをもとにして水中に潜り込んでいくことが想定される様子が現れているかと思う。

　しかし、このように腕・手を水中に潜る駆動軸にしていくと、長い距離を泳いだりした場合あるいは、1 コース 50 m のプールで泳ぐ場合等において、だんだんと疲労・消耗を来してしんどくなっていく度合が強くなるのではなかろうか。

　そのような問題意識から、1988 年より海で遠泳することを年間行事の 1 つとして取り組みだして、その遠泳で途中一定の休憩をとりながらも 500 m 以上 1000 m からさらにそれ以上泳げるようになっている人たちを対象に、長く、できるだけゆっくり泳いだり、ときには速く泳いだりすることもできるようにもなってきている彼らが、どのような身体的負担の経過を持って泳ぐことができているのかを、以下のように、50 m プールで 400 m、あるいは人によってはそれ以上の距離をも泳いでもらって確認してみることにした。この一部の研究成果については、第 11 回スポーツ教育学会において報告もしている[80]。

第1節　心拍数をどのように記録したか？

（1）　和歌山大学の 50 m プールにおいて、フクダ電子製のテレメーター心電計（ワイヤレス製）をプールサイドに設置し、水中用電極を被験者の胸に貼り付け、背中に送信機を装着して、水中で行われる課題手順・内容に従って動作・行動し、心電図計から出力される心電図データを記録した。そして、心電図計モニターで経時的に映し出されていく心拍数の数値を共同研究者の 1 人が読み取り可能な範囲で読み上げ、それを他の 1

人が記録して（書き取って）いった。その際、私たちは泳いでいる最中における25m経過ごとの心拍数平均が必要であったので、心拍数の採取は、25m地点および50mの折り返し地点に近づいたら、できるだけ多くのデータを収集できるように、可能な範囲の速さで心拍数値の読み上げと書き出しを行った。ただし、このような記録を開始するための準備作業として行った、最初の熟練者によるクロールでの400m泳ぎの収録の際（1990年7月23日）は、基本的なデータ収集計画の作成途上にあったので、スタート時、25m地点、50m地点ごとに示された心拍数だけを記録するに止まったものであることを付記しておきたい。

（2）　課題手順としての「心拍数／回」を、概ね次のように採取した。
①陸上での座位、準備体操
②水中での安静状態、および、ゆっくりと歩いて、スタート地点に移動する状態
③50mを「ゆっくり泳ぐ」という指示の下で泳いだ状態
④50mを「速く泳ぐ」という指示の下で泳いだ状態
⑤「400mを泳ぐ」状態（この測定参加者の全員対象に。そして、泳げる人で泳ぐ時間をとれた人には、もっと泳いでもらった。障がい者では、TS1とTS2、そして熟練者がその対象であった）。
⑥泳ぎのあとは、①の状態での座位安静時のレベルに心拍数が戻るまで、歩いたり、座ったりなどをして体を休めてもらった。
※泳いだあとは、ゆっくりと歩いて、プールの中を次の課題手順に向かう身体負荷のリカバー状態での心拍数（上記の②）を記録・収録した。
　本稿では、泳ぐ3つの課題手順③〜⑤での心拍数を取り上げて、その結果について考察する。
　なお、TS1とTS2の2人には、遠泳にも1988年の当初より参加していたことと、心拍数測定に来てもらった時の時間的条件で400m以上の距離を泳げることの了解も得られたことも手伝って、TS1には800mを、またTS2には100mを過ぎて途中からほとんどの泳ぎを背浮き身になって泳いだこともあって、終盤の100m過ぎをドル平で泳げば心拍数変動がどうなるかを確認したかったので、400mの継続泳ぎにはドル平100mを追加してトータル500mを泳いでもらった。
　また、彼ら7名の障がい児の心拍数変動と対照する意味で、ドル平を中心とした泳ぎ指導を1973年頃からずっと取り組んで、ドル平系の泳ぎ（平泳ぎはもちろん、バタフライやクロールを比較的ゆっくりと長く泳ぐことも含めて）の指導をできる熟練者と、その他和歌山大学の一般学生の心拍数変動を記録した。彼はかなづちで5日間のドル平学習で100m以上を継続して泳げるようになったばかりではあったけれど、障がいの

ある人たちとの繋がりも深い学生で、彼自身も障がい児の遠泳にリーダーとして参加する意志を持っていたので、「400 m の継続泳ぎをしてみるかい？」との問いかけに応じてくれた。

　一般学生（NSK）および熟練者（SK）においても座位安静時、入水、潜水のあと水中歩きを 50 m 行い、そのあと、心拍数が概ね安静時の数値に戻るのを待ってから課題とする泳ぎを行ってもらった。

　NSK はドル平で座位安静時から 400 m 泳ぎのスタート時に心拍数が概ね 90 拍／分になりそのあと 400 m を泳いでもらった。その後は、水中で暫く立位で休息の後、水中を歩いてプールから上がってもらい、心拍数が約 90 拍／分に下がった状態で試行終了とした。

　SK は座位安静状態での心拍数は 70～80 拍／分、ドル平 400 m の内、最初の 200 m はスロードル平、あとの 200 m は通常のペースで泳ぐドル平、それに続けて、バタフライ（ゆっくり泳ぐグライドバタフライ）で 200 m、最後に身体負荷をリカバーさせていくスロードル平で 200 m を泳いでもらった。図 4-1 に示すように、スロードル平は開始～200 m までの心拍数はごく最初の泳ぎ初めの 25 m は 80～90 拍／分、それ以後 200 m までは 90～100 拍／分でほぼ変わりないペースで泳いだ。800 m 泳ぎの終了後、水中歩きをしてスタート地点に帰り、その後陸上に上がって、心拍数が 70～80 拍／分になったときに終了とした。

（3）　泳ぎ等心拍数の測定時期は、障がい児の場合、1990 年の 7 月 23 日～ 7 月 30 日であった。初日の 7 月 23 日には TS2 と SY1 の測定を行い、その際、熟練者 SK のクロール 400 m の心拍数測定も行っている。

　それと、障がい児の人たちに来てもらった際、50 m は泳げるけれど、それ以上は、その人の意思と努力を見計らいながら（例えば、SY1 や TN などは足をちょくちょく底につきながら休憩しつつがんばって泳いでいたので、そうした休憩時にも彼らのペースに合わせながら心電図収録時モニターに映し出される心拍数を共同研究者メンバーの一人が読み上げ、それを他のメンバーが書き取っていく方法で）データの採取をしていった。

　熟練者 SK の上記（2）に示した課題手順は、一般学生 NSK が 100 m～200 m を泳げるようになった翌日の 1990 年 8 月 21 日に実施している。

第2節　泳ぎに伴う心拍数測定の結果はどうであったのか？

1　「400m継続泳ぎ」における障がい者7名の平均心拍数変動の全体的特徴把握
～熟練者と一般学生（継続泳ぎ可となって日の浅い）の心拍数変動に対比して～

　図4-1は大まかながら知的・発達障がい児（7名）と熟練者、並びに5日間の水泳指導（ドル平の学習）により、かなづちとも言える未習熟レベルから概ね100m～200m泳げるようになったばかりの一般学生（NSK）の各自の泳ぎ400m時点までの1分あたりの心拍数変動（心拍数／分の変化の様子）を比較したものである。

　一見して、障がい者たちは、人生で初めて5日間という短時間で獲得した「泳げる」という状態に達したばかりの大学生（NSK）に比べて、比較的安定したペースでの身体的負担で400mを泳いでいることが分かる。障がい者7名の心拍数平均値の最小が111.1拍／分（以後111.1と数値のみを記す）、最大が138.2であった。これらのデータを個人別に見た場合、最小の心拍数値はYY2の0-25m区間での77.0である（これはp.134の図4-5aを参照）。このときのタイムは、彼が泳ぐ25mの距離で要した時間のうち3番目に大きい値62秒であった（p.151の図4-5bの上から3つ目＝左から4つ目のポイント）。最大の心拍数値はHHの350-400mの後半区間（375-400m）での平均値155.7であった（p.136の図4-6a）。

　ただ、最小値77.0は運動をしている人間の心拍数としては相当に低い値であり、彼の場合スタート直後に「73」、25m付近で「81」の2つの心拍数の平均値が77.0として記録されたものである。総じて、YY2の心拍数測定の実施はこの一連の実験を開始

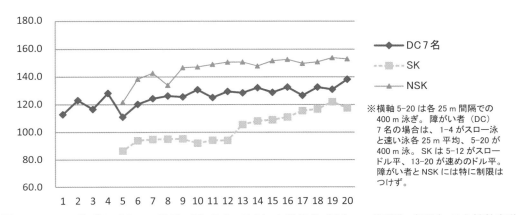

図4-1　400m泳ぎレベルでの障がい児（DC：7名）と熟練者（SK）、一般学生（NSK）の心拍数変動

して2日目であり、実験時間帯での彼の心拍数と動作行動（歩きや立つ、泳ぐなどプールの水の中、および陸上での動作行為）を観察できた範囲は逐一記録しながら行うことを試みた当初にも当たる時期であり、記録モニターに示されていく心拍数値をまだ全体的に十分記録することができなかったかもしれない時点でもあった。そうであるとは言え、YY2は400mスタート時、彼としては水中を歩くよりも運動負荷が低く現れていたと言える（歩いた場合でさえ、8回測定で平均90.5を計測している）。それだけ、ある意味ではこれからたくさん連続して泳がなければならない「400mという課題」をどのように意識したかは分からないが、「スローな50m」や「速い50m」という泳ぎの課題と比べても格段に心拍数の低下が見られている（p.134の図4-5aの0〜50m時点での前半25mの心拍数値「77.0」は低く出すぎたのではないかとも思われる）。

障がい児の場合は、ドル平（彼らには「平泳ぎ」と言っている）をスローに泳いだ場合と速泳（「速く泳いで」と言って泳いでもらった）の場合も行ったので、その時点からのものを表示している。その結果、速泳はスロー泳に比べて心拍数値が僅かに高くなっているが、25m〜50m時点（図4-1の横軸の2と4）での7名の障がい児の平均値がそれぞれ123.1と128.2とそれほどの明確な差とまでは言えない。

因みに、熟練者がクロール400mを泳ぐ前に採取した、スロー泳＝ドル平、速泳＝平泳ぎの場合では、それぞれの泳ぎ50mにおける前半25mの心拍数においては、スロー泳のドル平の心拍数が105、速泳の平泳ぎは132であった。後半25m心拍数においては、ドル平が96、平泳ぎが151と、心拍数平均でかなり大きな開きがあった。それと、その後引き続いてクロールを普通の速さで泳ぐと、泳ぐにつれて心拍数が上昇していった結果が示されている（図4-1a①）。

それゆえ、障がい児者では、「速く泳ぐ」と「ゆっくり泳ぐ」を識別して泳ぎの動作に結びつけることは極めて難しい課題であると認められる。

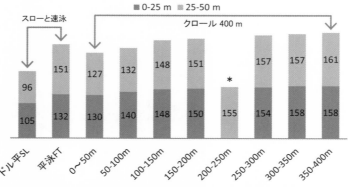

図4-1a①　熟練者SKにおける50mクロールを400m泳いだ際の前半25mと後半25m時の心拍数変動の状態　（＊200m〜225m：未計測）

したがってここではまず、熟練者 SK における泳ぎと心拍数データについて確認し、分析してみることにする。

2　熟練者における心拍数変動について

　熟練者においてはドル平をスローと速泳というか、泳いでいて極力身体負担を少なくした状態のままゆっくりと泳いだのが「スロー泳」、そのペースを少し上げて、それほど身体負担はかからない状態を保ちつつほぼ同一のリズムにして泳いだのが「速泳」と称して、いわゆる、一定の運動リズムで行う「楽なリズム泳」＝「通常ドル平」とここでは呼んでいる。これら 2 つのドル平を 200 m ずつの 400 m、そこにドル平を少し発展させた泳ぎである「グライドバタフライ」[81]（しかしここでは単に「バタフライ」と称しておく）を行う。要は、熟練者ではドル平 400 m（スロー～通常へ 200 m ずつ）→バタフライ 200 m→ドル平 200 m（スロー）の 800 m を泳いでもらった。

　ここで、ドル平とバタフライの違いを補足すると、ドル平とバタフライの違いは、腕・手のプル動作自体の微妙な違いでもあるが、特にそれはプル（足の「キック」に対する動作用語としての「プル」）におけるリカバー動作の違いとして現れる。

　ドル平ではこのリカバー動作は「腕・手を胸から腰付近までプルしたら＝かいたら（かくというより、水を押さえたら）、水中において腕・手を前に戻し、グライド（水中に潜り、滑り込むようにして水中を進み、その後浮き上がる）[19] に繋げること」であるのに対し、バタフライでのリカバー動作は「腕・手を腰・腿のあたりまでプルしたら＝かいたら、その腕・手を空中に抜いて前に戻しグライドに繋げること」であると言える。

　そしてこの腕・手のプル操作における、「水中をリカバーさせる」ということ（ドル平の場合）と、「空中に抜いてリカバーさせる」ということ（バタフライの場合）との違いは、呼吸動作における違いをもたらす。すなわち、ドル平では、プルによって顔を水上に上げて「呼吸」し、その後でリカバー動作が行われるが、バタフライでは、腕・手をプルにおいて、腕・手を腰から腿あたりまでかいて空中をリカバーさせていくために、空中で腕・手をリカバーさせながら「呼吸すること」が行われる。したがって、ドル平では呼吸動作の時間的長さを調節することが比較的容易になるが、バタフライではこの時間的長さの調節という行為自体が難しくなる。その意味で、呼吸の深さの調節・操作がドル平の場合よりも不十分なものとなりがちである。

　そうした点を考慮して、熟練者 SK（図 4-1a ②）においては、スロードル平、通常ドル平、その後にバタフライ（比較的リラックスした呼吸の調節をとりやすいグライドバタフライ）を行ってもらい、最後にそのバタフライの身体的負担からの解除・解放（「クールダウン」）という意味で、最後にスロードル平をやってもらった。それでこれ

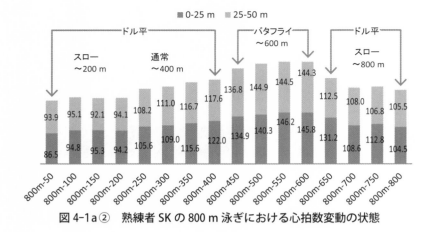

図 4-1a② 熟練者 SK の 800 m 泳ぎにおける心拍数変動の状態

ら 4 つの各種目を 200 m ずつ、合計 800 m を泳いでもらった。

　そうした結果が、SK の心拍数結果（400 m なので、スロードル平と通常ドル平における心拍数変動）に表れていると言えよう（図 4-1a② と図 4-1 の SK での ■—■）。特に注目されるのは、スロードル平における 200 m（図 4-1 横軸の 5〜12）では心拍数が 100 に満たない。5 で 80 台を示した後、6（25 m〜50 m）で 90 台に上がり、6〜12 ではほぼ横ばいのままとなっていて、ドル平をゆっくりと泳ぐとほぼ心拍数には変化がなく、スロードル平はとても楽に泳げる泳ぎであることが分かる。スロードル平における心拍数の最大値は 95.3 であるに過ぎない（図 4-1a② の 100 m〜125 m 区間）。

　この点が、障がい者（DC）7 名と 400 m で初のチャレンジ経験となった NSK（未熟練の一般学生）の結果と異なっている。この両者は図 4-1 の横軸 5〜12 では概ね右肩上がりの傾斜で上がっていっていることが示されている。つまり、この両者はドル平を泳いでいくと心拍数はそれに連れて上がり、身体負担が大きくなっていくことが明らかであると言える。

　それが SK においては通常のドル平になると、障がい者群および NSK と同様に、運動を継続するにつれて心拍数は一定レベル（心拍数 110〜120 台）に向けて移動していく（図 4-1 と図 4-1a② 参照）。しかし、それはあくまでも通常の軽度なレベルの身体負荷で、陸上でのジョギングよりもまだ軽い程度の運動[82] であるとも言える。こうした点は 800 m 泳のグライドバタフライ〜スロードル平へと繋いでいく中での心拍数変化や障がい者 7 名、および NSK 等、各個人の心拍数の変化とも関連づけて、次項の 3 において見ていくことにする。

　ドル平の身体的負担の程度を把握する意味で、熟練者 SK において 2 ビート的泳法で泳いだクロールではあるけれど、通常の一定ペースを心がけて泳いだクロール 400 m における心拍数変動を参考にあげておく。

SKにおけるクロールでの結果（図4-1a①：90年7月23日）においては、「スロー泳としてのドル平」（sl–DR）、「速泳としての平泳ぎ」（ft–BR）をそれぞれ50mずつ行った後、クロールの400mの心拍数計測を行った。これはこの後、障がい者で行う翌日（7月24日）からの測定実施の前段階＝試行的実践とも言えるもので、スロー泳（sl）や速泳（ft）においては、それらの実施に入る前の心拍数がそれぞれ90および81であった。

　図4-1a①によると、sl–DR（スロードル平）では50m泳いだあと心拍数は96であるにもかかわらず、ft–BR（速い平泳ぎ）の50m後の心拍数は151に達していること。一方、「400mクロール」スタート後の25m付近では130、50m付近で127と、「速い平泳ぎ」の25m付近の心拍数132に近い値を示していた（これはクロールのスタート時点では心拍数が102となっていたことも作用しているかもしれない）。いずれにしても、以後、前半25mと後半25mの心拍数変動の表記として「130〜127」と表示することとする。「クロールの400m泳ぎ」はその後、図4-1a①に見る通り、50m〜100mでは140〜132、150m〜200mでは150〜151、250m〜300mでは154〜157、350m〜400mでは158〜161と次第に高くなる心拍数結果が示されていた（ただし図に見られるように、200m〜250mの前半25mが未計測となっているが、後半25mの心拍数の値が155なので、その前半25mの心拍数値も概ね150〜155相当に収まっているのではないかと想定される）。

　こうしたクロールの結果に比べて、ドル平系の泳ぎでは400mの泳ぎにおいて最大で122.0、極めてゆっくりと泳ぐ場合にはほぼ90台で継続しているなどの点を考えると、ドル平はゆっくりと泳げるならばとても楽な泳ぎとなることが一目瞭然である（図4-1a②）。この図に示したように、こうしたドル平でゆっくりと体を慣らしていったことが作用し、バタフライにおいてゆっくりしたペースのグライドバタフライであるとは言え、「バタフライ200m泳ぎ」において25m区間での平均心拍「146.2拍／分」が最大の心拍数なので、ドル平系のうねりを伴った泳ぎはクロールに比べても楽な運動特性をもった泳ぎであることが示されている。

　ただし、バタフライやその前の通常のドル平ではそれぞれ200mを泳ぐ中で、「スロードル平」の場合と比べると、クロールの場合と同様に、右肩上がりの心拍数変化の状況が示されている。これが、ドル平が楽な泳ぎであるとはいえ、徹底してスロードル平で泳がない限りは、身体に対して一定の負担を蓄積していく「水泳の運動的・体力的特性」なのだということに留意しておく必要がある。

　なおこのSKにおけるスロードル平→通常ドル平→グライドバタフライ→スロードル平各200m、合計800mの各コース50mの前後半25m間での心拍数間並びにタイム（秒）間での有意差の検定を行った[83]。この結果として、心拍数では、$t_0 = 0.66 < t = 2.131$（5％の確率、自由度$df = 15$でのt値（$p = 0.05$, $df = 15$））で有意差なし（*NS*

と表記）。タイムでは $t_0 = |-2.20| > t = 2.131$（$p = 0.05$, $df = 15$）で 5 ％水準での有意差[*84] ありであった（*83 の③の※に示すとおり）。つまりこの結果は、心拍数では総体として前半 25 m での方が心拍数値としては少し高く出ているようなのだが、タイムにおいては前半の方が後半 25 m よりも少ない時間（速い速度）で泳いでおり、統計的には 5 ％以下の確率で有意な差があることが示されていることを意味する。

3　障がい児各個人の心拍数変動の分析的考察

　さて、図 4-1 では障がい者は 7 名をまとめて、他との違いを確認したが、ここではまず一人ひとりがどのような心拍数並びに泳ぎの状況であったのかを確認し、また、泳げるようになって間がない一般学生 NSK と熟練者 SK と比べてどのような違いがあったかを確認し、障がい児における泳ぎのペースメーキングについて確認・検討する。

1）障がい児の比較的長距離泳（400 m〜800 m）での 50 m ごとのペース配分を見る
　〜前後半各 25 m における心拍数変動を単位とした分析から〜

　ここでは、私たちの泳ぎ指導における成果を最大限に上げた TS1（第 3 章の第 1 節で p. 84 の写真 3-1-4 その他で取り上げた）と TS2（p. 81 の写真 3-1-1 その他で取り上げた）を中心に、その泳ぎの形成過程にも言及しつつ、心拍数変動について結果を示し考察する。

（1）泳力の高い障がい児のケース
● 1980 年の障がい児への和大プールでの水泳指導開始当初からの参加者：TS1、TK
● 1981 年（2 年目）から参加：TS2
● 1988 年の海での遠泳を開始した当初より、それに参加している 4 人：TS1、TS2、TK、HH（この人は楽な泳ぎではないが、がんばって泳ぐタイプ）。および、「ヨシくん、優勝おめでとう！」と言って、人に勝たないと気が済まないタイプの YY2 も 90 年段階ではこのグループに入れておく必要があるので、これら 5 人の障がい児が本項の対象である。

ⅰ）TS1 の場合：1990 年 7 月収録当時、19 歳。情緒障害・自閉傾向
①泳ぎの指導・学習体験の概要
　彼は安定した彼流のドル平〜平泳ぎ（キックが足の甲でのあふり足）で数 km 泳げるので、今回の心拍数計測時は 800 m を泳いでもらった。
　彼の泳ぎの学習体験歴を確認しておくと、1980 年および 81 年での夏の和大プール開

始2年目までは、顔を水につけるのをとても怖がっていた。1980年や81年では最終日の輪くぐり時に、輪の中には入ることができず、輪の横を母親にあお向け姿勢で抱っこされるように付き添われていた。

　3年目の82年の教室で顔を水につけることがようやくできるようになり、5日目に小プールの輪くぐりⅢ（p.64参照）で、1回輪をくぐるごとに立ち上がって顔の水を手で拭いつつ、がんばってできるようになった。そして最終日（7日目）に大プールの輪くぐり（輪くぐりⅡ：縦にした輪）で顔をつけたまま息をこらえキックで進むことができた。そして4年目の1983年の8日目最終日に25mを独力で泳ぐことができ、84年には50mを一人で泳げるようになり、その年の秋よりスイミングスクールにも参加し、泳ぐことがとても好きな趣味ともなっている（私に「バタフライを教えて下さい！」と要求した唯一の子ども）。1988年に開始した遠泳合宿に参加した可泳メンバー5人のうちの一人。そのときは1周約600mほどの距離を完泳している。しかし彼は89年3月に高等部を卒業し90年にも1日目のみ参加したが、残念ながら他は参加できずだった。

　②心拍数変動の記録から
　図4-2aにおけるTS1の泳ぎの特徴として、以下の点が指摘される。
1）彼は、泳ぎにおけるどの距離段階においても、ほぼ一定の心拍数変動のペースで泳いでいる。
2）50mのスローと速泳での心拍数ではほとんど差異はなく、「速い」と「ゆっくり」の区別は泳ぎにおいて表現することができていない。
3）800mの泳ぎにおいても、心拍数の最小値が116.2、最大値が132.9であり、さすがにスタートの50mでは116.2〜119.6と110拍台だが、その後は120拍台や130拍台に増加している。しかし50mを過ぎてからの心拍数は、高さが全体的にほぼ横ばいに並んでいる。
4）800m全体における50m各コースの泳ぎでの前半25mと後半25mの心拍数の平均値は、前半が126.3、後半が128.9で後半25mの方が心拍数が高くなっている。標準偏差は前半が3.98、後半が3.17とそれほど大きな差異はみられない。それで、平均値の差の検定を行うと、$t_0 = |-4.75| > t = 4.073$（$p = 0.001$, $df = 15$）と、0.1％水準の有意差で後半の心拍数が前半に比較して高かった。すなわち、「800mを泳ぐ」という全体のペースにおいては50mごとに泳ぐ際の心拍数調節をしているのではないかと思われる。その理由として考えられるのは、TS1が800mを泳ぐ際に概ね、各50m間では心拍数にそれほどの差がみられない心拍数変動を示しているからである（図4-2a）。
　一方、25mごとに泳ぎのタイムを確認すると、前半25mの平均が68.4秒、後半

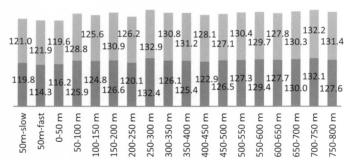

■ 0-25 m　■ 25-50 m

図4-2a　TS1 におけるドル平のスロー泳、速泳と 800 m 泳での 50 m 各コースを
25 m 経過ごとに区切った際の心拍数変動の状態

25 m の平均は 69.6 秒、標準偏差は前半 9.02、後半 3.99 であり、後半のタイムが遅くなっているようにみえる。しかし前後半での平均値の差の値は $t_0 = |-0.72| < t = 2.160$ ($p = 0.05$, $df = 13$) であり、前後半の 25 m 間での泳ぐタイムに有意差がない (NS)。つまり、TS1 は 800 m を泳ぐ上で 50 m ごとに心拍数が概ね一定になるように泳いではいるが、それは前半 25 m と後半 25 m で泳ぐスピードを調節することによって行っているのではなく、彼自身なりの泳ぎの一定ペースの中、その泳ぐ運動に伴い、自然に増加していく心拍数の増加（身体負担）によるものと思われる。

　この点は、熟練者 (SK) がスロードル平と通常ドル平、グライド・バタフライ、スロードル平を合わせて 800 m 泳いだ場合（図 4-1a②）では、前後半各 25 m の心拍数では $t_0 = 0.66$ で NS だが、タイムでは前後半の 25 m の間で、$t_0 = |-2.20|$ で有意差 ($p < 0.05$) が示されたこととの違いである。

　つまり、TS1 において後半での心拍数が高くなるのは、前後半での 25 m の泳ぐ速さを一定ペースに保ってしか泳げないから（動きの速度や強さを容易く調節・変化させることができないから）だと思われる。一方 SK は前後半 25 m 間での心拍数に差が出ないようにして（身体への負担が一定になるようにして）泳ぐことができ、後半 25 m の泳ぎのタイムを調節し、少し遅らせながら泳いでいたからであると思われる。ただし、SK の場合も、スロードル平では容易にそういった調節はできるが、通常ドル平やバタフライ、さらにクロールなどではそれが難しいことも示されている（p. 122 の図 4-1a ①および p. 124 の図 4-1a②参照）。

ii）TS2 の場合：1990 年 7 月収録当時、17 歳。情緒障害・自閉傾向
①泳ぎの指導・学習体験の概要
彼は夏の水泳教室開始 2 年目（1981 年）からの参加。彼の場合は TS1 と違って、参

加した当初から水に慣れており、3m～5m程度は顔を水面に出した犬かきドルフィン的泳ぎで進むことができていた。翌年81年輪くぐりの組織的な導入により顔を水につけることにそれほど抵抗がなくなり、輪を使わずに10m～15m程度、近距離にいる人を目標に泳ぐことができるようになる（しんどくなったとき、顔をつけて浮力を利用した泳ぎができるようになる）。そして83年夏の和大水泳教室の終わりには、人（リーダー）の後を追いかける泳ぎで25m～50m継続して泳げるようになり、1984年にはクイズや物語のストーリーに見立てて泳ぐことを動機づけると、50m～100m泳ぐことができるようになった。1986年以降は、50mプールにおいても泳ぐ機会を得、50m継続して泳げることが明らかとなり、88年には海において約600mの遠泳を概ね泳ぐこともできた（遠泳については次章第5章において詳しく述べる）。

　ただこのTS2の場合は、泳ぎの可能性と能力の高さゆえ、指導者側にとっては却っていくつかの興味深い問題・課題や楽しみも示されていた。それは、自力での泳ぎができ始めた85年以降のことではあるが、自分流の遊びに耽って泳がないことも多くなり、泳ぐことへの動機づけを図ることも難しくなってくる。直接担当したリーダーの観察記録や子どもの泳ぎの様子を観察している母親の観察記録から直接拾ってみるとこうである。

・「水に潜るのは好きだが、全く泳ごうとしない」、「初めは全然泳がなかったが、脅かすと泳ぎだした。直ぐに足をつけそうになるがリーダーにしがみついたりしながら何とか泳ぐ。そのうちに、一人で30m泳いだ」（以上、1986年の和大プール夏期集中水泳教室（通称：教育相談プール）での学生リーダーの記録より）。

・「今日はけっこう泳いだ。『教育相談のプールでしっかり泳いだら、堺市の電話帳をあげる』と約束したのでがんばってくれたのだろう」（1987年の学生リーダーの記録より）。

・「相変わらず、潜ったり、逆立ちしたりして楽しんでます。時々学生さんに言われると端から端まで泳いでいます」（1987年6月、市内でやっている温水プールでの教室における母の観察記録より）。

　②心拍数変動の記録から

1）ドル平泳ぎではまだまだ彼にとって、ほんとうにリラックスされた泳ぎとはなっていないのだろう。長距離の泳ぎに挑戦していく際には、彼は背浮き状態となって、要は浮きながら体を休めて泳ぐことが、図4-3aのタイトルの（　）内の説明書きによって如実に示されている。ドル平を泳いだ際は心拍数が120拍台～130拍台、さらに最後の450m～500mへの泳ぎに見られるように、149.3という150拍台に及ぼうとする値に特に475m～500mにおいては心拍数が達しているからである。ただし、最終25mの149.3拍は「これで本日の泳ぎは最後」との思いでがんばって泳いだ結果、

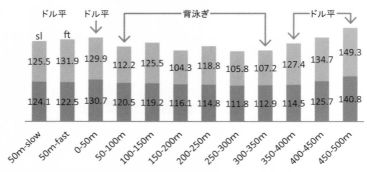

■ 0-25 m　■ 25-50 m

図4-3a　TS2におけるドル平のスロー泳、速泳と500m泳での50m各コースを25m経過
ごとに区切った際の心拍数変動の状態（ドル平で50m泳ぐと300mほどは背泳
ぎ、最後150mをドル平で泳いだ。背泳ぎは楽、ドル平はまだしんどくなる泳ぎ
だったのだろう）

大きく心拍数が上がったのではないかと思われる。

2）「ゆっくり泳ぐ」（50m–slow）場合の心拍数と「速く泳ぐ」（50m–fast）という場
合の心拍数との間には、後者の後半25mでの心拍数が131.9と少し高くなっている
が前者の後半25mでも125.5拍なのでそれほどの明確な差異とまでは言えない。そ
れゆえ、「ゆっくり」と「速く」の概念が泳ぎにおいて反映されていないと考える。

3）最後のドル平の150mで心拍数がだんだんと上がっていき、例えば400m〜450m
での後半25mで心拍数平均が134.7拍まで上がっているにもかかわらず、目標の
500mまで「残り50m」という段階では、背泳ぎに切り換えることなく、ドル平の
まま泳ぎきっている。

　彼がなぜ、泳ぎ始めて50m（心拍数が概ね130）の段階で楽な背浮き泳ぎを選択し、
目標まであと50mという段階で、心拍数も135〜140を超えるしんどい状況なのに
ドル平で泳ぎきっているのか？　この点は、TS2自身が、そのときの自己の体調や残
り泳がねばならない距離等を考えて、彼なりに把握している状況認識やペース感覚等
に優れているからではないかと考えられる。

4）彼の500mの泳ぎは　①「50mドル平」→　②「300m背泳ぎ」→　③「150mドル平」
だが、プールの各コース50mのうちの前半25m、後半25mに区分して心拍数を比
較すると、ラストスパートに当たる③のドル平では後半の25mの心拍数が断然高く
なるが、①のドル平および②の300m背泳ぎ（背浮き泳ぎ）では、前後半25mでの
心拍数間の差は小さくなり、かつ前半と後半のどちらの心拍数が大きくなる傾向が
あったのか、特徴的な傾向は見いだせない。

そこで心拍数とタイムの間にどのような関係が見いだせるのか、TS2の泳ぎ全体を通
して両者の関係を確認してみるために統計的データによって検討を試みてみた。

その結果、前半と後半の 25 m 間の心拍数平均値の差においては $t_0 = -0.33$ で NS であり、25 m 間のタイムにおいても $t_0 = -0.52$ で NS である。ところが、図 4-3b（p. 149）に示すように、心拍数とタイム（秒）との相関・回帰方程式は $R^2 = 0.29$（$r = -0.538$）で、心拍数とタイムの間には統計的に有意な関係が見いだされる（詳細は p. 149 に記すが $p < 0.01$）。つまり、500 m 泳ぎ中の各 50 m における前半か後半かというコースを半分に区切ったところには何の関係も見いだせないものの、心拍数の高低と泳ぎのタイムの間には一定の関係が見いだされている。すなわち、心拍数が高まれば、泳ぐ速さを遅らせるし、逆に泳ぎが楽になればタイムを上げていくという、そのような泳ぎ方をしているのが TS2 の泳ぎである。

iii）TK の場合：心拍数の収録当時、あと 1 か月で 18 歳という年齢の精神発達遅滞

①泳ぎの指導・学習体験の概要

1980 年のプールでの水泳指導開始当初より参加。1982 年の最終日には、脚部を押してやればリラックスしたグライド浮き身を行うことができるようになった。1983 年の最終日では、軽くバタ足を使えるようになった。大プールの輪くぐりでは息つぎの際、横に張ったロープをつかもうとするが、顔をつけてグライド浮き身をとって進む。大プールのフリー（輪を使わない場所）で、犬かきを使って約 25 m 進むことができた。そのとき、時々両手を揃えて前に出すこともできる（グライド的状態となる）。その後、プールでの水泳教室に参加しているが、泳ぎの様子が明確にされた記録としては、1988 年に遠泳の実施にいく直前に近いときに行われた、和大 50 m プールでの泳ぎの様子しか残っていない（8 月 13 日、14 日）。8 月 13 日には「足をついたり、そこに潜ったりの遊びを久しぶりに行っていた」とあり、14 日では、「よく泳ぎもするが、基本的には、遊び、遊び、泳いでいる」と記されている。

彼は 1988 年夏休みの終わりに行われた遠泳で約 600 m 以上を完泳している。もちろん、完泳と言ってもどの泳者にもマンツーマンでのリーダーがついているが、第 5 章に見るように、終始マイペースで泳ぐことができていることと、その後、海で泳いでもプールで泳いでもいつでも、自身の身体条件により高い浮力を生かして安定した泳ぎをして楽しむようになっている。

②心拍数変動の記録から

1）400 m の泳ぎにおいて 100 m までは 25 m ごとに泳ぐにつれて心拍数が上昇し 100 m を超えて概ね 130 拍レベルに達した後 130 拍台での心拍数を維持する泳ぎを行っている。

2）ドル平で 50 m の「スロー」と「速く」の泳ぎの間には幾分「速く」の方での心拍

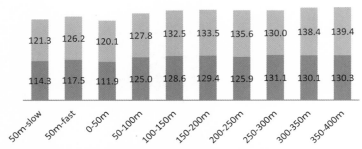

■ 0-25 m　■ 25-50 m

	50m-slow	50m-fast	0-50m	50-100m	100-150m	150-200m	200-250m	250-300m	300-350m	350-400m
25-50 m	121.3	126.2	120.1	127.8	132.5	133.5	135.6	130.0	138.4	139.4
0-25 m	114.3	117.5	111.9	125.0	128.6	129.4	125.9	131.1	130.1	130.3

図 4-4a　TK におけるドル平スロー泳、速泳と 400 m 泳での 50 m 各コースを
25 m 経過ごとに区切った際の心拍数変動の状態

数の高まりが認められるが、「スロー」と「速く」における前半 25 m 間および後半
25 m 間においてそれぞれの平均値の差を検定したけれども、*NS* であった。

3）400 m の継続的泳ぎにおいて、50 m を過ぎると、心拍数が 125 拍以上で 140 拍未
満の中で推移し、身体負荷は最後の 100 m で多少は高まっているが比較的安定した
状態で泳いでいることが分かる。

4）400 m 継続泳ぎの際、各 50 m における前半 25 m と後半 25 m の心拍数を比較する
と、前半よりも後半での心拍数の方が高くなることは $p < 0.01$（$t_0 = 4.18 > t = 3.499$, $df = 7$）で有意であったが、その際前後半の各 25 m を泳ぐのに要するタイム
（秒）間の関係は *NS*（$t_0 = |-0.98| < t = 2.365$, $df = 7$）であった。

　彼の場合、400 m というプールにおける比較的長距離を泳いでいる際、100 m 地点まで
は 50 m 泳ぐのに要する心拍数は段々上がっていっているが、100 m 以降は 50 m ごとの心
拍数は概ねほぼ横ばいであり、TS1 同様、各 50 m ずつ泳ぐ過程での前半 25 m から後
半 25 m にかけて心拍数は上がっていくものの、50 m 地点で一度立って折り返していく
ことにより、心拍数は概ね同じように推移するように泳ぎが調整されている。そして前
後半 25 m のタイム間が *NS* であることにより、50 m 連続泳ぎの前半と後半での心拍数
の増加は、泳ぐタイムに影響するほどのものではないことも示されていると言える。

iv）YY2 の場合：1990 年 7 月当時 15 歳の情緒障害・自閉傾向

①泳ぎの指導・学習体験の概要

　1980 年夏休みより開始した旧和歌山大学（附属小中と共同）のプールにて行ってい
た「教育相談水泳」の水泳教室に 1984 年夏休みから参加。しかしこのとき並びに教育
相談水泳で行った際の記録は紛失。しかし、1986 年の 9 月より開始した大学の外で行
う温水プールでの教室（社会保険センタープール水泳教室＝通称「火曜プール」[*85]）を
行うことになり、そこでも泳ぎを習得する機会をもつことになった。さらに、1986 年

の 8 月に 3 日間ほど和歌山大学が市内のある場所に移転し、そこに新しく 50 m プール
を使えるようになったので、YY2 は 87 年よりそこで泳ぐ機会に参加することになった。

　記録の残っている「火曜プール」と和大 50 m プールでの様子から一部、彼の泳ぎの
様子を見てみる。

・水中メガネをかけビデオ用にセットした輪を自分でくぐっていた。水中に頭を潜らせ
　たとき、進行方向を見ており、足が下がっている。(火曜プール 1986 年 9 月 30 日)

・縦輪(輪くぐり II ; p. 64 参照)のくぐりは 5 個(5 m～ 6 m)続けてくぐれた(進
　むのも速い)。横輪(輪くぐり III ; p. 64 参照)は一度ずつ足を立つ。(火曜プール
　1986 年 10 月 28 日)

・よく泳げる人たち(TS1 や TS2 たち)と一緒に泳いだ。けっこうよく泳いだ。(火曜
　プール 1988 年 5 月 17 日)

・腕はヒューマンストローク[*86]、足はバタ足でゆったりと泳ぐ。クロールストローク
　もできる。顔を上げるのは正面向き。(火曜プール 1988 年 5 月 31 日)

・バタフライ形式でコースロープを飛び越えた。でも、泳ぎでバタフライとなると手は
　上がらない。すぐ平泳ぎのプルの形になっていた。(火曜プール 1988 年 6 月 28 日)

・(ビデオ撮り)ドル平でスイスイ泳ぐ。(火曜プール 1988 年 7 月 12 日)

・(和大 50 m プールで)ドル平的泳ぎで腕・手のお休みのテンポが良くなっている。(和
　大栄谷プール 1988 年 8 月 13 日)

・(和大 50 m プールで)平泳ぎ、クロール、背泳ぎのどれもこなせる(スイミング教
　室に入っていないらしいが)。(和大栄谷プール 1988 年 8 月 14 日)

・和大プールで飛び込みの練習をする。YY2 と HH は時々頭から入水できている。(和
　大栄谷プール 1988 年 8 月 14 日)

②心拍数変動の記録から

1) 400 m 泳における最初の 50 m では、前半 25 m が 77.0 拍と運動中の動作としては
　極めて低い値からスタートし、後半 25 m では 106.7 拍と少し軽い運動中の心拍数へ
　と変化していく。それ以後、50 m 以降 120 拍台～130 拍台、140 拍台を経て、275
　m～300 m にかけて 153.0 拍と最大値を示している。この後、300 m を過ぎて残り
　100 m では少し下がった状態へと変化。このように、YY2 は泳ぐにつれて身体負荷が
　高まり、そして 150 拍台へ相当負担の高い状態に達したところからは、それを少し緩
　和する状態へと自身の泳ぎの状態を調節していることが窺える。

2) 50 m のスロー泳と速泳において、図 4-5 a では前半 25 m でそれぞれ 109.0 拍と
　115.0 拍、後半 25 m で 111.0 拍、122.0 拍とそれぞれで差がありそうな値ではある
　が、確認できたのが「50 m スロー」の前半だけが 2 回の測定値、その他は全部 1 回

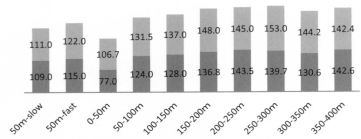

図4-5a　YY2におけるドル平スロー泳、速泳と400m泳での50m各コースを
25m経過ごとに区切った際の心拍数変動の状態

の測定値を元にした値なので、統計的な検定にはかけられない。つまり彼が「ゆっく
り」と「速く」の違いをどう認識できていたのかは分からない。

3）1）に述べた通り、YY2にとってプールで400m継続して泳ぐということは初体
験だと思うが、長距離泳では距離が増えるとともに心拍数が上がり身体負荷が増す。
300mに達する最後の25mの区間では150拍以上の最大値に達している。しかしそ
の後はその高まった運動負荷の大きい状態を緩和するように泳ぐことができている。
これは、第5章に紹介する遠泳での泳ぎに1989年より参加していることからも、身
体負荷が高まったらそれを緩和するように泳ぐ必要のあることを体験していることに
よるのではないかと思われる。

4）400m継続泳ぎの際、各50mにおける前半25mと後半25mの心拍数間には、前
半よりも後半での心拍数の方が5％の有意水準で高くなる傾向があった（$t_0 = |-3.30| > t = 2.365$（$p = 0.05$, $df = 7$））。しかし、その25mごとのタイムにお
いては前後半の25mの間でNSであった。しかも、300mまで泳いだ段階で心拍数
が153拍となり、残りの100mでは心拍数を下げるように調整するが、基本的に彼
の泳ぎは泳ぐにつれて心拍数が上がるように泳がれている。その意味で、泳ぎのペー
スを十分コントロールできるまでには至っていないと言える。

v）HHの場合：1990年7月当時15歳の情緒障害・自閉傾向
①泳ぎの指導・学習体験の概要
　1980年の和大の教育相談水泳教室当初から参加（5歳の時）。3日目に小プールで肩
まで水につけ、うつ伏せ姿勢を取れるが、顔に水をかけられると泣いて抵抗。母に抱か
れて顔をつけられ、泣きながら輪くぐりをさせられている。
　その後1982年以後も教育相談水泳教室（夏休みに入った7月に実施）には参加して
いるが、記録が紛失していてその教室での様子は分からない。1986～88年の夏休みに

和歌山大学の50mプールにて行っている際の情報を中心に印象的なところを抜き出してみる。

- （1986年8月26〜28日）平泳ぎプルと犬かき＋バタ足で1拍子のお休みなしの忙しい泳ぎ。ドルフィンキックが入ることで水平的姿勢の泳ぎとなるが、大抵進もうとすると「犬かき」の忙しい泳ぎになり、体も垂直気味の立ち姿勢となる。

- （1987年8月12〜14日）◆（8月12日）小さなリズムの犬かき・平泳ぎプル＋バタ足、途中でクロール的動作を入れ、最後は背浮き身姿勢という繋ぎ方で足を2〜3回床につき50mを泳ぐ。◆（8月13日）コースロープをくぐるとき、相当に上体を潜らせて行い、口を開けて呼吸を開始するのは遅く、犬かきをしながら息を継ぐ。フリーな場面での泳ぎで呼吸と顔つけのリズムがかなり協応してきている。◆（8月14日）忙しかった呼吸が、グライドをして潜ることによって、手も大きめにかいて、リズムがゆったりとできるようになった。50mが確実に泳げる。（全体として、他の子とも関わりながら泳ぎを楽しむことができる。）

- （1988年8月13〜14日）◆（8月13日）平泳ぎで泳ぐことの上手なATくん（p.84参照）の後をピッタリついて泳いでいた。◆（8月14日）平泳ぎで「足をもっとお休み！」と言うと、両足をそろえて動かさないように抑制できていた。他「飛び込み」を最後に教え行わせると、YY2とともに2人だけ頭から入水できることもある。泳ぎのうまい他の子は怖がって、顔は上がり足から入水してしまう。

- （1988年8月30〜31日）海での初めての遠泳に参加し、31日の遠泳本番で、行き先が分からず不安だったのか、泳ぐことが怖くなったのか、先頭を泳ぐリーダーの熟練者にしがみついてきた（TS2とともに）。途中からは担当のリーダーとともに何とか約500m程度を途中リーダーにつかまったりしながら泳ぐことができた（第5章を参照）。

②心拍数変動の記録から

1）400m泳ぎで、最初の150mまで泳いで漸次心拍数は上がっていき、途中しんどくなって泳ぎ方の心拍数ペースを一度落とすが、その後の250mは最後400mのゴールまで心拍数が140拍台に上がっても泳ぎを持続し、最後どんなにしんどくてもがんばって泳ぎ続けている。

2）50mのスローと速泳においては、0〜25m区間では速泳の方で心拍数の高まりが見られてはいるが、後半の25〜50m区間ではどちらも125拍を超える心拍数で、しかも「ゆっくり泳ぐ」泳ぎの方が僅かながら高い心拍数となっている。つまり、「ゆっくり泳ぐ」と「速く泳ぐ」の違いを認識した泳ぎは全くできていないと言える。

3）100m〜150mの後半25m（125m〜150m）での心拍数が137.4拍となり、次の前半25m（150m〜175m）にかけて150mのターン時に少し休憩することによって、

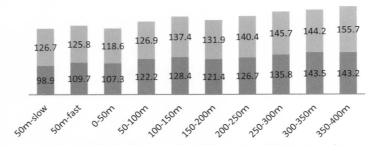

126.7	125.8	118.6	126.9	137.4	131.9	140.4	145.7	144.2	155.7
98.9	109.7	107.3	122.2	128.4	121.4	126.7	135.8	143.5	143.2
50m-slow	50m-fast	0-50m	50-100m	100-150m	150-200m	200-250m	250-300m	300-350m	350-400m

図 4-6a　HH におけるドル平スロー泳、速泳と 400 m 泳での 50 m 各コースを
25 m 経過ごとに区切った際の心拍数変動の状態

121.4 拍に落とし、その後半の 25 m（175 m〜200 m）においても、125 m〜150 m 区間時点の心拍数に比べて、131.9 拍へと心拍数を落として対処している。

　しかしその後、200 m 以降の心拍数が前半と後半の 25 m において違いはあるものの 400 m に達するまで、心拍数が 140 拍台〜150 拍台へと漸次高まっても、ペースを落とすことなくがんばって泳いでいることが分かる。

4）400 m 継続泳ぎの際、各 50 m における前半 25 m と後半 25 m の心拍数を比較すると、前半よりも後半での心拍数の方が高まっており、その心拍数の高まりには統計的に 0.1％水準の有意差のあることが示された（$t_0 = |-5.93| > t = 5.408$（$p = 0.001$, $df = 7$））。

　それと、他の 6 名の人たちには前半 25 m と後半 25 m を泳ぐのに要するタイムとして、特筆すべき特徴は見いだせていない。すなわち、前半よりも後半でタイムが遅くなる傾向があるとかないとかを統計的に言及できない（有意差がない）けれども、HH の場合では 1％水準の有意差で後半 25 m の方がタイムが速くなって泳ぐ傾向があることが示された（$t_0 = 4.66 > t = 3.499$（$p = 0.01$, $df = 7$））。

　つまり HH は、心拍数においては後半における方が高いという結果が示されているけれども、50 m 先のプールの到達点に向けて泳ぐ際、前半の 25 m 以上に後半 25 m では泳ぐスピードが速くなってしまう。その意味で、彼の泳ぎ方は比較的長く泳げる泳ぎであるけれども、泳ぐにつれて身体的負荷が高まっていく泳ぎであると言えよう。彼は課題達成への意識が強い、ガンバリ屋さんなのだと思う。

（2）泳力的にはまだ安定した泳ぎができるとは言えない子の場合

vi）TN の場合：1990 年 7 月当時 14 歳の情緒障害・自閉傾向

①泳ぎの指導・学習体験の概要

1985 年の教育相談プールから参加。記録としては 86 年の火曜プールからのものと、

87 年夏休み中 8 月の和大 50 m プールでのものがある。また 89 年から海での遠泳に参加し、そのときの様子と遠泳前日の 50 m プールでのものもあるので、それらも加えて記述しておく。

〈1986 年・火曜プールで〉

・（9 月 9 日＝ 2 回目から参加）グライドをして輪くぐりはできるが、連続的には行えず呼吸時に立って呼吸する。その後、9 月 16 日には足を立って呼吸をするが、呼吸をゆっくりと行えるようになるということもあった。しかし、8 回目の 10 月 28 日まで毎回参加しても輪くぐりで毎回足を立つのは直らず。そしてペダリング的姿勢（自転車を漕ぐように両足を交互に動かして泳ぐ泳ぎ）でのドルフィンキックで進み、輪があると立って呼吸をしなければならず泳ぎが遮断される（このとき、もどかしさ溢れる感じが顔に出ており、「ビート板等で呼吸する指導をすべきなのか」と指導方法でこちらも思案する。しかし、その後このプールには参加しなくなる）。

〈1987 年和大 50 m プールで〉

・（8 月 12 日：1 日目）コースロープをくぐって泳ぐということは難しいようだ（クロール系ゆえ）。呼吸時に口を開けないことも多い。泳ぎのリズムも不規則で、15 m 弱くらいでダウンする。

・（8 月 13 日：2 日目）コースロープくぐりはがんばって泳いだ。しかし、50 m 縦のコースではうまくいかないことで逃避したのか、5 m ほど進んだところでダウン。

・（8 月 14 日：3 日目）2 本のコースロープの間にホースを張ったホースロープくぐりで 20 m 近くまで平泳ぎ系の泳ぎができていた。

（※）TS2 のようにプールに早く入りたがって、聞く耳を持ちにくい（我慢して待つことが難しいところがある）。欲求が通らないとパニックになる。言葉はしっかりとコミュニケーションできているし、学習課題の吸収も良いのだが、やはり自己制御＝我慢することが難しい。飛び込みも一度やったら、もう他の所で遊んでいた。

〈1989 年遠泳関連〉

・（遠泳合宿前日：8 月 29 日和大プール）クロール、背泳ぎ、ドル平、どれもよく泳ぐ（遠泳に行く前日だったので 50 m プール内側を 10 人ほどで 5 周をする。得意なよく泳げる子 2 人の次に 3 番目に 5 周達成。2 年連続遠泳参加の HH より前に到着した。どの子もちょくちょくプールの底に足をつきながら等々での泳ぎではあるが）。

・（遠泳本番：8 月 31 日）「1 周でリタイアしましたが、苦しさが限界までは来ていないように思われます。というのも波の際が大変好きで、そのために戻ってしまったことも考えられます。しかしクロールで大半泳いだため、後半の疲れは大きかったように思われます。クロールもピッチが速い割りには進まない泳ぎで、約 15 m 泳ぐと止めてしまい、潜ったりするという感じです…。1 周 700 m ほど泳ぐのに約 10 回くら

いつかまりに来た（担当リーダーのもつ浮き棒につかまってお休み）と思います。船にも1回つかまって遊びました」。（担当リーダー瀬田くんの記録）

②心拍数変動の記録から

1）100m地点で少し立って休んだ後、150mまでは続けて泳ぎ、その後はちょくちょく途中、特に25m地点などで立って少し休んだりしながら泳ぐ。特に、150m〜200m、200m〜300mの区間では何度か立っている。300m〜400mは一度も立たずにがんばって泳げている。

2）50mのslow（sl）とfast（ft）の間での平均値の差の検定をするために、前半25mのsl＝（平均が112.1拍、SD（標準偏差）が10.93、この区間での計測・読み上げ回数（以下、測定回数と呼ぶ）が16回）とft＝（平均が126.6拍、SDが14.67および測定回数が11回）、そして後半25mのsl＝（平均が127.9拍、SDが3.20および測定回数12回）とft＝（平均が141.3拍、SDが8.68および測定回数12回）の間の平均値の差の検定（母分散が未知で、等しいと仮定されないWelch法）を行った。前者（前半25mにおけるslとftの間）では$t_0 = |{-2.6840}| > t = 2.5524$（$p < 0.01$）、すなわち1％水準の有意差あり、後者（後半25mにおけるslとftの間）では$t_0 = |{-4.8087}| > t = 3.9296$（$p < 0.001$）、すなわち0.1％水準での有意差ありという統計的な差が示された。つまり、TNにおいては他の6人のメンバーでは認められなかった、50mの泳ぎでslow（遅い）とfast（速い）を区別した泳ぎを行っていることが統計的な差として認められることが分かった。

3）400mの泳ぎで150mと200mを泳いだ後でちょくちょく途中で足を立つことがあった、そのような泳ぎ方をしていた。それは、彼の心拍数は平均値で見ると、50mまでは120拍台、50mを過ぎるとそこから150mまでは急激に130拍台になり、詳細に見ると75m前後の付近で140拍台を3回ほど確認されている。そこで100mの折り返しの際に少しの間立って休み、そこから150mの所までは足を立たなかったけれども心拍数では平均で見ると130拍台中盤（100m〜125mまでは133.3拍、125m〜150mまでは135.5拍）なのだが、前者では140拍が1回記録され、後者では140拍2回を含む130拍台後半の値138や139などが何回も現れる状態であった。すなわち、恐らくかなり身体上は相当に負荷が高くなっていたけれども足を立たずに我慢していた。そこで、150m〜250mの間は泳いでいる途中で堪らなくなって足を立ってしまって休憩する。その結果、心拍数では120拍台に落ちた形で泳いでいる。

　特に200mの折り返し点では彼の泳ぎの10分34秒〜11分25秒の間の84秒間はしばらく立ったままで休んでいた。それが150m〜200mの後半25mでは130.2拍であった心拍数が200m〜250mの前半25mが平均122.4拍、後半25mが平均

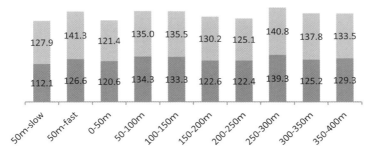

図 4-7a　TN におけるドル平スロー泳、速泳と 400 m 泳での 50 m 各コースを
25 m 経過ごとに区切った際の心拍数変動の状態

125.1 拍へと下がった要因であると考えられる。ただ、250 m を過ぎると、そこから
300 m までは数回立ちもするが、クロール泳ぎも駆使して心拍数は 140 拍前後まで上
がってもがんばって泳ぎ、その後 300 m 以降は足を立たず、ドル平というよりも、
平泳ぎ模様に両手かきの推進力にバタ足なども使った「平ドルバタ足」とでもいえば
いいような泳ぎを中心にして、そこにクロールなども交えて、どちらかといえば TN
流のかなりパワフルな「平ドルバタ足」で泳いだ。心拍数も 50 m の前半 25 m は 120
拍台、後半 25 m は 130 拍台に上がっていくが、比較的安定した泳ぎ方で泳ぐことが
できた。

4）以上のように、TN は連続的に泳いだ中での心拍数値の変動ではないので純粋に泳
ぎと心拍数の関係について言及することはできないけれども、泳いでいる途中で立っ
て休むことはしながらも何とか 400 m の距離を泳ぐことができたという点を考慮す
ると、各 50 m 泳ぎの前半 25 m と後半 25 m の間での心拍数値の変動の状況を総括的
に把握するため、これまで同様に、400 m 継続泳ぎの際での各 50 m における前半 25
m と後半 25 m の心拍数を比較してみることとする。

　その結果、1 コース 50 m の前半 25 m と後半 25 m での心拍数平均の間には、$t_0 =$
$|-2.76| > t = 2.365$（$p < 0.05$）で 5 ％水準での有意差ありであった。すなわち、
400 m を泳いでいく際に途中立ったりすることをしつつ（前記の 3）参照）、50 m の
前半 25 m よりも後半 25 m において泳ぎの際の心拍数が上昇しつつ泳いでいる傾向
があった。しかし、前半 25 m と後半 25 m のタイムの間には $t_0 = 0.03 < t = 2.365$
（$p < 0.05$）で有意差はほとんどなかったに等しい。

vii）SY1 の場合：1990 年 7 月当時 15 歳の言語発達遅滞・自閉傾向

①泳ぎの指導・学習体験の概要

1983 年夏より教育相談プールに参加。しかし、そこでの記録はなく、86 年夏休み 8

月に行った和大50mプールでの泳ぎの特徴記載、それと90年7月30日の心拍数変動を記録した際の泳ぎだけがある。

〈1986年8月26日〜29日〉和大50mプール

・（8月28日：本人1日目の参加）水中ビデオ撮りをしたが、一歩ごとに足を底につけて立つ。しかし立ったあと頭を水中に潜らせて蹴伸びをする動作はグライド蹴伸びとなっている。これは、旧和大25mプール（附属小学校・中学校も兼用）の小プールおよび大プールでの輪くぐりのたびに足をつくことになる（輪くぐりは息つぎができて連続の動作を取得していない限り、潜りそして次の輪で顔を上げようと蹴伸び動作をする際に必ず立って息つぎする癖ができる）。

②心拍数変動の記録から

1）400m泳ぎの際は50mまでは足を立たずに泳げたが、50mを過ぎるとまず75mの地点で足をつき、そのあとも100mまで2回足をついた。その後100m〜125mまでに10回立ち、そのあとは立っては潜り、下向きになって泳ぎ、そして下向きになってはまた立つ、をくり返す。この間125m〜200mの間での25m区間ごとに4回〜8回立つ。そして200m〜225mは立つ回数が3回とかなり我慢して泳ぎ、その間でとてもがんばりすぎたのか心拍数が146.2拍と格段に高くなっている。その我慢の煽（あお）りを受けてなのか、225mを過ぎると自力では進めなくなり、リーダーに引っ張られながらコースの中を進むことを繰り返し、325mを過ぎると、奮起してなのか、引っ張られることを辞めて325m〜350mの間は全く立たずに泳ぎ、350m以降は25m中に立つ回数を各4回ほどに減らし、我慢して泳げている。その分、350m〜400mでの25mごとの心拍数は131.3拍、138.0拍にまで上がっている。そして引っ張られていることで、心拍数は低下している（225m〜250mで146.2拍→134.4拍に、250m〜275mで134.4拍→113.3拍に、300m〜325mで120.2拍→118.5拍に）。

2）50mのスローと50mの速泳では心拍数の間でほとんど差異はないが、スローの「ゆっくり泳ぎ」では一度も途中で足を立つことはなかったが、SY1は「速く泳ぐ」という言葉に敏感だったのか、速泳では25m手前で1回、25〜50mで途中3回足をついて立っている。

3）400mの泳ぎにおいて、大きく2つの山がある。200m〜250mの山と最後350m〜400mの山である。前者は1）にみたように、225mを過ぎると自力で進めなくなりリーダーに引っ張られていること。それは図4-8aに示されるように、心拍数が146.2拍の最大値を記録していることによるのであろう。そして最後の50mでは心拍数が130拍を超えても最後のゴールに向けては意志を強く示して、ゴールに辿り（たど）着くためにがんばって数回の立つということで済ませている。

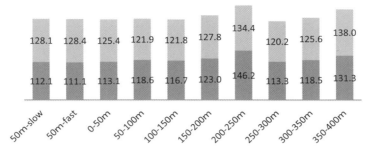

■ 0-25 m　■ 25-50 m

	50m-slow	50m-fast	0-50m	50-100m	100-150m	150-200m	200-250m	250-300m	300-350m	350-400m
25-50 m	128.1	128.4	125.4	121.9	121.8	127.8	134.4	120.2	125.6	138.0
0-25 m	112.1	111.1	113.1	118.6	116.7	123.0	146.2	113.3	118.5	131.3

図 4-8 a　SY1 におけるドル平スロー泳、速泳と 400 m 泳での 50 m 各コースを
25 m 経過ごとに区切った際の心拍数変動の状態

4）SY1 の 400 m 泳ぎを、TN の場合と比較すると、途中からは「立って休む」という
　よりも、実際には自力で泳ぐことができなくなってしまっているにもかかわらず、そ
　れでも最終 400 m までどうにか辿り着くことができたという泳ぎであった。

　　その意味で、以下の各 50 m における前後半 25 m 間の心拍数での差（身体負担度
　の違い）について確認することはあくまでも参考データに過ぎないが、念のために計
　算してみると、1 コース 50 m の前半 25 m と後半 25 m での心拍数平均の間には、t_0
　$= |-1.73| < t = 2.365$（$p = 0.05$）で有意差なし（NS）。また泳ぎのタイム間にお
　いても、$t_0 = |-1.23| < t = 2.365$（$p = 0.05$）で NS であった。すなわち、400 m
　途中休憩の割合が大きすぎたのか、各 50 m 泳ぎの間での前半と後半の身体負担や泳
　ぐスピードの違いなどについて何ら問題にするには至らなかった。

（3）障がい児 7 名の長距離泳心拍数変動における前後半 25 m 間での差異（まとめ）

　以上、ⅰ）〜ⅶ）に渡って、少なくとも 50 m 以上を継続して泳げる障がい児 7 名に
ついて、プール片道 50 m のコースを 400 m 以上の距離を泳ぐ際、どのような身体負荷
を伴いつつ泳いでいるのかについて、心拍数の変動過程をみることによって明らかにし
ようと試みた。彼らの泳ぐ各コース 50 m を 25 m ずつに区切り、その前後半各 25 m の
心拍数の値並びに 25 m ごとのタイムに着目して、7 名の子どもにおける泳力との関係
について分析・考察を行った。

　その際、① 50 m のコースをスロー泳と速泳における心拍数の違いをみることによっ
て彼らが「速い」と「遅い・ゆっくり」とを泳ぎの中でどう区別できているのか、②
1990 年 7 月段階での泳ぎの力量によって、3 人の子ども（TK[*87]、YY2、HH）の 400 m、
並びに、安定した泳ぎのできる 2 人の障がい児、TS1 と TS2 においてはそれぞれ 800
m、500 m の比較的長距離泳に取り組んだ際、50 m 各コースを前半 25 m と後半 25 m
に分けてそれら泳ぎの両過程で示された心拍数変動に差がみられるのかどうかについて

統計的な分析を試みた。他に、400 m 泳ぎの途中で床に立ったり、歩いたり、リーダーに少し引っ張ってもらったりした TN と SY1 についての分析も行った。

　なお、障がい児の心拍数変動における特徴を理解するために、その比較対象として、熟練者（SK）におけるスロー泳と速泳の差異の確認、並びに SK の 800 m 泳ぎを、ゆっくりなドル平泳ぎと通常ペースのドル平、さらに通常ペースのグライドバタフライ、そして泳ぎのクールダウン的な意味で再度ドル平へと各泳ぎの種類ごとに 200 m ずつを泳いでもらってそれらの泳ぎにおいて示された心拍数変動の特徴についてみてみた。および、5 日間のドル平学習によって、一定の長距離を泳げるようになった一般の男子学生（p. 115 の図 3-4-15 b に示す NH♂のこと：一応「泳ぎ達者ではない学生」ということで「NSK」と呼ぶ）に 400 m のドル平における心拍数変動についても分析した。

　それらの結果、全体として上記①と②の 2 つの問題に関し、分かったことは次のことである。

1）障がい児においては、vi）の TN を除き、SK のようにスロー泳と速泳の泳ぎを区別して泳ぎを使い分けることができているとはまだ言えないと考えられること。

2）400 m〜800 m の比較的長距離の泳ぎにおいては、各障がい児の獲得した水泳の能力とその人の個性的な特徴の表れた泳ぎ方をしていたとは思われるが、まず、これらプールでの比較的長距離の心拍数とタイムにおける統計的な有意性の分析から分かったこととして次のことが指摘されうる。

イ）400 m 以上の長距離を泳ぐ際、泳いでいる途中で足を床について休んだ TN とSY1 を除く 5 名の障がい児においては、TS2 を除く 4 名は皆、前半 25 m での心拍数に比べて後半 25 m での心拍数が有意に高くなっていた。つまり、400 m 以上の比較的長距離を普通に泳いでいる中では、50 m の壁に到着して少しお休みをするとかをしない限り、いずれは心拍数における身体的負担は増して、最終的には泳ぎ続けることが辛くなっていくものと予想されること。この点は途中で何度か立って休むことのあった TN においても、後半の方が心拍数が高くなっていた。

　　その点、TS2 は背泳ぎをする等、泳ぎ方を変えることで、自分なりに楽な方法を見つけ出して泳ぐことができるなど、泳ぎの戦略に長けた点があったものとは考えられる。また、800 m を継続して泳ぐことのできた TS1 においても、前後半の 25 m での心拍数間に差がみられたとは言え、壁について、僅かながらも休みを取れることも作用して、各 50 m での心拍数では概ね横並びに調整され、漸増的傾向などの特徴は見られなかったので、それ以上の距離を泳いでもかなりの調整能力は働かせうるものとは想定される。

ロ）一方、7 名の障がい児のうち HH を除くすべての人は、各 50 m コースでの前半

25 m と後半 25 m におけるタイムでは、統計的に有意な差となる違いは見いだせなかった。統計的にみれば、400 m 以上の長距離における各 50 m コースにおいて概ね同じようなスピードのペースで泳いでいたと言えよう。そして、HH においても、心拍数では後半で高くなっているにもかかわらず、タイムにおいては、熟練者 SK の場合とは反対に、後半の方が速くなっていたということから考えると、彼ら障がい児では前後半で変わらぬスピードのペースで泳ぐ反面、心拍数は泳ぎを継続するとともに上昇していく傾向があるので、泳ぐ距離が増えてくれば自然に心拍数が上がっていくのではないだろうか。HH の場合も、泳ぎ続ければそれだけ泳ぐペースが速くなっていくことによって、心拍数に無理が生じてしまい、泳ぎ続けられなくなっていくのではないかと予想される。

　彼ら障がい児の泳ぎにおいては、第 3 章でみたように、息つぎをしたあと水中に潜りグライドしていく際に、キックと同時に手をプルしながら泳いでいくという一種ムダな動作特質があったがゆえに、長距離を泳ぎ続けているとやがては疲れが出て泳ぎ続けるのは辛くなってくるのを避けられないであろう。たとえ、TS2 がお休みとして、背泳ぎを選択しつつ泳いだとしても、その後のドル平での心拍数の上がり方の傾斜が大きかったことや、また TS1 では前後半 25 m 間でタイム差が見られなかった点などを考えると、泳ぎにおける疲労の上昇の問題は避けられないものと思われる。

しかし、400 m〜800 m の比較的長距離泳における心拍数研究から、各障がい児の獲得した水泳の能力とその人の個性的な特徴の現れた泳ぎ方をしていたと思われる。以下それらの概要をまとめておく。

● 800 m を泳いだ TS1 の場合、ゆっくりなドル平で 90 拍〜100 拍、通常のドル平で 100 拍〜120 拍の心拍変動で泳ぐ熟練者（SK）ほどの身体負荷の少ない泳ぎはできないものの、116.2 拍〜132.2 拍の範囲でほぼ安定した身体的負荷の範囲で 800 m を泳げていたこと。

● とても浮きやすい体質をしている TK においても 400 m しか泳いではいないものの、111.9〜139.4 の変動幅の範囲で 50 m ごとの泳ぎのペースが概ね安定した身体負荷で泳いでいた。

● そして 500 m の距離を泳いだ TS2 においては、ドル平では速くキレイな泳ぎができる反面（p.81 写真 3-1-1 の泳ぎを参照）、どうしても一定のスピードを出して心拍数もすぐに 130 拍に近いレベルに上がるためなのか、一定長く泳ぐ際には、心拍数を 110 拍前後の身体的負荷の軽い状態に維持できる、背浮き身状態で泳ぐ癖がついている。つまり泳ぎの種類によって、比較的長距離を泳ぐ際の泳ぐ過程の戦略を立てて泳

いでいるものと思われる。

●その他の4人の障がい児においても、泳ぐことでの身体的負荷が高まってくると、心拍数の上がり方をその人なりに調整しつつ泳ぎに取り組んでいる様子が見られた。以下のようである。

　1）その時点で比較的泳力の高かったYY2とHHの場合においては、YY2の場合は「一番！ヨシくん優勝、おめでとう！」と言って、自らが「勝つ」ということに強くこだわるところがあって、特に200m〜300mにかけては心拍数が140拍台後半〜150拍台に高くなってもがんばって泳いでいる。それでも、50mコース中の泳ぐ先の到達点の壁に達するところまでの後半25mにおける心拍数が高く、前半25mはそれよりも10拍ほどは少ない身体負荷で泳いでいること。そして、300m〜400mの最後の100mでは、それまで150拍台まで高まっていっていた泳ぎよりも後半の25mで、僅かながら140拍前半の心拍数に抑えて泳いでいること（p.134の図4-5a参照）。それと、50mの「スローな泳ぎ」と「速く泳ぐ泳ぎ」の心拍数値ではそれぞれ、前半25mでは109拍に対し115拍、後半25mでは111拍に対し122拍の微妙な差は認められるとともに、タイムにおいては前半25mで76秒に対し59秒、後半25mで80秒に対し46秒と、スロー泳と速泳には明確な開きがあった。しかし、泳ぎの途中での心拍数値変動を確認できておらず、統計的な差には言及できなかった。

　2）HHの場合には、YY2に比べて300mを過ぎたあたりで身体負荷を下げることはせず、最終の350m〜400mにかけて最も心拍数が上がった状態（最終25mでは155.7拍まで上がっている）にまで漸次各50mで心拍数が高い状態に推移している。しかし各50mコースにおいて漸次心拍数が400m泳に向けて上がっていってはいるものの、後半の25mで心拍数が上がったら、次の50mの前半25mにおいてはその値よりも下がった状態で泳いでいることが分かる（p.136の図4-6a参照）。なおHHの場合は50mのスロー泳と速泳では、心拍数においてもタイムにおいても前半25mでそれぞれ微妙な差異があるかもしれないが（心拍数で98.9拍と109.7拍、タイムで75秒と61秒の差）、後半25mではほとんど差異は認められない（心拍数で126.7拍と125.8拍、タイムで57秒と62秒）。

　3）途中で床に足をついて立ったTNとSY1の場合、まずTNにおいては、図4-7aに見たように、150mまでは心拍数も135拍を超える状態が続いていたにもかかわらず足を立たずにがんばって泳いだが、その後150m〜300mでは再々足を立っている。でもこれは、150m〜250m区間は足を立ち、呼吸を整えることにより心拍数を減らし、ある意味で泳ぐための力を溜めていたと言える。その証拠に250m〜275m区間では足を立たずにクロールでがんばり、そのがんばりゆえに心拍数も250m〜300mにかけては概ね140拍前後に高まっている。しかし300mに達する際に数回立って呼吸をする

ことで体調を整え、最後の 300 m〜400 m をドル平（バタ足も含む）で乗り切り、心拍数も 130 拍の中盤台までに抑えて 400 m を泳いでいる。

　４）SY1 においては、p. 140 の１）に記述し、図 4-8a の心拍数データに象徴されるように、50 m を過ぎると再三にわたって何度も足を立ちながら、とりわけ 225 m を過ぎたあたりでは自分一人では前に進めなくなり、担当のリーダーに手を引かれつつどうにか水中にいるという状態であった。リーダーに助けられて、その後心拍数も 120 拍台〜130 拍へと減らすことで、325 m〜350 m にかけては一度も足をつくことなく泳ぎ、最終の 50 m は数回足を立ちつつも泳ぎ切っていった。そんな泳ぎの様子であった。

　ちなみに、熟練者（SK）と未熟練の一般学生（NSK）において、SK の泳ぎ（ドル平のスロー泳と通常泳、ゆっくりのバタフライ（グライドバタフライ）、リカバーとしてのスロードル平を合わせて 800 m の泳ぎ）と NSK の 400 m ドル平においても同様に、前半 25 m と後半 25 m 間の泳ぎでの心拍数とタイム間でそれぞれ、有意差が見られるかどうかの検討を試みた。その結果は、SK では、心拍数平均における前後半 25 m の間には「$t_0 = 0.66 < t = 2.131$（$p = 0.05$, $df = 15$）」で有意差なし（NS）、タイム間においては「$t_0 = |-2.20| > t = 2.131$（$p = 0.05$, $df = 15$）」で 5 ％水準での有意差があった。NSK においては、心拍数平均の間で「$t_0 = |-0.42| < t = 2.365$（$p = 0.05$, $df = 7$）」、タイム間で「$t_0 = 0.69 < t = 2.365$（$p = 0.05$, $df = 7$）」と、ともに NS であった。

　すなわち、以上みたように、障がい児に比べて一般人で一定の長距離を泳げる人の場合、身体的・体力的負担を平均的にコントロール・調節しながら泳いでいると言えるし、逆に言えば障がい児においては、身体的疲労に対する感受性・調節能力が幾分未発達な

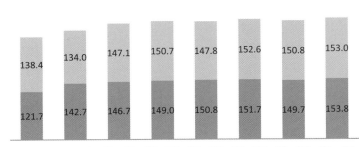

図 4-9a　一般学生 NH♂（NSK）のドル平 400 m 泳ぎにおいて 50 m 各コースを
25 m 経過ごとに区切った際に得られた心拍数変動

傾向を示しているとは言え、自分に直面する課題に対してはすなおに、かつ忠実に取り組む傾向をもっている存在であると言えるのかもしれない。

　というのは、心拍数が上がってきたら背浮き泳ぎにして心拍数を落として泳ぐTS2と、しんどくなって何度も何度も途中で立っては休みを繰り返しながら400mをほとんど自力で泳ぐことができなかったSY1以外の障がい児では、前半25mでの心拍数に比べて後半25mでの心拍数が有意に高くなっていた。しかし、SKにおいても、NSKにおいても、心拍数では前後半の25m間にほとんど差が認められなかったからである。

　そのことに加えて、熟練者（SK）においてタイムが、前半25mに比べて後半25mで多くかかっていたのは、50m全体での泳ぎでの身体負荷（心拍数）を一定に保つために、後半の25mはよりゆっくりと泳ぐことでペース調整していたものと思われる。一方未熟練の学生（NSK）の場合、心拍数とタイムともに25m間で*NS*だったのは、障がい児の場合と違って心拍数を前後半の25m間で一定ペースに保って泳げるようになっている反面、泳ぎのペースダウンをしてまで身体負担を一定に保つ必要性がなかったか、そうした泳ぎのペースダウンをして泳ぐ（タイムを遅らせて泳ぐ）という水準にまで、泳ぎのスキルがまだ発達していなかったかのどちらかであったものと推測される。

２）障がい児と熟練者と一般学生の25mごとの心拍数とタイムの相関関係をみる

　以上の「400m等泳ぎ」に見られた各障がい児間での各50mコースの前半25mと後半の25m間での心拍数とタイムの平均値の差におけるズレの現象によれば、心拍数とタイムとの間には何らかの関係があるかどうかについては特にまだ何も言及していない。このことは熟練者（SK）と一般学生（NSK）においても同様に、心拍数とタイムの間の関係について何ら言及していない。

　そこで、一定の長距離を泳いでいる際だけではなく、50mをスローに泳ぐ場合と通常もしくは速く泳ぐ場合における場合も含んだ上で、各被験者が泳いだ全体を25m単位に区切った際での心拍数とタイムの間の関係がどのようになっているか。この関係を明らかにするために、25mの泳ぎを単位にし、タイムと心拍数との相関関係を検討してみた。

　以下、各障がい児についてみていくとともに、熟練者SKの800mの泳ぎ並びに一般学生NSKの400mの場合のデータも参考にして、分析してみることにした。

（1）TS1の800m泳ぎでの25mタイムと心拍数の相関分析

　TS1は、$r = 0.453$[*88] という相関があることを示す相関係数で、後述するように、$p < 0.05$ の有意な相関、つまり95％以上の確率で相関があることが示された[*89]。

ただ、熟練者における場合も含め、他の障がい者の場合とも異なって、通常心拍数とタイムの間には逆相関の関係があり、速く泳ぐと心拍数が上がり、ゆっくりと泳ぐと心拍数が下がる。しかし TS1 の場合は逆にゆっくりと長く運動をすると心拍数は上がる傾向にあると言えるのかもしれないが、それにしても $r = 0.453$ という値は、相関はあるが高い相関関係を示しているとは言えない。むしろ TS1 においては 120 拍〜130 拍程度の低い心拍数で 800 m という距離を泳いでいるという意味で、比較的身体負荷の少ない状態で泳いでいたことが特徴として指摘できよう。

　TS1 の 25 m 泳ぎでのタイムと心拍数との間に示された相関関係を統計学的な数値関係より検証する。＊88 と＊89 に示す公式に照らして、彼の泳ぎ 800 m における各 25 m 間でのタイムと心拍数の関係について有意差検定をしてみると、$R^2 = 0.2051$（相関係数 $r = 0.453$）[90]、これは、$t_0 = 2.7825 > t = 2.750$（$p = 0.01$, $df = 30$）となり、この相関係数は 1 ％水準の有意差がある。そして、$y = 0.7271x - 24.281$ の回帰方程式により算出された回帰係数（0.7271）も同様に有意な差を示す値と推測できる。また、y 軸との切片である -24.281 という値は、$t_b = |-3.680| > t = 3.646$（$p = 0.001$, $df = 30$）であることから、0.1％水準での有意な差を示す値と推測できる。

　したがって、TS1 におけるタイムと心拍数の関係は、相関係数が有意、回帰係数並びに切片 b ともに有意と推測され、「相関がある」[90] と言える。すなわち、TS1 は通常予想される 25 m 泳におけるタイムと心拍数との関係、タイムが短い＝スピードが速いと心拍数が上がる（身体負荷が増す）という因果的な関係ではなく、p. 127 の i)-②- 4 ）で見たように、800 m を泳いでいる際、各 50 m のコースの前半 25 m よりも後半 25 m での方で心拍数が高い傾向（0.1％水準で有意という差）にありながらも、前後半 25 m でのタイム差においては $t_0 = |-0.72|$ で、後半 25 m の方が僅かに時間がかかるといっただけの差異である。それに伴って後半 25 m における心拍数の方が高くなる傾向にあるという、そういう相関的関係なのであろう（p. 128 の図 4-2 a 参照）。

　すなわち TS1 においては心拍数という身体負荷の指標と泳ぐスピードの間には一定の相関は見いだせるものの、プラスの相関関係であることから、25 m でのタイムが速いときは心拍数が少なくて済んでおり、25 m でのタイムが遅くなると心拍数も少し上がる（身体的負荷が高い傾向にある）。相関係数 $r = 0.453$ とはそういう微妙な相関的関係を意味する数値なのではないか。

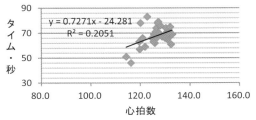

図 4-2b　TS1：800 m 泳ぎ並びに 50 m の
　　　　　スロー泳ぎと速い泳ぎでの 25 m
　　　　　タイムと心拍数との相関関係図
　　　　　と回帰方程式

表4-1　TS1における800m泳と50mでの遅泳と速泳の各25m時のタイム

被験者	50mコース区間	slとfast泳		800mの泳ぎ							
		50m slow	50m fast	0-50m	50-100m	100-150m	150-200m	200-250m	250-300m	300-350m	350-400m
TS1	0-25m	57	51	46	62	66	66	78	61	68	63
	25-50m	66	59	63	67	69	65	71	69	71	66

被験者	50mコース区間	800mの泳ぎ								泳ぎまとめ	
		400-450m	450-500m	500-550m	550-600m	600-650m	650-700m	700-750m	750-800m	Mean	SD
TS1	0-25m	83	74	79			66	75	70	68.4	9.02
	25-50m	76	78	74			69	68	69	69.6	3.99

（注）数値の単位＝秒

これは何を意味するのだろうか。

図4-2a（p.128）を見れば分かるように、550mを過ぎた終盤（750m〜800mの最終盤を除く）での泳ぎでは前後半25mでの心拍数はほぼ一定の様相を呈しており、身体負荷的にはほとんど無理を来さない泳ぎをしていたことが了解される。一方、タイムにおいては550m〜650mの間のタイムが計測できておらず詳細な考察ができない部分もあるが、表4-1に示す如く、800m泳の前半400m頃までは後半25mのタイムの方が遅く、400mを過ぎてからは、後半25mのタイムが速くなっているのではないかと窺わせる傾向が示される点もあった。

しかしいずれにしても、身体的負担（心拍数）と泳ぐスピードとの間には直接的な正の相関的関係を想定させるものではなかった（「相関がある」という程度の相関に過ぎなかった）ということと、ある意味で、TS1の場合は後述する熟練者のスローなドル平ほど平常的な心拍数値（p.157の図4-1b③参照）とまではいかないまでも、図4-2bから、全体として1分あたり120拍〜130拍程度の比較的安定した心拍数で泳いでいることからも頷けるところである。

（2）TS2の500m泳ぎでの25mタイムと心拍数の相関分析

TS2はドル平の泳ぎも上手なのだけれど、それ以上に長距離の泳ぎに挑戦する際には背浮き身で楽に泳ぐ泳ぎを覚えてしまった。それゆえ90年夏の400m泳ぎの際、50mを泳いだらその後は背浮き泳ぎを行い、コースの大半をその泳ぎで費やしてしまった。その結果、プラス100mを追加して350mからドル平を再び泳いだが、400mに100mをおまけして泳いでもらった。

図4-3a（p.130）に見るように、TS2はドル平を泳ぐ際は心拍数が概ね120拍台〜130拍台後半、そして500m泳ぎ最後の50mでは140拍台になっている。ドル平25

m におけるタイムは 30 秒台〜50 秒台、背浮き泳ぎの場合は 50 秒台〜60 秒台そして最大が 79 秒、心拍数は 100 拍台〜最大で 125 拍ほどであった。それゆえ、図 4-3b の相関関係図においては概ね図の左半分は背浮き泳ぎ、右半分がドル平の場合を示している。

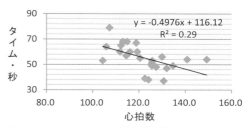

図 4-3b　TS2：500 m 泳ぎ並びに 50 m スロー泳ぎと速い泳ぎでの 25 m タイムと心拍数の相関関係図と回帰方程式

　したがって相関係数の 2 乗（R^2）が 0.29、相関係数 $r = -0.5385$（＊88 の公式に基づくエクセル関数 CORREL をもとに算出）は、＊89 により、$t_0 = |-2.997| > t = 2.819$（$p = 0.01$，$df = 22$）で 1 ％水準での有意な相関（および回帰係数も同値で有意）である。また回帰方程式における切片は、$t_b = 10.600 > t = 3.792$（$p = 0.001$，$df = 22$）で 0.1 ％水準での有意な値である。

　TS2 の泳ぎにおいて最も注目すべきことは、p. 129 に記したように、1981 年に私たちの水泳教室に参加した当初、既に彼なりに水にとても慣れており、顔をつけて潜って両手や両足等を動かして、水中で水しぶきを上げることで、その水玉の動きに興じたり、自分自身と水との関係で生じる多様な体感に、喜々としながら遊ぶことを楽しんでいた子どもであった。泳ぐことを身につけさせたい私たちから見て、彼に如何にしたら息つぎという行為をしながら連続して泳ぎを続けていくことの楽しみ（泳ぎのスキル）を身につけさせていけるかということであった。

　そんな彼が数年の取り組みで下向き姿勢で泳ぐドル平を身につけたら、海で長く泳がなければならない課題状況に直面させられた際に、これは次の第 5 章第 1 節に紹介するように、ドル平で前に進んでいくことと、それがしんどくなったら上向き（背浮身）になって両手をかきつつ浮かんでいながら（お休みを取りながら）、「どこまで？（どこに向かって泳ぐのか？）」などと尋ねながら泳いでいくのであった。

　したがって、彼自身が長距離を泳ごうとする場合に、自分自身が楽に泳げるというか、その泳ぎの過程をできるだけリラックスして泳げるために、多くの場合に背浮き泳ぎを採り入れて泳ぐのも当然であった。心拍数の低さに裏づけられるように、彼にとってはドル平よりもこの泳ぎの方が楽であることがはっきりしているので、このような選択をしながら、たくさん泳がなければならない課題に対処していたのである。

（3）TK の 400 m 泳ぎでの 25 m タイムと心拍数の相関分析

　図 4-4b にも示されているように、彼はとても安定したスピード範囲（概ね 25 m のタイムが約 50 秒〜70 秒の幅）、かつ心拍数においても概ね 110 拍〜140 拍未満の範囲で泳げている人である（p. 132 の図 4-4a 参照）。

TK における 25 m のタイム と心拍数
の相関係数は −0.5250（$R^2 = 0.2756$）
で、$t_0 = |−2.308| > t = 2.101$（$p = 0.05$, $df = 18$）ゆえに相関係数と回帰
係数が有意水準 5 ％の確率で意味のある
相関関係であると推定できる。また $t_b = 8.611 > t = 3.922$（$p = 0.001$, $df = 18$）なので、y 切片の値は 0.1 ％の水準
で有意であると推測できる。

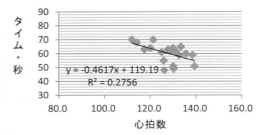

**図 4-4b　TK：400 m 泳ぎ並びに 50 m スロー
泳ぎと速い泳ぎでの 25 m タイムと
心拍数の相関関係図と回帰方程式**

　既に紹介したように、それは彼の浮力の高い体質であることも作用はしているが、p.
105 の図 3-3-11 ①における泳ぎに見られるようにキックをした後きれいに水中に頭を
沈めてグライドしながら泳いでいることがあげられる。

　彼は概ね呼吸から次の呼吸までの動作は 2 ストローク、2 キックで泳いでおり、p.
109 の図 3-4-11b ①で最初（1 回目）の息つぎ後に足および手の動きの速度が同じよう
に高いこと、そして次の息つぎにと連なる泳ぎ経過の 4 番目の過程で手と足の動きが同
じように最大に速く、最後 5 番目の（息つぎへと結びつく）過程では足の動きはゆっく
りとなり、手の動きはかなり高い状態での速度を保っている。すなわち、その手の動き
に合わせて顔は水面に出て呼吸をしていることが想定できること。さらに、図 3-4-11a
（p. 103）での腰角度の変化を表すところで見ると、1 番目だけが 180 度以下となって
おり（たぶんこの時点が顔を上げて呼吸）、その他の過程では 2 番目と 6 番目では 200
度まで曲がっている状態が示されている。これは、前者の 2 番目の曲がりは呼吸に続く
キックの後に水中に潜っていこうとする体勢（グライド姿勢）、後者の 6 番目のものは
呼吸に入る前に、呼吸への準備として 2 キック目が打たれて頭を水中に沈める動作の体
勢での腰角度の様子を示している。

　この TK における泳ぎを直接示した泳ぎ経過の図・写真はないが、彼の泳ぎの様子に
近い例で示すと、p. 81 の写真 3-1-1 の TS2 と p. 84 の写真 3-1-4 の TS1 における②～
③の過程と、⑤～⑥の過程がそれぞれ、TK の 2 番目と 6 番目の腰角度の曲がりの大き
な状態（図 3-4-11a 参照）を示していると想定される。それは、腰の外角度の変化の
様子を示した p. 103 の図 3-4-4a（TS1）および図 3-4-1a（TS2）を見ると、ともに、
上記写真の②のキック動作の開始で顔・額を水面につけ、水中に潜っていく（③）。こ
のときの腰角度の曲がりが一番大きく、写真の⑤～⑥の過程（水中から水面近くに浮き
上がってくる状態（⑤）～呼吸のために顔を水面に出そうとしている状態（⑥））におい
ても⑤で軽く膝が曲がり、⑥で膝が伸ばされていっているので、その間に軽くドルフィ
ンキックが打たれて腰角度（外角度）が大きくなっているものと言える。

なぜそのようにキック動作によって腰角度の曲げを作るのかを考えてみると、ドルフィンキックはキック動作とそれに伴う身体躯幹（体幹）のうねりを引き出しやすいリズムをもっていると考えられるが、その意味するところは、息つぎ時での水平姿勢を長く保って呼吸をしやすくしているものであると言える。この間の腰角度の状態はTS1、TS2ともに、キック・潜り開始の最初の経過時点（2の時点）で180〜200度の中間くらい、終わり頃の時点（TS1では10の時点、TS2では7や8の時点）で概ね180度となっている。つまり、終盤の腰角度の曲がりの大きさは、呼吸に際してキックが打たれる（膝から下部を水中にしならせる）ことによって、身体を水平位に保ち、顔を水面上に長く浮かせていられるための準備動作になっているのではないかと考えられる。

　このようにTKは、2ストローク、2キックのドル平型の泳ぎで、よく泳げる人たちに共通に見られる（第3章の写真3-1-1や写真3-1-2、写真3-1-3、写真3-1-4等と同様な）泳ぎの特徴を示して、安定したドル平型の泳ぎで泳いでおり、タイムと心拍数の間に有意な逆相関的関係が見いだせる泳ぎをしていると言える。

（4）YY2の400 m泳ぎでの25 mタイムと心拍数の相関分析

　図4-5bによれば、「ヨシくん優勝おめでとう！」という競争的意識が非常に高く、自分ができないことを超えていこうとする意識の強いYY2の泳ぎはタイムが80秒前後の2回の機会を除き40秒〜60秒の極めて速い速度で泳いでいることがよく分かる。

　それに合わせてというか、泳ぎの速さが速い分に比して、120拍以下の心拍数

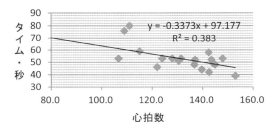

図4-5b　YY2：400 m泳ぎ並びに50 mスロー泳ぎと速い泳ぎでの25 mタイムと心拍数の相関関係図と回帰方程式

で25 mを泳いでいく状態も一部ある。しかし大半は120拍以上でしかも140拍前後から150拍前後の心拍数も多く見られる。ということは、けっこう身体負担の高い状態になっても泳ぎ続けていっているYY2の姿が目に浮かぶ（p. 134の図4-5aも参照）。

　タイムと心拍数の相関関係として$R^2 = 0.383$（相関係数$r = 0.6189$）である。$t_0 = |-2.948| > t = 2.878$（$p < 0.01$, $df = 18$）、$t_b = 5.255 > t = 3.922$（$p < 0.001$, $df = 18$）で、相関係数および回帰係数が1％水準で有意、並びに切片bは0.1％水準で有意と推測される。

　このように、競争的意識の高いYY2は140拍以上の心拍数で運動としては中位の身体負荷を要する状態になってもがんばって泳ぐというのが当たり前のがんばり屋さんであったということができよう。

（5）HH の 400 m 泳ぎでの 25 m タイムと心拍数の相関分析

HH の場合も YY2 と同様ながんばり屋さんと言えると思われる。

図 4-6b および p. 136 の図 4-6a の心拍数に見られるように、140 拍前後の心拍数を多く含んでの泳ぎをしていることが分かる。そして、25 m 単位に区切った心拍数とタイムの相関的関係を見ると $R^2 = 0.4174$（$r = -0.6461$）と「相関がある」相関係数を示している。この相関関係について統計的な視点で確認すると、次のようである。

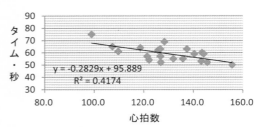

図 4-6b　HH：400 m 泳ぎ並びに 50 m スロー泳ぎと速い泳ぎでの 25 m タイムと心拍数の相関関係図と回帰方程式

$t_0 = |-3.167| > t = 2.878$（$p = 0.01$，$df = 18$）、また、$t_b = 3.918 > t = 2.878$（$p = 0.01$，$df = 18$）である。それゆえ、相関係数と回帰係数および切片 b ともに 1 ％水準で有意と推測される。

YY2 と比較すると、25 m のタイムが 50 秒〜70 秒の範囲にあり、YY2 よりも 10 秒ほど多く時間のかかる泳ぎではあるが、相関係数ではともに $r = 0.6$ 台であり、またタイムと心拍数の相関的関係の有意差では概ね同様な有意水準を示している。ただ HH の相関係数は障がい者 7 名のうちでは最も高い値を示していた。

（6）TN と SY1 の 400 m 泳ぎでの 25 m タイムと心拍数の相関分析

途中で床に足をついて立った TN と SY1 の場合、足をついて休むことによって、25 m を泳ぐのに要する時間（タイム）と、その際の体への負担を表す心拍数との間の関係が不鮮明になるのか、他の 5 人の障がい児に比べて R^2 の値が小さくなっている。

TN においては $R^2 = 0.1559$（図 4-7b）、SY1 では $R^2 = 0.1944$（図 4-8b）、すなわち相関係数（r）でいえば、TN は -0.3948（弱い相関）、SY1 は -0.4409（相関がある）となり、タイムと心拍数の相関的関係自体はある。25 m を泳ぐ中で「立って休む」ことによって、泳ぎのタイムと心拍数の間に示される定量的な関係は不正確なものになると言わざるを得ないが、途中休憩することも含めた相関的関係としては、TN、SY1 においてもタイムと心拍数の間には負の相関係数が示されていると捉えておこう。

さて、TN と SY1 における相関係数の有意性、並びに回帰方程式（$y = ax + b$）における回帰係数と y 軸との切片 b が有意性を持つのかどうかについて統計的に分析すると、次のようになる。

TN においては、$t_0 = |-6.106| > t = 3.922$（$p = 0.001$，$df = 18$）、$t_b = 13.229 > t$

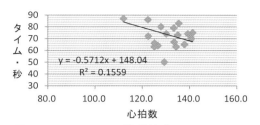

図4-7b　TN：400 m 泳ぎ並びに50 m スロー泳ぎと速い泳ぎでの25 m タイムと心拍数の相関関係図と回帰方程式

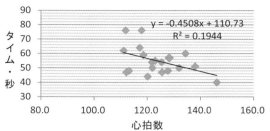

図4-8b　SY1：400 m 泳ぎ並びに50 m スロー泳ぎと速い泳ぎでの25 m タイムと心拍数の相関関係図と回帰方程式

$= 3.922$（$p = 0.001$, $df = 18$）であり、心拍数とタイムの間には、相関係数と回帰係数、そして切片 b ともに 0.1％水準で相互の関係が有意と推測される。

　SY1においては、$t_0 = |-1.838| < t = 2.101$（$p = 0.05$, $df = 18$）であるので、相関係数と回帰係数は NS である。しかし、$t_b = 9.606 > t = 3.922$（$p = 0.001$, $df = 18$）なので、切片 b は 0.1％水準で有意差があると推測できる。

　TN、SY1ともに、400 m の泳ぎにおいて、両者とも途中で疲れて足を立って休みながらどうにか泳ぐことができた人たちだが、TNは、pp. 138-140 の心拍数変動の項でみたように、同じく途中で足を立って休んだ人とは言っても、150 m〜300 m 付近までは数回途中で足を立ったけれども、300 m〜400 m はそのまま泳ぎきることができた人。しかも 1989 年には遠泳にも参加し、途中で休みは取りながらも何とか 700 m ほどの距離にクロール的な泳ぎで挑戦している人でもある（第5章 p. 185 での説明や pp. 186-187 の表 5-2-2 等を参照）。TNの場合は、しんどくなって泳ぎの途中で立つことで、心拍数の増加を抑制し、タイムを遅くする一定の影響はあっても、それほど多くない休憩なので、彼の 400 m 泳ぎと 50 m のスロー泳ぎと速い泳ぎを対象にした 25 m 単位での心拍数とタイムの間の相関的関係の把握は一定の参考資料とすることは可能であろう。

　一方、SY1は 50 m を泳げるようになってはいるものの、プールにおいて 400 m に取り組むのは初めてであり、その所為もあって 75 m 付近で足をつき、100 m を過ぎると何度も足を立って休み、200 m を過ぎてからしばらくは自力では泳げなくなり、リーダーに引っ張ってもらうことを繰り返さざるを得なくなっている。その後 300 m を超えてからは、がんばって泳ぐことにも取り組んで何とか 400 m への挑戦をやり終えることができている（pp. 140-141 の SY1 の泳ぎと心拍数変動についての説明参照）。その意味では、こうした泳ぎを継続できない状況の中、何とか 400 m に挑戦することができたという点ではとてもがんばった子どもだと言える。しかし、このように、よくは泳げない SY1 に対して心拍数とタイムを測定して、前半 25 m と後半 25 m の泳ぎの間での心拍数やタイムにおける平均値間の差における統計的有意差の確認をしたりするこ

と自体には無理のある問題設定であったものと反省させられる。

（7）一般学生 NSK の 400 m 泳ぎでの 25 m タイムと心拍数の相関分析

（泳ぎ達者とまでは言えない）NSK と
は、男子学生 NH のことだが、彼が心拍
数およびタイム測定に加わってくれたの
は、泳ぎの苦手な学生対象に行っていた
夏季水泳特別講習（5 日間）においてド
ル平で 100 m を達成するとともに、その
学習によって泳ぎのおもしろさを知り、
400 m〜500 m ほどの距離も泳げるよう
になったからである。そして 8 月末の夏
休みの終わりに行っていた障がい者遠泳

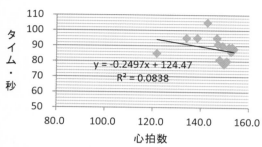

図 4-9b　一般学生 NSK：400 m 泳ぎの 50 m
プールでの前後半各 25 m タイムと
心拍数の相関関係図と回帰方程式

合宿にもリーダーとして参加を予定していたことで、彼も積極的に心拍数測定の実験に
参加してくれたのである。

　この NSK における心拍数とタイムの相関的関係は $R^2 = 0.0838$、すなわち $r =$
-0.2895（弱い相関）が示されているが、この値は障がい児を含めても最も低い相関係
数であり、この統計的分析の結果、$t_0 = |-1.132| < t = 2.145$（$p = 0.05$, $df = 14$）、
$t_b = 4.758 > t = 4.140$（$p = 0.001$, $df = 14$）となり、切片 b は 0.1%水準で有意と推
測されるが、相関係数および回帰係数ともに有意な相関関係であるとは言えない。

　以上みたように、プールで比較的長距離の泳ぎを障がい者 7 名と、夏の水泳学習でド
ル平を 400 m 以上泳ぐことの楽しみを見いだすようになった大学生（NSK）に泳いでも
らい、25 m を単位にして心拍数とタイムの相関的関係を確認したところ、障がい児の
SY1 と男子学生の NSK においてだけ心拍数とタイムの間に統計的に有意な相関的関係
を認めることができなかった。こうした結果が示された要因についてはまだよく理解で
きるところではないが、ここでは後注 ＊88 と ＊89 に基づいて、統計的に有意な相関的
関係になかったということの意味と原因について考えてみたい。

　それは、相関係数における高さの問題ではなく、25 m 毎に計測された「心拍数とタ
イムの値間における数値の間の整合性」と言ったらいいのか、「相互のデータの関連性」
と言えばいいのか、よく把握はできていないけれども、以下取り上げる熟練者（SK）
におけるタイムと心拍数の間で示された相関の結果をも含めて、他の障がい児において
はすべて、心拍数とタイムの間での相関係数と回帰係数に統計的な有意差が示されたこ
と、これらとの関連で言えば次のように想定できるものと考えられる。

まず、少なくともまだ 100 m 以上の距離を継続して泳げる力の育っていない障がい児（SY1）においては、50 m コースでの前半 25 m と後半 25 m の心拍数やタイムの数値がどうなっていたかを確認したり、まして両者の相関的関係がどうなっているかといった問題を取り上げること自体に無理があったのではないかということである。

　一方、ドル平を楽に泳ぐことのおもしろさを体得した NSK が前後半の泳ぎの各 25 m における心拍数とタイムの間の相関関係において、両者の間になぜ有意な相関関係が見いだせなかったのか。p. 145 での図 4-9a の泳ぎにおける心拍数とその泳ぎの速さ（タイム）において、各 50 m で概ね一定した泳ぎを示していたということであり、この場合、ある区間の 50 m では前半 25 m の心拍数、あるいはタイムが大きく、別の区間では後半 25 m の方が逆転している等の一定の数値変動はあるが、全体として前後半の 25 m 間に統計的分析における差異は認められなかった。しかし、それら心拍数とタイムの相関的関係において −0.2895 という弱い相関を示し、その相関係数、回帰係数が統計的に有意差なし、すなわち「心拍数の高低」と「泳ぐ速さ」との間に有意味な関係を見いだせないということはどういうことを表すのだろうか。

　図 4-9b の相関関係図に着目してみると、心拍数 120 拍に近く、タイムで 80 秒台の中ほどの座標のところと、心拍数が概ね 140 拍でタイムが 100 秒台中ほどの座標のところが相関散布図においてとりわけズレていることが分かる。そこで、この 2 つのポイントを除いて、相関分析をしてみると、相関係数 $r = -0.5649$、$t_0 = |-2.5614| > t = 2.178$（$p = 0.05$, $df = 12$）となり、両側検定で有意水準 5 ％で有意な関係が示されている。

　問題は、彼が 400 m の泳ぎを開始した最初の 25 m において心拍数が 121.7 拍と最小の値ながら、そのタイムが約 85 秒とかなり速く、そのときの泳ぎに無理があったのか、とくに 50 m〜75 m のところで心拍数が急に 140 拍台となり、泳ぎのスピードが 105 秒と、極端に落ちているのである（p. 145 の図 4-9a 参照）。こうした泳ぎ始めでの予期せぬ張りきりすぎなのか緊張感なのかが影響して、泳ぎ開始時点において、心拍数とタイムの間の相関的関係が崩れたことで、彼のように、この実験に取り組む前の段階でドル平における楽な泳ぎのリズムを獲得していた人での心拍数とタイムの間の関係がトータルとして崩れた値になったことが明らかではないかと思われる。

　このようにして、不十分にしか泳げなかった SY1 を除く障がい児 6 名と一般学生 NSK には心拍数とタイムの間に有意な相関的関係が示されていることが分かった。

　最後に、この点を本研究での被験者でもあった熟練者（SK）の心拍数と泳ぎのスピードとの関係をさらにいくつかの角度から分析を加えることによって、タイムと心拍数の間に見いだされる特徴について検討を試みておきたい。

（8）熟練者 SK の泳ぎのタイムと心拍数の相関関係分析から

　熟練者 SK には図 4-1a②（p. 124）に示すように、スロードル平 200 m〜通常ドル平 200 m、その上にグライドバタフライ 200 m を加え、最後 200 m はスロードル平の順に合計 800 m を泳いでもらった。

　この 800 m においては、図 4-1b①に示すように 25 m を単位とした心拍数とタイムの間に、$R^2 = 0.5923$（相関係数 $r = -0.7696$）と高い逆相関が得られた。後注＊89 に従って、回帰方程式を $y = ax + b$ とし、相関の有意性を検討すると次のようになる。
　$t_a = t_0 = |-6.601| > t = 3.646$（$p < 0.001$，$df = 30$）、$t_b = 17.149 > t = 3.646$（$p < 0.001$，$df = 30$）。したがって、相関係数と回帰係数および切片 b も 0.1％水準で有意と推測される。

　図 4-1b②は、ドル平だけで泳いでいる際のタイムと心拍数の相関関係を明らかにするために、バタフライ 200 m と最後のドル平 200 m を SK の 800 m から除外し、スロードル平 200 m とそのあとの通常ドル平合わせて 400 m で両者の相関関係を求めたものである。

　この場合は $R^2 = 0.7556$（$r = -0.8693$）とさらに高い相関が示されている。恐らく、図 4-1b①の場合は、それがグライドバタフライであるにしても、バタフライというドル平とは大なり小なり質的な違いのある泳法を組み込んだ泳ぎであること、および、バタフライの後にゆっくりしたドル平に移行していく泳ぎ（ドル平）が入っていて、そのドル平はバタフライによって疲れた体に酸素負債を伴って大きく酸素を吸収しつつ身体回復していく際のドル平であるので、前半の 400 m におけるゆっくりした立ち上がりのスピードを少しずつ上げていくドル平とも、同じくドル平であると言えども、心拍数とタイムの関係の相関性には違いが生じていると考えられるからである。

　なお図 4-1b②における相関関係の有意性については、$t_0 = |-6.579| > t = 4.140$（$p$

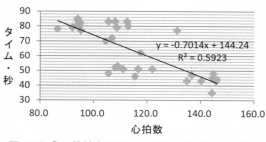

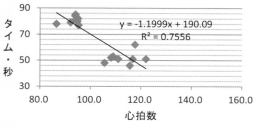

図 4-1b①　熟練者 SK におけるドル平系の泳ぎ
　　　　　　800 m（スロードル平→通常ドル平→
　　　　　　グライドバタフライ→スロードル平
　　　　　　の各 200 m）での 25 m 単位のタイム
　　　　　　と心拍数の相関関係図と回帰方程式

図 4-1b②　熟練者 SK におけるドル平
　　　　　　（スロードル平→通常ドル平の
　　　　　　各 200 m）での 25 m 単位のタイムと
　　　　　　心拍数の相関関係図と回帰方程式

$= 0.001$, $df = 14$)、$t_b = 29.241 > t = 4.140$（$p = 0.001$, $df = 14$）である。したがっ
て、相関係数と回帰係数、および切片 b もすべて 0.1％水準で有意と推測される。

　さてそれでは、図4-1a②（p.124）に示されるように、熟練者SKにおけるスロードル平200mでは、心拍数が100拍未満／分で収まっている。

　障がい者のTS1において図4-2a（p.128）や図4-2b（p.147）に見られるように、彼の場合も他の障がい児に比べて心拍数、タイムともに比較的幅が狭くまとまっている（SKに比べると、心拍数は約115拍〜130拍余と一定高い度合いながら一定のまとまった範囲に心拍数が収まっている）。そして彼の場合に、タイムと心拍数の相関関係は正の相関関係にあった。しかし、相関係数は $r = 0.4529$ なので、「相関がある」程度の相関性なので、「泳ぐタイムが遅くなれば、やや心拍数も高くなるような傾向がある」と言える具合の関係かと思われる。

　図4-1b③におけるように、SKのドル平スローの場合は正の相関係数が示され、と同時に $R^2 = 0.1252$（$r = 0.3539$）とタイムと心拍数は弱い相関を示した。相関係数、回帰係数、切片 b の値すべてにおいて「有意でなく」、つまり相関関係があるとは言えない状態となる[*91]。

　一方、図4-1b②において、スロードル平200mに加えて通常ドル平200mを続けて泳いでいった際、2通りのドル平の間の相関性が $r = -0.8693$ の非常に高い負の相関関係を示すことが認められた。けれどもそれは、あくまでもスロードル平と通常ドル平を200mずつの関係として連続した場合のことである。すなわち両群の集合体を関連づけた場合の話であって、両群それぞれに分割した場合には、スロードル平では $r = 0.3539$ と弱い相関であり、一方後者の通常ドル平の場合（図4-1b④）は $R^2 = 0.0618$（$r = 0.2487$）の如く、ほとんど無相関に近い弱い相関となる[*92]。

　つまり、ドル平をゆっくりと200m泳ぎ、続いて「通常のドル平」として一定のピッチで1つの泳法として200mを続けて泳いでいくと、その連続体としての400mのド

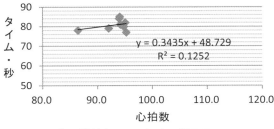

図4-1b③　熟練者SKにおけるドル平
（スロードル平の最初の200m区間）
での各25mのタイムと心拍数との
相関関係図と回帰方程式

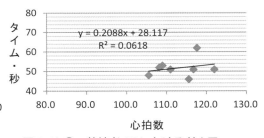

図4-1b④　熟練者SKにおけるドル平
（通常ドル平200〜400m区間）
での25mのタイムと心拍数の
相関関係図と回帰方程式

ル平においては、25 m のタイムと心拍数の間には極めて相関性の高い負の関係での泳ぎが示されるが、「スロードル平」と「通常ドル平」のそれぞれ 200 m では、25 m のタイムと心拍数の間の相関関係が崩れてしまう。言わば、各々が「独立したドル平泳法」が行われている。そう言わざるを得ない関係が見いだされたことを意味するのではないだろうか。

このように、同質の内容をもつという同じくドル平系、バタフライ系の泳ぎを総体として連合すると、心拍数とタイムとの間に高い相関的関係が成立するにもかかわらず、それぞれの泳ぎの単位ごとに分割すると心拍数とタイムの相関的関係が崩れてしまう。そのような「揺らぎの関係」にあるのが、泳ぎにおける心拍数とタイムの関係である。

すなわち、ある泳法で一定ペースで疲れない泳ぎができればそれはそれでよいが、泳ぎ疲れてしんどくなれば、その泳ぎでペースダウンしたり、あるいは泳ぐ泳法種目を変えて泳げること（例えば、TS2 のように背浮き身をとって休みながら泳ぐ方法など）が、長い距離を泳ぐ際には大事であることを意味しているのではないだろうか。

---

*80　原通範・永浜明子・加藤弘・矢野勝・橘英彌「発達障害児における水泳動作時の心拍数変動」，日本スポーツ教育学会（第 11 回抄録集），1991.12.8／奈良教育大学，p. 33.

*81　グライドバタフライとは、バタフライが「手をふりまわし、足をバタつかせることによって進むのではなく、体のうねりやすべりこみ（グライド）を利用して進む泳法」（広島大学大学院教育学研究科保健体育教育研究室作成※，1980 年）であるという点に着目し、特にそのうねりとすべりこみというグライド動作を強調して、できるだけゆっくり、そしてゆったりと泳ぐバタフライであると言える。※長谷川裕著「水泳の授業における教師の主導性と子どもの自主性の統一」，所収 中村敏雄編著『体育の実験的実践』，創文企画，1988，pp. 123-175.

*19　第 1 章の＊19（p. 39）にグライドの定義を示しているので、参照のこと。

*82　原通範・吉田恵介・谷興治・吉田真理『《授業日誌》中学生のペースランニングの授業実践（中間報告）」，原ゼミ論文集『「体育・スポーツ」授業論　つれづれ研究』（第 7 集），pp. 151-170，2008.《この中、〈参考資料〉（pp. 168-169）のⅣ【運動＝筋活動に伴うエネルギー供給と持久走：学びのポイント〜理論的裏づけ】の 3「持久走能力の各種トレーニング」。この項の①持続走の「遅い持続走」（これをひとまずジョギングとする）で最大酸素摂取量の 50〜60%、HR（心拍数）で 120 拍〜140 拍／分程度（因みに「中位の持続走」で 150 拍〜170 拍／分、「速い持続走」で 170 拍〜180 拍／分）などを考慮すると、本稿の SK の「速め（通常）のドル平」の心拍数が 100 拍〜120 拍／分なので、ジョギングよりも軽い運動であることが明らかである。》

*83　出村慎一・小林秀紹・山次俊介著『Excel による健康・スポーツ科学のためのデータ解析入門』，大修館書店，2001，pp. 106-110.《7.1.2「2 つの標本平均の差」■ 7.1.2.3（対応のある場合）2）「データの差を利用する方法」により解析した。以下の公式により算出し、エクセルの関数を利用し計算した。》

◆大きさ n の対（組）にした一方の変量を X_{1i}、他方の変量を X_{2i}、両者の差を $D_i = X_{1i} - X_{2i}$ とすると、n 個の差の平均 $\overline{D}$、分散 $S_D{}^2$、標準偏差 SD は以下の各式で表される。

① $\overline{D}$　n 個の差の平均　　$\displaystyle \overline{D} = \frac{\sum (X_{1i} - X_{2i})}{n} = \frac{\sum D_i}{n}$

② $S_D{}^2$　分散　　　　　　　$\displaystyle S_D{}^2 = \frac{\sum (D_i - \overline{D})^2}{n} = \frac{\sum D_i{}^2}{n} - \overline{D}^2$

③ t_0　2つの平均の差の t 値（※）

$$t_0 = \frac{\overline{D}}{\left(\dfrac{S_D}{\sqrt{n-1}} \right)}$$

※ t 分布から自由度 $df = n - 1$、$\alpha/2$ に対する t を算出し、$|t_0| \geqq t\,(df,\ \alpha/2)$ のとき有意差あり、$|t_0| < t\,(df,\ \alpha/2)$ のとき有意差なし、である。

＊84　【有意差に関する補足】まず、上記「前掲書＊83 の p. 10」によれば、「検定とは、母数に関するある特定の仮定（帰無仮説）を設定し、その下で、ある特定の統計量が得られる確率を求め、得られた確率がある基準（有意水準 α）より小さければ、母数に関する仮定が誤っている可能性が高いと判断する（帰無仮説の棄却）手続きである」。続けて、「帰無仮説（H₀）を棄却し、対立仮説（H₁）を正しいと判定するとき、本当は正しいならば、誤った判定を下すことになる。この H₀ を棄却する確率を第 1 種の過誤という。一方、H₀ が本当は誤りにもかかわらず、これを捨てずに採択する確率を第 2 種の過誤という」。

　ちょっと分かったようで分かりにくい説明でもあるので、大村平（『統計のはなし《改訂版》』, 日科技連出版, 2002 と、『今日から使える統計解析』, 講談社, 2019）を参考に、具体例を用いて、上記第 1 種の過誤と第 2 種の過誤について考えてみよう。

　「帰無仮説」とは、"A さんには判別能力がない"、つまり以下の「表か裏のどちら？」という問題で「表、裏の確率が同じ」＝「捨てることを希望して立てた仮説」ということで、この仮説を棄却できるかどうかが検定の課題。A さんは、裏か表かを当てる課題で 5 回とも連続して表が出ることを当ててしまった。

$$\left(\frac{1}{2} \right)^5 = \frac{1}{32} \fallingdotseq 3\,\%$$
← 「あわて者の誤り」（第 1 種の過誤）
「ぼんやり者の誤り」（第 2 種の過誤）→
$$\left(\frac{1}{2} \right)^4 = \frac{1}{16} \fallingdotseq 6.25\,\%$$

しかし、5 回とも連続して正解である確率は上記左に示すように 3 ％しかないので、A さんの 5 回連続正解の時点で帰無仮説を捨てて「A さんに判別能力がある」としてしまったら、3 ％の確率で「A さんに判別能力がない」という「帰無仮説」を捨てる誤りを犯してしまう。こういう誤りのことを「あわて者の誤り」＝第 1 種の過誤ということで、統計的には、5 ％以下の確率で生じる誤りは、どちらが出るか分からないという「帰無仮説」を棄却してよい「過誤＝誤り」として正当化されている（誤りが 5 ％以下である場合は、「あやまりとして意味をもつ（有意な差をもつ）小さな値」あるいは「誤る危険率」として認められている）。統計学で、一般的な検定では危険率を 5 ％（小さな誤り）とし、そして、特に誤りが許されないような特別な場合に限り、その程度に応じ

て、1％（非常に小さな誤り）、0.1％（極めて小さな誤り）とするとのこと。

　ちなみに前ページの右枠（第2種の過誤として示されたもの）は、4回連続して正解の際に帰無仮説を棄却することが6.25％であり、統計的危険率（棄却域）5％を超えているので、「有意差」としての意味をもたない「うっかり見過ごしてしまう誤り」という意味で、「ぼんやり者の誤り」と呼ばれる。

　なお、＊83でのt検定において、③の「$df = n - 1$での$|t_0| \geqq t$ $(df, \alpha/2)$で有意差あり」とされるが、そのイメージ図として、$\alpha = 5$％水準を例示してみた。図aでのグレー部分区域で示される。

　本研究では、400m以上の比較的長距離の泳ぎにおける各50m泳ぎの前後半25mの間の心拍数とタイム間での差の大きさの比較で両者が同程度か異なるかどうかということと、また、泳ぎ全体として、心拍数とタイムの間にどのような相関的関係が成り立つのかどうかということを問題にした。ここで、$P_U = 2.5$％は上限確率、$P_L = 2.5$％は下限確率を示し、$z \geqq 1.96$および$z \leqq -1.96$のグレー部分区域は「有意差を表す棄却域」となる。

　図表bに、t分布における自由度（$\phi = n - 1$）と有意水準の確率（$p = 0.1, 0.05, 0.01$）で織り成すtの値の系列を示した。$p = 0.05$を例に示すなら、ϕ $(n - 1)$が「1, 2,... ～∞」に伴ってそれぞれ、「12.706, 4.303,... ～1.960」となっていく。その右図に、面積（$P/2 + P/2$）をグレー部分で示し、この部分は＊83の③に基づけば、「t分布から自由度$df = n - 1$、$\alpha/2$に対するtを算出し、$|t_0| \geqq t$ $(df, \alpha/2)$のとき有意差あり…」となる。x軸上に示したtの値に従って示せば、$|t_0| \geqq t$（$t_0 < -t$か、$t_0 > t$）のとき、すなわち、ϕ $(df) = n - 1 = $「1, 2,... ～∞」に基づき、$p = 0.05$の場合だと、$|t_0| \geqq$「12.706, 4.303,... ～1.960」であれば「有意差あり」となる。実際には、得られた$|t_0|$の値を、t分布表での有意水準の確率$p = 0.05, 0.01, 0.001$での値と対照させながら有意差検定を行った。

　すなわち、上記したα（有意差）＝5％水準以外のケースを対象に自由度が$\phi = \infty$のケースを例にするならば、α（有意差）＝1％水準で$P_U = P_L = P/2 = 0.5$％、$|t_0| \geqq$

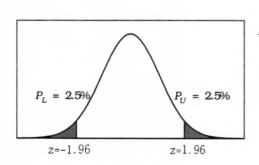

図a　両側検定での有意差確率
（前掲書＊83, 2001）

表3−1　t分布表の一部

ϕ (n−1)	両すその面積（確率P）		
	0.1	0.05	0.01
1	6.314	12.706	63.657
2	2.920	4.303	9.925
3	2.353	3.182	5.841
4	2.132	2.776	4.604
5	2.015	2.571	4.032
⋮	⋮	⋮	⋮
10	1.812	2.228	3.169
⋮	⋮	⋮	⋮
∞	1.645	1.960	2.576

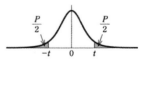

図表b　有意水準値を示すt分布表／自由度と確率
（大村『今日から使える統計解析』, 2019）

2.576 だし、 $\alpha = 0.1\%$ 水準で $P_U = P_L = P/2 = 0.05\%$, $|t_0| \geqq 3.291$ が「有意差あり」の判定基準となる。自由度ϕが他の場合なら、$\phi = n - 1$ でのt値以上の値になっているかどうかを、有意差の判定基準としていけばいいということになる。

*85 「火曜プール」は正式名は「社会保険センターのプール」。ただここで行う水泳教室は火曜日に行うので、いつしか「火曜プール」と呼ばれるようになっていった。

　　障がい児者にとって夏休みの水泳教室だけでは、水に慣れたり新たな泳ぎに習熟するのに十分な機会を提供できないので、温水プールで使用できるところを探していたところ、和歌山市内の社会保険センターで週のうち空いている時間帯があるということで借りて行うことにした。そのプールは長さ 15 m、横 8 m、深さ約 1 m。このプールは私たちが障がいのある子たちとともに泳いだり、指導したり、ともに学んだりする上ではとてもいいプール条件を備えていたと感謝している。とりわけ、私たちが泳いでいる姿を上から覗くことができて、ビデオ録画などもできることがとても良かった。

　　ここを使わせてもらえるようになったのは、和歌山大学附属小学校で体育関係の研究並びに授業担当をされていた宮崎弘志先生が社会保険センターの所長さんと懇意にされており、彼が私のことを紹介して下さったことで、即刻私たちの利用のご承諾を戴いたものであった。

*86 ヒューマンストローク：犬かき的泳ぎでのプル動作（さらに足のキック動作も含めて）を、もっとゆったりとした動作として発展させた泳ぎ方。プル動作としては左右交互に前方にも下方・後方にも手を伸ばしながらかき、足はクロール系へと結びつく「足の甲」でバタ足気味に水を押すもの（ヒューマンストローク）と、カエル足と関連のある足の裏で押すもの（アニマルストローク）、その他、平泳ぎ的プルで行うヒューマンストロークがあるようである（図 4-10 参照）。これらは「競技の始まる以前の平泳ぎ」とも言われる。YY2 の行ったタイプは一番上のもの。〈代表：岸野雄三『最新スポーツ大事典』，大修館書店，1987，p. 1060 参照〉。

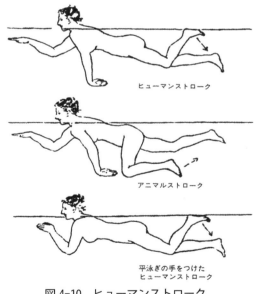

●競技のはじまる以前の平泳ぎ

ヒューマンストローク

アニマルストローク

平泳ぎの手をつけたヒューマンストローク

図 4-10　ヒューマンストローク

*87 TK には 400 m の泳ぎしか求めなかったけれども、この人はかなり肥満度も高く、潜ったり、浮き上がったりする技術が高く、1988 年の初回の遠泳においても安定した泳ぎを見せていた。ただ、90 年の心拍数測定をした時点で TK に来てもらった際には、400 m 以上の泳ぎの測定をする計画を立てていなかった。

　　SK の翌日、TS1 に来てもらった際に、彼の時間的余裕と彼の泳ぎの安定性から 800

m、また最終日、TS2 に来てもらった際には、彼が 50 m を過ぎたら、背泳ぎで長く泳いだこともあって、100 m を追加して 500 m を急遽泳いでもらうことにした。

*88　岩原信九郎著『推計学による新教育統計法〈第 38 版〉』，日本文化科学社，1980.；下記の X 列、Y 列間の相関係数公式に基づき、Excel の CORREL 関数で r を算出した。

$$r = \frac{n\sum XY - \sum X \sum Y}{\sqrt{n\sum X^2 - \left(\sum X\right)^2}\sqrt{n\sum Y^2 - \left(\sum Y\right)^2}}$$

*89　相関係数の有意性、回帰方程式における回帰係数と切片の有意性については次のような公式に従って算出された（前掲書 *83, pp. 193-197）。

相関係数の有意性は下記 $t_0 > t$（t 分布における $p = 0.05$ や $p = 0.01$ 等での自由度 $df = n - 2$ での t 値）により判定。回帰係数の有意性も $|t_0| \geqq t$ に従って判定（回帰方程式は $Y = aX + b$ で $t_a =$ 下記 t_0）。

$$t_0 = \frac{r}{\sigma_r} = \frac{r\sqrt{n-2}}{\sqrt{1-r^2}} \quad \left(\text{※ } \sigma_r = \sqrt{\frac{1-r^2}{n-2}}\right) \qquad \text{ⓐ} \ [t_a = t_0]$$

切片 b の有意性に関しては次のような公式により算出した。ただし、標本の大きさ（n）、標本平均（$\bar{X}_1$、$\bar{X}_2$）、標準偏差（$\bar{S}_1$、$\bar{S}_2$）、相関係数（r）とする。この場合、切片 b を u_b で標準化して t_b を求め（③）、その t_b が自由度 $df = n - 2$ の t 分布に従うものとして、t 分布における統計的確率で示された値（t_b）が $p = 0.05$ における t の値（t）に比べ、$|t_b| \geqq t$ ならば、切片 b の値が有意な差をもつと判定する。そのために、u_{yx}^2（①）と u_b^2（②）および t_b（③）を以下のように求める。

$$u_{yx}^2 = \frac{n(1-r^2)S_y^2}{n-2} \qquad \text{①}$$

$$u_b^2 = \frac{u_{yx}^2(S_x^2 + \bar{X}^2)}{nS_x^2} \qquad \text{②}$$

$$t_b = \frac{(b - \beta_0)}{u_b} \qquad \text{③}$$

ここで、$t_b = t_0$ であり、β_0 は比較したい値であり、一般に $\beta_0 = 0$ とする。

以上のⓐおよび①、②、③を各対象児ごとに算出し、各自の回帰係数（a）と切片（b）の有意性を算出していく。

*90　http://natsu-laboratory.com/corelation-coefficient/…《相関係数「$r = 0.453$」は相関の強さで言えば、「相関がある」となる。相関係数の目安の一般的基準として、「0〜0.2：相関なし」、「0.2〜0.4：弱い相関」、「0.4〜0.7：相関あり（中等度の相関）」、「0.7〜：強い相関」と区分されている。》

*91　$t_0 = 0.9269 < t = 2.447$（$p = 0.05$, $df = 6$）、$t_b = 1.533 < t = 2.447$（$p = 0.05$, $df = 6$）。∴相関係数、回帰係数、切片 b、すべてにおいて有意差なし。

*92　$t_0 = 0.6289 < t = 2.447$（$p = 0.05$, $df = 6$）、$t_b = 1.992 < t = 2.447$（$p = 0.05$, $df = 6$）。∴相関係数、回帰係数、切片 b、すべてにおいて有意差なし。

第5章

「障がい児者遠泳」による海での
泳力発達・発揮

—水慣れした子どもたち対象の取り組みを中心にして—

障がいをもつ人たちに遠泳を行ってみようとするきっかけは何よりも、和歌山大学の体育専攻の学生たちに 1987 年、日高町の海（小杭湾）で遠泳を実施するようになったことが直接的な誘因になっている。

　障がい児の遠泳は、その 1987 年の夏休みが終わろうとするとき、大学生が合宿遠泳をしたその同じ施設、「堺市立日高少年自然の家」に 1 泊 2 日の遠泳合宿を開始できることとなった。時期は、夏休みの終わり頃にあたる 8 月 30 日〜31 日である。

　これまでの章（第 1 章や第 3 章など）にみたとおり、和歌山大学が新校舎に移転した 1986 年の夏以降、和歌山大学の新しい 50 m プールにおいて、使用日程の空いた時期を見計らって水泳指導を数日間行うことにより、かなり長距離の泳ぎの練習も可能となる子どもたちが出てきた。そこでまず、その成果をさらに広げる最初の試みとして、同年夏休みの最終日程で遠泳実施の予定を組んだのである。

　ところが、その年の夏休みの終わりに台風接近と重なってしまい、結局障がい児の遠泳はその翌年、1988 年の同時期からの実施となった。もちろんこうした取り組みが可能になったのは、付き添ってくれる泳ぎの堪能な学生リーダーたちが存在したことと、実施の機会を提供してくださった堺市立日高少年自然の家のご厚意並びに私自身の幼な友達の鈴木良次さんという方がその施設の職員をされていて強力な支援者となってくれたことが、本企画実現への大きな原動力となっている。その他、地元の漁師さんも積極的に伴走船を出して協力をしてくれる体制がとれたことが大きな要因である。

　この章では遠泳を実施して障がいのある子たちがどのようにして背の立たない海で泳げていったかを詳述したい。とりわけプールで一定の長距離（50 m〜100 m、さらに 200 m〜400 m 程度の距離）を泳げるようになった子たちが、深い海、さらに波や多少潮流などもある海において、どのように遠泳における泳ぎを獲得・変化させていったかについて示すことができればと考えている。

　まずは 88 年の初めて遠泳に取り組んだときの参加者たちの泳ぎの様子（第 1 節）、続いて 96 年に 10 年ほどの期間の中で遠泳において見られた障がい児者の泳ぎ自体における成長・変化などを成果として確認してみたい（第 2 節：学会発表論文をもとに）。さらに（第 3 節）遠泳を始めて 20 年以上を経た、私自身が和歌山大学教員としての最後の年（2012 年）での遠泳の実施の姿を、学生リーダーによる運営、参加者たちの泳ぎ等についての観察・感想をもとにみてみるとともに、遠泳合宿に同伴し、この遠泳実施そのものを支えてくれた親御さんたちの感想を紹介し、遠泳合宿をしてきたことが障がいのある子どもたち（成人の人たちも含む）の成長にどのように反映しているのかについて紹介できればと思う。

第1節　初回遠泳（1988年）の実施から

1　はじめに

　1986年の夏休みから現在の和歌山大学（以下、和大）の栄谷の学舎に50mのプールが設置され、まだ大学の水泳部は旧経済学部のあった学舎のプールを練習の本拠地としていたので、その新プールにおいて障がい児で泳げる人たちを中心に50mプールでの泳ぎおよび水中映像を撮影できる場所などもあって、障がい児の泳ぎの水中映像なども収録できる状況にあった。そうした中で子どもたちが練習することにより、泳ぎも50mを単位とした長い距離を泳ぐ機会が生まれ、夏休みのひとときでの2～3日の泳ぎの練習によっても彼らがかなり長く泳ぐ体験ができるようになり、100m以上の距離を続けて泳がせる機会も生まれた。

　そうすると、それまでは25m～50mの継続泳ぎから50m～100m、それに続けて100m～200mの継続泳ぎを課題として泳ぐ機会が生まれたので、彼らが取り組める泳ぎとしては、速く泳いだり、いくつかの種目の泳ぎに挑戦させたりするよりも、海などの状況において長くゆっくりとした泳ぎへと発展させていくことが、知的な障がいのある人たちにとっての現実的に達成しやすい泳ぎ文化を形成していきやすいのではないかと考えられた。この方が、彼ら自身の命を守ることにも繋がり、水泳が人生での楽しみの享受へと発展させていきやすいのではないか。そう考えた。

　すなわち、輪くぐりをきっかけに覚えたドル平的泳ぎにより、長い距離をゆっくりと泳げることが他の課題（速く泳ぐことや他種目の泳ぎの習得）に挑戦させていくことよりも第一に重要かつ実現可能な課題であると考えた。このことが障がい児遠泳の実施を行っていくことに容易に結びついたのである。

　この理由は、私自身の一般体育における水泳授業での取り組みにおいてプールで長い距離の泳ぎに挑戦させていくこと[*65]や、さらに体育専攻生への指導においてドル平の指導によって海での遠泳を学ばせていくと、ごく自然な水泳における安全性の確保ができること。しかもこのロングに泳げるということを通じて、他種目の近代泳法を学んでいく際にも重要な基礎的・基本的過程となると考えることができたこと。そして障がい児の場合、一般学生や体育専攻学生が習得するドル平のフォームで泳ぐところまでには至っていないけれども、息つぎをすること、グライドで水中に潜っていき、うねり動作を使って浮き上がってくることなどの基本動作は内包されているので、サポートして一緒に泳ぐリーダーさえいれば、遠泳の実施は可能ではないかと考えた。

2　1日目（8月30日）の実施の状況

午前10時過ぎ、和大附属小集合・出発
　　　12時30分、小杭・日高少年自然の家着
　　　　午後2時、海に下りる

1）安全範囲として日高少年自然の家が張っているロープ内で泳ぐ

　子どもたちは潜ったり水面に顔を出したりして遊びながらこちら（総合リーダーの原＝私）が指示し泳ぐところまでついてくる。KSくんも八角淳リーダー（八角L）に付き添われてついてきた。八角Lは「よーし、よーし、いいぞ。KSちゃん！」と言っていた。

2）波止場近くの船まで一往復

　伴走の船が1艘ついて、出発。しかし、KSくんは行くのを拒み出す。何度か誘ったがダメだった。私が沖に出ると、KSは水辺まで入ってきて遊ぶが、誘うと逃げるということを繰り返していた。

　木下正和リーダー（木下L）が先頭を泳ぐ。その後に、TS2くん、TS1くん、ATくん、TKくん、そしてHHくんの順に出発させるが、TKくんを除く他のメンバーは、バラバラになりながらも木下Lの後を追って付いていく。

　TKくんも「この世の春」といったうれしそうな顔をし、潜ったり足を海底に着いたりしながら、私が彼の少し前の方を行くと、それなりに追ってくる。途中で八角LとTKに付くのを私と交代し、私は泳ぐ集団を追って泳ぎ、そこに追いついた。

　そのときには、TS2くんやHHくんはもう既に左側の浜の方に泳ぎ着こうとしていた。

　他のメンバーは木下Lの後に付いて、図5-2-1（p. 180）の波止場*93寄りで、沖の方に浮かんで当初目標としていた船よりもこちら側手前にブイが浮かんでおり、そのブイの所で回って引き返すことにした。TS2くんもHHくんも付いてきた。

　引き返すべき目標（出発した浜の方に帰る途中に浮かんでいた船）を指示すると、TS2くんは速いスピードでそちらに泳いでいった。TS2はかなりしんどそうだった（実際「しんどい」と言っていた）。だから、指示された船に向かって泳いだ後、そのまま、今の泳ぎのためにスタートした地点（陸＝浜）に着いて少しの間その浜に寝そべっていた。

　HHくんは海の上で私の肩につかまって休んでから、水中メガネを外して、再び指示された目標＝船、そしてその後、陸に向かって泳いでいった。

　TKくんは八角Lに付き添われ、私を目印に泳いできた。

　TS1くんの近くを石津乃宣リーダー（石津L）が泳ぎ、TS1は（安心してとでも言えばいいのか）、潜ったりすることを楽しみながら泳いだ。

AT くんも、目標の船を教えてからは、そちらを向いて一人で泳いでいった（先に、TS2 に付き添っていた木下 L が、TS2 が浜に上がってから AT が急いで船に行きついたので、痙攣ᵏᵉⁱⁱʳᵉⁿはしないかと心配し AT のもとに泳いで AT に付き添って無事 AT が浜に上がるのを見届けた）。…このことを書いているときに、木下 L は夜の感想文書きの途中でうたた寝してしまった（誠に疲れた障がい児遠泳初日の様子だった）。

3　遠泳実施本番～子どもたちの泳ぎの様子～

1）遠泳本番における泳ぎ行動～時間的経過の中で～

　スタートに至る前からの時間経過と子どもたちの泳ぎにおける行動の姿等を見ていく。
《まず出発前、海のコースを見渡せる位置から》
　出発前の様子（コースの説明と心構えなどを確認しているところ：写真 5-1-①；以下①、②、…ⓝと、最後の①～ⓝの記号・文字のみを表記する）。

0：00〔時間計測の出発点〕　浜に下りて体操をした後、原は乗船し、船を操縦してくれる人やビデオを撮ってくれる人たちにこれからの進め方等の確認を始めた時が計測時計のスタート。

1：21〔1分 21 秒のこと：以下このように表記〕　総合リーダーの原は船に乗っていたが、一度船から下りる。

3：15　KS（コウちゃん）を船に乗せる（昨日、深いところに泳いでいくのを取りやめたので）。

4：30　スタート直前（海での整列の後）。

5：15　出発した後の様子（②）。

写真 5-1-①　出発前の様子

写真 5-1-②　原を先頭（左から 3 人目）に先導船を追って泳ぎ出したところ。原の右隣に TS2（タカちゃん）が続き、左隣に HH（ヒロくん）、その後に AT（アッちゃん）と TK（K タカシくん）、この映像の最後尾（右から 2 番目）に TS1（トシオくん）がいる。

6：55　TS2（タカちゃん）、そして HH（ヒロくん）も原に、後ろから抱きつく（③）。

8：50　タカちゃんとヒロくんはまだ絡みついている。特にタカちゃんは盛んに絡みついている（④）。

写真 5-1-③　タカちゃんとヒロくんが原にしがみ付いているところ。

写真 5-1-④　特にタカちゃんは盛んに絡みついている。八角 L がそれを制止しに近づく（左、写真 5-1-③の 3 人の固まりの右上の人）。

10：13　TS1（トシオくん）もしんどそう（木下 L がサポート：出発後すぐにそうなる）。
　　　およびTK（K タカシくん）も遊びながら来ている（立ち泳ぎをしたりして）：タカシくんには石津 L が付いている。

写真 5-1-⑤　タカちゃん、原にだっこ。原は沈み、八角 L が止めに入っている。

11：25　タカちゃん、原にまた覆いかぶさる（⑤：タカちゃん、背中よりおぶさり、原は息つぎを兼ねて水中に少し潜っている。八角 L にそのしがみ付く行為をしっかりと制止され、この後⑦のように泳ぎ始める）。

12：14　トシオくん、一人遅れる（トイレを催し、みんなが泳ぐ後方に下がって用足しに行く。木下 L が付いていく）。

写真 5-1-⑥　トシオくん、用を足し、急ぎ戻ってくるところ。

12：49　トシオくん、みんなに追いつこうと、速く泳ぎ始める（木下 L がずっとサポート：⑥）。

13：46　タカちゃんを一人で泳がせようと試みる（このとき、原はタカちゃん、ヒロくんのそれぞれ片方の手を握っている：⑦）。

写真 5-1-⑦　タカちゃんとヒロくんの 2 人を泳がせにかかるところ。

原はタカちゃんとヒロくんを泳がせていくに当たり、特にタカちゃんに対して「顔を
つけたら浮いてくる」、「もっとお休み！」「顔、つけて！」等々と、絶えず声かけしな
がら泳ぎを持続させていく。

　しかしタカちゃんがやはりしんどくなった際には、原の体を休憩場としてつかまらせ
てやりながらしばらく進んでいく。船の櫓（ろ）を漕（こ）いでいる自然の家の職員さんからも「タ
カちゃん、昨日がんばっとったのに今日はアカンヤンか（ハハハ）」等と言われながら
の時間でもあった。

　一方ヒロくんは、他の人の様子も見たりしつつ、タカちゃん、原にくっついて、顔を
つけたり上げたりしながらしっかりと付いていく。

　この間、原は、タカちゃんおよびヒロくんに顔をつけて下を見て浮くように指示しな
がら対処し、進んでいく。

16：00　トシオくんは泳ぐけれどもしんどいのか、木下Ｌがピッタリと寄り添って泳
　　　　いでいる（⑥のときよりも後方からいつでも補助できるような距離を保ちつつ）。

　　　　またタカシくんは相変わらず、遊びながら付いてきている（⑧、⑨）。

写真 5-1-⑧　顔をつけ遊びながら泳いでいるＫタカシくんを見守る石津Ｌ。

写真 5-1-⑨　⑧の後、水中に逆立ちし潜るＫタカシくんを見守る石津Ｌ。

18：20　トシオくんは、⑥（前頁）のように木下Ｌに付き添われて、みんなを追いか
　　　　ける中、泳ぎはリズミカルになっていく。

18：30　亀ちゃんＬ（中村育子リーダーのこと）、タカちゃん、ヒロくんの補助に入り、
　　　　比較的独立して泳いでいたヒロくんを彼女に預け、原はタカちゃんの休憩場になった
　　　　りしつつ、亀ちゃんＬ－ヒロくんペア、タカちゃん－原ペアが先頭集団を形成してい
　　　　た。

19：34　タカちゃんは白いブイを回ればいいことを了解すると突然、そのブイに見る見るうちに近づき（⑩）、そのまますぐに先頭に立って泳いでいく（⑪）。

写真 5-1-⑩　白いブイを回ることがまず目標として定まり、そこを回ろうと急ぐタカちゃん（ブイの左隣＝亀ちゃん L、あと順にタカちゃん、ヒロくん、原と続く）。

写真 5-1-⑪　白いブイを回るとグイグイとスピードアップし進むタカちゃん。

20：20　タカちゃんは盛んにみんなに、ゆっくり泳ぐように指示される（そばに付いた亀ちゃん L はじめ、船に乗っている自然の家の人たちみんなから）。

20：40　タカちゃん、疲れたのか、ゆっくりとした動作、背浮きになったりして休みながら泳ぐ（⑫）。

21：05　タカちゃん、「どこまで？」（どこまで泳ぐの？の意味）と聞き、亀ちゃん L に抱きついたりして休む（⑬）。

写真 5-1-⑫　背浮きキック＆プルをして休むタカちゃん。

22：38　原は HH（ヒロくん）に、「1、2、3、パー」のお休み（顔つけて：⑭）～呼吸（パー；水上で息を吐き・反動で吸う：⑮）のかけ声をかけ、そのかけ声に応えて、お休みと息つぎを一生懸命行っているヒロくん。

　　タカちゃん、がんばって泳いでいる。亀ちゃん L に「バッチャン！」「お顔つけてー・お休み」「パー（呼吸のこと）」と声かけしてもらいながら、水中への潜り・顔つけ、お休み、呼吸（息つぎ）を順次行っていく（⑯、⑰）。

写真 5-1-⑬　「どこまで？」と尋ねている（もうヒロくんとはかなり開く）。先導船の後を泳いでいる。

写真 5-1-⑭　ヒロくん、右横の原に声をかけられ顔を水につけ、がまん（1、2くらいまで待つ）。

写真 5-1-⑮　原のかけ声に反応し顔を上げて、「パー」と口を開く前の状態（顔は少し上向き気味）。

写真 5-1-⑯　「バッチャン」、「お顔つけてー、お休みー」と亀ちゃんL。

写真 5-1-⑰　（「お休み」〜）「パー（呼吸）」の亀ちゃんLのかけ声にピタリとリズムが合う。

　ヒロくんも、ドルフィンを利用し、規則的に顔を出し（呼吸し）、ゆっくりしたペースでの泳ぎになってきている。

25：51　ヒロくんは、左右交互に腕をかき（犬かきをゆっくりしたヒューマンストローク泳ぎで）、横泳ぎ模様に顔を出し、ゆっくりと泳げてきている（⑱、⑲）。

写真 5-1-⑱　「顔つけて」「1、2、3ー、」と原がヒロくんにかけ声をかける。

写真 5-1-⑲　（「2、3ー」）の間で顔を出して、少し早めに息つぎをするヒロくん。

　ただし⑱〜⑲に示すように、呼吸をする際に顔を上げるのが少し早く、十分な息つぎができていない。しかし⑭〜⑮の時点で泳いでいた泳ぎ方に比べれば、かなりゆっくりとしたリズムおよび、ゆったりとした泳ぎ方で泳げるようになっていることが分かる。

26：30　トシオくん、ゆったりと木下Ｌの指示（声かけ）に従い泳げている（潜って脚がよく伸びているし：⑳）、顔を上げて息つぎがしっかりとできている：㉑）。

写真 5-1-⑳　潜ってお休みがよくできている。

写真 5-1-㉑　「パー」としっかり口を開け呼吸。

27：30　TK（Ｋタカシくん）、ゆっくりと立ち泳ぎ気味に泳いでいる（顔を水につけなくても浮いていられる）。彼はよく肥えているので、特に海の塩ではむしろ p. 169 の⑨のように、彼自身の遊び心で逆立ちするようにしながら水中に深く潜ったりしないと、潜りを使っての泳ぎで進んでいくのがかえってしんどいのかもしれない（㉒、㉓）。

写真 5-1-㉒　⑨のように潜らないときは悠然と顔が出ているＫタカシくん。

写真 5-1-㉓　㉒よりも少し体が浮いて息つぎをしているのかも、Ｋタカシくん。

30：20　AT（アッちゃん）は独自にゆったりと泳いでみんなの行くところに付いてきていたが、顔上げ泳ぎでゆっくりとヒロくんに迫り、一緒に泳いでいく（アッちゃんには八角Ｌが付いていたが、原がKS（コウちゃん）を船から降ろし、彼を泳がせるために離れたのでヒロくんにアッちゃん－八角Ｌペアが合流する形となった：㉔）。なお、アッちゃんは平泳ぎ（かえる足キックを使って）で泳ぐ人なので、顔を上げて泳ぐことがむしろ普段の泳ぎ方。

写真 5-1-㉔　原と泳いでいたヒロくんに八角Ｌとアッちゃん（右端）が追いつく形で合流し泳ぐ。

写真 5-1-㉕　先頭で最終コーナー（亀ちゃん L とタカちゃんの間の白いブイ＝③地点：p. 180 図 5-2-1 参照）を回り、元のスタート地点をめざすタカちゃん。最後はめでたしめでたしの初遠泳だった。

写真 5-1-㉖　ずっと船で遠泳に参加のコウちゃん（KS）、やっと海に入れる瞬間。

32：37　タカちゃんは最終目標に向かって泳ぐ（㉕）。

32：50　原、コウちゃんを船から降ろす（㉖）。

　　待ちわびて、リーダー原の指示に対応して、船から下り、救命ジャケットを脱ぎ、その後少し間をおいて、喜々としてバタ足で進んだり、そのまま深い水底に脚から沈んだりして泳ぐ楽しさ満喫のコウちゃん（㉗）。

写真 5-1-㉗　海に入ったときはライフジャケットも着ていたが、やがてそれを脱ぎ、顔をつけて喜々として泳ぐコウちゃん。

　以上、1988 年 8 月 31 日、晴天下での障がい児水泳約 35 分の初遠泳だった。この遠泳はいつしか、後に「ドルフィン遠泳」と参加者の総意で名づけられた。

　以下、各リーダーの人から、総計 35 分間に亘る各泳者の泳ぎドラマの（他の行動も含めた）様子を語ってもらおう。

２）各担当リーダーから見た遠泳本番時における子どもたちの泳ぎの様子
（１）トシオくん（TS1）：17 歳男性〈記録者：木下正和（和歌山大学保健体育専攻学生）〉
　出発後しばらくして、小便がしたくなり、浜に戻ろうとしたが、その場でしてもらい、再び泳ぎ出す。
　その間、かなりみんなと間隔が開いたので、彼は追いつこうと必死だった。
　「ゆっくり、ゆっくり！」と繰り返し彼に言った。みんなに追いついてからも、休む泳ぎができない。このままでは最後までもたないだろうと思った。かなり疲労が見られる。自分は救命具の笛を取りだし、いつでも船が呼べるように用意した。
　しかし、彼の泳ぎは変わった。足のキックが緩やかになった。水に沈んでいる時間が長く

なった。息づかいもゆるやかで、一定のリズムがある。疲れてどうしようもなくなって、突破があった。自分もうれしくなってきた。

「最後まで行け」、「がんばれ！」。ようやく浜に辿り着き、「よくやったね。おめでとう」と言うと、彼も「おめでとう」と言い返した。

その後、自由遊泳のときのトシオくんの積極的に泳ぐ姿を見ていると、すごく楽しそうで、何か変わったのではないかと期待している。今日の最後まで泳ぎ切ったことに自信を持って、日常生活にも生かして欲しい。自分自身もいい勉強をさせてもらいました。ありがとう。

（2）アッちゃん（AT）：18歳男性〈記録者：八角淳（和歌山大学障害児教育専攻学生）〉

《1988年8月31日日記》　泳ぎ始めは、嫌がるわけでもなく素直に泳ぎ始めた。背の立たない深さになると、立ち泳ぎとなった。

泳ぎ始めて、20m〜50mくらいになると、苦しそうな表情になり、こちらをチラチラ見るようになった。この間の泳ぎ方は、右手首から上を水上に出し、左手で水をかき、足は横泳ぎの挟み足であった。この時点では先頭の原先生・タカちゃん（TS2）・ヒロくん（HH）からは50m、トシオくん・木下Lとは15m離れて並列、後方15m離れてタカシ（TK）・石津Lという陣形であった。

泳ぎ始めてから200mくらいになると、表情に余裕が見られ始めた。この時点でもまだ流れに押し戻され気味ではあったが、泳ぎ方は平泳ぎに近くなってきた。泳ぎの間にとる休憩の仕方は、初めのうちは立ち泳ぎであったが、次第にあふり足はしなくなり、立ったまま顔を上に向け、耳までつかった姿勢でただ立って浮いているのみであった。

泳ぎは結構効率よく進む平泳ぎで、時々顔を水につけるが、半分以上は顔を出していた。

1回目のブイで右折した後は、余裕が出てきて、ある程度ピッチは上がった。

泳ぎ終わっても、まだあと1回は同じくらい泳げるほど余裕があった。

（3）Kタカシくん（TK）：16歳男性〈記録者：石津乃宣（和歌山大学障害児教育専攻学生）〉

《タカシくんについて》　先頭を行く予定にもかかわらず、大きく遅れて、ほとんど最後尾を泳いでいた。予定のコース通りにはなかなか泳がずに、沖へ沖へと心なしか、出ようとしているように思えた。

ほとんどが立ち泳ぎで進んでいて、時折顔をつけて、ドル平で2、3回息つぎをして進んでいた。また時々、深く潜ったりしていた。自分のペースをかたくなに守って、いくら急がせても、とうとう先頭に達することはなく、ゆったりとしたペースだった。特に危なく感じたり、しんどそうにしている様子もなく、順調だったと思う（時折、背泳ぎをしていた）。

帽子がうっとうしいようで、2回ほど脱いだ。

（4-1）タカちゃん（TS2）：15歳男性〈記録者：原通範（和歌山大学教員）〉

　タカちゃんは50mほど泳ぐと、しんどくなったのか、すぐに私につかまりに来た。目標が分かりにくいということがあったのかもしれないが、「どこへ行くの？」と言いながら、私の肩や首に両手でつかまりに来た。だから私には、とにかく、この50mほどで相当息づかいが激しく、第1のしんどさのラッシュに来ていると感じられた。

　とにかく、そのときの彼の泳ぎには全くお休みグライドがない。キックして手をかくと、そのまま顔を上げているか、たとえ顔を水につけたとしても一瞬で、すぐに頭を起こすので、疲れが蓄積しているようだった。

　ただ、背浮き姿勢をとらせたとき顔を上げていたので、額を水につけることをしきりに注意したら、そのうち仰向きでリラックスでき始めたようだ。そうこうするうちに、亀ちゃんL（中村育子先生）が助っ人に来てくれて、船のそばの第1ブイ（白いブイ）を曲がったところから、「あっちの方（岩場）」へ行くことが分かると、顔をつけ、比較的リラックスしたスピードのある泳ぎで、私とヒロくんから離れていった。後ろから見ると、かなり安定して②の地点（p.180の図5-2-1の1988～89の②）を泳いでいたようだった。

（4-2）タカちゃん（TS2）（図5-2-1の地点②～③において）〈記録者：中村育子（県立学校教員）〉

　時々手をつないで休憩しながら泳ぐ。前の方に目標がないので、途中で、「どこまで行ったら終わり？」と尋ねてくる。岩の所ということで目標がはっきりすると、どんどん泳ぎ出す。

　途中、何回も「待って！」と言って待ってもらったため、大変しんどい思いをさせた。「休憩」と言って手を出すと、手をとり、休む。そのとき初めは、全く休憩といった感じで両手をもってしがみつかれたが、「離して」という指示がすぐに通り、片手を添えるだけでよかった。

　泳ぎを止めずにいると、自分でどんどん進み、時折、顔をつけるように言うと、しっかりと顔をつけて泳ぐ。しばらく泳ぐと、自分で腹を上に向けて泳いだりしていた。そばで見ていると、うまく休憩しているように見えた（しかし、手や足の動きは止まりませんが…）。

　地点②→③へ行くときに、「岩まで」と言っていたのを、急に浜辺の方（地点③）に変更したが、スムーズに応じることができた。ここから先は、ほとんど自分のペースで泳ぐ。スピードもアップし、非常に楽そうに泳いでいた。このときも、時々腹を上に向けたりしていた。

（5）ヒロくん（HH）：13歳男性〈記録者：原通範〉

　ヒロくんは、①の地点に向かっての泳ぎではタカちゃんと2人で先頭で泳いだ。しかしまだいくばくもしないうちに、タカちゃんがしんどくなり、私の肩につかまりにくることに誘われてか、それともタカちゃんのように目標が不明確とのことからだったのか、タカちゃんとともに、しんどそうにつかまりにくることがあった。しかし、2人の

手を握って、「お休み」「パー（息つぎ）」と誘導すると、少しお休みもとれ、自力で泳ぎだした。

　地点①に入るとき、亀ちゃんＬが後ろから来て、タカちゃんが彼女に付いていった。そのあとすぐに、ヒロくんをマンツーマンで指導しながら、彼の横に付いて泳いだ。

　ヒロくんは、キックのあと潜ってもすぐに頭を起こす習慣があるようで、私が後ろで彼の足を私の腹に当てさせ、キックさせて、「１、２、３」と声かけをし、潜って蹴伸びをとらせたり、私が彼の顔の下に手を持っていき、「これを見ろ」と言って誘導すると、顔を下に向けて少しお休みがとれだした。

　地点②の最後頃、ヒロくんが、こうしたお休みを使った泳ぎを何とか適当に入れながら泳ぎだし、浜にもかなり近づいたので、八角Ｌに、アッちゃんと一緒に見てもらうことにし、私はコウちゃん（KS）を泳がせ、指導していった。

（6）コウちゃん（KS）：16歳男性〈記録者：原通範〉

　地点②の最後頃、ヒロくんを八角Ｌにまかせたので、コウちゃんの乗っていた最後尾の船に近づき、まず救命具を着けさせたまま、彼を水に入れた。水に入ることを少し戸惑っていたようだが、足を船から外し、そのまま飛び込ませた。

　救命具を着けて、最初はじっと浮いていたが、そのうち、伏し浮きをし、顔をつけたり、上げたり（目をパチクリとし、そしてこする等）をしてから、沖の方に向けて、いつもの彼の動作で、ドルフィン・グライドのように頭と胴体をくねらせたり、またしゃくり動作も使ったりしながら進んでいった。

　それで、どうやら水を怖がったりする様子はないので、救命具を外させて、泳がせてみた。

　いつもの調子で、いつもの泳ぐことをやって、底にいったん足を着けようと、足を下に向けて立った姿勢のまま水中に沈んだけれども、深い海なので沈んだ反動で水面に浮上してきた。やはりいつも（のプール）と勝手が違うのか、急激な振幅動作（しゃくり、手足もバタバタと動かせるような動作）を２、３回繰り返し、息つぎはほとんどできていないながらも、潜ったあと呼吸することを２、３回繰り返していた。おそらく息つぎは不十分なままだ。こちらも少しそれが心配で、軽く手を出すと、すぐにつかまりに来た。

　でも少しつかまると、また自力で、しゃくりキックか、ゆったりとしたキック・グライドを行って、５ｍ～６ｍ進むということを繰り返していると、潜ると足が着くところまで進んできた。

　その後は、彼特有のプールでの遊びに似た動作（沈んでは底に足を着き、水面に蹴伸び・浮上）を繰り返し、浅瀬まで、底に足を着きながらの、底蹴りキック・グライドで浜に着いてしまった（余裕があったらもっと泳がせてもよかったと反省している）。

（7）【初めての遠泳の実施体験を経て】

　以上、6人の子どもの各リーダーによって、担当した子どもがどのように、遠泳本番を泳いだのかについての具体的様子を把握することができた。

　総じて、プールではよく泳げるようになっていたトシオくん（TS1）、Kタカシくん（TK）、アッちゃん（AT）はじめ、泳ぎのセンスというか、水の中をドルフィンをしながら・身体体幹をうねらすグライドのうまいタカちゃん（TS2）、プールの中では犬かき模様の忙しい泳ぎで多少不安を感じさせていたヒロくん（HH）の泳ぎなどで、深い海の中で、しかも遠くの目標というか、目印を定めにくく目標がはっきりしない中を泳ぐ中で、そばに付いているリーダーのサポートをしっかりと受けながら、泳ぐにつれて、海の中を次第に楽に進んでいける力を引き出せることがよく分かった。

　それは、前日の泳ぎにおいては、深いところには怖さを感じたのか、泳ぐことを拒否してしまったコウちゃん（KS）は、みんなが泳ぐ姿を船の上で暑い中ずっと、目にしていたことからなのか、誘い出すと深い海に飛び込んで、その海の中で徐々に彼の持っている泳ぎの可能性が引き出されていく様子をしっかりと認めることができた。

　このように、遠泳は、障がいのある人たちにとって、付き添ってくれるリーダーや船でサポートしてくれて安全を確保してくれる人々の援助体制さえ整えることができれば、泳ぎの力を一段と育ててくれる場であるということが分かった。

第2節　遠泳の初期9年間（1988年～1996年）により得られた成果と課題の分析

―学会発表論文[*94] の整理と加筆から―

　第1節に示したように、1988年に開始した遠泳での成果により、毎年学校の夏休みの最後に図5-2-1に示す和歌山県内日高町志賀・小杭にある堺市立日高少年自然の家に一泊合宿で遠泳に出かけるようになり、約10年近く経った1996年に学会報告として発表し、それを一定の論文にまとめた。それをここに整理・引用し、遠泳指導の意義について述べることにする。

1　序論

　これまで、発達障がい児のプールにおける水泳指導や彼らの泳ぎの特徴についていくつか研究報告を行ってきた[*95]。それに加えて発達障がい児の泳力発達に関する実践研

究での一定の整理を学会報告[*96] として発表もしてきた。しかし、障がい児の遠泳指導に関する学会報告・発表は一度も行ってこなかった。

　そこで、先述した第1節（1988年）で見たように障がい児者に対して遠泳を実施したことで得られる水泳指導としての成果には相当に価値ある内容が含まれており、約10年近い中で得た成果を学会報告した論文[*94] をもとに整理しておきたい。

1）遠泳を手がけた経緯と研究動機

　第1節のはじめに記したことと一部重複するが、障がい児遠泳を手がけるに至った主な動機を示すと次のようである。

①プールにおいてかなりの距離を継続して泳げるようになっていた障がいのある子どもたちが、背の立たない深い海においてどのくらい継続して泳げる力があるのかを確認すること。これはひいては彼らが概ね1000m程度かそれ以上の長距離を泳ぐためのリラックスした泳ぎ方（お休み動作を取り入れた泳ぎ方）を体得する契機を導くことに繋がればとの思いからであった。

　というのは、プールにおいては、彼ら自身は1呼吸の間に2回以上足をキックし、必ず、顔を水中に潜らせるときと水上に顔を出し呼吸するときの最低2回はプルしながら泳いでしまう泳ぎ方を変えることなく行っている。そしてしんどくなれば、軽くプールの底に足をつくことによってしんどいその場を逃れる。そのような泳ぎ方を改善するきっかけは深い海でないとできないのではないか。そのように考えたからである。

②これまで、プールにおいて5m〜6m以上継続して泳ぐことをしようとしなかった子どもに、1988年初年度におけるコウちゃん（KS）のように、呼吸後に深い海に立ったまま底に足をつけようと潜ることでそのあと浮き上がってきて顔をつけて水中に潜り込みながら、一定の距離を泳ぎ、その間息つぎを数回行いながら進んでいたように、プールではどうしても足がつくので息つぎを覚えるきっかけをつかませられなかった。しかし、海ではそうした息つぎを教えるきっかけを作れないだろうか？　こうした動機が第2点としてあった。

③また、顔を水につけるのが怖く、なかなか泳ぎへと結びつく動機を形成しにくい子どもに対して、浜辺や波打ち際の浅瀬で友やリーダーと遊ぶ中で、水と戯れる楽しさや学びのきっかけを作れないだろうか？　海はプールよりも水に慣れる豊かな機会が用意されていて、それらをうまく活用できれば、プールに戻ってからの水慣れや泳ぎへの大きな原動力とすることができるのではないか。これが3番目の動機である。

　こうした3点の動機を携えて、一泊合宿で2日間を、リーダーや他の子どもたちや親

御さんたちとともに生活をする中で、水との触れあい、ともに同じ浜で、そして海で泳ぐこと、海浜での互いに触れ合える楽しい遊びを通じ、海でのひとときを過ごすことで、水との遊びや泳ぐことに対する豊かな価値形成を図れないか。このような動機が、障がい児遠泳を続けていく根底にあった。

2）研究目的

知的な発達障がいのある人々（知的・発達障がい児者：ここでは総称して「知的・発達障がい児」と呼んでおこう）が遠泳に取り組むことによって、水泳の技能・能力をどのように伸ばしていけるか、また水泳の技能形成上どのような点に制約が残るのかを確認し、遠泳を行うことが知的・発達障がい児の発達に対してもつ効果と課題について検討を試みることが本研究の目的である。

今回は知的・発達障がい児の遠泳指導の実状を、主として担当リーダーの記録をもとに、複数年参加した子どもについて示し、中でも1988年よりずっと参加している自閉症を発症しているTS2（タカちゃん）のケースに基づいて、知的・発達障がい児の泳ぎや遠泳中の行動について明らかにする。

なお本研究で「知的・発達障がい児」とは、社会において組織的・制度的に教育上の特別な援助体制を設けなければ、特に知的機能面での発達に重篤な障がいが残る子どもを指して使っている。また、対象児のうちの数名は年齢が20歳を超えてからも参加しているが、泳ぎの学習・訓練に参加したときは子どもであり、遠泳も18歳に満たない時期に開始しているので、知的・発達障がい児と総称している。

2 遠泳指導の実状、指導体制・指導の手続き

1）1988年から1996年の実施概要（主に、参加人数状況と遠泳コースを例に）

表5-2-1に各年度の参加数状況を示している（合わせて、障がい児の兄弟姉妹やリーダーの参加状況も示している。ただし、親御さんは各障がい児に1人が同伴してきているが、表には示していない）。

表 5-2-1　障がい児遠泳の参加状況（1988〜1996）

開催年度	1988年	1989年	1990年	1991年	1992年	1993年	1994年	1995年	1996年
障がい児者	6	16(5)	15(12)	13(9)	11(10)	12(9)	13(7)	12(7)	17(11)
兄弟姉妹	0	4	3(3)	0	0	2	0	5	6(4)
リーダー	5	20(2)	20(5)	14(5)	13(6)	16(6)	13(6)	18(6)	27(11)

＊（　）は各開催年毎に、それ以前の開催年から継続して参加している人数

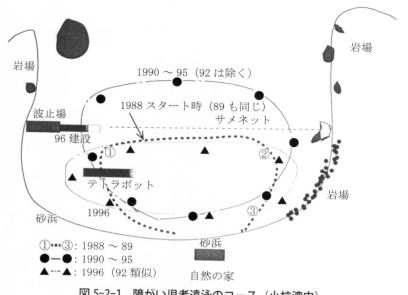

図 5-2-1　障がい児者遠泳のコース（小杭湾内）

　初年度の 1988 年を除き、ほぼ 2 桁台の参加人数で推移している。89 年、90 年頃は
プールで泳ぐことができるようになる障がい児が増加していたときであり、88 年にお
ける遠泳の成果の影響もあり参加人数が多くなっている。その後、92 年は瀬戸内海で
愛媛県のダイバーがサメに襲われる事件が発生したことが影響して参加人数が僅かに
減っている。そして翌年より再び新たな参加者が増加（兄弟姉妹ともに増加）し、96
年は特に新たな参加者が増えたというわけではないけれどもそれまで参加していた人た
ちが揃って参加するといった状況ともなり、障がい児で 17 名の参加と充実してきてい
る（pp. 186-187 表 5-2-2 も参照）。

　なお、92 年のサメ騒動に合わせてサメ防御ネットを波止場から岩場にかけて一直線
に張ったことで、96 年以降はサメネットより浜側にコースを設定して実施している（図
5-2-1）。

２）指導・支援体制

（１）マンツーマン方式：初年度 1988 年はリーダーの数が 1 名足りない状態で実施し
て、途中泳ぐことに不安を感じた子どもがリーダーにしがみ付くなどの危険性が伴うこ
とが明確になり、少なくともマンツーマンでの援助体制で行うことにした。1989 年以
降はこの方式により実施している。

（２）リーダー：和歌山大学教育学部障害児教育専攻（現：特別支援教育専攻）を中心に、

同学部保健体育専攻の大学生やその他障がい児教育に何らかの形で関わっている他学部を含めた和歌山大学学生や障がい児教育に携わる学校教員、障がい者福祉施設の職員の方々や親御さんの中で一緒に泳げる人たちに、リーダーとして担当してもらっている。

（3）浮き具・補助具の使用：遠泳実施の3年目より浮き輪や救命胴衣（ライフジャケット）またはスイムフロート（支え棒付きの黄色の浮き具；写真5-2-1）等を使用しながら、自力で泳げなくても泳ぐ気持ちのある子ならば誰でも泳げるような手立てを講じた。

写真 5-2-1
スイムフロート

　自力で泳ぐことがまだできない子どもたちに、背の立たない海で遠泳実施を可能にするために、その前提条件として、次のようにさらに安全性と泳ぐコース・目印等を明瞭に設定した。

　1つは泳ぎを支援するリーダーが救命ジャケットを着、かつ浮き具をもって一緒に泳ぐこと。2つ目は、泳ぎの不確かな子どもたちでも泳いでいくコースが分かりやすいように、海上に陸上でのトラックに置くコーン等の目印のようなブイをたくさん浮かべたことである。

3）コースの目印

　88年に対象児 TS2（タカちゃん）が途中まで、泳ぐことによる不安と疲労が募り、付き添いリーダーの体にしがみ付いたり、背中に乗ったりしていたけれども、途中からどこに向かって泳げばいいのかが分かった瞬間から彼流の泳ぎのリズムを取り戻し、目標をめざして泳ぎだした。彼のそうした行為から、泳ぐ際の不安・疲労の原因が泳ぐ目標・コースの不明瞭さにあることがはっきりしたので、89年の遠泳からは、黄色または黒色の比較的大きなブイをセットするようにした。

　ただし、89年はブイを3個セットするだけだったので、90年よりさらにたくさんの目印をセットすることにした。図5-2-1の遠泳コース「1990～95」に示すように、コースに80m～100m間隔くらいで置くようにした。

4）遠泳の実施場所・時期、伴走船の準備など

（1）場所：宿泊場所は「堺市立日高少年自然の家」（和歌山県中紀の日高郡日高町志賀・小杭）で、その前の小杭湾の海で遠泳を実施した。

（2）時期：毎年、小中学校等の夏休みの終わりの時期（8月30日～31日）であった。

（3）伴走船：船外機付きの小型船を3艘は用意した。そのうち2艘は日高少年自然の家で用意してもらい、残り1艘は地元の漁師さんにお願いした。

5）遠泳に向けて、事前に泳力の確保・維持の機会設定

　遠泳に参加する希望を持っている人々は、夏休みの初期（7月20日過ぎの5〜6日程度）および遠泳実施に近い夏休みに、和歌山大学50mプールで行う事前トレーニングとして泳ぐ機会を2〜3日程度設けているので、そこに参加する。もしくは週に一度、和歌山市内の温水プールを借りて実施している水泳教室に参加して泳ぐ機会をもつ。

　以上のトレーニング機会以外に、上記水泳教室に参加している方で、遠泳にも何度も通っている親御さん等から、どうしても参加したい希望を持っている方を紹介されて、参加することを引き受けたケースもある。

3　96年までの実施状況からの子どもたちにおける泳ぎの分析視点と方法

1）9年間の遠泳での泳ぎの様子記載と、参加したことによる成果をどう表すか

　これまで9年間に参加した子どもたちの人数は延べ56名（兄弟姉妹を含む）であった。そのうち、複数年参加した障がいのある子どもたちに焦点を当てて、遠泳で確認したい研究動機と研究目的に取り上げた内容を達成することに結びついているのかどうかを確認したい。

　すなわちその中身は、①プールでかなりの距離を泳げるようになった子どもたちが遠泳に取り組むことで、長距離を泳ぐためのリラックスされたゆったりした泳ぎ方を身につけることに結びつけられるのかどうか。②プールにおいて水慣れはしているものの、息つぎを継続して行うことができず、すぐに足を着いてしまっていた子どもたちに、息つぎしながら継続して泳ぐことができるということに結びつけられるのかどうか。③水を怖がって顔をつけられないとか、肩や首まで水につけていることを怖がり、水の中にいること自体にも抵抗を抱いていた子どもたちに、そのような抵抗感をなくし、水に慣れるきっかけを提供し得ているのかどうか。大きくこうした3つの視点がどのように行われ、達成されているかどうかを確認することである。

　具体的には、大きく次の2つの視点で、知的・発達障がいのある子どもたちが遠泳によって、泳ぎ方やそのスキルに、そして他の行動面にどのような変化・発達の特徴を及ぼし得ていたかを確認する。

　その視点は、①障がい児の群を、自閉症的傾向が明白な人々（AT群）と知的発達障がい・遅れが明白な人々（MR群）と、そのどちらかであるかを特定することが難しいが自閉傾向の強い人々（AT？群）もしくは知的障がいの傾向が強い人々（MR？群）に分類した各群の子どもたちにおける経年的変化を確認すること。② AT群に属する子どもで9年間毎回参加し、その後もずっと参加し続けた人（TS2＝タカちゃん）における遠泳時の行動変化の具体的様子から遠泳のもたらす行動的・発達的特徴を追求するこ

と。これら2つの大きな視点のもとに分析する。

　なお、知的・発達障がい児の行動特徴に言及するために、彼らの同朋で複数年にわたって参加していた人々の遠泳における行動および泳ぎのスキル面の発達・変化の特徴を確認する。

2）9年間の遠泳の成果を表示するための視点と方法について

　表5-2-2（pp. 186-187）は複数年参加した障がい児26名の9年間での延べ参加者の結果を示している。また、表5-2-3（pp. 192-193）は同様に障がい者の兄弟姉妹で複数年参加した子どもたちの結果である。

　まず、9年間の遠泳実施の成果については次項で取り上げるとして、その前にこれら2つの表を使って、対象として取り上げた「複数年参加した障がい児とその兄弟姉妹」に関しデータとして抽出した内容およびその内容抽出のための方法の説明をする。

　表5-2-2は複数年参加した障がい児26名を、「障害」欄に種別したAT群（自閉症児）、AT?群（自閉傾向児）、MR群（精神発達遅滞児）、MR?群（精神発達遅滞傾向児）に分類して表示し、横軸に「88年〜96年での各遠泳時での泳ぎの様子」を示した。泳ぎの様子は対象児ごとに2段組で表示した。上段は泳いだ周回や結果として泳いだ距離・時間等の数量的変数として表示し、下段は泳ぎ方・泳法や泳ぎ進んでいく際の動作行動的特徴等を質的変数として簡潔な形で示した。なお上段の距離・時間は、海に設置したブイ間の粗方の距離をもとに示したものであり、下段の泳ぎ方等は各担当リーダーによる記述と、伴走船で撮影したビデオカメラでの映像や総合リーダーである原の各対象児の泳いでいる姿を観察して得た結果を総合して記録したものである。

　後掲の表5-2-3は、これらの障がいのある子どもたちの兄弟姉妹（「障害」欄のNM＝健常者）7名の泳ぎへの参加と達成の状況を、前者の表と同様の数量的変数（周回コース／泳ぎに要した時間／泳いだ距離）および泳ぎ方等の動作行動などの質的変数で示した。

　したがって、いずれの表ともに、88年〜96年の間での遠泳への参加経験との関係で泳ぎの様子がどの程度変化しているのかを確認してみることができるように配慮した。

　なお、泳ぎの様子を示した上下二段は次の基準により計測し表示した。

　すなわち〔上段〕の「1／39分／600」は「600mのコースを1周回り、その時間が39分であった」という意味であること、続いて〔下段〕の「立泳＆犬平泳*97」は「立泳ぎをし、および犬かきのように手を動かす動作を含んだ上での平泳ぎで泳いだ」ということを示している。

　つまり、泳いだ距離は、途中のブイやリーダーにつかまったりして休むことを含んだ上で各泳者がコースを回った周回等をもとに表記し、また時間は、陸で双眼鏡にて観察

しているお母さんたち２、３名が確認し１つのストップウォッチで計測した記録を元に単位は「M＝分」で表した。なお、〔下段〕は「泳ぎの質」として、泳いでいるときの泳法や行動（フロートにつかまって泳いだとか、救命胴衣をつけて泳いだ等）、そしてリーダーの記録に示された補助の有無や程度等との関係に基づき簡潔な言葉で記載した。

4　9年間の泳ぎの成果について

　まず、表5-2-2によって障がい児26名の結果から見てみる。

1）合宿参加した人々の遠泳における変容に関する全体的特徴の記述

（1）AT群（自閉症児・自閉症傾向大の障がい児）に見られる成果

　10名中、後述する２名（TS1とMH）を除く８名の子どもたちは遠泳で泳いだ距離が伸びていっている。とりわけ、AT、HH、TS2、YY2、TNの５名は1,500m以上泳げる者であり、しかも年度による多少の差異はあるが、泳ぎが質的もしくは量的に何らかの形で変化している。

　表5-2-2の１～10、すなわちTS1、AT、HH、TS2、YY2、TN、MU、MH、YU、ANの10人の子どもたちのことである。それぞれの子どもについて記述できる点について可能な範囲で触れてみたい。

　例えば対象２のAT（アッちゃん）では、泳ぎ方は88年～91年までずっと「立泳＆犬平泳」と変わらない。すなわち顔を上げて立ち泳ぎをしつつ、そして進むときには犬かき模様に左右の手を交互にズラしてかき始め、そのあと挟み足キックに合わせながら両腕を前に伸ばして顔を水中に潜らせ、グライドを伴って進む（p.82；87年17歳児の泳ぎを参照）。彼は88年は１周の600mだったけれども89年～91年にかけてコースを２周、1,400m～1,600mの距離を概ね68分～84分で泳ぎ、89年の68分に比べ、90年～91年では89分～84分と時間を費やして泳いでいる。しかし、別の言い方をすれば、１時間で泳ぎを切り上げていたのが１時間半ほどの時間をかけてよりゆっくりと（楽しんで）遠泳を泳ぐようになっているとも言える。

　対象４のTS2（タカちゃん）の場合も初年88年は600mしか泳げなかったのに翌年より概ね1,400m～1,600mは確実に泳げるようになっている。しかも94年までは、泳いでいる途中のどこかで背浮きか、リーダーやブイにつかまる等をして休憩をとっていたのに、95年からは休憩をほとんどとらず「平ドル」*98の泳ぎを通して泳げるようになっている。ただタカちゃんについては毎年参加しており、次項の２）において彼の遠泳での泳ぎの変化の特徴を事例的な形で取り上げることにするので、ここは他の子ど

もでの成果に着目しておきたい。

　対象 3 の HH（ヒロくん）については、タカちゃんと同様に原の体につかまりつつ泳いだ 88 年以降全部で 3 回の遠泳経験だが、初年度に犬かき的泳ぎから途中でお休みを取りながら息つぎをすることを覚えたことにより、89 年、91 年へと至り、泳ぐ時間と距離が伸びたことに現れている。泳ぎ方は 88 年の前半は、ほぼ犬かき的泳ぎで比較的忙しく手をかいては息つぎし、少し潜っては次の息つぎをするという急ぎの泳ぎであったのに対して、88 年後半で息つぎ～息つぎの間を顔を水につけてお休みを取りながら進んでいくリズムの泳ぎを概ね獲得したことの成果が現れて、泳ぐ時間と距離が増したのではないかと思われる（p. 171 の写真 5-1-⑱と 5-1-⑲を参照）。

　対象 5 の YY2（ヨシくん）および対象 6 の TN（N タカシ）はともに遠泳実施 2 年目から参加し、93 年まで継続的な参加となっており、3 章や 4 章の動作分析や心拍数変動などでも取り上げてきた自閉症児だが、2 人とも体力的にも優れ、遠泳において彼らなりのクロールをよく使いながら泳いでいた人でもある。YY2 と TN には 89 年の参加時には、前者はクロールに平ドルを織り交ぜて 700 m コースを 2 周泳ぎ、後者はクロールのみで 1 周 700 m で泳ぎ終えるという泳力的な差はあったけれども、特に 92 年や 93 年ではともに、1,500 m 程度は泳ぎ切るという力を発揮できるまでに至っている。そこには、遠泳では平ドルを泳ぎの中心として据え、それにクロールを織り交ぜて泳ぐということで泳力的にも安定した形で泳げるようになったのだと言える。

　ほか、対象 7 の MU（マサヒロ）と対象 10 の AN（アツシくん）も 2 人の泳ぎの技能・能力等には差があったものの、この 2 人においても遠泳に複数年参加したことでその最初と次の参加の時点で泳ぎにおける成果が認められている。MU（マサヒロ）においては 89 年の初参加時は最初は船に乗っていて途中より海に入って海の中で進むことを覚え、90 年並びに 91 年の参加では最初から泳ぎ、遊びを入れながらではあるがそれぞれの年の 1 周のコースを平ドルの泳ぎを途中に入れつつ泳ぎ切っている。

　他方 AN（アツシくん）においても、94 年の初参加時は母親も一緒に泳いで参加し、翌年には母がいなくてもスイムフロートを利用しつつもバタ足で連続し 1 周のコースをその前年度の 2 分の 1 の時間で泳いで帰ってきている。

　一方、この AT 群には遠泳における成果を確認できなかったのは次の 2 人である。

　ひとりは 88 年の初年度にもがんばって泳ぎ続けることができた TS1（トシオくん）で、彼は翌年は都合が悪くて参加できず、90 年に養護学校高等部を卒業した年に初日のみ参加したが、2 日目は高等部卒業後に入所している施設に帰らなければならず遠泳本番には参加できていない。しかし彼は遠泳には参加できていなくても、原に「先生、バタフライを教えて下さい」と自分のできたい泳ぎを自ら言葉に出して要求した人でもあり、夏休みの和大 50 m プールの泳ぎには都合がつく日程の範囲で毎年のように参加

表 5-2-2　知的・発達障がい児者遠泳における泳ぎ行動の経年的変化（1988～1996）

対象	生年月日	性別	障害	項目	1988	1989	1990
TS1 1	710604	M	AT	遠泳周回/分/m	1/～39分/600		前日泳船間5復
				泳ぎの様子・質	平ドル		
AT 2	700507	M	AT	遠泳周回/分/m	1/～39分/600	2/68分/1400	2/83分/1400
				泳ぎの様子・質	立泳＆犬平泳	立泳＆犬平泳	立泳＆犬平泳
HH 3	750331	M	AT	遠泳周回/分/m	1/～39分/600	2/63分/1400	
				泳ぎの様子・質	犬カキ～犬平ドル	犬平ドル＆犬カキ	
TS2 4	730623	M	AT	遠泳周回/分/m	1/35分/600	2/67分/1400	1/30分/700
				泳ぎの様子・質	背プル＆平ドル	缶背休＆平ドル	缶背休＆平ドル
YY2 5	750503	M	AT	遠泳周回/分/m		2/49分/1400	3/85分/2100
				泳ぎの様子・質		クロール＆平ドル	平ドル
TN 6	760615	M	AT	遠泳周回/分/m		1/?分/700	
				泳ぎの様子・質		クロール/10分休	
MU 7	751006	M	AT	遠泳周回/分/m		船から泳ぐ	1/90分/700
				泳ぎの様子・質		遊び潜り進む	平ドル＆遊び
MH 8	750523	M	AT	遠泳周回/分/m		肩まで行く	背丈際で泳ぐ
				泳ぎの様子・質		グラドル2カキ	乗船のまま
YU2 9	710625	M	AT	遠泳周回/分/m		浅場で	
				泳ぎの様子・質		浮いた	
AN 10	830404	M	AT	遠泳周回/分/m			
				泳ぎの様子・質			
KS 11	720724	M	AT?	遠泳周回/分/m	船から沈み泳	自力80m泳ぐ	2/79分/1400
				泳ぎの様子・質	沈み～グライド	沈み＆2スト1キック	平ドル＆少し助
KN 12	830427	M	AT?	遠泳周回/分/m			
				泳ぎの様子・質			
NI♀ 13	780703	F	AT?	遠泳周回/分/m		浅場で遊ぶ	1/57分/700
				泳ぎの様子・質		深場にも行く	犬カキ＆平ドル
AO 14	750501	M	AT?	遠泳周回/分/m		浅場で遊ぶ	沖に連レテイク
				泳ぎの様子・質		腰まで浸かる	水恐怖不入水
TA 15	780207	M	AT?	遠泳周回/分/m			一度下船入水
				泳ぎの様子・質			リーダーにツカマル
RI♀ 16	820625	F	AT?	遠泳周回/分/m			深みで引き返す
				泳ぎの様子・質			立泳＆犬ドル泳
GK 17	830323	M	AT?	遠泳周回/分/m			
				泳ぎの様子・質			
YH 18	841219	M	AT?	遠泳周回/分/m			
				泳ぎの様子・質			
NK 19	870410	M	AT?	遠泳周回/分/m			
				泳ぎの様子・質			
TH♀ 20	750914	F	MR?	遠泳周回/分/m			
				泳ぎの様子・質			
TK 21	720820	M	MR?	遠泳周回/分/m	1/～39分/600	2/74分/1400	3/90分/2100
				泳ぎの様子・質	潜り＆平ドル	潜り＆平ドル	平ドル
YT 22	720620	M	MR?	遠泳周回/分/m		1/?分/700	1/55分/700
				泳ぎの様子・質		顔アゲ～平ドル	平ドル＆背ウキ休
KI♀ 23	730913	F	MR	遠泳周回/分/m		1/?分/700	1/58分/700
				泳ぎの様子・質		補助＆平泳	平ドル＆休み
IK 24	861109	M	MR	遠泳周回/分/m			
				泳ぎの様子・質			
MU2 25	821116	M	MR	遠泳周回/分/m			
				泳ぎの様子・質			
YK♀ 26	840607	F	MR	遠泳周回/分/m			
				泳ぎの様子・質			

＊〈「対象」欄～「項目」欄の中〉　「障害」欄の〈AT〉：自閉症児、〈AT?〉：自閉傾向児、〈MR?〉：発達遅滞傾向児、〈MR〉：発達遅滞児、と分類してみた。

＊＊〈「1988」欄～「1996」欄の中〉　立泳＝立ち泳ぎ。犬平泳＝犬かき平泳ぎ。缶背休＝缶をもって背浮き泳ぎで休憩。平ドル＝ドル平模様の泳ぎ。平ドル、ユッタリ＝平ドルでユッタリとした泳ぎ。背丈際での泳ぎ＝ちょうど背の立つ付近で泳ぐ。グラドル2カキ＝グライドしながらの平ドルで1呼吸に2回かくこと（プル）。

1991	1992	1993	1994	1995	1996
2/84 分/1600 立泳 & 犬平泳					
2/80 分/1600 犬カキ、動き多					
2/83 分/1600 缶背休 & 平ドル	3/67 分/1500 背休立泳 & 平ドル	1/60 分＋/800＋ 1 周後休＋1 周	2/95 分/1600 1 周後休＋1 周	2/62 分/1600 バタ足 & 平ドル	2/58 分/1500 平ドル主体
2/72 分/1600 平ドル、ユッタリと	4/74 分/2000 平ドル	2/80 分/1600 平ドル & クロール			
1/47 分/800＋ クロール & 平ドル	3/73 分/1500 クロール & 平ドル	2/70 分/1600 平ドル & クロール			
1/60 分/800 平ドル & 遊び					
	1/68 分/500 胴衣 & 浮輪 & セッタ				
			1/66 分/800 母フロート & クロール	1/33 分/800 フロートバタ足連続	
波打ち際 波高入水恐い	波打ち際 波高入水恐い	波打ち際 & ボート 船で入水せず	沖で下船せず 浜付近入水可		ボート～200 m 浮き輪で泳ぐ
0.5/? 分/500 立泳 & 補助		遊泳 立泳 & 休み補助			
	船～少し泳ぐ シガミツク～平泳	少し泳、U ターン 船～10 m 泳ぐ		乗船維持 前日は少泳	浜で座ってた 地引き網はシタ
～沖/? 分/300 立泳 & 補助			～沖/? 分/300 立泳 & 補助	～1/55 分/400 立泳 & 平ドル助	1/57 分/750 胴衣～平ドル
首付近まで 浮輪泳	沖まで 救命胴衣で		1/110 分/800 救命胴衣で	浮島で停留 浮島→浜/胴衣	～0.2/? 分/200 救命胴衣で
				1/65 分/800 スロー平ドル～速	1＋/30 分/1000 平ドル
				1/52 分/800 浮輪 & 背浮き	1/43 分/750 立泳 & 背浮き
1/59 分/800 立泳 & 背浮き	～1/? 分/100 平ドル & 立泳	～1/? 分/100 立泳 & 背浮き	1/54 分/800 立背泳 & 平ドル		1/51 分/750 平ドル & 立背泳
2/80 分/1600 平ドル連続	3/78 分/1500 平ドル	1/60 分/800 平ドル、水カケ	1/45 分/800 平ドル、水カケ		
			浮島で遊泳 胴衣＋浮き具	～沖の船に泳ぐ 浮輪～フロートで	1/43 分/750 フロートでバタ足
		身長の深さ 救命具バタ足			1/57 分/750 救命具付きで
			1/69 分/800 フロート & 平ドル少		1/54 分/750 フロート & 平ドル多

乗船維持＝船に乗ったまま海に入らず or 波高く、入水を恐れた。母フロート & クロール＝母にも付き添ってもらってスイムフロートを使ってバタ足をする。沈み～グライド＝息つぎ後一旦水中に立ったまま沈み、グライドする。救命胴衣で＝救命胴衣をつけて泳ぐ。フロート & 平ドル少＝フロートをもって泳ぐ、平ドルも少しする。浅場遊び＝浅い所で遊ぶ。その他、1996 年に初めて参加した人はこの表には含んでいない。

してきている（第3章に示した動作分析では92年8月終わり頃に、および第4章の心拍数測定では90年7月終わり頃にデータ採取を行っている）ことから彼の泳ぎの安定性は明白である。90年参加の遠泳の初日においても彼を担当した学生リーダー（永田博誠くん）の記すところによれば、「ドル平*99がほとんどで、ゆっくりと着実に泳ぐ。休むときは立ち泳ぎで、その場で泳ぐ。時々、少しであるが、クロールで泳いだ。顔をつけると、ドル平でもスピードが上がる」「3艘の船の両端を5回ほど往復した」とある。要するに彼は遠泳への参加はこれっきりとなってしまったが、着実に泳力を安定させ、泳ぐ機会を見つけては積極的に泳いでいることが明らかである。

　もう一人、対象8のMH（Hミッちゃん）は、プールにおいても少しでも疑問な点があったりすると泳がなかった（例えば、移転統合前の和歌山大学教育学部にあった深い方の25mプールで一度リーダーに落とされたことがあって、そのあと決してその大プールには入らなかった）が、一方、栄谷の50mプールは前者のプールよりも大きく、かつ深かったけれども、そこには平気で入って輪くぐり等を行って水にかなり慣れていた等の興味深い点がある。

　遠泳でのMH（Hミッちゃん、以下ミッちゃんと呼ぶ）の様子は、89年担当の学生リーダー（村上博信くん）によれば、「肩の所までは海に入るが、決してそれ以上深いところには行こうとはしない。そのため、自然と横に泳ぐことが多かった。また息つぎができず、潜って一かき、二かきするとすぐ足をついて、泳ぐというよりも潜るという雰囲気であった。そして、リーダーに近づこうとしないので、手を取ろうとすると拒否して離れた」。90年担当の遠泳本番前日1日目の学生リーダー・杉原木実さんは「船のところに行って二度ほど船に上がり、飛び込んだりした。が、たいてい、少し足が立たないあたりで、『泳ぐ』というよりも『遊んで』いた。自分でこれ以上行かないという限度を決めているようで、そこまでなら勝手に1人でも行ってやっているが、その限度以上はいくら誘っても行こうとはしない」と記し、2日目遠泳実施本番は「今日は、最初は足のつくギリギリの所でバタバタと遊んでいた。みんなが遠泳に行くときには、船に乗って沖に出ました」「船では水をピチャピチャ跳ね上げたりして遊んでいました。話しかけてもあまり返事せず、耳を塞いでしまうことも度々です。家崎先生*100が沖で、『泳ぐで！』と海に入るように言ったら、すごく怖がって、私の後ろに隠れて、私のことをつかんできました。（中略）…結局、沖では海に入らずじまいで、足のつく辺りで初めて海の中に入っていきました」（学生リーダー・森脇真由美さん）。

　要するに、ミッちゃんは88年から参加のAT?群に分類した対象11のKS（コウちゃん）の例のようにはいかなかった。コウちゃんの88年時の行動を大雑把に再現すると、①乗船していて沖で海に入ることができて、②海に入ると彼自身のもっている立ち泳ぎから沈み込んで、海の浮力を生かして浮き上がってきて水中に潜り込む（グライド）す

る、③その結果、偶然的・受動的な形で海の中で進んでいけるようになった。こうした方法はミッちゃんには通用しなかった。

　なぜならば、ミッちゃんのように、自分のできること以外は信用せず、自分自身の殻（ガード）をしっかりと固めている自閉傾向の強い人に対しては、彼自身が自分自身のできること＝行動・運動の空間の広がりを感じ取っていけるような環境的手立て・方略が必要なのではないかと思われる。それまで怖いと思っていた事柄に対して、彼自身の気持ちがほぐれていくような体験に出くわし、そのことでそれまでの彼の認識・思い込みが否定されるような感覚や知覚が得られる（例えば、以前怖がった和大の古い25ｍプールは胸の付近までしか水は来ていないが、それに対して新しい和大の50ｍプールでは首付近まで水につかっている）等、彼自身が認識する感覚・知覚体験と同様の場を用意することでしか、彼の限界を破らせていくことはできないのではないだろうか。

　その意味では、海浜で遊ぶ、泳ぐ体験をするということは彼にとっても知らず知らずのうちに彼自身の感覚・認識を変えさせているように思う。それは、89年と90年で大きな変化がないようにも見えるミッちゃんだが、89年では海で肩までの所で泳ぎ（潜り〜推進・グライドの遊び・取り組み）、しかし90年では杉原・森脇両リーダーの言うところでは「彼自身の少し足の立たないあたりで『遊んで』いた」と言うように、彼の限界が「肩から少し足の立たないあたりへ」と変化している。

　残念ながら、当時は親御さんともそうした話し合いをする機会を持てず、ミッちゃんはこの90年以降には遠泳に参加していないし、プール等での記録も見当たらない。このあと彼が遠泳やプールでの泳ぎでどうなったのかを確認できずに終わってしまった。思い返せば、大きな反省の機会であったことを、こうして丁寧に記録を振り返る中で思い当たる。こうした、学習における自分自身の詰めの甘さに断腸の思いが宿る。

（2）AT? 群に見られる成果

　自閉的傾向も強いが、発達遅滞の影響によるのか、とても彼の行動や感情・意図などが捉えにくい子、もしくは幼少期にはそうした閉じた傾向は強かったがその後の発達がめざましく、対人関係等での柔軟性も発揮されるようになっている子たちで、対象11〜19の9人＝KS、KN、NI♀、AO、TA、RI♀、GK、YH、NKである。

　AT群と比べれば安定した泳ぎを示すところまでいった人がいるとは言えない。

　しかし対象18のYH（ユウキくん）と対象19のNK（Kナオヤ）は参加した時点が両者95年からで、ユウキくんはその初年度からゆっくりした平ドルで1周、Kナオヤは初年度は浮き輪を着けての泳ぎで1周したが、どちらもその翌年は泳ぎ方だけではなく、距離や時間などにおいても一定の成果が得られている。ユウキくんは1周あまり泳ぎ、距離も800ｍから1kmに伸びるとともに、泳いだ時間が65分から30分へと倍以

上の短縮をしている。Kナオヤは2年目の96年は浮き輪を外して、距離はその前年と同程度だが時間は10分ほど短縮できている。ユウキくんとKナオヤの両者は遊びながら泳ぐというのではなく、泳ぐことそのものにしっかりと向き合って泳いだ結果なので、両者ともにかなりの成長が見られたと言ってよい。

　また、KS（コウちゃん）は88年では乗船から最後の方で海に入って、深いところで立った状態から沈み込んでも背の立たない深さでどうにか泳げたというところであったが、89年では同じく乗船から海に入ってというところは初年度に同じでも「自力で」80m泳げた点が大きな成果であった。その翌年の90年は最初から泳いでコースを2周（リーダーの補助はありながらも）したという点にさらに大きな成果があったと言える。

　なお以上の3人の中で、97年以降にも継続して遠泳に参加し続ける人はKナオヤだけだったので、他の2人に関しては遠泳において確実に泳ぐ力を身につけたけれども、その後の海での様子は分からない。本著の第8章第1節において述べるように、Kナオヤについては2016年遠泳の最後まで参加していることと、その後現在の時点までずっと行っている温水プールでの水泳教室（通称「火曜プール」）における会員であり、みんなで泳いだり、「歌声シンクロ遊び」をしたりする上での不可欠のリーダー的存在[101]と言える人でもある。

　一方、AO（Oアキちゃん）は2年参加、TA（Aトモちゃん）とKN（Nカズヤ）はいずれも5年参加の人であるが、三者とも浅瀬等では遊ぶが、船等で深いところまで行くと、どうしても船からは下りることができず、海には入れずじまいで終わっている。

　NI♀（ナッちゃん）とRI♀（Iリサちゃん）およびGK（ゴーちゃん）は4〜5回参加している人たちで、回を追うごとに救命ジャケットを着けたりする中でコースの中の深い海での一定区域を泳げるようになっている。ゴーちゃんに関しては97年以降もずっと参加する中でジャケットなども不要で、コースの中の一定距離を泳げるようになってきているし、彼に対する取り組みにおいては大きな変化を示していくのと、一方ではなかなか期待に応えきれず、彼なりの独自の発達を示していく人であり、7章において事例的に考察をするので、ここではこれ以上触れずにおく。

　なお、この項の最初に取り上げたユウキくんとKナオヤに関しては、遠泳での取り組みにおいても良好な発達の様子を示したのだけれども、彼らの場合には保育園や学校等での手厚い援助・教育の環境体制によってリーダーや周りの指導者への信頼関係を形成する中で培われた発達による影響も大きい例としてあげられるのかと推察されるところである。というのは、ユウキくんにおいては、保育園や小学校において担当の保育士や教師以外に加配の指導者がついて育てられてきたことが挙げられるし、Kナオヤの場合においても幼児期に通っていた障がい児通園施設において保育士1人に子ども1人といった条件に近いゆったりとした保育体制の下で育ったことが彼の自閉的行動特徴を改

善する契機となっていたように思われる。こうした基礎に立って、水泳や体操教室など において学生リーダーとの関わりの場が言語発達や対人関係での柔軟な発達を促進する ことに寄与していった側面が強いのではないかと推測される。

（3）MR 群（MR? も含み、知的障がい・発達遅滞児群）に見られる成果

　この群には、TK（K タカシくん）のように一定のものへのこだわりの強い子や言語 面での知的・発達障がいをもつ TH♀（チエちゃん）、小さい頃多動で行動制御の効き にくかった YT（ヤッちゃん）など、何らかの情緒障がい問題や自閉的な行動特徴をも つ MR? 群と、そうした問題行動を見出しにくく、知的発達面での遅れだけしか認めに くい MR 群（KI♀、IK、MU2、YK♀）が含まれている。

　これらの子どもはどの子どもも年々徐々に遠泳において量的にもそして質的にも一定 の変化が示されていると言える。例えば MR? 群のチエちゃんでは彼女の初参加の 91 年〜93 年に比べて 94 年〜95 年では、平ドルと立ち背浮きで 1 コースの 700 m ほどの 距離を泳げるようになっているし、88 年の遠泳初年度から参加の K タカシくんは、2 年目〜 5 年目にかけて周回コースを複数の回数を増すように泳いでいる。

　ただ K タカシくんは 6 年目の 93 年から 7 年目の 94 年にかけてはそれまで複数周回 に渡り泳げていたのが、 1 周だけの泳ぎとなってしまうという形で退歩のような感じの 変化も示している。しかしこれは彼が 93 年春に養護学校高等部を卒業し、卒業後の生 活が夜起き、昼眠るという不規則生活による体力低下の影響が出ているのかもしれな い。そして、考えようによっては彼は泳ぎの 1 周の中でリーダーや周りの人たちに対し て「水かけ遊び」をすることで、他の人々との関わりや、彼独自の遠泳の楽しみ方を見 いだしていっているとも考えられる。

　MR 群の 4 人は、どの人も自力で泳ぐまでには至っておらず、遠泳への参加で明瞭な 発達を遂げているのかどうかは見いだしにくい。しかし、 4 人のどの子どもにおいても 道具等を使っての泳ぎの中で一定の変化は得られていると言えるかと思う。

　KI♀（I カナちゃん）は 2 年間参加の中で、 1 年目は補助に頼る泳ぎであったのが平 ドルで自力で泳ぐときも現れているようだし、IK（イクヤ）は浮き輪を使ってスイムフ ロートに頼って泳ぐところからフロートだけに頼ってバタ足で 1 周を回るようになって いる。MU2（U ミッちゃん）では 94 年の参加では身長の深さで救命具をもってバタ足 であったのが、次の参加の 96 年では救命具を着けて 1 周コースを泳いでいる。YK♀（K ユッコちゃん）においては 95 年にはスイムフロートを持って平ドルを僅かな機会に泳 ぐだけだったのが、フロートを持って泳ぐのは同じだが、平ドルを多く使って泳ぐ時間 が増しているという変化をしている。

表 5-2-3　障がい児遠泳に同伴の兄弟姉妹（健常児）の泳ぎの様子（1988～1996）

対象	生年月日	性別	障害	項目	1988	1989	1990
s–TI♀	800109	F	NM	遠泳周回/分/m 泳ぎの様子・質		1.25/？/900 急平泳～スロー泳	3/77 分/2100 平ドル＆休み
s–MU♀	790306	F	NM	遠泳周回/分/m 泳ぎの様子・質		浅場 遊び	1/？/700 ジャケット泳ぎ
b–KI	810910	M	NM	遠泳周回/分/m 泳ぎの様子・質		浅場 遊び	1/25 分/700 ジャケット泳ぎ
b–TK	841104	M	NM	遠泳周回/分/m 泳ぎの様子・質			
b–HH	900403	M	NM	遠泳周回/分/m 泳ぎの様子・質			
s–RK♀	880805	F	NM	遠泳周回/分/m 泳ぎの様子・質			
s–NK♀	850424	F	NM	遠泳周回/分/m 泳ぎの様子・質			

＊〈「対象」欄～「項目」欄の中〉　「対象」欄の中　〈s–○○〉：姉妹○○のこと、〈b–△△〉：兄弟△△のこと。「障害」欄の〈NM〉：健常者を示す。
＊＊〈「1988」欄～「1996」欄の中〉　平ドル＝ドル平模様の泳ぎ。

（4）NM 群（兄弟姉妹＝健常児群）に見られる成果

　この群の 7 人のうちの 1 人を除く 6 人は遠泳に参加するたびに、質的・量的ともに大きく変化していっている。

　上から、s–TI♀（チグサちゃん）は 2 年間参加で、彼女の初年度 89 年には 1 周＋ 4 分の 1 ＝ 900 m を急いだ平泳ぎから翌 90 年では平ドルで休みを取りつつ、700 m のコースを 3 周泳いでいる。続く s–MU♀（マキちゃん）は 89 年浅瀬で水遊び程度だったのが、翌 90 年は救命具を着けてコース 1 周を泳いでいる。また、b–KI（I ケンちゃん）は初年度 89 年には浅瀬で水遊びが翌 90 年は救命具を着けて 700 m のコースを 1 周、それから 3 年目の 93 年 12 歳（小 6）には自力で休みを取りつつ 800 m を 48 分間で 1 周してくることができた。それは次の b–TK（K タクジくん）も 1 周 800 m のうち、100 m を補助なしで泳げているが、その翌年 11 歳のときにコースを 2 周 1,200 m を 34 分という速さで泳ぎ、しかも 2 周目はドル平で泳いでいる。

　また s–RK♀（K リサちゃん）は初年度 95 年に 7 歳（小 2）のときにライフジャケットを着けてコースの 5 分の 1 ＝ 200 m しか泳げていなかったけれども、翌年 8 歳のときにはジャケットを着てスイムフロートをもって 1 周を泳いでいる。最後の s–NK♀（K ノリコちゃん）も 10 歳児（小 4）でスイムフロートで休みを取りつつ平ドルでコース 1 周を 53 分かかって泳ぎ、翌年の小 5 では同じくスイムフロートをもって休みを取りつつもほとんど同じくらいの距離を 42 分、平泳ぎで回ってきている。

　このように健常児群において、遠泳では参加するごとに一定明瞭な変化・成長の姿を見せていることが分かる。

1991	1992	1993	1994	1995	1996
		1/48 分/800 自力泳＆休み			
				1/53 分/800 自力で 100 継続	2/34 分/1200 1 周後ドル平で
				浮輪で沖 クラゲで戻る	クラゲ恐怖 ずっと船の中
				0.2/？/200 ジャケット泳	1/50 分/750 ジャケット～フロートで
				1/53 分/800 フロート＆平ドル	1/42 分/750 フロート＆平泳ぎ

フロート＆平ドル＝スイムフロートを使って、平ドルしながら泳ぐ。急平泳～スロー泳＝忙しい動作の平泳ぎ～ゆっくりとした泳ぎで泳いだ。ジャケット泳ぎ（ジャケット泳）＝救命胴衣をつけて泳ぐ。自力で 100 継続＝自力で 100 m 泳げた。1 周後ドル平で＝2 周目をドル平で泳いだ。浅場遊び＝浅い所で遊ぶ。等々

　このコーナーで変化できなかった 1 人 b–HH（ヒロズミくん）のことについて一言記しておくと、彼は上記 AT? 群の対象 18（ユウキくん）の弟で遠泳に参加した 95 年と 96 年にまだ未就学児の 5 ～ 6 歳段階のときのことで、95 年に浮き輪を着けて海で気持ちよく調子づいて沖まで泳いでいった際に、クラゲに刺されたことにショックを受け、その怖い体験が翌年 96 年にも尾を引いて、船に乗せてもらって沖まで出たものの結局海には入れぬままに終えてしまったということであった。他の 6 人の子どもたちはすべて小学生のときの体験として遠泳を泳ぎ、成果の出た 2 年目以降の年齢段階が小学 3 年生であった K リサちゃん 1 人を除き、他の 5 人はすべて中学年から高学年（4 年生～ 5 年生）での遠泳体験となっていた。

　このように、遠泳の体験が未就学児であったことと、小学生でも少なくとも 2 年生以上になっていたこととの差異は大きなことだったのではないだろうか。特に、クラゲに刺されたことのある者でなければその電気クラゲに刺されることの驚愕（きょうがく）・ショックの激しさはイメージし難いことであるかもしれないが、水平状態で泳いでいたとしても垂直に跳び上がり、足の先までが宙に浮き上がるほどの突然の電気ショックといっても過言ではないような驚愕が、クラゲに刺されるショックと言って良いかもしれない。6 歳のヒロズミくんにとって、2 年目に船に乗せてもらって、海に入りたい心と、クラゲに刺されたショックな思いとの狭間（はざま）に置かれたジレンマが行き交った 30 分はとても長い時間だったのではないだろうかと想像するところである。

2）事例の検討〈AT群：TS2（タカちゃん）のケースから〉

（1）なぜタカちゃんを取り上げるのか

　ここでは、よく泳げるようになった障がい児で毎年連続して参加している人（タカちゃん）の泳ぎ9年間の様子を具体的にその年の担当リーダーの観察文をもとに取り上げて、彼の泳ぎの行動がどのように変化し発達していってるか、また、彼が泳ぎを持続し、泳ぎ続けることに関わっている要因は何なのかという点について考えてみたい。

　彼を例示する理由の第1は、彼がこの9年間のすべてにおいて遠泳に参加していること（表5-2-2参照）、またそのあと引き続き2012年まで連続して総計22回遠泳に参加し、その22年間にTS2（タカちゃん）の遠泳史の全体、すなわち泳ぎ能力の力量アップから泳ぎ能力の力量ダウンまでの過程を刻んでくれていることによる。

　第2点は、彼の自閉症としての障がい特質でもあることが関係している。彼は彼特有の趣味として電話帳（その市町村固有のテレパル）に大変興味があり、遠泳での道中で、日高町の隣村の由良町役場でテレパルの収集をし、彼が遠泳でがんばって泳ぐことの口実として電話帳の確保があった。テレパルの確保は、日高少年自然の家においても、またその近所の家庭を訪ねてでも、「テレパルありませんか？」「テレパル下さい！」と尋ねて回り、その電話帳を収集する楽しみがあった。

　さらに第3点として、彼自身は水で遊ぶことは小さい頃から大好きであったが、あくまでもそれは、水に触れて、水に対し彼なりの働きかけ＝操作・運動をしかけることによって水が「ピチャピチャ」と音を立てたり、水しぶきや水の動きで光の反射で起こる水面のまばゆい輝き、並びに水と自分自身の肌・皮膚や筋肉との接触で生じる冷覚や触覚、さらに水の中で回転したり、水を叩いたりすることで彼の体に生じる回転やバランス・揺れなどの前庭器感覚・固有筋肉感覚など、そのような総合的な感覚統合的体験に誘発されて生じる楽しみがあったからではなかろうか。つまり、彼自身、泳ぐことが好きだとかいうことの根底にある、原始的で奥深い水の感触、水によって誘発される身体感覚を堪能する機会が遠泳合宿に凝縮されていたのではないだろうか。

　彼にとって遠泳に参加するということは、こうした感覚統合的な水との接触体験を超えて、"泳ぐ"ということで得られる喜びや充実感等を誘発しうるような"魅力"となり得ているのかどうか。自閉症者としての彼特有の性向が、泳ぎとの関係を深めるにつれてどのように変化するのか、この点についても確認できたらいいなと思う。

　タカちゃんの88年から96年までの遠泳記録のうち、88年については既に本章第1節で取り上げたところでは、泳ぎ始めて少し経った頃にリーダーをしていた私に抱きついてその後の遠泳がどのようになっていくのかを危惧させた行動があった。その行動は、彼自身、どこに向かって泳いでいくのかが分からずにパニックとなって現れた現象

であったことが、その後で示した彼の泳ぎの様子から明らかにされた。

　ここではその要点を再度記し、その後の遠泳体験でそうした拘りの行為が泳ぎの中でどのように示されるのかを確認し、それが変化していく過程が9年間の中でそのように現れるのかを見ていきたい。

（2）タカちゃんにおける遠泳体験の9年間

ⅰ）【1988】

◆8月31日（p. 180の図5-2-1　スタート〜地点①）〈記録：原通範〉

　タカちゃんは50mほど泳ぐと、しんどくなったのか、すぐに私につかまりに来た。目標が分かりにくいということもあったのかもしれないが、「どこへ行くの？」と言いながら、私の肩や首に両手でつかまりに来た。（中略）…

　とにかく、そのときの彼の泳ぎには全くお休みグライドがない。キックして手をかくと、そのまま顔を上げているか、たとえ顔を水につけていたとしても一瞬で、すぐに顔を起こすので、疲れが累積していくようだった。（中略）…

　そうこうするうちに、亀ちゃんL（中村育子先生）が助っ人に来てくれて、<u>船のそばの第一ブイを曲がったところから、「あっちの方（岩場）」へ行くことが分かると、顔をつけ、比較的リラックスされたスピードのある泳ぎで、私とヒロくん（HH）から離れていった。</u>

◆8月31日（図5-2-1　地点①〜地点②＆③）〈記録：中村育子（和大卒業生＝教員）〉

　<u>時々手をつないで休憩しながら泳ぐ。前の方に目標がないので途中で、「どこまで行ったら終わり？」と尋ねてくる。岩の所ということで目標がはっきりすると、どんどん泳ぎ出す。</u>

　（中略）…

　泳ぎを止めずにいると、自分でどんどん進み、時折、顔をつけるように言うと、しっかり顔をつけて泳ぐ。しばらく泳ぐと、自分で腹を上に向けて泳いだりしていた。そばで見ていると、うまく休憩しているように見えた（しかし、手や足の動きは止まりませんが……）。

　地点②→③へ行くときに、「岩まで」と言っていたのを、急に浜辺の方に変更したが、スムーズに応じることができた。ここから先は、ほとんど自分のペースで泳ぐ。スピードもアップし、非常に楽そうに泳いでいた。このときも、時々腹を上に向けたりしていた。

ⅱ）【1989】〈泳ぎリーダー・記録：谷口哲也（教育学部学生）〉

◆8月31日

　彼は、泳ごうとすれば、まだ距離を泳ぐことができるように思えます。それは、水泳技術というよりも途中で適当に休むことを覚えていると思います。

今回の遠泳では、彼は体を回転させながら泳いでいました。集団から遅れて、「追いつこう」と言うと、平泳ぎをしてスピードをあげ、疲れると背泳ぎをして浮かぶようにしていました。しかし、体力的には十分ですが、精神的には大分負担があったようです。

　初日ではビニールを、当日では空き缶を右手に持って離そうとしません。まるでお守りを持っているごとくでした。それを持っていては泳げないと言えば、泳ぐから取らないでくれ、とまで言ってました。また、少し泳ぐごとに、あとどれくらいかと、距離を尋ねながらも泳いでいました。

　この遠泳大会の回数を重ねていくと、彼ももっとリラックスした泳ぎでゆったりと泳ぐことができるようになると思われます。

iii）【1990】
◆8月29日〈1日目のリーダー・記録：森脇真由美（障害児教育専攻生）〉
空き缶を片手にがんばっていました。

　でも、ブクブクとわざと沈んだり、逆立ちしたりで遊んでいることの方が多かったように思います。「泳いで」と言っても、たまに、それもちょっとだけ泳いでくれる程度でした。

　背浮きで、プカプカと進んだりも、よくやっていました。潜るのも上手です。泳いだらすごい達人なのに、今日は、とにかく実力発揮はしてくれませんでした。明日、タカちゃんのすばらしい泳ぎが見られればと思います。

◆8月30日〈遠泳本番リーダー・記録：長谷川隆夫〉
　今日いよいよ本番だったけど、朝から乗り気じゃなくて、なんとか1周は回れたけれど、雨が降り出してからは、完全にやる気をなくしてしまった。お母さんにも言われたり、原先生にも言われたりして、二度ほどカムバックしたが、やはり意志は固く、ダメだった。

　タカちゃんは一度決めたら、もう意志を絶対に変えないので少し困ったが、原先生やお母さんが気にしないでと言ってくれたので助かった。

　最後まで缶を手放さなかった。みなさま、ご苦労様でした。とてもいい勉強になりました。

iv）【1991】〈担当リーダー・記録：稲葉雄治（教育学部学生）〉
◆8月29日
最初から嫌がらずに船から船への往復を繰り返してくれた。

　右手にポカリスエットの缶を持って泳ぎはじめた。泳いでいる途中に、背泳ぎのように上向きに浮いたり、30cm ほど潜ったりしていた。泳ぎのほとんどはドル平[102] で、時々水を大きく後ろに飛ばしながら泳いだ。

◆ 8月30日

　今日は昨日と違って気温が低く、水も冷たかったが、喜んで水に入ってはしゃいでいた。今日の目標は2周泳ぐことだったので、そのことを最初に彼に伝えておいた。

　彼も2周ということで納得して泳ぎはじめたが、途中で疲れたのか、「1周で終わりですよ」ということもあった。

　泳ぎ方は主にドル平、疲れてくると背泳ぎ、時々左手だけ動かすクロールのような泳ぎ、の3つのパターンであった。時々休みながら泳ぐのだが休む時間は10秒ほどで、ほとんど休みはしなかった。

　今日は本当にマイペースで、無理をせず、そして休みも取らずにがんばっていたと思う。泳ぎ終わってからもまだ体力があるように思われた。とにかく無事に終わってよかったです。

　ⅴ）【1992】

◆ 8月30日〈記録：藤井善徳（保健体育専攻学生）〉

　泳ぐ間ずっと<u>ジュースの缶を持って泳いだ</u>のが印象に残った。疲れているそうだが、4～5周とこなしていった。他人の目が少なくなると、<u>休みに僕にしがみ付く</u>ところがあった。このときはライフジャケットが欲しくなった。

　大きなのびのびとした泳ぎで、なかなかスピードもあった。まだまだ泳げそうだったが、ノルマの5周をこなすと諦めてしまったのが残念だった。

◆ 8月31日〈記録：藤井し（同上）〉

　最初波が高く、海は荒れていたので、どうなることかと思った。予定より少し遅れて始まった遠泳は、体専の遠泳 *103 と引けを取らないものだった。

　1周目、先頭近くから泳ぎだしたタカちゃんは、調子が乗らないのか、休憩しがちだった。あっという間に、後ろから来た子どもたちに抜かれてしまった。今日の補助は丸谷も一緒だったので、2人の間を行ったり来たり、あお向けに浮かんだりで、なかなかだった。ちょっとして、丸谷がタカちゃんを引っ張るように泳ぎ出すと、なかなかいい調子で進んでくれた。

　ほとんど最後列に近かったのに、2周目、3周目と進むにつれて、最初の位置くらいまで盛り返すことになった。<u>目標が定まるとどんどん進んでいってくれるので、常に前に前に姿勢をとることに努めた（①）</u>。何を隠そう、一番に陸に辿り着いたのはタカちゃんだった。いろいろより道はあったが、がんばり続ける姿に、今までの子どもに対する見方に疑問符を打ったのはいうまでもない。

◆ 8月31日〈記録：丸谷賀津（障害児教育専攻学生）〉

　今日はタカちゃんは、最初から、他の人に「3周泳ぐ約束や」と言われていたので、「3周

泳ぎます」と言っていた。

　泳ぎはじめから、すぐ藤井くんにつかまったり、私につかまったり、立ち泳ぎしたり、背泳ぎしたりと、余り続けて泳がなかったものの、あきらめず、黄色の船が見えるたびに、「もうちょっと」、「1周目」とか言いながら、泳いでいた（②）。

　1周半くらいからは、私がタカちゃんの前に出て、藤井くんがタカちゃんの横について、私が声かけをしながらタカちゃんをリードするようにした。声かけはタカちゃんのリズムに合わせて、遅すぎず速すぎず、タカちゃんに合わせた。途中、何度も背泳ぎしたり、立ち泳ぎしたりしたので、私が戻って肩につかまらせ、休憩させて、そのときに「あと少し、あと1周やからがんばろうな」「もうすぐやから、3周泳ごうな」と言ったりして、励ました（③）。

　ラスト1周からは、けっこうこちらがリードしていけばそれについてきた。けっこう速いスピードのときもあった。タカちゃんにとって目標となるものを指してやると、またがんばってくれた（④）。途中、背泳ぎをするとどうしても、目標の筏（いかだ）や船からそれてしまうため、その都度、「タカちゃん、曲がっているよ。ひっくり返ってみて」と言ったら、タカちゃんは目標の方向に向きを変えて、再び泳ぎだした（⑤）。

　1周目終わっていくごとに、「あと何周」とか、「今何周目」とか言ってやれば、すごく安心らしく、再びがんばってくれた（⑥）。ラスト半周からは、けっこうタカちゃんの前に出て、ずっと声かけをして励ました。タカちゃんもそれに応えて、最後まで泳ぎきってくれた。

　3周目ゴールしたと同時に、「3周終わった。もう終わり」と言って、さっさと岸に帰ってしまった。……これで電話帳がもらえると思うと、何でもやれたのかな？…。

※1【88年～92年までのタカちゃんの遠泳を見ての原のコメント】
　この1992年の藤井L、丸谷L両者の取り組みを機に、タカちゃんは1989年から「缶を持って泳ぐ」という "心の安定・安心感" を支えにして遠泳という背の立たない、かつ波や風などの泳ぐに当たって抵抗条件の強い状況の中で長い距離を泳げるようになってきたことが了解されるところである。

　1988年の遠泳初年度においては、出発して3分も経たないうちにそのとき先頭のリーダーをしていた原の背中にしがみ付いてきた（p.168の写真5-1-③～⑤）。そして翌89年では谷口リーダーが「初日ではビニールを、当日では空き缶を右手に持って離そうとしません。まるでお守りを持っているごとくでした」と記すように、タカちゃんはこの背の立たない深い海の中で泳ぐ不安を解消し、泳ぐ道中の安心のためにリーダーにしがみつくことはしないで、何か別の物（缶など）を手に持って泳ぐことで心の安定を保って遠泳を乗り切ってきたのではないかと思われる。

　pp.186-187の表5-2-2対象4のTS2（タカちゃん）の1989年から91年にかけて、下段に「缶背休＆平ドル」と、「缶を持って背浮き泳ぎで休みを取りつつ、平ドルで泳

いだ」様子が示されている。そして、藤井Lの92年初日（8月30日）にも「ジュースの缶を持って泳いだ」、「他人の目が少なくなると、休みに（休むために）僕にしがみ付く」と記されている。つまり、92年の1日目の藤井L1人がリーダーだった時点までは、88年の初回遠泳時同様、タカちゃんの心のどこかに絶えず、泳ぐ不安を抱えて深い海で泳いでおり、人が見ていないところでは「藤井Lにしがみつく」、そのようなしんどい状況を解消する「休憩場所」を必要とする泳ぎでもあった。

缶は「泳ぐ不安」を解消する「安息地点」の代償であるとともに、彼自身の遠泳に臨むエネルギーの発揮を助ける「遠泳完遂の道具」でもあったのではないかと言える。

その翌日の遠泳本番の際にも、藤井Lに加わって丸谷賀津Lと2人のリーダーが付くことになったにもかかわらず、最初の1周目には段々とみんなが泳いでいく最後列で泳いでいたが、普段の大学の教育相談の授業でもタカちゃんを担当しよく知る丸谷Lが先頭にたって泳ぐようにすると、藤井Lの感想（下線部①）と丸谷Lの感想（下線部②〜⑥）に示されるように、行き先（目標）がその場で定まると、どんどん前に向かって進んでいった（この光景は88年時にどこに向かって泳げばいいかが分かると目標に向かって進んでいったときを彷彿させるようだ）。

リーダー側もそのように進めていったことと、丸谷Lに示されているように、実際にはタカちゃんの心の動きや不安な気持ちをうまく払拭するように関わりながら泳ぐことを助けている様子が書き留められている。丸谷Lは、タカちゃんに「目標となるものを示していること」、そして特に背泳ぎなどにおいて目標からズレているとそのズレの情報を示して、それによってタカちゃんは進路を再調整していくなど、随所に的確な修正を行っている。

このように、遠泳には泳ぐ前方に明確な目標が必要なこと、そして、目標とのズレに関するフィードバック情報が必要なこと、またこうした目標達成に向けての具体的な情報とともに、藤井Lが彼の泳ぐ横で泳ぎ続けるための「励まし」などの動機づけを行い、丸谷Lとのコンビでタカちゃんに対して心理的支えとなる役割を果たしていたことも、彼が3周を泳ぎきったことの大きな要因であったと思われる。

なお、丸谷Lと藤井Lの2人とともに泳ぐ中で、「缶」については全く触れられていない。すなわち、上記のように2人のリーダーが果たした、遠泳達成のための「目標認知に関わる機能」と泳ぎ続ける心理的エネルギーとしての「情緒的機能」の中で、缶が果たした情緒的機能は何とか解消されていくことになっていった。

それゆえ、この年をきっかけとして、タカちゃんの遠泳での泳ぎから不安要素が減少していくことになっているのではないかと思われる。

以下、93年から96年までは各リーダーの記述でタカちゃんの泳ぎや心の動きがよく

表されているところに焦点づけながら、ピックアップして確認していくことにする。

vi）【1993】

◆8月30日〈記録：福間隆（保健体育専攻学生）〉

（前略）… 2人で泳ぎだしてみて、タカちゃんはかなり泳げることが分かり、自分は声をかけてできるだけ本人1人で長い距離を泳がせようと試みた。前半は救命胴衣につかまる回数が多く、タカちゃん本人の実力としては少しサボっていたところがあり、自分も少し甘やかした面があったのは反省すべき点であった。

後半は周囲からの情報でもっと泳げることが分かったので、ほとんど1人で泳がせた。すると、休憩を入れつつリズムよく泳いでいたのは、自分の泳ぎのリズムを知っているということが分かった。

彼との少ない会話の中で気づいたのは、見通しを持って考えることができ、行動できると思った。

◆8月31日〈記録：勝田晋二（保健体育専攻学生）〉

今日タカちゃんは途中で船に上がってしまった。最後にもう一度泳いでくれたけど、数10分間ほど船に上がっていた。あれは自分の責任であると思う。スタートで勢いよく出ていったので、途中でペースが落ちたときあまりに気を遣いすぎて、甘やかしてしまったと思う。

vii）【1994】

◆8月31日〈記録：堀奥義輝（障害児教育専攻学生）〉

前日、タカちゃんは「2周します！」と公言した。と同時に、缶は船に預けることを約束させた。事実、言いつけは守る結果となった。

初めのうちは泳いでいたが、徐々に自転車漕ぎ*104のような楽な泳ぎをしていた。どちらかというと、休憩であろうか。潮のおかげで多少は進んでいた。

とりあえず1周終わって、休憩した後、再出発。自転車漕ぎで泳ぐことの方が多くなっていた。しかし、所々にバタフライもどきの泳ぎが入る。最後の2つの浮き具のところでは休憩しないで連続で泳いだ。無事到着して何よりだ。2周目後半からは勝田さん（晋二くんのこと）にも伴泳*105してもらった。当方が先に立ち、勝田さんは真横に添って泳ぐ、ということでこそできたことだと思った。

viii）【1995】（※以下、要約調で原の言葉に置き換えながら記す）

◆8月30日〈記録：栗本雅弘（障害児教育専攻学生）〉

水着に着替えた後、2人で軽く体操をして入水、そのとき浜辺で空き缶を見つけ、持ったま

ま入水（最後まで缶を離さず、缶を持ったまま泳いでいた）。しばらくは浅瀬で、そして集合のあと、船のところまで泳ぐときも缶を持ったままだった。船に着いたとき、船に乗りたかったようだったが、原に「波止場まで泳いでよ」と言われ、「泳いだ後は船に乗る」と自分に言い聞かせ泳いだ。

　波止場までは流れもあり、なかなか辿り着かず、少し泳いで休憩、少し泳いで休憩といった調子で波止場と船との往復をした。船では 15 分ほど乗って休憩したが、船への乗り下りには手間取った。船への乗り下りの際、それらの動作自体が難しそうだったのと、特に下りる際は少し怖がってなかなか海に下りられなかったようだ（缶を片手に持っていたから、乗り下りの両方ともバランス面での不安定さを招いたのかもしれない）。

◆ 8 月 31 日〈記録：勝田晋二（保健体育専攻学生）〉
　今日の遠泳に関しては、何の不安もなく、途中でのハプニングもなく、予想通りの素晴らしい泳ぎをしてくれた。
　（泳ぎ方に注目すると、1994 年堀奥 L の記述に関連して＊104（p. 232）で既に述べたように）3 つのパターンの泳ぎ方で泳いだ。第 1 はバタフライのような感じの激しい泳ぎと第 2 は両腕を使って、体を垂直気味にしてドルフィンキック模様に行う泳ぎ（昨年はこのパターン＝自転車漕ぎのような泳ぎ＊106 が多かった）、最後は少しグライドしているような力みのとれた素晴らしい泳ぎ（今年はこのパターンが多かった）である。1 周目は第 1 のバタフライ模様のバタバタした泳ぎが多く、後になるにつれて力みのとれた楽な泳ぎ＊107 が多くなり、それにつれてペースも速くなった（勝田 L は缶のことを一度も書いていないし、タカちゃんが勝田 L の言う第 3 の泳ぎパターンで泳ぐときは缶を持っていたら、そのような効率的な伸びのある泳ぎはできない。それゆえ、この 1995 年の遠泳本番から彼は缶を持たなければ遠泳に泳ぎ出せないドグマ、ジレンマからは解放されていくきっかけになっているのではないかと思う）。

ix）【1996】〈記録：勝田晋二（保健体育専攻学生）〉
◆ 8 月 30 日
　今日は本当に調子がよかったようで、かなり泳いだと思う。（中略）…
　今回で、タカちゃんと泳ぐのは 3 回目になるが、今までで一番スイスイと泳いでいる。「沈んで、浮いて」という泳ぎ（たぶん第 3 パターン＝グライドしているような力みのとれた泳ぎ＊108）がスムーズだと思う。水温もとても温かくよい条件だと思うので、明日はかなり期待できると思う。

◆ 8月31日

　今日はかなり安定した泳ぎができた。特に、前半より後半の方がかなり安定していた。今日は水温が昨日に比べて冷たかったので心配した。本人は「大丈夫」と言っていたが、やはり少し冷たかったようである。

　スタート後、テトラポット[*109]くらいまではかなり速いペースで進んでいったが、そこでようやく自分のペースをつかんだようである。しかし今日はかなり気合いが入っていたようで、少ししんどいペースだったようである。途中何回も、「しんどくないか？」と聞くと、「しんどくありません」と答えていたが、何も言わないでいると、「もうダメ」と声にしていた。

　しかしペースが安定していたので、よかったようである。2周目はかなり速く泳いだと思う。泳ぎ方もとてもよくなっていた。頭を沈めて、前方にスピーディーに出ていくという動作[*110]がかなりスムーズ（滑らか）にできるようになっていった。

※2【原のタカちゃんに関する考察・結論的コメント】

　1988年は初めての遠泳であった。船が先導しているとはいえ、また一緒に泳いでいるメンバーやリーダーは和歌山大学のプールでいつも泳いでいる人たちであったので最初はいつものように少し急ぎ気味ながらも自分なりの泳ぎで泳ぐ。しかし広い海の中、どこに向かって進むのか、その点が最も気がかりであったのであろう。このことは、泳ぎ始めて50mも進まぬうちにリーダーの背中に抱きつきにくるところに如実に表れている（彼はこの当時50mプールで継続して1往復することができていた）。だが、もう一人のリーダー（中村育子L）が来て、しかもすぐ間近にどこに向かって泳げばよいかの目印のブイが現れるや否や、彼一流の顔をつけながら平泳ぎ模様のプルをしてドルフィンキックを打ちながら進む泳ぎでスピードを上げて泳いでいった。

　また、それから4年経た92年にも、遊びながら泳いでいるとき目標となるものを指示されたり、あと何周泳げばよいのかを指示されると元気を出して泳いでいる。それと、この年では88年のときとの違いは、缶を持って泳ぐなどの心理的安心感をもたらすものを持って泳いでいる。この行動は89年のときから始まっている。しかしこうした行動は95年から消失し、それは96年の記述に見られるように、むしろ泳ぎの方に集中していった様子が窺える。

　彼ももう23歳。遠泳を始めた88年は15歳であった。昨年に続き今年も彼から次のような感想文をもらった。

【追記】〈タカちゃん自身のメモ：1996.8/30〜8/31（2日間）から〉

　「1日目は和歌山大学を10：00に出発し、R26・R42を通っていきました。途中、由良町のＡコープ由良で休憩をしました。原先生の車で行きました。堺市立日高少年自然の家に

は、12：20 に着きました。開会式をすませ、海で泳ぎました。勝田先生（勝田し）と一緒でした。夕食の後、散歩しました。夜はぐっすりねました。

　夜の 10：00 でした。2 日目の朝は体操しました。朝食の後、海を 2 周泳ぎました。昼食の後、閉会式でした。帰りは野原さんの車で、途中有田川ドライブインで休憩でした。2 日間がんばって泳いだけど、ぼくは由良町のテレパル 50 をもらえなくて残念でした。」

　以上、タカちゃんの遠泳の経過から分かることは、
①（「遠泳」という長い距離での）泳ぎ行動へのエネルギーを誘発するためには何らかの具体的目標や目印が必要であること、
②泳ぐ際の心理的安定を満たすための何らかの物（タカちゃんでは缶、TK（K タカシくん）ではライター等）が必要であること、
③また、がんばって泳ぐ心の支えの大きなものとして、電話帳（テレパル 50）の存在がある。

　この③はなくても彼は泳ぐが、現在プールで泳ぐときなどには、本音は人が集まる場所に行くのは好きで、片や泳ぐこと自体はそれほど好きという訳でもなく、彼自身がそのとき気持ちよく泳ぐためには、動機づけとしての電話帳は欠かせない存在となっていたということである。

5　おわりに

　以上遠泳を通じて得られた結果を要約すると、以下のようになる。
①当初からよく泳げた子ども、そして逆に泳ぎを継続するためにどのような操作が必要かが分からず、泳ぎを持続できなかった子どものいずれの場合においても、一定の期間の中で泳ぎのスキルや行動が変化していく傾向にある。
②前者にとっては、遠泳という広範囲の運動領域でスポーツ運動が実施できるためには、運動の空間的場＝目標の存在が不可欠である。一方、後者にとっては、息つぎのために海の深さと大きな浮力が大きな助けとなっている。
③自力で浮きと沈みの操作ができない子どもたちには、浮き輪やスイムフロート、救命胴衣（ジャケット）などを身につけて泳ぐことによって、みんなで深い海を横断するおもしろさを体験させる契機を作っている。
④自閉的傾向の明確な子どもの泳力は他の子どもに比べて高い場合が多いが、逆に、水への恐怖や警戒心が強く、遠泳で泳ぐことに対するジレンマや抵抗心が大きい子どもが少なからずいる。後者については焦らずじっくりと、その抵抗心を和らげる取り組

みが必要である。

最後に付記事項を添えておきたい。

★遠泳からの子どもの再発見

　TS2（タカちゃん）の母親から、「回を重ねるたびに、遠泳だけでなく他の方面でも成長していくのがよく分かります」との感想をもらい、遠泳が障がい児および健常の兄弟・姉妹たちの人格的な側面に好影響を及ぼしている様子が記されている。

　また逆に、泳げないから浅瀬で遊んでいると思っていたわが子が、リーダーに連れられて深いところを浮き具につかまりながらも悠然と泳いでいる姿に感動したり、また浮き具がなければ泳げないと思っていたわが子が自力で深いところを長距離泳いでいく姿を見て、親の気づかなかった能力を保持するわが子の姿に感動する多くの感想が寄せられていた。

　一方、何度参加しても特別な成果は見いだしにくく、途中からむしろ退行していった感のあるTA（Aトモちゃん）等のケースにおいても、次のような感想が寄せられている。

　「……泳いでくれればこれほど嬉しいことはないのですが、まず真っ黒に日焼けさせてやりたかったのです。それと、期待しながら引っ張った地引き網、あのイキイキした顔を見ることができて、連れていってよかったと思いました。」（Aトモちゃんの母、1996）

　このように、期待を裏切られながらもわが子と同じ視点に立って、新しく見つけた世界を噛み締める喜びに浸れる、おおらかな母親としての豊かな愛情が鍛えられていく場として、遠泳が機能しているのではないかと思われる。

【文献】

1）原通範ほか「発達障害児の水泳指導プログラムの検討―輪くぐり教材の意味とその指導効果について―」、『和歌山大学教育学部教育研究所報』、NO. 9, pp. 110-127, 1985.
2）原通範ほか「発達障害児における水泳動作時の心拍数変動」、『日本スポーツ教育学会第11回大会抄録集』、1991.
3）原通範ほか「発達障害児・者の水泳動作の分析」、『日本スポーツ教育学会第12回大会抄録集』、1992.
4）原通範「発達障害児の泳力発達に関する実践的研究―泳力の獲得・発達のパターンと運動機能，精神発達との関連について―」、『発育発達研究』、NO. 22, pp. 1-12, 1994.

第3節 ある年の障がい児者遠泳の記録例
（2012年8月29日～30日）

この年の遠泳を掲載させてもらうことにしたのは、私自身が和歌山大学に勤務して教員として実施できた最後の障がい児者遠泳となったからである。

以下のような遠泳コースで行い、リーダーを務めてくださった方々や同伴していただいた親御さんたちの生の声も収録させてもらって、特に教員最後の遠泳について全体的に記述した、最後の拙文を交えて掲載しておきたい。

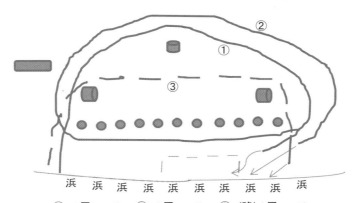

① 1周コース　② 2周コース　③（略）1周コース

図 5-3-1　小杭湾 2012 年の遠泳コース

まず先に、泳いだ距離（周回）と時間、浜への着順等を示す。

　　① TM　25 分 55 秒（1 周）　　　② IK　28 分 8 秒（1 周）

　　③ AM2　32 分 34 秒（2 周）　　　④ TS2　33 分 50 秒（2 周）

　　⑤ NK　41 分 55 秒（2 周）　　　⑥ GK　55 分 10 秒（1 周＊）

　　⑦ TI2　58 分 20 秒（1 周）（＊GK は三角形コースでなく、2 辺コース（③）を回る）

写真 5-3-1　遠泳前の準備運動：『あんなこといいな』（ドラえもんのうた）

写真 5-3-2　いよいよ出発だ！遠泳スタート位置につく。先頭を行く M アッちゃん（AM2）（右端）とタカちゃん（TS2）（左端）

1　リーダーたちの記録・感想

1）全体リーダーの記録・感想

（1）全体リーダー：久米紫穏（障害児教育専攻学生）

【8月29日】

　今日は、和大に集合し出発するとなった瞬間から、まさかの大雨。昨年の中止が頭を過ぎる不安なスタートでした。しかし、日高少年自然の家に着くと、何とか雨は上がってくれ、遠泳日和まではいきませんが、泳ぐことができました。本当に良かったです。

　はじめ、水に慣れるためにした水の掛け合いっこは、水温が少し冷たいのもあってか、みんな表情がこわばっていたように思います。しかし水温に慣れてくると、みんな気持ちよさそうに泳いでいました。その次にやった『あんなこといいな』*111 では、ライフジャケットを着てやるのと、着ないでするのとの2パターンを行ってみました。

　しかし、波が少し高かったということがあり、みんなライフジャケットを着ている方が安心という感じがしました。IK（イクヤくん）は急に深くなるのが怖かったのか、中井さんと坂田さんに抱えてもらいながらみんなの輪に加わっていました。NK（Kナオヤくん）、イクヤくんは仰向けに浮くのが上手だったと思います。

　次に、フラフープくぐりをしました。これも波があってやりづらかったのですが、TS2（タカちゃん）やNK（Kナオヤくん）、AM2（アツオくん：通例Mアッちゃんと呼ぶ）、GK（ゴーちゃん）が何回もがんばってやっていました。前者2人（タカちゃんとKナオヤくん）は、さすがで、とても上手でした。

　最後に、船と船の間を往復し、少し本格的な遠泳の練習をしました。しかし、このときには、みんなも少し疲れが見えていて、しかも波もあったので、ライフジャケットを全員は脱いで泳ぐことができませんでした。そんな中でもタカちゃんやKナオヤくんはライフジャケットなしでがんばっていたし、みんな往復はできました。

　明日は、みんな是非、目標とする距離を泳いで欲しいなと思います。

【8月30日】

　今日は、昨日とうって変わって、波も穏やか、青空の見えるさわやかな晴天でした。日射しも暑いくらい差していて、遠泳日和の1日だったと思います。

　最初、水慣れのための『あんなこといいな』は一日目と同様、ライフジャケットありとなしの、2パターンを行いました。今回は、一日目の反省を生かして「浮かぶこと」と「息つぎをすること」を意識してそれらの練習になるようなことも取り入れてみました。下向き→だるま→上向きは、ライフジャケットあり、なしの両方でも行って、実際に浮かぶ感じを体験してもらいました。ゴーちゃんやTI2（Iタカちゃん）も、すべてを完全にすることはできませんでした

が、自分なりに取り組めていたように思います。特にゴーちゃんは、今日は浅いところで泳いだということもあり、安心感があったのか、リーダーさんの手をつかみながらも、浮かぶことができていました。フラフープの輪くぐりも全員が1回ずつ泳ぐことができました。イクヤくんが最後に、顔もつけて完全に輪くぐりができたのは本当に驚きでしたが、嬉しかったです。

　遠泳本番は、本当にみんなよくがんばって泳いでくれました。

　僕は最初ゴーちゃんと一緒に泳ぎました。小栗と2人で、どうすればゴーちゃんが楽に泳げるか試行錯誤していたのですが、何も補助なしでは、体が水面に対して垂直になり、立ち泳ぎみたいになってしまって進まないので、体を横にして、お腹のあたりを支えて、息つぎのタイミングの声かけをしてあげるの

写真 5-3-3　ゴーちゃんを支える久米くん

が、ゴーちゃんに一番合っていると発見することができました。後半は斎藤とバトンタッチして、船の上から応援していました。Iタカちゃんもゴーちゃんも最後まで本当にがんばって泳いでくれたと思います。岸からも、親御さんと参加者さんから応援の声が聞こえてきて、とても感動したし、"遠泳いいなあ"と心から思いました。

　この2日間、とても楽しかったし、すごく勉強になりました。また来年も是非参加したいと思います。

（2）サブリーダー：斎藤礼華（障害児教育専攻学生）

【8月29日】

　今日は、日高少年自然の家（以下、自然の家）までの道中、強い雨が降り、遠泳ができるかどうか心配でした。ですが、自然の家に着いた頃には雨が上がり、ホッとしました。今日はウエットスーツなしで海に入ることになったので、参加者さんが嫌がったり、不安になったりするんじゃないかと思いましたが、そんな様子もなく楽しそうにしていたので、良かったです。

　『あんなこといいな』では全員が手をつないで、一体感が感じられました。最初はライフジャケットを着て、顔をつけてみよう→潜ってみよう→だるま→空を見て浮かんでみよう（上向きで浮かぶ）とステップを踏んでやりました。次にライフジャケット脱いで、潜って土を触ってみよう→だるま→空を見て浮かぶ→イルカジャンプと少し変えてやってみました。ゴーちゃんは顔をつけるのがまだできてなかったので、一昨年と同じように、2〜3

写真 5-3-4　2周目のKナオヤに付き添いピースする斎藤L

回繰り返してやってみても良かったかなと思いました。輪をくぐるのはライフジャケットを着けたままでは難しかったです。波が高くて、輪（フラフープ）が流されたりと、きちんと全員でできず少し残念でした。Ｋナオヤくんは上向きに浮かぶのがとっても上手でした。Ｉタカちゃんもみんなの輪からふらふらーと抜けても、ちゃんと戻ってきて参加していました。イクヤさんは途中から浜で見ているだけでしたが、明日はきっと泳いでくれると思います。タカちゃんはゴーグルなし、ジャケットもなしでもスイスイと泳いでいました。すごい!!　ＴＭ（タクミくん）は今年初参加だけれど抵抗なく深いところまで行っていました（ライフジャケットなしだと不安？）。

　水に慣れながら少し長い距離も泳げて良かったです。

【8月30日】

　今日は天候にも恵まれ、暑いくらい日射しが強かったです。まさに遠泳日和!!

　今日もまずはライフジャケットを着て、顔をつける→下向き→だるま→上向き→まねっこ（息つぎ）の５種類をして、次にジャケットなしで、下向き→だるま→上向き→土をつかむ→お尻をつける→まねっこ（息つぎ）の６種類をしました。ゴーちゃんはまずは顔をつけることから、タクミくんやＫナオヤくんは息つぎをよりうまくできるように、まねっこ（息つぎ）を入れました。みんな、リーダーさんとうまくできていて良かったです。輪っかくぐりでは、浅瀬ということもあり、イクヤさんはとっても上手に泳いでくれました!!　やっぱり浅瀬の方が参加者さんもリーダーさんも気持ちに余裕ができるので良いですね。Ｍアッちゃん、タカちゃん、Ｋナオヤくんはとっても速かったです！　見事に２周を泳ぎきりました。タクミくんも初参加なのにスムーズに１周泳ぎました！

　私は船の上で応援。氷砂糖を渡したのですが、がんばっているみんなを見ていたら、自分も海に入って泳ぎたくなりました。それくらい、みんな一生懸命でした。途中で紫穂（久米）Ｌと交代して、Ｋナオヤくんと一緒に泳ぎました。Ｋナオヤくんは浮き（フロート棒）も持たずに泳いだときの方が速くて、付いていくのに必死でした。どっちがリーダーか分からないくらいしっかりしていました（笑い（＾o＾））。ゴーちゃんとＩタカちゃんのラストの応援はすごかったです。浜でお母さんとリーダーさんが、全力で応援している姿が、とても素敵だなあ。だからがんばれるんだなあと、しみじみ感じました。無事遠泳を終えることができて本当に良かったです。

　来年も行きたいです。来年もお天気になりますように！

２）参加者担当リーダーの感想・記録

（1）〈GK＝ゴーちゃんの記録〉；小栗英男（和大教育学部学生）

【8月29日】

　ゴーちゃんは海に入る前から、かなりのやる気を見せており、とてもニコニコしていました。声かけをすると、いくつかの質問などは笑ってくれたり、何か一言で返事をしてくれたりはありました。他の参加者さんのことをよく気にしているところがありました。例えば、イクヤさんが優しいとかです。

　海では「スイスイー」とか「プカプカー」など、楽しんでいましたが、余り泳いでいる感じではなく、犬かきをメインで泳いでいたところがあります。なので、最初のみんなが集まるところまでは、ゴーちゃんを押していました。『あんなこといいな』は、ほとんどできていない感じでしたが、ライフジャケットが邪魔だったのかなーと思います。体操は、足が不自由で、そして変に曲がった体勢なため、なかなか体を動かすことができなかったです。次は、平らなところ（例えば、砂場のところ）で、前向いた姿勢（リーダーと向かい合った関係で？）ですると、より動かしやすかった。毎年、服を着替えることがなかった？ため、少々手間取らせてしまったところは反省します。

　布団を敷く順番を、はじめ間違えてしまいましたが、すぐやりなおして、そう時間はかからなかったです。夜の交流会では、ゴーちゃんは目の前のお菓子を全部食べてしまっていました。夕食はご飯の量も適切にでてきたので良かったです。

【8月30日】

　朝は最初はテンションが低めで、さらにゴーちゃんの物の場所が違っていて、ゴーちゃんがそれに戸惑って何もできなかったのはミスでした。そのため、もう一度場所や物の確認を行い、どこに何があるのかをゴーちゃんに情報提供することで、安心して笑顔が出てきました。

　今回で注意したのは、トイレです。親御さんは「最悪、海でやっちゃってもいいわ」と言われましたが、それはそれで申し訳ないので、何とかトイレで済ませられるようにがんばりました。大便は私ではまだ難しいので、親御さんに一緒にやってもらうなどしていました。ゴーちゃんはトイレに行きたいか行きたくないかは、声かけすれば言ってくれるのでそれで分かり

写真 5-3-5　小栗 L を目標に泳いでいるゴーちゃん

写真 5-3-6　久米 L にお腹を支えてもらって軽い補助を受けながら顔つけ、泳ぐゴーちゃん

ます。

海では、ゴーちゃんは本当に笑顔で楽しく
取り組んでくれていたと思います。『あんな
こといいな』では、顔を水につけることが、
まだ不完全な状態でした。それは浅い海だっ
たからと、まだ泳ぐことにエンジンが付いて
いないからというのもあります。

写真 5-3-7　最後のスパートで、自力で悠然と
　　　　　息つぎをするゴーちゃん

　遠泳スタートしてから、まず、オレンジ色のブイのスタート位置まで泳ぐところは自分がだ
いたい引っ張っていき、そこから他の人（久米 L）と協力して、ゴーちゃんが泳いでもらうよ
うに、アプローチをかけ続け、途中から、完全に顔を水につけて、足もバタバタさせて泳ぎま
した。そのとき、お腹を支えてあげることでバランスが取れて、ゴーちゃんも泳ぎやすいらし
いです。ある程度の距離を泳げたら、浮き（スイムフロート）につかまらせて、休憩時間をと
り、リズムよく泳ぐ＝「泳ぐ→休む→泳ぐ→休む」と繰り返せたと思います。三角形のコース
を泳がずに、少々短く小回りで③のコース（図 5-2-1 参照）を 1 周しましたが、ゴーちゃんに
とっては達成感に溢れていました。

　お風呂は、シャンプーと体を洗うのが、まだ不十分なところがあったので、仕上げだけ私が
しました。指示は明確にすればきちんと行動してくれるので、活動しやすかったですが、たま
に勝手にどこかに行ってしまうのが注意するところだと思います。

（2）〈TS2＝タカちゃんの記録〉；山本寛（和大教育学部学生）

【8月29日】

　泳ぎはとても上手で、輪くぐりをしていました。

　ライフジャケットありとなしで、2 回泳ぎました。足が着かない状態で、ライフジャケット
がないときもスイスイ泳いでいました。

　スイカ割りでは、あまりスイカ割りには興味なさそうでした。しかし、スイカはおいしそう
に、一切れ食べていました。

　タカちゃんは紙に書いてある標語や番号が
好きで、眺めては口に出していました。毎回
遠泳に来ていることもあり、次、どのような
行動をするか、分かっていました。しかし、
みんなより先に行動してしまうことがあり、
「待って」と言っても待ってくれないことが
ありましたが、動きはゆっくりにしてくれて
いました。

写真 5-3-8　少ししんどそうな表情を浮かべて
　　　　　いるが、さっそうと泳ぐタカちゃんと山本 L

私がタカちゃんがつぶやいていることに対して質問をすると、答えてくれて、コミュニケーションが取れました。明日もコミュニケーションをとりながら楽しく遠泳したいです。

【8月30日】

　遠泳2日目でタカちゃんのことが少し分かってきました。ドラえもん*112 で上向きのとき、顔が沈んでしまい、うまくできませんでした。しかし輪くぐりは浅いところでも上手にできました。遠泳ではライフジャケットを着けずに泳ぎました。しんどくなったときは浮きを持ちながら泳ぎ、余裕が出てきたら浮きなしで泳ぎ、合計2周泳ぎました。

写真5-3-9　「ああ今日の遠泳は疲れた」とラストをがんばるタカちゃん

　タカちゃんは毎年泳ぎに来ていて、先に行動することが分かっていましたが、いつもと違う流れのときは、「今年は○○をします」と言うと、落ち着きました。やはり時間があるときは、ポスターを時間つぶしに見ていました。タカちゃんに付いていて印象的だったことは、自分でスケジュール管理をしっかりとしていたことです。しおりを見ながらどこまでできたか確認していました。自分でしっかり見通しをつける力がついていると思いました。待って欲しいときは、ただ単に待って、というよりは、「この部屋で待って」や「椅子に座って待って」と言った方が効果的であることが分かりました。

　2日間を通して感じたことは、私の言葉の伝え方により、タカちゃんが納得してくれるかが変わることが分かりました。2日間とても勉強になりました。有り難うございました。

（3）〈NK＝Kナオヤくんの記録〉；中井史朗（障がい者作業所職員）
【8月29日】

　Kナオヤくんは、このイベント（遠泳）は毎年恒例の行事であり、内容を十分把握されているようで、落ち着いた状態で海に入ることができた。ライフジャケットの着用については、本人は泳力に自信があると思われるが、「着用したい」ということで、意志を尊重し着用してもらう。若干の緊張があったのか、もしくは不安があったのかもしれない。入水してからは、すぐに頭をつけて潜ったり、浮かんでみたりと、とても楽しそうに、また伸び伸びと泳いでいた。

　後半部分で、ライフジャケットを脱いで泳ぐ際に、上を向いて「プカン」と浮かぶことができた。この動きはかなりリラックスした状態でないとできないことであるが、本人は難なくこなせていた。その後、船の間を2周、ライフジャケットなしで泳ぐ動きに無理な力が入っていないように感じられた。途中、水中に顔をつけ、様子を窺っていることもあり、水中への興味が強いのだなと感じた。他にも、船の船外機のマークや、スクリューなどにも強い興味を示し

写真 5-3-10　スタート後ゆっくり、悠然と
クロールをしている K ナオヤくん

写真 5-3-11　ちょっと休憩ね。落ち着いたペー
スで楽しんだ今回の遠泳（K ナオヤくんと史
朗 L）

ていた。そのことは、夕方の記録の際に、本人なりに自由に絵を描いてもらった最中にも描かれていたことからも窺えた。

　全く泳ぎには関係のないことだが、休憩中に犬が紐から離れていたので、K ナオヤくんはそれを怖がっている様子があり、この際私が少し気になったこととして記録しておく。

【8月30日】

　K ナオヤくんの海に入る際の様子は、昨日と打って変わって自信に満ちあふれており、ライフジャケットは要らないと強気の発言があった。『あんなこといいな』は難なくこなし、いざ本番のスタートへ。自信に満ちあふれていたとは言え、スタート時は少し緊張の面持ちで、本人が緊張した際に出る言葉（都道府県名）をいくつか発していた。

　泳ぎ出すと、最初の頃は先を急ぎ力んでいたが、「ゆっくりでいいよ」との声かけにより、力を抜いて泳ぎ出すことができた。浮き（フロートバー）の使い方については、本人よりはっきりと、「要－不要」の答えがあり、必要な際にのみ使っていただくことができた。

　本人は水の中に興味があり、泳いでいる途中で大きく（深く）海中に潜り込んだり、力を抜いて立った状態で沈んでいったりと、自由自在に泳いでいた。K ナオヤくんについては、全く不安なく付き添うことができた。

〈ゴーちゃんのサポートに〉

　遠泳の後半、ゴーちゃんに付き添わせてもらった。浮くことがうまくできず、かなり力んでいた様子だったため、腹部を少し下から支え浮かすと、形は良くなり、バタ足で前に進むことができた。前に進み始めると力みも弱まり、安定した息つぎができるようになった。また、浅瀬に近づくにつれ、安心感が出てきたようで、それまで支えていた手を、本

写真 5-3-12　ゴーちゃんの楽な泳ぎを下支え
する史朗 L

人が払いのけて「自分で泳ぐぞ」という意志を見せてくれた。

　今回の遠泳を通して、普段一緒に仕事をしているメンバーの新たな輝きに出会うことができ、大変良い機会となりました。感動を有り難うございました。

（4）〈TI2＝Iタカちゃんの記録〉
【8月29日】：大西伸弥（障害児教育専攻学生）

　基本的にやりたいこと以外はやらないことが多いので、やりたくなるような声かけをしなければならないと思う。

　『あんなこといいな』では、輪の中に入るのが難しかったが、「○○やって」と言えばやろうとするのでその補助をしていました。泳ぐというよりも、水の中を歩く、跳ねるといった感じで前に進んでいきました。沖で遊ぶよりも、足の着くところで走り回ることの方が楽しそうでした。

写真 5-3-13　Iタカちゃん：フロートから離れ、ようやく自力で泳ぐ体勢に挑んでもらおうと働きかけている瀬角Lと大西L

　始まってすぐは積極的に水に入っていたが、疲れてくると、浜の方を散歩したりしていました。落ち着きがなく、ずっと動き回っていることが多く、テンションが上がりすぎて、周りが見えなくなってしまい、指示が入らないことがあった。そのときに無理矢理視線を合わせて、落ち着かせてから指示すると通りやすかったように思います。スイカ割りにはあまり興味を示さなかったが、スイカを食べることは大好きでした。スイカは2切れ食べました。道に落ちているスイカも食べようとしてしまうことがありました。

：瀬角純平（和大教育学部学生）

　じっとしていることが苦手で、ウロウロしていることが多かったですが、「たかちゃん」と呼びかけると、こちらに反応してくれました。海が見えたり、ご飯の前にはテンションが高く、あまり聞こえないときもありました。

　海では基本的に、波打ち際でバシャバシャしたり、楽しそうにしていました。『あんなこといいな』では、動くことが多かったですが、「手をつないでー」と言うと、手を持って、やろうとする気にはなっていました。ライフジャケットを脱いでも、スイスイ動いて、平気な顔で海に入っていました。靴がきついのか、たまに脱ぐようにしていました。輪っかくぐりは難しそうでしたが、浮きにつかまったりしながら、1人で立ち泳ぎをしていました。

　最後の船の間を泳ぐときは、船に乗ろうとしましたが、がんばって1人で泳いでいました。明日もがんばって泳ぎましょう！

【8月30日】：大西伸弥（障害児教育専攻学生）

〈海に入るまで〉 水際まで行って、足をぬらしていました。今日は晴れていたため、日焼け防止を兼ねて、上着を着て入りました。また、マリンシューズが少し気に入らないのか、しきりに脱ごうとしていました。

『あんなこといいな』では、はじめはライフジャケットを着用してやっていたのですが、顔をつけたり、地面から足を離したりすることを怖がりました。ライフジャケットを外してからは、少し動きやすくなったのか、水とじゃれ合うようにして遊んでいました。輪の中にいることが難しい場面もありました。

〈輪っかくぐり〉では、顔をつけなければならないので、難しいと思ったのですが、上に着ていたTシャツを邪魔だったので脱いだら、そこから顔をつけたり、泳いだりするようになりました。

〈遠泳〉 最初のうちは、フロートにつかまって、浮いているだけでした。少しでも泳いでもらおうと、フロートを取り上げて、フロートまでと目標を定めると、少しずつ泳ぐ姿勢を作っていきました。途中、マリンシューズや帽子を脱いだり、水中メガネを借りて、海中の魚を探したりしていました。

後半に入ると、フロートで休憩する時間を短くしていくことにより、少しずつ、泳ぐスピードが上がっていきました。今回は1周を50分程度で泳ぎ切りました。ライフジャケットを着けていなかったので、時間はかかりましたが、息つぎや、浮くこと、泳ぐことができていたので、来年はタイムが少しでも速くなればと思います。

：瀬角純平（和大教育学部学生）

昨夜は2時過ぎに寝たそうで、朝起きたときは少し眠そうでした。だんだん調子が上がり、海に入る頃にはいつも通りのⅠタカちゃんでした。

『あんなこといいな』や輪くぐりでは集団に入ることも考えつつ、Ⅰタカちゃんのペースを気にしつつ、海に慣れるようにしてみました。輪くぐりでは、『あんなこといいな』では鼻くらいまでしかつけられなかったのが、頭まで潜ってできました。

本番では足の着くところまで歩いていってピンクの棒につかまったり、立ち泳ぎのようになってスタートしました。大西Ｌが前にいて、大西Ｌを目指すように言ったり、オレンジ、白と、ブイを目印に進んでいきました。途中で靴を脱いだり、帽子を脱いだり、開放的になっていきました。2つ目のブイくらいまではピンクの棒を放して背中をトンと押す

写真5-3-14 自力で潜って泳いでいるⅠタカちゃん（2人のリーダーの粘り強い取り組みの成果）

と、泳ぐ形になり、1人で泳いでいきました。2つ目が終わると、1人で泳ぐことが多くなり、棒につかまって休憩をしつつがんばって泳いでいました。沖の方に行くと、「魚は？」とゴーグルを借りて、ときおり下を見ていました。最後のブイ（3つ目のブイ）を越えると、とても泳げるようになり、クロールのような泳ぎができていました。顔が水上にあれば安心するのか、立つような姿勢が多かったですが、泳ごうとしている姿も見えたので、もう少し速く泳げるのかな？とも思います。

お昼にカレーをたくさん食べていました。

遠泳は最初、僕が泳げなかったこともあり不安でしたが、楽しませてもらいました！　こんな貴重な体験ができて良かったです。僕も原先生のような先生になります！　有り難うございました。

（5）〈TM＝タクミくんの記録〉；堂野貴史（障害児教育専攻学生）
【8月29日】

和大から会場まで一緒に車で向かいました。お母さんとたくさん話をしている中、大変静かに落ち着いて座っていました。

初日の海では、小さい頃に行ったばかりで久しぶりと聞いていました。久しぶりだったからか、海への興味が大変強く、しきりに海へ行きたがりました。

いざ、海へ入ると、ライフジャケットを着ていたからか、遠くの方まで泳いでいったり、怖がる様子はありませんでした。かなり興奮していたのか、私や久米Lの指示は全然通りませんでした。何度か休憩しているときも、浅い所で石を投げたり、砂を掘ったりしてずっと遊んでいました。ライフジャケットを着けている間は余裕もあり、足が着かないということもあまり気にしていなかったです。一度、ライフジャケットをとって、遠い所まで行こうとしましたが、足が着かない所から「怖い、失敗！」と言って、前に進めずに戻りました。

息つぎができないので、ライフジャケットがないと息をするのに安心な状態をつくれず、大きな不安を感じたのだと思います。

明日は、ライフジャケットを着て、初めての遠泳なので、最後まで無事に泳ぎ切ることを目指したいと思います。

【8月30日】

遠泳をする前から、テンションは少し高めでした。浅瀬で石を集めたり、胸まで水につかったり、体をたくさん動かしていたので、体力が大丈夫か不安になり、海から上がらせることが少しありました。

写真5-3-15　遠泳スタート後、初参加のタクミくん、堂野Lとともに気持ち良く泳ぎ出す

準備運動では、すべての課題をすべて完全にできました。いざ、遠泳ではライフジャケットを着て泳ぎました。

　前もって1周泳ぐと約束していました。タクミくんの体力や泳ぎを見ると、2周でも可能と思われますが、初めての遠泳、慣れない所での一泊など、ストレスが強いかもしれないと思いました。また初めての参加で「楽しい想い出」を持って帰ってもらい、課題は来年以降に克服していけばいいと思いました。

写真 5-3-16　すでに25分過ぎにトップ到着していたタクミくん。58分かけて到着のIタカちゃんを「お帰り！」と出迎え満面の友情を表す。

以上のことから、今回は比較的余裕を持ったプランにしました。

　タクミくんの課題は息つぎです。しかし、ライフジャケットを着けると沈むことはなく、（普通に）泳ぐのをやめると自然と息つぎができるので、彼の課題が気になることはほとんどありませんでした。

　海では後ろのイクヤくん（IK）に声を掛けたり、ブイを目標にして泳いでいました。休憩は私が「休憩、入れよ」と言うまで取ろうとはしませんでした。浮き棒を持ってバタ足をする形で泳ぎました。バタ足は後半少し疲れてそうでしたが、全体的には元気に泳げていました。1周で終わりましたが、まだまだ余裕があるように見えました。

　その後のカレーも一度お代わりをしていましたし、余裕がありそうなので、来年は2周を目指せると思います。

（6）〈IK＝イクヤくんの記録〉；坂田夏巳（和大教育学部学生）

【8月29日】

　スイスイや教相[113]で一緒に活動したことがあって、面識があったので、コミュニケーションの面では不安はありませんでした。海へ入るまで、遠泳の話などを楽しそうに話していました。とても遠泳を楽しみにしていたらしく、興奮して眠れなかったと言っていました。

　実際、海に入ってみると少し波が高かったので、少し不安そうにしており、あまり沖の方に行こうとはしませんでした。ですが、私や他のリーダーさんのサポートがあると、沖の方に行くことができました。ライフジャケットがあると、それの浮力に任せてプカプカと浮かんでいました。ライフジャケットが

写真 5-3-17　1日目 「おお、みんな良く浮かんでいるな」とすでに浮きを終え、ポッカリと浮かんだ仲間たちに感心し、見とれる？イクヤくん

なくても、沖の方に行くことができ、一緒に『ドラえもん』をしました。そのあとの輪っかくぐりは、離れた所から見ていて、「やりますか？」と訊くと、「いい」と言ったので、2人で少し離れた所で見てました。

　その後の、遠泳の練習のときも陸地で休憩していました。その後もいろいろな話をしました。「明日、遠泳できそうですか？」と訊くと、「分からん」と答えたので、少し不安はありますが、安全面に気をつけて、明日の遠泳に臨みたいと思います。

【8月30日】

　今日は遠泳本番でした。昨日、少し海を怖がっている様子があったので、沖の方に行けるか不安でした。ですが、遠泳の前のウォーミングアップ、昨日とは違って浅瀬で行ったので、不安感は薄れたと思います。泳ぐ前に、「今日、何周泳ぎますか？」と訊いて、1周を目標にして臨みました。ライフジャケットと浮きを持って、ブイの周りを1周しました。

写真 5-3-18　2日目　「さあ、いざ行かん！　今回もがんばるぞ」と、フロートに乗っかって泳ぐイクヤくん

泳いでいる最中、表情は真剣そのもので、特に一番深い所では、かなり集中しており、話しかけても簡潔な返事しか返ってきませんでした。

　泳いでいるときは終始バタ足でした。「少し休憩しませんか？」と聞いても、止まることなくずっと足を動かし続けていました。途中までは顔を水につけて泳ぐということはなかったですが、浅瀬に近づいてくると、水底が見えたので、私が「砂が見えますね」と言うと、そこからイクヤくんは顔をつけて下を見ながら泳いでいました。泳ぎ終わった後、達成感に満ちあふれた表情で、他の人に「お帰り」と言ってもらって嬉しそうでした。

　昨日の様子から、今日、不安に感じていたところはありましたが、イクヤくんも楽しく泳げましたし、私自身も楽しく泳げたので、とても良かったです。

（7）〈AM2＝Mアッちゃんの記録〉；清水壱眞（和大教育学部学生）
【8月29日】

　今日はMアッちゃんにとって2年ぶりの遠泳でした。昨年は遠泳自体なかったので、久しぶりでどうかなっと思っていましたが、見通しが持てていて良かったです。原先生の車で行きたいと言ってさっそく車に乗っていました。着いてからも中華丼は苦手やけど、遠泳に行きたいからがんばって食べると言っていたようです。

　海では、「明日の遠泳、2周泳ぐ」と意気込んでいて、そのために「疲れたくないから今日は泳がん！」と言っていました。しかし海に行くと、スッと入っていき、『あんなこといいな』

も泳ぐのも楽しんでいました。海に入ると、顔をつけるのをはじめは嫌がっていて、ずっとライフジャケットをうまく使って浮いていました。『あんなこといいな』のときも、顔はつけずに、浮いたり、ダルマをしたり上手にしていました。

　一昨年、2周目のときに、「ボートに乗りたい」と言って、2周行けたら乗せたるわと言って、2周泳ぎ切りました。そのことがあって、今年もずっと「明日ボートに乗る」と言っていました。そのために、「泳がん。疲れるから」とまた休憩のときに言っていましたが、「行こうー！」と言うと、すぐ泳ぎに行きました。ライフジャケットが泳ぎにくかったみたいなので、明日は浮き（スイムフロート）だけでも、Mアッちゃんが不安でなければ行ってみたいと思います。そして今も「明日ボートに乗る」とずっと言っているので、もし乗れたら嬉しいなと思います。そのために、Mアッちゃんは2周泳ぐのを全力でがんばるだろうと思います。

【8月30日】

　結論から言います。Mアッちゃんは2周を32分で泳ぎました。まさかタカちゃんの前を泳いで一番でゴールするとは始まる前は思っていませんでした。ずっと「船に乗るー」と言って、「2周泳ぐ」と昨日から言っていました。一昨年よりも距離が大分長くなっていて、2周泳ぐだけでもしんどいはずが、ほとんど休憩することもなく、泳ぎ切ったことは本当に驚きでした。

写真 5-3-19　　1周目の終盤、3つめのブイに向かって泳ぐタカちゃんと先頭を泳ぐMアッちゃん

写真 5-3-20　　2周目、清水Lを目標にトップで来たMアッちゃん

　スタートして初めは2番手で泳いでいました。横を泳いでいると、Mアッちゃんはゆっくりになると感じたので、僕は前に先に泳ぎにいって、「アッちゃん、がんばれ!!　ここまで泳いできてー！」と種類を変えながら声をかけて泳ぐことにしました。すると、1つ目のオレンジのブイくらいで先頭に躍り出ました。はじめはタカちゃんを目標に泳いでいたのが、Mアッちゃんが一番前になったので、もう少し前を泳いで声をかけていました。

　Mアッちゃんは本当にがんばっていて、しんどいとも疲れたとも一言も言わずに泳いでい

ました。「がんばれー」って言っていたのに、途中から「アッちゃん、がんばろうー」、「2周泳ぎきって船乗るぞー」と、自然と「一緒にがんばろうー」と、Mアッちゃんに自分（私）はその気持ちをもらっていました。それだけに、Mアッちゃんが必死でがんばっていたのが自分にも伝わったのだと思います。

2周目スタートするくらいに少し戻りたがるかなと思ったのですが、1回だけ「左に行く」（＊左方面は浜の方）「何回泳ぐ？」と言うと、「2回」と言って、「よし、じゃあ行こうー」となりました。2周目は途中浮き（フロート）もなしで、また

写真 5-3-21　2周目、最沖のブイに向かっているとき、自力で平かきドルフィンで進むMアッちゃん。その前を1周目で最沖ブイに向かうIタカちゃん。

顔も練習ではつけんかったのに、顔を水につけて泳ぎました。本当に止まることなく、泳ぎ切りました。終わってからも、ゴーちゃんやIタカちゃん（TI2）を応援している姿に感動しました。

Mアッちゃんとは4年目のつきあいでした。去年なかったから遠泳は3年目でした。1年目は砂浜で座り込んで海に入ることもなかなかできなかったMアッちゃんが、2年目でずっと入れるようになり、今回の3年目でまさかタカちゃんの前を泳いで、前回よりも長いコースを10分以上は縮めて泳ぎ切るとは驚きであり（＊前回（2010年）は41分35秒→今年は32分34秒）、そして嬉しさもありました。いえ、嬉しさが一番ありました。来年から（遠泳に）来れないのが本当に残念ですが、3年間でのMアッちゃんの成長を見れたことを本当に感謝しています。有り難うございました。

2　〈原通範のメモ〉

【8月29日】

本日、台風15号の余波が少しあり、浅瀬で輪くぐりをすると輪が流されていくような状況であった（それほど波が強かったのと、彼らとしては背の立たない状態になる深場もあった）。でも、雨は上がり、水温も28℃くらいは確保されていたと思う。

参加者は7名＋リーダー10名（久米くん、斎藤さん＝全体リーダーを入れて）。久米くんと斎藤さんのリードで、1時45分から3時20分頃まで、数度浜に上がって休憩を取ったりしながら泳ぎの活動をした。

今日の反省点は、浜から船と船の間を回る際に、ライフジャケットを取って泳ぐ機会をどのように設定するか。これが、波が少しあった関係もあって、みんなが少し不安に

思っていたようだ*。

*（29日の各リーダーのレポートの様子を見る限り、波を参加者さんたちはかなり怖く思っていたようだ。最初ライフジャケットを外さなかったKナオヤ、『あんなこといいな』への参加に消極的だったイクヤ、顔を一度もつけなかったゴーちゃん、ジャケットを外して少し沖に行ってみたら緊張した面持ちで戻りその後はジャケットを着けたままにしていたタクミ、1日目ライフジャケットを着けたままでいて「疲れるから泳がん！」と言っていたMアッちゃん。どの子をとってみても何だか波に飲まれているような様子が表されている。タカちゃんを、こちら沖の船から見ていて気づいたのは、輪っかくぐりをしているとき以外は、ほとんど腕を組んであんまり気の乗らない顔をしてたたずんでいた様子があった。）

明日、『あんなこといいな』を次のようにしてやってみる、とミーティングでみんなに持ちかける。

「・ジャケットあり　と　・ジャケットなし

それで、できるだけ、息つぎを取り入れたり、水の中に潜ったりを中心にして泳ぎの準備となるように、かつ、あんまり時間を取り過ぎない程度にやる」。

こんなことを夕食後のミーティングでも確認し、リーダーたちに言った（多目的室にて）。

【8月30日】

特に、ゴーちゃんの動きを中心に、そしてとりわけ目についた他の人の様子を記述してみる。

《ゴーちゃん》　最初のアップで、ゴーちゃんは『あんなこといいな』の2ステップ（ジャケットあり、ジャケットなし）ではほとんど顔をつけられないままだった。最後の輪くぐりの最後の輪でちょっと顔をつけて行っていた。ゴーちゃん、どうだろうな？今年は??　との思いで、遠泳本番出発前、沖の船に佇み、待つ。ゴーちゃんは出発前、トイレに、リーダー・小栗くんとお母さんを連れ立っていく（確か、Iタカちゃんもトイレに向かっていた）。案の定、待てどもなかなか出てこない。どうやら、海での緊張の上に加えて、フン詰まりの苦しさで、しんどかったのだなあと想像。とりわけ、近況としてのプールでの練習状況ではポールくぐりをいつも積極的に安定して行っていたので、そのことと比べると、海での活動への参加の様子は、かなり停滞気味ではないかと私は不安を感じた。

ゴーちゃんに小栗L以外に、前半は久米L、後半少しは斎藤L、すぐにちょうどそこまで来ていたKナオヤのリーダーをやっていた中井史朗Lが斎藤Lとタッチしてゴー

ちゃんのリーダーに交代。これらのことがリーダー記述からも、船から見ていても大変功を奏していたように思う。ゴーちゃんは最初ほとんど海中に立ったままになっていて、流されて丘に戻されそうになっている（Iタカちゃんとゴーちゃんの2人がみんなの集団から相当後れていた）。

　最初のサメよけネットを浮かべたオレンジブイのライン（ブイライン）までどうやって行くか。もしかしたらそのままそれを越えられないで、そのブイラインだけを回ることを目標にせざるを得ないかと思って危惧していた。しかし、小栗Lと久米L2人でなんとかゴーちゃんを押してブイラインを過ぎた地点に連れてくる中、白の第1ブイ付近まで、顔をつけて水平状態になる体勢づくりをし、息つぎを継続して、小栗Lの持つフロートバーの所まで泳いでいって、着いたら休むというパターンを作っていった（久米Lと小栗L、そして中井Lの記録参照：久米L流にいえばお腹を支えて体を浮かせる。中井Lも同様の表現で、最後のブイラインを過ぎて、自分から、支えようとする中井Lの手を払いのけて「自分で行く」のゴーちゃんの言）。

　こうして今年のゴーちゃんは2人組のリーダーに助けられながら、自力で泳ぐことを思い出していった。

　《Iタカちゃん》　大西L、瀬角Lと一緒に、ゴーちゃんより少し前を行っていた。彼もゴーちゃん同様、海の中で立った状態で居ながら、深い海で漂っていることが多かった。なぜ海の中ではこういう立った姿勢のままでしばらくおれるのか（もちろん彼らも両足を交互に動かしながら立っているのであるが）。それは、海の潮はよく浮くのでこの姿勢が可能なのである。

　彼は、プールでもだいたい底に足を着いて立ったまま移動しながら、ブツブツ独り言を言って、よく遊んでいることが多い。こんなIタカちゃんに対して、大西Lと瀬角Lのリーダー2人はいい感じで、彼の「海で泳ぐ」という心の奥底の気持ちをうまく探り出しながら、彼の全コース（1周完泳）への挑戦を達成させた。

　《Mアッちゃん》　タカちゃんの前に出て、2周にチャレンジ。スイムフロートにつかまってキックで泳ぐパターンを1周目。2周目に入って、フロートをリーダー・清水くんに預け、Mアッちゃん流のドル平（タカちゃんの急ぎのときの泳ぎパターンと似て、顔を上げ気味にして、ドルフィン型プルの、下にかき込むプルをしながらドルフィンキックをして進む泳ぎ）で結構泳いだようだ。とにかく、昨年よりも長い距離（昨年200mに対して、今年は600m～700m）を10分近く短縮して泳いだ（pp. 218-219の清水Lの記録より）。

　《タカちゃんとKナオヤくん》　タカちゃんはとりわけ、ここ数年、泳ぐスピードは少しずつ落ちてきていた。3年前（2009年）、静川Lの背中につかまって泳いだこともあった（第7章 p. 357の写真7-39参照）。しかしそのときは、100m泳ぐか泳がないか

というくらいの距離で、高い波の中だったこともあり、水を飲んだのか等の要因でそうなったようだった。しかし今回の泳ぎでは、背中につかまったのはその1周目のときだけだったかもしれないが、今回はまずサメネットライン付近でフロートバーを持って休んでいたこと、そして私がタカちゃんに着目したときの多くの場面でバーに乗っかりながら泳いでいることが多かったという印象が残っている。

　Kナオヤくんにおいても、今回はかつて（一昨年やその前年波の高い中を悠然と泳いでいた2009年頃）に比べると、フロートバーにつかまっているところが何度かあったように思う。

　でも2人の泳ぎ方をよく考えると、自分自身の体力というか、泳ぎにおけるしんどさを感じ取りながら、新たな泳ぎ方の選択をしているとも考えられなくもない。タカちゃんの場合は、疲労に対処する休憩を取り入れながら2周の目標達成を図ろうとする行為であったのかもしれない。一方Kナオヤくんの場合はそれとも少し違って、2年前頃から水中の魚や生き物を目で追いつつ泳ぐようになっていたことに加えて、今年はとりわけリーダー・中井さんの導きで「ゆっくり行っていい」（「その方がいいんだよ」のニュアンス）をくみ取り、最初からゆっくりと泳ぐパターンを選択していたのかもしれない。タカちゃんとKナオヤの、このような自分自身の内に含む目的のために今泳いでいる泳ぎ方を調整するというようなことは、2人の示した目的的行為＝「自閉症の人の柔軟性を表す行為」なのではないかと思われる。

　一方、ゴーちゃんのお母さんのお話によれば、自閉症の人の最盛期（ピークの活動期）が35歳頃、肢体不自由の人で45歳頃…といった話が共作連（共同作業所全国連絡会）の雑誌に掲載されていたという。タカちゃんは2012年当時で37〜38歳くらいであったので、共作連の話が該当してもいい年頃だったかもしれない（Kナオヤくんの場合は、次の目標のために「ゆっくりと泳ぐ」等、現在の運動行動を調整するなどの純粋に目的的な制御・調整の行為だったのかもしれないが）。

3　〈お母さんたちの感想〉

◆ゴーちゃんの母

　このところ、安定した状態を保っていることもあり、今回の遠泳は事前から大変楽しみにしていました。

　リーダーの小栗くんとは、火曜のプールで面識があったらしく、「知っている」とゴーちゃん。

　着替え、食事、移動等、生活に関する行動がいずれの場面においても、ストレスになることがなく、良い状態のまま遠泳に挑戦することができたと思います。

①事前から安定していること

②小栗くんを知っていたこと

③小栗くんもゴーちゃんの言動に寄り添ってくれたこと

④参加者の皆さんが合宿になれていて、全体にゆったりした雰囲気があったこと

⑤総数がちょうど良いくらいであったこと

等、いくつかのラッキーな要因が重なったと思います。ラッキーでした。楽しかった!! 先生、学生さん、そして皆さんに感謝しています。

◆Kナオヤくんの母

社会人になってから、海で泳ぐことがなくなったので、遠泳は息子にとって貴重な行事だと思います。

小学生から参加して10数年、徐々に見通しを持って、気持ちの余裕もできたのか、夏が来るのが楽しみなようです。

今回、リーダー担当が同じ作業所の支援員さんということで、息子の普段も知ってくれているので、親としてひときわ安心できる会でした。

また、来年も宜しくお願いします。

◆タクミくんの母

今回初めての参加で、行くと決めてからずっと不安でした。海が久しぶりだったし、タクミが波をどう思うか分からなかったので、急に怒り出さないかドキドキでした。

リーダーの堂野くんがうまくリードしてくれたので楽しめた感じです。海に入っていた楽しそうな顔。いい顔でした。感謝！感謝！です。ありがとうございました。

◆イクヤくんの母

昨年、台風で中止になったので、2年越しに待ちに待った遠泳でした。

うれしくて、何ヶ月も前から楽しみにしていました。

前日も、ベストの体調で参加すると、9：10頃から布団に入って、眠ろうとがんばっていました。以前だとうれしすぎてなかなか眠らず、興奮しすぎていたのですが、落ち着いていたので成長を感じました。

参加してからも、よく話を聞いてくれていたように思います。海へはスムーズに入って、楽しんで泳いで遊んでいました。顔もよく水につけていて、あまり嫌がることもなく、バシャバシャ泳いでいた姿が見られてうれしかったです。

夜の交流会の後も眠ってくれるかどうか心配でしたが、みんなが眠りに行ってくれたので、助かりました。

最初眠れなかったようですが、しばらくしたらよく眠っていたと学生さんに聞いて、安心しました。

◆イクヤくんの妹（表5-2-3のₛ-RK♀*）＊この表では96年（彼女8歳時点）までの泳ぎの様子が示されている。

　11年ぶりの遠泳でした。昔は、自分も子どもだったので、お兄さん、お姉さんに遊んでもらったりしてたのが、今は自分が大人になり、目線が180度変わっていました。

　イクヤのことも気づけば面倒を見るのが当たり前になっていたり、本当に時間は短いなと思いました。毎年遠泳も含め、学生さんに関わる機会をとても楽しみに、イクヤもしているし、他の方もとっても楽しそうにしているなと思い、この遠泳の大切さがとても分かりました。学生さんと良い刺激を受け合って、家ではわがままになりがちなイクヤも団体行動をしていました。

　この遠泳をこの先もずっと続けていけるように、私もこれからは手助けをしていきたいと思います。本当に有り難うございました。

◆Ｍアッちゃんの母

　晴天に恵まれ、3回目の遠泳を迎えることができました。波も穏やかです。楽しみにしていた遠泳の目標は2周です。学生さんの清水くんとは3年のパートナーで、本人も泳ぐ気持ち満々、絶好調でした。

　「海に入ることができずに戸惑った1年目。2年目は先生の船に乗りたくてがんばった遠泳。3年目は記録更新を達成。」

　毎年、発見と成長を見せてくれます。学生さんや先生のおかげでとても楽しく過ごせてます。今まで遠泳に参加する勇気がなく、海で泳ぐことがなかったのですが、足がつかないところを泳ぐことは本当に大変なことです。アッちゃんの、目標に向かって泳いでいる姿を見て感動しました。本人もがんばれのかけ声をかけてもらって、すごくがんばってゴールに到着したときは、すっきりした達成感のある笑顔がステキでした。来年も楽しみにしています。先生宜しくお願いします。

4　29年間全体の遠泳を振り返って（事例としてのタカちゃんの成長と退歩に着目して）

　表5-3-1に示すように、遠泳開始の1988年から遠泳終了の2016年の29年間で遠泳合宿を実施できたのが25回。2001年、2004年、2011年、2013年はサメ騒動や台風で中止等にしたからである。障がい児者の延べ参加者は271人、また2回以上複数参加した継続参加者は延べ207人、年による違いはあるが継続参加者が占める割合は毎回平均約80％に上り、実質この遠泳に参加した障がい者は63名（表5-3-2）で、1回のみの参加者は15名、他48名が継続参加者で、うち18回以上の参加者は4名、44名は2回〜9回の参加者であった。

　以下の1）では子ども時代から約40歳時点までの泳ぎにおける成長から退歩の過程までを見せてくれたタカちゃんの泳ぎのおおよそ4分の1世紀の遠泳人生『発達変化』に学んでおきたい。

1）タカちゃんの遠泳合宿参加全22回における泳ぎの成長〜泳ぎの退歩の過程

　この25回実施の遠泳における最多参加者はTS2（タカちゃん）で、1988年時15歳から2012年時39歳までの22回である。写真5-3-22に見る如く、彼の泳ぎはプルしながらのグライドを通じて水中を潜って進み（①〜②）、そのあと浮上していって（③）、呼吸に入る（④）。

　だが彼の泳ぎも、幾多の過程を経て上手に泳げるようになったものだ。

　本章第1節と2節で見た如く、88年から96年までの9年間では、遠泳をスタートして2、3分後には先頭のリーダーにしがみ付く不安いっぱいの遠泳に始まり、しかしそのうち、泳ぐ目標・目的地がどこかが明確になると泳ぐことの力を発揮するようになる。

　89年からはジュースの空き缶を片手でもって泳ぐことで遠泳時の不安を一定解消し、1,500m〜2,000mの遠泳をこなせるように成長してきた。

　しかし、第2節の92年時のリーダー、藤井、丸谷両Lの記録と93年〜96年に付き添いリーダー、主リーダーを担当した勝田Lの記録に表されているように、遠泳に向かうことの不安の解消は、空き缶に頼らなくても、泳力をつけ、その泳力を担当リーダーが上手に引き出すことの中で発揮されるように変化してきた過程が示された時期でもある。彼自身の遠泳時の安定した泳ぎ（勝田Lのいう第3のパターン）は2005年に記録した以下の泳ぎ方（安定した伸びのある平ドル＝呼吸後のグライド時と呼吸のために浮上する際に2度目のプルをして泳ぐ「ドル平」）に見られるところのものである。

　その後97年〜2005年にかけてはほぼ遠泳できる力を定着した形で発揮できていた時期でもある。ただし、彼は2003年4月より親元から100km以上離れた和歌山県内南紀地方の障がい者施設に入所し、和歌山市の親元に住んでいた頃とは違って、水泳とは縁のない環境へと変化する。2003年8月の遠泳時はタ

①水中に潜り、グライドに入るプル

②プルし、グライドに向かっていく

③グライド〜浮上に向かう

④プル・呼吸

写真5-3-22　タカちゃんの遠泳における潜り〜プル・呼吸の安定した泳ぎ
（2005年8月31日撮影）

表 5-3-1　障がい児者遠泳における延べ 29 年間（実施 25 回）の参加者数推移

開催年度	障害者	兄弟姉妹	リーダー	継続参加者	継続参加者占有率	備考
1988	6	0	5			リーダー：木下、八角、石津、亀ちゃん、原（中村民樹＝カメラマン）
1989	16	4	20	5	0.31	
1990	15	3	20	12	0.80	
1991	13	0	14	9	0.69	
1992	11	0	13	10	0.91	
1993	12	2	16	9	0.75	
1994	13	0	13	7	0.54	
1995	12	5	18	7	0.58	
1996	17	6	27	11	0.65	延べ参加者数 115、継続参加者 70、継続参加占有率 65.4%
1997	19	10	30	17	0.89	
1998	19	8	33	17	0.89	
1999	15	6	27	12	0.80	
2000	8	2	13	8	1.00	
2001						サメ騒動にて、美里天文台に変更
2002	13	4	20	9	0.69	
2003	13	3	12	13	1.00	
2004						台風で中止
2005	8	1	10	7	0.88	
2006	9	1	12	9	1.00	
2007	10	0	13	8	0.80	
2008	7	0	10	7	1.00	
2009	8	0	9	6	0.75	
2010	8	0	10	7	0.88	
2011						台風で中止
2012	7	1	9	6	0.86	
2013						台風で中止
2014	7	0	9	6	0.86	
2015	2	0	3	2	1.00	
2016	3	0	4	3	1.00	
合計	271	56	370	207	0.814	延べ参加者数 271、継続参加者 207、継続参加占有率 81.4%

カちゃんが満 30 歳を過ぎた頃である。

　なので、以下のように、その後 3 年を経た 33 歳時の「2006 年遠泳」からはかなり明確に、体力面の減退と普段泳ぎから遠ざかり遠泳時にだけ泳ぐという運動生活状況も反映するとともに、そこに泳力での技能・技術的な不十分さや未発達性（遠泳をする泳ぎとしては呼吸後に行う潜水・グライドのためのプルは余分な動作となる）などが露呈さ

表 5-3-2　1988〜2016 年の障がい児者遠泳（ドルフィン遠泳）参加者と参加回数

開催年度	各遠泳開催年時に参加した障がい児者	障がい児参加者数	継続参加者数*
1988	TS1、TS2、AT、TK、HH、KS	6	
1989	TS2、AT、TK、HH、KS、TN、YY2、MU、YT、KI♀、TN2、YN♀、MH、YU2、NI♀、AO	16	5
1990	TS2、AT、TK、KS、YY2、MU、YT、KI♀、RI♀、TA、MH、NI♀、AO、HO、TS1	15	12
1991	TS2、AT、TK、TN、YY2、HH、MU、NI♀、TH♀、GK、KN、YH、RI♀	13	9
1992	TS2、AT、TK、TN、YY2、HH、TH♀、GK、KN、TA、YU2	11	10
1993	TS2、TN、YY2、TK、TA、TH♀、KN、NI♀、TY、SY2♀、HM♀、RI♀	12	9
1994	TS2、TN、TH♀、GK、KN、TK、RI♀、AN、SN、IK、MU2、KH♀、YI♀	13	7
1995	TS2、TA、IK、GK、AN、RI♀、NK、YH2、YK♀、HM♀、KI♀、ST♀	12	7
1996	TS2、TH♀、YH2、YK♀、YN、TA、GK、NK、KN、IK、MU2、RI♀、TT♀、MN♀、AH♀、AI♀、NI	17	11
1997	TS2、TN、TH♀、YH2、YK♀、YN、TA、GK、NK、IK、TT♀、HM♀、MN♀、AH♀、AI♀、NI、SU、SN、SH	19	17
1998	TS2、YH2、YK♀、YN、GK、NK、IK、TT♀、MN♀、AH♀、AI♀、NI、SU、SN、RI♀、MU2、KN、TK♀、YI	19	17
1999	TS2、YH2、YK♀、YN、GK、NK、IK、AH♀、SU、RI♀、KN、TK♀、YK、HW、MT♀	15	12
2000	TS2、YK♀、GK、NK、IK、SU、TA、YK	8	8
2001			
2002	TS2、GK、NK、IK、SU、TK、SN、TK♀、MT♀、TT、TT2、YN2、SO	13	9
2003	TS2、GK、NK、IK、SU、TK、SN、TK♀、MT♀、TT、TT2、YN2、SO	13	13
2004			
2005	TS2、GK、NK、IK、MT♀、TT、SO、MA	8	7
2006	TS2、GK、NK、IK、MT♀、TT、SO、YN2、MA	9	9
2007	TS2、GK、NK、MT♀、TT、SO、MA、HM♀、AM、YH♀	10	8
2008	TS2、GK、NK、IK、TK♀、TT、AM	7	7
2009	TS2、GK、NK、IK、TT、AM、AM2、YM	8	6
2010	TS2、GK、NK、IK、AM2、YM、AM、TI2	8	7
2011			
2012	TS2、GK、NK、IK、AM2、TI2、TM	7	6
2013			
2014	GK、NK、IK、MT♀、TM、TI2、YK2	7	6
2015	NK、IK	2	2
2016	NK、IK、TM	3	3
合計*	※延べ人数	271	207

参加者＝参加回数
　TS1＝2、TS2＝22、AT＝5、TK＝9、HH＝4、KS＝3、TN＝6、YY2＝5、MU＝3、YT＝2、KI♀＝2、TN2＝1、
YN♀＝1、MH＝2、YU2＝2、NI♀＝4、AO＝2、RI♀＝7、TA＝7、HO＝1、TH♀＝6、GK＝19、KN＝7、YH＝1、
YN＝4、SY2♀＝1、TY＝1、HM♀＝3、AN＝2、SN＝5、IK＝18、MU2＝3、KH♀＝1、YI♀＝1、NK＝18、
YH2＝5、YK♀＝6、KI♀＝1、ST♀＝1、TT♀＝3、MN♀＝3、AH♀＝4、AI♀＝3、NI＝3、SU＝6、SH＝1、
TK♀＝5、YI＝1、YK＝2、HW＝1、MT♀＝7、TT2＝2、YN2＝3、SO＝5、MA＝3、AM＝4、YH♀＝1、TT＝7、
AM2＝3、YM＝2、TI2＝3、TM＝3、YK2＝1

継続参加回数類別
　22≧n≧18 回　→　4 人　TS2、GK、IK、NK
　17＞n≧10 回　→　0 人
　　9≧n≧6 回　→　10 人　TK、TN、RI♀、TA、TH♀、KN、YK♀、SU、MT♀、TT
　　5≧n≧4 回　→　11 人　AT、HH、YY2、NI♀、YN、SN、YH2、AH♀、TK♀、SO、AM
　　　　n＝3 回　→　13 人　KS、MU、HM♀、MU2、TT♀、MN♀、AI♀、NI、YN2、MA、AM2、TI2、TM
　　　　n＝2 回　→　10 人　YT、KI♀、MH、YU2、AN、YK、TT2、YM、TS1、AO
　　　　n＝1 回　→　15 人 ⇒ 63 人*² 　SY2♀、TN2、YN♀、HO、YH、TY、KH♀、YI♀、KI♀、ST♀、SH、YI、HW、YH♀、YK2

　＊　「継続参加者数」とは、延べ 29 年間の期間内において複数回参加した延べ人数のこと。
＊ 2　ここに示した人数「63 人」は延べ 29 年間で遠泳に参加した障がい児者個人の総数。

れ、遠泳を持続していく際の力が落ちてきていることが判明している。こうした例として、2006年リーダーの記録と2009年リーダーの記録を挙げておく。

《リーダー記録・熊倉悠太：ドルフィン遠泳（2006年8月30日～31日）》
●8/30…帽子、ゴーグルなど、全くつけずに泳いでいました。

　最初は救命胴衣をつけていましたが、最後は救命胴衣もとって泳いでいました。しかし泳いでいる途中で疲れたようで、何回か休憩をとっていました。

　また、泳ぐスピードもそこそこ速いです。前と比べるとスピードは落ちましたが、それでも他の人に比べるとタカちゃんの方が速く、またスタミナもあると思います。
●8/31…今日も、昨日と同じで何もつけずに泳いでいました。

　僕は浮き棒を持って一緒に泳いでいましたが、途中で少し疲れたのか、タカちゃんも浮き棒を使って泳ぐことが何回かありました。やはり前に比べると、少し体力が落ちたようです。それでも2周泳いだのはさすがだと思います。

　来年、タカちゃんにつく人は必ず浮き棒を持って泳いだ方がいいと思います。ライフジャケットは嫌がりますが、浮き棒なら別に何も言わずに使ってくれるからです。

《リーダー記録・静川勝哉：和大ドルフィン遠泳（2009年8月30日～31日）》
●8/31…今日の海は朝6時頃は波が静かだったのですが、みんなが泳ぎ始める頃には白波が立っていました。そのため波が高く、タカちゃんにとってすごく泳ぎにくい状況だったと思います。

　今日のタカちゃんははじめはスイスイと顔をつけて泳いでいたのですが、岩を越えたあたり*114で波が高くなってくるし、顔を上げた状態で泳いでいました。私は少し休憩しようと思ってボートからスイムフロートを受け取ると、タカちゃんはすぐに私にしがみついてきました。そのままほとんどスイムフロートをもった状態で泳ぎました。最後のブイを回ったときに、「こっからもうちょっとだから黄色のやつ（スイムフロート）なしでがんばる!!」と言って泳ぎました。しかししばらくすると、しんどそうにしているので、何度かスイムフロートを渡すことがありました。

　上記2006年および2009年のそれぞれ熊倉Lと静川Lの両リーダーの下線部には、そのときの波の状態などによる身体疲労への大きな影響はあったと考えられるものの、これまでのタカちゃんの泳ぎ（本章の表示では特に92年～96年のリーダー記録を参照）では考えられないほどの心身両面での疲労の様子が見てとれる。

　タカちゃんの疲労に関しては、本章第3節の写真5-3-8や5-3-9、そしてその年の山本寛Lの記録（下線部）等を参考にすると、それまで通常示されていたタカちゃんに

したがって、タカちゃんにおいても呼吸後に水中に潜り・グライドをしていく際に、腕をかかずに、「首～体幹～脚部のうねり運動」に焦点化して習得しておれば、けっこう波があっても浮上して呼吸をする際に波の上下動のタイミングを見計らってリラックスして息つぎ動作を制御し得ており、それほど体力を消耗することなく泳げたものと思われる。しかしここまでの技術習得は、本人がその必要性を自覚して学び取っていかない限り身につけられるものではない。

ところが、TS1（トシオくん）の場合は相当に、自己のその時点でできる運動技能に満足をするというよりも、「原先生、（僕に）バタフライを教えてください」というように、自分自身の現実よりも先にある自分の状態に向かって自己変容を遂げようとする成長原動力というか自己創造への内発性を備えているところがある。こうした点が、トシオくんとタカちゃんにおいてのプールでの泳ぎや遠泳での安定した泳ぎの差として生まれてきていた要因ではないだろうか[117]。

---

*65　前掲書＊65 参照。

*93　図 5-2-1（p. 180）のテトラポットより左側前方に見える波止場。船はテトラポットより沖あたりで、波止場まではかなり手前の位置にあった。なお、テトラポットは商標名が Tetrapod（テトラポッド）だが、本著では「通称名」でテトラポット、もしくは簡略化してテトラを使用している。

*94　原通範「発達障害児の遠泳指導」、『教育学研究紀要』（中国四国教育学会）第 42 巻（第 2 部）、1996 年、pp. 423-428.

*95　前掲書＊6（序章）「発達障害児の水泳指導プログラムの検討～輪くぐり教材の意味とその指導効果について」（1985 年報告）、前掲書＊80（第 4 章）「発達障害児における水泳動作時の心拍数変動」（1991 年日本スポーツ教育学会第 11 回報告_於.奈良教育大学）、前掲書＊76（第 3 章）「発達障害児・者の水泳動作の分析」（1992 年日本スポーツ教育学会第 12 回報告_於.福島大学）。

*96　原通範「発達障害児の泳力発達に関する実践的研究―泳力の獲得・発達のパターンと運動機能、精神発達との関連について―」、『発育発達研究』（日本体育学会発育発達専門分科会）第 22 号、1994、pp. 1-12.

*97　「犬平泳」という泳ぎは、AT の泳ぎ方が足のキックは平泳ぎのかえる足、手のかき方は犬かきのように水中で左右交互に手を動かしたり、平泳ぎのプルのように両手腕を同時に挟み付けるようにして胸の方にかき寄せたりするような泳ぎ方・動作を総称してそのように呼んだ。いわば「犬かきかえる足泳ぎ」の方が正確な名称かもしれないが、手短な用語で表して「犬平泳」と呼ぶことにした。そのような造語である。

*98　平ドルは腕のプルが平泳ぎのプル、足のキックがドルフィンキックで「ドル平」と呼んでいいのだが、ドル平泳法との違いを一応次のように区別して使っている。つまり、ドル平では呼吸後の水中へのグライド時に腕を前に伸ばしてプルをせずにお休みして水中

を推進し浮上するが、彼ら障がい児の場合や小児などが顔を水につけて水中に潜っていく際には、両腕を両脇に引き寄せるようにしながらグライドしていく（水中を推進し浮上へと向かっていく）。このように呼吸後に両腕をかきながら水中に進んでいくグライドを使って潜り、再び浮上し呼吸をする際にもプルを使って泳ぐドル平のことを、ここでは「平ドル」と呼んでいる。

＊99　私が本章の遠泳において使用している用語で言えば“平ドル”。

＊100　私の先輩の体育の教員で、障がい児教育の橘先生とともに、私もその1人として参加した情緒障がい児の体操教室を開始し、ともに自閉症児・情緒障がい児についての運動教育的アプローチを手がけられた方（序章参照）。

＊101　自閉児もしくは自閉的傾向をもつ彼らにおいて、いわゆる集団における「リーダー」といった存在となる、あるいは存在のようになれる、といったことはない。しかし、NK（K ナオヤ）の場合は、シンクロや歌シンクロ等の遊びにおいて、最初に泳ぎ出したり、シンクロの一連のプログラムの流れの中で、例えば最後の決めとなるような演技、「ジャンプして飛び込む」などの場面での行為を自らやりたがる。等々を、ここでは「リーダー的存在」と呼んでいる。

＊102　ここに言う「ドル平」とは、＊98、＊99 に言う「平ドル」に同じ。タカちゃん他、障がいのある子たちの「ドル平」は顔をつけて水中に潜るときと、息つぎをするときのどちらにも平泳ぎ同様のプルを使用するので、ここでは一応「平ドル」と呼んでいる。

＊103　体専の遠泳：和大教育学部の体育専攻生の遠泳。藤井くんも、丸谷さんも両方とも、その年の7月20日頃に行われた体専の遠泳に受講生として参加していた。

＊104　自転車漕ぎのような泳ぎ：当時直接堀奥くんから確認してなかったので、もしかすると私の誤解があるかもしれないが、タカちゃんの泳ぎは勝田くんが95年8月31日の記録で書いているように、3つのパターンがある。下記のうちの②の泳ぎがそれに相当する。それは、ドルフィンキックを斜め下の方に蹴りながら、蹴ったことにより顔を上げたままでも斜め前方の方に推進していく。でも③に比べると、進む効率も身体への負担の少なさも劣るものである。

　　①バタフライのような激しい泳ぎ：顔を上げたまま両腕をバシャバシャと跳ね上げながら前に進む泳ぎ、②水面に対して体を垂直にし、両腕を使って上下運動する感じの泳ぎ（①のようには腕を空中に跳ね上げないパターン）、③少しグライドしているような力_{りき}みのとれた泳ぎ（p.81 の写真 3-1-1 参照）、である。その他、休憩するために、p.170 の写真 5-1-⑫に示すような背浮きで両手を体・腰から下に挟み付けるようにしてかく泳ぎ。概ねこの4つのパターンで泳いでいる。

＊105　「伴泳」という言葉は辞書にはないが、記述者の堀奥Lがおそらく「伴走（ばんそう）」という言葉にちなんで「ともに泳ぐ」「泳者に合わせて泳ぐ」、そのような同意味をもつ言葉として使っていたので、ここではその造語を活用することにした。

＊106　堀奥Lが使った言葉（＊98、＊99 に言う「平ドル」と同じような泳ぎ方）。

＊107　勝田Lがタカちゃんの泳ぎを称して示した3つ目の泳ぎで、私が称した「平ドル」で、呼吸後両手で平泳ぎ模様のプル（潜水時のプルでもある）をしながら水中にグライドしたときに両手を前に深く伸ばして推進力も高い、よくリラックスされた泳ぎである。

＊108　私の言う「平ドル」の泳ぎ。しかも求めるお休みのとれた、両手プルをしながら水中前方に深く吸い込まれるように推進していく、グライドをたっぷり行いながらの泳ぎ。ドル平との違いは両腕プルを伴いながらグライドをするかしないかだけの違いで、正にゆったりした「グライド・ドル平＝うねりを伴ったドル平（いわゆる「ドル平2」）とも「ワンキックドル平」との相似形と言っていいだろう（p. 225 の写真 5-3-22 参照）。

＊109　テトラポット：p. 180 の図 5-2-1 参照。

＊110　第3パターンの泳ぎの動作（＊104 の3つ目の泳ぎの説明を参照）。

＊111　ドラえもんのうたの「あんなこといいな、できたらいいな♪」の歌詞に合わせて、「次、あお向き浮きー」などの泳ぎの一コマ動作を、リーダーが（「みんなが」の場合あり）指定し、その動作を行う。そんなウォーミングアップ・水慣れ遊び。

＊112　ドラえもんのうたのこと。

＊113　「スイスイ」とは、和歌山大学の体育館で週に一度、水曜日の夕方5時〜6時の時間帯で、学生たちが障がい児者対象に行っている、体操・ダンス・スポーツ（定番として野球的ゲーム）などの活動。元々は、和歌山大学が栄谷の新学舎に統合移転する数年前に、運動を楽しむ機会の少ない障がいのある子どもたちに対し、附属小学校（旧校舎）の体育館や運動場を借りて、当時学生だった田中一くん（その後和歌山県立みくまの特別支援学校教諭）が始めた活動（そこに家崎先生と私や橘先生などが協力し、その後障害児教育研究会サークルの学生たちが受け継いでいった）。

　　　「教相」とは、教育学部の障害児教育学教室（現・特別支援教育学教室）の橘先生が主となって毎週土曜日の午後、障がいのある子どもたちに障害児教育学専攻の学生たちを主な対象に治療教育的実践活動を行い、橘先生たち障害児教育学教室の先生方はお母さんたちから子どもさんに関するご相談に対応する活動をされていた。「教育相談プール」はそうした実践的授業の一環として、「夏期集中プール」として行われるようになった。

　　　ただ現在は、コロナ禍等々の問題があったりして、外部から子ども・親御さんが直接参加する形態の授業は行っていないとのこと。授業名称は「障害児指導法」として、教材を作成したり等の実践的力量を育てるための授業は行われているが。

＊114　岩を越えたあたり：p. 180 の遠泳コース図 5-2-1 参照。しかし、波が強く白波も立ってきていたので、いつものコースと反対回り（時計の反対回り）で、しかも右側の岩場に近い側にコース設定して泳がせた（p. 334 の図 7-3-1 参照）。

＊115　私たちは 1995 年より少し以前から彼の泳ぎに関与してきて、既に 27 年以上年月が経っている。

＊116　サインカーブの運動＝Sine-Curve → 三角関数における対辺／斜辺＝斜辺と底辺の織りなす角 α ＝ $\sin \alpha$ で示し、∿のような動き（振動）で進む。すなわち、呼吸→キック→潜りグライド→浮き上がりグライド→呼吸を繰り返して進む。いわゆる波動（波）のようにうねり進むのである。こうしたうねり技術を身につけると、腕のプルや脚のキックに過度に頼ることなく水中を進んでいけるので、泳ぎにそれほど体力を要しなくなる。

＊117　TS1（トシオくん）は遠泳時、開始早々用を足したくなり、遠泳に向かうみんなの行く方向と逆方向に進路をとり、用を足した後、また戻って、リーダーにしがみ付くことな

く遠泳を終えていっているし（本章の１）、また第４章に見る 800 m 泳ぎでの心拍数変動にさしたる大きな変動がなく泳いでいる（p. 128 の図 4-2a および p. 147 の図 4-2b）。これに対して、TS2（タカちゃん）の場合は 500 m 泳ぎの中での心拍数の変動（バラツキ）が大きい（p. 130 の図 4-3a および p. 149 の図 4-3b）。

第 6 章

諸行動場面での適応困難性が
高い子どもにおける泳力獲得過程の分析
―2つの事例から―

これまでの章では輪くぐり等の導入による中で、泳力獲得に比較的優れていた子ども
たちを対象としての泳力獲得並びに発展の状況について紹介し、その人たちから水泳中
の動作や身体機能発揮の態様について心拍数などを指標として明らかにしてきた。

　本章では、彼自身の能力発揮が水への恐怖感やその他プールなど、水泳並びに水遊び
時での環境がマイナス的に作用する力として働き、なかなか水への適応がうまくいかな
い障がい児を例に、プール・水との関係が少しずつ改善されていく様子について学んで
みたい。

　学生リーダーそしてお母さんのねばり強い働きかけにより彼らの水との関係や泳ぎの
行動がどのように変容していくか、この点を確認することが障がい児の水泳指導に携わ
る私たちの永遠のテーマであると思われる。

第1節　知的・発達障がい児の水泳技能習得に関する事例的研究

―水慣れの困難な軽い肢体不自由を伴う発達遅滞・自閉傾向児の場合[118]
（8年間の取り組み）―

1　はじめに

　輪くぐり教材を導入することによって、よく水慣れしておりながらも継続した泳ぎの
行為を示すことのできない発達障がい児に、水泳技能の習得を図ることができることが
明らかとなった[119]。ところが、水慣れの困難な障がい児においては手探りの状態に
あったことに触れてその稿では幕を閉じざるを得なかった。

　その後、こうした水慣れに時間を要することもありながら、輪くぐりやビート板の下
くぐり、人垣トンネルくぐり[120] などへの関わりを通じて、最近1〜2年間（1988年
〜89年頃）にようやく25m程度の泳力をつけてきた子どもがいる。本稿は、この障が
い児の約8年にわたる指導実践記録を基に、その子どもにおける課題への関わり過程を
詳細に観察することにより、水への恐怖が相対的に強い発達障がい児の泳ぎの技能習得
に関する知見を得るとともに、こうした子どもの指導方法・プログラムを確立するため
の基礎的資料を得ることを目的とした。

2　対象児

　本児、YY1（ヨウちゃん）は 1974 年 8 月 24 日生で、原著論文執筆時は和歌山市内の養護学校*121 高等部 1 年生である。本児は母が妊娠 3 か月〜 8 か月まで出血が続き入院し、8 か月の早産で出生、2 か月間保育器で育った子である。その後、和歌山県の中央児童相談所で「脳性小児麻痺」「精神薄弱」と診断され、外反*122 の矯正のため、2 歳のときから肢体不自由の通所施設での訓練を継続している。その後の発達経過の概要は以下の通りである。

　首のすわりは生後 1 歳のとき。つかまり立ちは生後 2 歳 5 か月。一人歩きは 5 歳 9 か月（安定して歩けるようになったのは小学校入学後）。発語は 5 歳 10 か月である。また 5 歳頃から、以下のような自閉的傾向の徴候が現れる。

・毎日、和歌山駅でバスを長く見る（最高、7 時間見ている）。
・毎食事のときの家族の人が座る席は変更してもいけないし、席が斜め方向にズレているだけでも我慢できない。
・靴下が毎日替わると我慢できない。
・出されたお菓子、果物はすべて食べてしまわないと気になり、自分で食べてしまわないときはそばにいる人に食べるように強く言う。
・登下校時の道順が変わってはいけない。

　これらの固執的傾向は年齢とともに少しずつ軽くはなってきているが、時々の状態に合わせた強いこだわりは絶えず何らかの形で存在する。例えば、中学生時期、プールで更衣するとき、下着に水が少しついただけで絶対に着ないという時期が続いた。その他、斜視、眼振など、感覚受容系、前庭感覚系における障害も存在する。全般的な発達特徴は、1982 年（7 歳）と 1990 年（15 歳）に調査した津守・稲毛式乳幼児精神発達検査*123 により見られる通りである（表 6-1 と図 6-1）。これによると、探索、社会、言語の領域に顕著な遅れが見られ、自閉児の発達特徴にほぼ類似しているといえる。水泳指導に取り組んだ本研究期間（1983 年〜 90 年）に並行し、特に生活習慣と運動面では発達していることが分かる。

　なお、YY1（ヨウちゃん）の 1990 年時点での実際の測定における身体的、運動能力的特徴は表 6-2 に示す通りである。どの側面においても低い発達水準に止まっている。

表 6-1　YY1（ヨウちゃん）の 82 年と 90 年での発達得点
（津守・稲毛式乳幼児精神発達検査）

発達領域	1982 年 2 月 14 日測定		1990 年 9 月 8 日測定	
	素点	発達年齢*	素点	発達年齢*
運動	63.0	24	68.5	36
探索・操作	42.0	18	41.5	18
社会	30.5	18	34.5	21
生活習慣	40.5	21	61.5	48
言語	22.5	24	25.5	24

＊発達年齢：月齢（m）で示す。

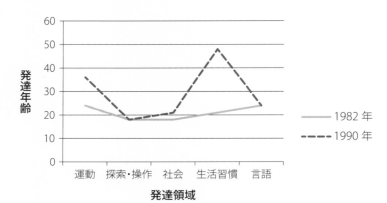

図 6-1　YY1（ヨウちゃん）の 1982 年と 1990 年における発達得点*
＊発達年齢は「月齢」を基に表示

表 6-2　YY1（ヨウちゃん）の体格・運動能力・体力

測定項目	測　定　内　容								
体格・運動能力	身長（cm）	体重（kg）	皮脂厚（mm）	25m 走（秒）	立幅跳（cm）	小ボール投（m）	大ボール投（m）		
値	165	48		9.2	38	7	5		

測定項目	測　定　内　容								
体力	握力右（kg）	握力左（kg）	背筋力（kg）	開眼片足（秒）	閉眼片足（秒）	跳びくぐり（秒）*	単純反応時間（秒）**	選択反応時間（秒）**	逆反応時間（秒）**
値	6	8	15	2	0	103	5.58	測定不能	測定不能

　＊　「跳びくぐり」とは「跳び越しくぐり」のことで、高さ 40 cm のゴム紐の上を跳び越し、そして
　　　くぐって、それを 5 回繰り返し行った、合計の時間（秒）を示している。
＊＊　反応時間測定は、踏み切り板（片足ずつ乗る台）の周りに、前方の刺激提示板に表示されるシグ
　　　ナル（上下および左右 4 方向の矢印）に従って、前後左右 4 箇所に設置された台に乗り移る課題
　　　である。単純反応時間は前方の台にのみ移動し、その同一課題を 4 回実施して、それらの平均時
　　　間を計測値とする。
　　　選択反応時間は前方シグナルに表示された方向に置かれた台に乗り移ること。逆反応時間はシグ
　　　ナルに示された方向とは逆方向の台に乗り移ること。選択反応と逆反応のいずれの反応時間も、
　　　各方向に移った反応時間計測値の合計 4 回の平均値を計測値とする。ただし、後者 2 つの反応時
　　　間課題は一定の理解が得られるまで数度の練習を試みている。「測定不能」は理解・実施できな
　　　かったことを示す。

3 水泳指導実践の記録

　水泳指導実践の期間は前記した通り 83 年から始まっているが、取り組みの実際は次の 2 通りのコースによって行われた。1 つは和歌山大学の障害児教育学教室の主催する教育相談の一環における夏休みの水泳教室として集中的に行われているもの、他は夏休みだけでは全員にとっての確かな成果が得られないということで 1986 年より和歌山市内の温水プールを借りて行われるようになったものである。後者は週に 1 回の年間の定期的な実践として行った。以下、それぞれの実践の概要を述べ、指導者の記録を、前者については全部掲載する。後者に関しては、行動変化のみられないときは原則として省略している。

1）夏休みの集中的指導（夏季水泳教室）において
（1）概要

　本稿第 1 章においても述べたように、25 m の長さ 7 コース分の通常の深さ（大学生から小学生までが使用する）の大プールと、同一距離 3 コース分の浅いプール（小プール）を備えた和歌山大学教育学部と附属小学校が併用するプール（一応「附小プール」と称しておく）において、夏休みの午前に毎日約 1 時間強程度ずつ指導した。

　その実施の詳細は p. 28（第 1 章）の表 1-1 と表 1-2 に示す通りのプログラムで行われた。YY1（ヨウちゃん）は 1983 年からの参加なので、概ね夏休みの 7 日間程度実施し、約 1 時間のうちの前半 30 分程度は準備体操やシャワーを浴び、リズム体操などの後、顔つけや水中石拾い等の水慣れ活動とともに輪くぐりをしたりといったことを参加者共通に試みた。その後 5 分〜10 分程度の休憩の後、個々の子どものそのときの状態に合わせたプログラム・活動を 20 分程度行い、最終的なプログラムとしてリズム体操・ダンスをルーティンワークとして行って、一日のプログラムを締めていく。

　後半の個別プログラムでは、泳げない子どもで水への恐怖心の高い子どもにとっては大プールに入れない場合があるし、逆に泳ぎに慣れてきて水に入りたいばかりの子どもでは前半の小プールでの輪くぐり課題の途中からすぐに大プールに入って活動する。したがって、プログラムはあくまでもおおよその目途として行う活動指針として機能させざるを得なかったのが実際である。

　なお、1980 年〜84 年までは原の指示の下に全体のプログラムは運営されていったが、85 年からは学生リーダーで代表としてのプログラムリーダーを決めておいて、その人が全体のプログラムを進行させていった。そして、個々の子どもにはその子ども担当リーダーが実質的に子どもに直接的に指導しながら寄り添って活動するという形でその日その日を進行していった。

（2）学生リーダーによるヨウちゃんへの指導実践記録

　ⅰ）1983 年（指導者・記録者 = 松山由紀子__障害児教育専攻学生。本児≒9 歳）

①7 月 22 日（1 日目）：

★シャワー；拒否したように顔を下に向けて動かさない（シャワーに顔を向けようとしない）。

★小プールの輪くぐり；今日やっと輪くぐりを行った（腰を曲げたしゃがみの姿勢で）。水中
　が怖いので、連続してやるのは難しい。

★小プール、身体介助しての場面で；「足バタバタ」と自分で言うが、瞬間的に足を離してい
　るだけ。手をまっすぐ伸ばさないので、すぐ沈む。また、口のところまでは沈むことはで
　きる。

★大プール、身体介助しての場面で；怖がって抱きついてくるだけ。

「本児は、水の中にいるのが怖いらしく、また、顔を水につけるのも嫌う。それでまず、しゃ
がむこと、次に口まで水につかって『ブクブク、パアー』の練習をすること、そして輪くぐり
ができることを目標とした。案外、子どもはやってくれて、今日初めて顔まで水につかった。」

②7 月 23 日（2 日目）：

★小プールの輪くぐり；昨日よりも多くの輪の数をこなした。顔を沈めるのは心構えがいるよ
　うで、やるのに時間がかかる。

★小プール、身体介助しての場面（こちらの肩に手を置かせてこちらは彼の脇の辺りで体を支
　える）で；脇を持ってやって息つぎの真似ごとをさせていくと、顔を水につけられないが、
　足を少し浮かせた姿勢で応じてこようとはしている。

★大プール、介助しての場面（小プール同様の介助体勢）で；脇を介助して足を浮かせてやる
　と、3 秒ほどバタ足をする。しかし腕に力が入り浮きにくい。

★顔はまだ水につけない。

「目標 1；輪くぐりをして、潜り、『パアー』（呼気）ができるようにすること→これは、昨日
より、たくさんできた。しかし顔を上げるとすぐに顔を拭き、しばらくの間、目を開けない。
また目を開けるまでにかなり時間がかかる。

　目標 2；大プールで浮かせること→しばらくの間だが、バタ足をした。どうにかして腕の緊
張を取り除きたい。小プールでは口まで水につけ緊張が少し解除されるが、大プールでそれを
させるとすぐに立ってしまう。」

③7 月 25 日（3 日目）：

★小プール、輪くぐり；身体介助がなくとも、くぐって「パアー」をすることができた。くぐっ
　ていく時間が昨日よりもずっと短くなった。

★大プール、身体介助しての場面で；脇を持ってやると、介助に身を任せ、少しの間バタ足を
　することができる。

★準備体操やダンスをおおよそマネして行うことができるようになった。

ⅱ）1984 年（指導者・記録者 ＝ 中島由実＿障害児教育専攻学生。本児≒ 10 歳）

①7 月 23 日（1 日目）:

★シャワー；下にいることができるが、走って向こうに逃げる。目はつぶっている。

★小プール、しゃがみ姿勢で歩く；手を引くとできる。

★小プール、輪くぐりで脚を伸ばした姿勢（prone stretching position ＝ PSP）*124 をとれ
る；どうにか行う（→△）。

★小プール、輪くぐり；手で輪を持ちながら、しゃがみ姿勢で行う。顔をつけてくぐるのは、
どうにか 1 回できただけ。

★大プール；リーダーが付くと、抵抗なく入ることができた。しかし、彼の腕を介助して
PSP をとらせようとすると、リーダーにしがみつく。そして、1 人では大プールに入らな
い。

②7 月 24 日（2 日目）:

★シャワー；前日と変わらず。体を押さえておくと、その下にいることができる。

★小プールで、ダンス；水のかけられるダンスは嫌がるが、そうでないものは手助けしても
らって行う。

★小プールでの様子；前日と同じ。

★大プールで；少しの間、介助により PSP になる。「脚はバタバタ」と言うと、少しの間し
ている。腕は抱きついている。しかし、ひどくしがみついて、引っかかれた。

③7 月 26 日（本児 3 日目）:

★ダンス；気が向いたところだけする。

★小プール、輪くぐり；しゃがみ姿勢で、顔をつけて輪をくぐった。連続的にくぐってもみた
が、評価は（△）。

★大プールには抵抗なく入るが、怖がる。

④7 月 27 日（本児 4 日目）:

★シャワー；目をつぶっているが、水の多くないところではシャワーに顔を向けてもいる。

★小プール、腕の介助で；PSP で脚を伸ばしてリーダーに身を任す。

★小プール、輪くぐり；しゃがみ姿勢で一気に 2 個くらいの輪をくぐる。

★大プールで；抵抗なく入る。横から介助されることは嫌う。ただ、介助で引っ張ってもらい
ながら、1、2 度呼吸動作ができた。

⑤7 月 28 日（本児 5 日目）:

★小プールで；言い聞かせると、「ン・パアー」（止息・呼気）の呼吸動作をしゃがみ姿勢で行
う。肩の介助で、PSP ができる。口と目を食いしばって、小石を拾った。

★大プールで；何度も言い聞かせて、介助による PSP で呼吸動作を行った。

「あまり進歩がなかったなあと、残念です。怖がり屋さんで、そのくせ、煽られるとする。特

に、変な方法（息をしないで輪をくぐる、石を拾う）でやろうとするので、どう指導したらよいか迷った。」

　　iii）1985年（指導者・記録者＝中島由実、浅田育子＿障害児教育専攻学生。本児≒11歳）
①7月23日（1日目）：
★シャワー；下にいる（20秒）。
★プールの水に顔をつける（顔の入水）；0.5秒。
★息つぎ；鼻まで水につけて行う（2回程度）。
★補助浮き身；できる。
★泳ぎ；リーダーの後追い、目標泳ぎで、犬かきにより泳ぐ（6m）。
「顔を上げて犬かきをする。終わったら、うれしがってにこにこ笑う。顔に水がかかることを嫌う。足は自転車を漕ぐように、そこから10cm程度浮き上がって泳ぐ。手は両手を同時に水の中でかく。」
②7月24日（2日目）：
★顔の入水；1秒。
★息つぎ；顔全体、水につけて（4回）。
★補助背浮き身；5秒。
★泳ぎ；犬かきで5m（リーダーの後追い、目標泳ぎ）。
「昨日、バタ足が浮いていた（30cm程度）。顔をつけるとき自分から顔全面をつけた。背浮きの練習、耳までなかなかつからない。背浮きより、一人で泳ぐ方がいい様子。」
③7月25日（3日目）：
★シャワー；20秒。
★顔の入水；1秒。
★息つぎ；顔全面をつけて、3回。
★補助背浮き身；15秒。補助伏し浮き身；2秒。
★泳ぎ；犬かきで、5m（顔を水面から上げたまま行う。脱力状態全くなし）。
「顔を自分からつけた。人に体をさわられる（補助される）のを嫌がる。人が近寄ると、一人で泳ぐと言う。足が沈みがち。力を抜けない。」
④7月29日（リーダー＝水沢（女性）；本児4日目）：
★シャワー；20秒。
★顔の入水；1秒。
★息つぎ；3回。補助浮き身；5秒。
★泳ぎ；犬かき、5m。脱力なし。
「脱力状態で伏し浮きができない。顔を水につけるのを嫌がるので、力を抜いて浮くことがで

きない。一人で手を前に伸ばして浮くことはできない。」

⑤ 7月30日（若村、中島由実；本児5日目）：

★シャワー；30秒。

★顔の入水；1秒。

★息つぎ；5回。

★補助浮き身；60秒。

★泳ぎ；5m。<u>脱力状態あり。</u>

「去年のように甘えが出始めたのか、しきりにしがみつきにくる。ダンスのときには、一人で水中に立っていられない。」

⑥ 7月31日（浅田育子、中島由実；本児6日目）：

★シャワー；30秒。

★顔の入水；1.5秒。

★息つぎ；5回。

★<u>自分一人での背浮き身</u>；3秒。

★泳ぎ；犬かきで、10m（輪くぐりは、1日1回ずつやらせていた模様。だが、顔を入水してくれない）。

「今日はよく泳いだ。<u>『一人で泳ぐ』と言っては25mを、足を着きながらも、4〜5回泳ぎきる</u>。顔は上げたまま、時々つける、という泳ぎで。」

iv）1986年（指導者・記録者＝浅田育子。本児≒12歳）

① 7月21日（1日目）：

★顔の入水；1秒。

★息つぎ；2回。

★補助背浮き身；20秒。

★泳ぎ；水中に浮いて進むことはできるが、泳ぐというところまではいかなかった（犬かきで、数秒間、2〜3m）。

② 7月22日（2日目）：

★顔の入水；1秒。

★息つぎ；2回。

★補助背浮き身；1.5秒。

★泳ぎ；犬かき、5m。

「去年よりも泳がない。水に入っているのはうれしそう。」

③ 7月23日（3日目）：

★シャワー；30秒。

★顔の入水；1秒。

★息つぎ；3回。

★補助背浮き身；15秒。補助伏し浮き身；2秒。

★泳ぎ；輪くぐりで、1m。

「手は犬かき、足はバタ足で、顔はあまりつけない。リーダーに引っ張ってもらうと、脚は伸びて泳ぐ体形になる。しかし、笑ってばかりで、あまり泳ごうとしない。何をするにしても、自分ですると言う。泳ぐのは怖くはないようで、単に水で遊んでいるという感じである。」

④7月24日（4日目）：

★シャワー；30秒。

★顔の入水；1秒。

★息つぎ；4回。

★補助背浮き身；15秒。補助伏し浮き身；1秒。

★泳ぎ；3m（プルは犬かき、キックはバタ足で）。

★輪くぐり；1m。

「バタ足をあまりしないために顔が沈んでくる。顔は、言えば、水につけるようになってきた。そして、顔はあまり拭かなくても次の動作に移れるようになってきた。」

⑤7月26日（本児5日目）：

★シャワー；30秒。

★顔の入水；4秒。

★息つぎ；3回。

★補助背浮き身；15秒。補助伏し浮き身；2秒。

★泳ぎ；犬かき・バタ足で、3m。

★輪くぐり；1m。脱力状態はなし。

「最後まで、あまり泳がなかった。水に入っているだけで楽しそうなので何も言えなかった。顔をつけると浮きそうなのであるけれど、少し肩に力が入っている。」

　　v）1987年（指導者・記録者＝安口克也__教育学部学生。本児≒13歳）

①7月21日（1日目）：

★シャワーの下に；10秒、いることができる。

★顔の入水；顔までスッポリとつけられる（1〜2秒）。

★息つぎ；口、鼻までつけて行う（1回）。

★補助背浮き身；20秒。

★泳ぎ；顔を上げたままだと、15m程度。息つぎで5mほど。

「顔を上げ、犬かきで15mほど泳いだ。しかし、ちょっとしんどそうであまり泳ごうとはし

なかった。」

② 7月22日（2日目）：

★シャワーの下に；15秒。

★補助浮き身；25秒。

★輪くぐり；足を床から離すことができる。

「今日、あまり泳がなかった。水中のホースくぐりが何とかできる。しかし、連続してはできなかった。」

③ 7月23日（3日目）：

「今日は、ほとんど泳がなかった。泳いでもすぐに足を着いてしまうので、何とか泳げるようにしたい。」

④ 7月24日（4日目）：

★シャワーの下に；20秒。

「顔を水につけたら、すぐに足を着いてしまうので、連続できるようにしたい。」

⑤ 7月27日（本児5日目）：

「今日はあまり泳がなかった。音楽に合わせて踊っていた。」

⑥ 7月28日（本児6日目）：

★シャワーの下にいる；30秒。

★顔を上に向けられる；5秒。

★息つぎ；口、鼻までつけて、4回連続。

「音楽に合わせ、踊っていた。『ン・パアー』が連続してできるようになった。今日はいつもよりよく泳いだ。」

⑦ 7月29日（本児7日目）：

「今日は、今まで見てきた中で最も泳がなかった日だ。今までの疲れが出てきたみたいだった。」

⑧ 7月30日（本児8日目）：

「今日はほとんど泳がなかったので、音楽に合わせて跳んだり、踊ったりさせた。」

⑨ 1987年水泳教室の全体感想：「あまり泳げないようだ。プールサイドで音楽に合わせて跳ぶのが好きだったみたいだった。」（安口克也）

　vi）1988年（指導者・記録者 ＝ 一ツ田啓之＿障害児教育専攻学生。本児≒14歳）

① 7月21日（1日目）：

★シャワー下にいる；3秒。

★顔の入水；顔まですっぽり（3秒）。

★輪くぐり；顔まですっぽりつけて、両足を浮かせてくぐる。

★泳ぎ：犬かき。顔を上げたままで 5 m、息つぎして 5 m。

「少し臆病なところがある。水の中で目を開けられない。すぐに顔に手をやる。」

② 7 月 25 日（本児 2 日目）：

★シャワー下にいる；8 秒（教室終了後、20 秒やった）。

★泳ぐ；息つぎをしながら、犬かきで（10 m）。

「前回と同じような感じだったので息つぎをさせてすぐに顔に手を持っていかないようにさせた。少々荒かったかもしれないけれども、2 ～ 3 回息つぎをして 10 m 泳げた。」

③ 7 月 26 日（本児 3 日目）：

★シャワー下にいる；10 秒。

★顔の入水；顔まですっぽり（7 秒）。

★泳ぐ；息つぎしながら、犬かきで（15 m）。

「息つぎをしても、すぐに顔に手を持っていくことが少なくなった。今日は、犬かきで息つぎも入れて 15 m も泳げた。水の中で目を開けられない。」

④ 1988 年水泳教室の全体感想：「今回は 3 回しか参加できなかったようで、十分練習できなくて残念だった。次第に水に慣れつつ泳いだ。しかし、息つぎをして泳ぐのは少し苦しいようだ。決定的な欠点は水の中で目を開けられないことだ。臆病なところがあって、水を怖がるところがある。一応、息つぎの基本はできている。犬かきで遠泳ができればいいが、顔を出しているとどうしても足が沈んでくる。クロールか平泳ぎでできればいいけれど。まず、水の中で目を開けることと、犬かきで 25 m 泳ぐことが課題だと思う。」（一ツ田啓之）

vii）1989 年（指導者・記録者 = 迫俊介__障害児教育専攻学生。本児 ≒ 15 歳）

① 7 月 21 日（1 日目）：

★シャワー；下にいる、40 秒。顔を上に向ける、15 秒。

★顔の入水；顔まですっぽり、15 秒。

★息つぎ；3 回。

★背浮き身：10 秒。補助伏し浮き身；10 秒。

★輪くぐり；くぐるとき、足を床から離す。息つぎ回数；2 回。

★泳ぐ；息つぎして進む、8 m。

★背浮き身で進む、5 m。

「泳げると聞いていたのですが、今日はあまり泳げていなかったみたいです。うまく泳げるように補助していきたい。」

② 7 月 22 日（2 日目）：

★シャワー；下にいる、60 秒。

★顔を上に向ける、15 秒。

★顔の入水；頭まですっぽりいれる。

★息つぎ；5回。

★補助浮き身；背浮き、伏し浮きとも、30秒。

★輪くぐり；頭まですっぽりとつけ、両足を浮かせる（息つぎ回数；10回）。

★泳ぐ；息つぎしながら、25m。背浮き身で進む、10m。

「今日は、がんばって、25m泳ぎました。バックでも結構健闘しています。まだまだ距離は伸びると思いますので、可能性にチャレンジ！」

③7月24日（3日目）：

★顔の入水；頭まで入れた。20秒。

★息つぎ；6回。

★補助浮き身；背浮き、伏し浮きとも、40秒。

「今日、いま少し調子が悪く、すぐに足を地面に着いたりしました。バックを結構練習しましたが、あまり進みませんでした。『原先生』と呼ぶことを連発しました。」

④7月25日（4日目）：

★泳ぐ；背浮きで進む、12m。

「今日は、なかなか機嫌が良かったです。25mを3回行きました。もっと行けそうな気もするのですが、ターンのところでうまく次に続きません。その辺を何とか指導したい。」

⑤7月26日（5日目）：

★シャワー；顔を上に向けていられる、30秒。

★泳ぐ；息つぎしながら、ドル平も入れて、50m。

★背浮き身で泳ぐ、15m。

「今日は25mを、5〜6回行きました。バックも何回かやりました。50mも1回やりました。ターンはできません。しかし、ドルフィンキックができました。最後の方はしんどかったのか、あまり動けませんでした。がんばって記録を伸ばしてほしい。」

⑥7月27日（6日目）：

★顔の入水と息つぎ；顔をすっぽりとつけて、10回。

「今日は、原先生のゴーグルをお借りして、目を開ける練習をしました。水中ではまだ目は開けられませんが、顔を上げたとき、すんなり開けられるようになりました。明日はまた、泳ぎにチャレンジです。」

⑦7月28日（7日目）：

★シャワー；顔を上に向けていられる、40秒。

「いよいよ最後の日となりました。25mはもう楽勝です。時々足が止まってしまったり、動きが鈍くなったりしましたが、全体的にしっかり泳げるようになりました。来年もこの調子でがんばってほしいと思います。」

⑧ 1989 年水泳教室の全体感想：「去年も泳げたと聞いていたのですが、今年はかなり進歩したように思います。時々プールサイドでじっと動かなくなることもありましたので、もう少し自分から動いてほしいという気もしましたが、来年はまだまだ泳げるようになると思いますので、がんばってほしい。」（迫俊介）

viii）1990 年（指導者・記録者 ＝ 迫俊介、本児 ≒ 16 歳）

① 7 月 23 日（1 日目）：

★顔に水がかかること；頭まで完全に水につけることには抵抗がある。

★浮く、潜るなどの水慣れ；一人で浮くのは少ししんどい。

★泳ぎの動作特徴；足をまだうまく使えない。手の動きはほぼ完璧である。

★好きなこと、あるいは嫌いなこと；リバープール*125 はあまり好まない。潜ったりすることも嫌がる。

★本日の全体的様子；いうことを聞いてくれなかったことが多い。

② 7 月 24 日（2 日目）：

★顔に水がかかること；頭まで水につけることには少しまだ抵抗がある。

★浮く、潜るなどの水慣れ；一人で浮くのはまだしんどい。

★泳ぎの動作特徴；今日、足（のキック）をほとんど使えていなかった。手のかきは良い。

★好きなこと、あるいは嫌なこと；リバープールは積極的に参加していった。

★全体的な調子；指示通りにしてくれたことも多かったが、最後、プールからなかなか上がってくれないのは困る。

③ 7 月 25 日（3 日目）：

★顔に水がかかること；顔に水がかかることは全く平気だが、潜ることは少し怖がる。

★浮く、潜るなどの水慣れ；一人で浮くのも、少ししんどそうです。

★泳ぎの動作特徴；手の動きは相変わらず良いが、顔を水につけたときに手のかきが止まってしまう。

★好きなこと、あるいは嫌なこと；今日、あまり進んで泳ごうとはしなかった。もう少し積極的に練習してほしい。

★全体的な調子；一番最後にすんなりと、プールから上がってくれたのは良かった。もう少し指示に従ってほしい。

④ 7 月 26 日（4 日目）：

★顔に水がかかること；慣れたようですが、顔を水につけるときとつけないときの間にムラが多い。

★浮く、潜るなどの水慣れ；一人で浮くのはまだ若干しんどそうである。

★泳ぎの動作特徴；手の動きと足の動きは、初めはバランスがとれていましたが、時間が経つ

につれ、バランスがなくなりました。

★好きなこと、あるいは嫌なこと；初めは進んで泳ごうとしましたが、時間が経つにつれ、だんだん言うことを聞かなくなりました。

★全体的な調子；もっと先生たちの言うことを聞いてほしい。かなり気分にムラがある気がする。

⑤ 7 月 27 日（5 日目）：

★顔に水がかかること；顔を水につけようとしなかった。

★浮く、潜るなどの水慣れ；最初、いきなり 15 m くらい泳いだが、鼻に水が入ったと言って急に泳がなくなり、それからは全然泳ごうとしなかった。

★泳ぎの動作特徴；平泳ぎをしていた。足が、まだバタ足のような感じがした。

★好きなこと、あるいは嫌なこと；鼻に水が入ってから全然泳ごうとしなかった。

★全体的な調子；橋渡し*126 は怖いと言って、嫌がった。

⑥ 7 月 28 日（6 日目）：

★顔に水がかかること；顔を水につけるときとつけないときと、気分にムラが激しいときがある。

★浮く、潜るなどの水慣れ；一人で浮くのがまだしんどそうです。

★泳ぎの動作特徴；犬かきの動きでした。手が平泳ぎの動きがありましたが。

★好きなこと、あるいは嫌なこと；初めは進んで泳ごうとしましたが、途中から全く泳ごうとしませんでした。

★全体的な調子；言うことを聞いてくれないことが多かった。もっと言うことを聞いてほしい。

⑦ 1990 年水泳教室の全体感想：「やればできる子なのですが、言うことを聞いてくれなかったことが多く、少し残念でした。」（迫俊介）

（3）夏休み水泳の集中的教室においてのまとめ

　以上、1983 年の夏休みから 1990 年の夏休みまでの夏期集中水泳教室におけるヨウちゃんのプールや水泳との関わりの過程について、彼を担当した学生リーダーの記録をそのまま掲載し記述してきた。

　表 6-3 にその結果を表してみた。

　この表より、顔に水がかかることも嫌がっていたヨウちゃんが 85 年夏休みの水泳教室から顔などに水がかかっても大丈夫なように変化してきていることがはっきりと表されている。

　『シャワー』において 83 年や 84 年頃では、「拒否したように顔を下に向けて動かさな

表 6-3　YY1（ヨウちゃん）の和大 25 m プール夏期集中教室での水慣れ・泳ぎの変化

実施時期（年月日）	シャワー下に持続（秒）	シャワーへの顔向け（秒）	顔の入水（秒）	息つぎ（回数）	補助背浮き（秒）	伏し浮き（秒）	泳ぎ：顔上げて（距離m）	泳ぎ：顔入水 輪くぐり含（距離m）	背浮き泳ぎ（距離m）
850723	20		1	2			6		
850724			1	4			5		
850725	20		1	3	15		5		
850729	20		1	3	5	2	5		
850730	30			5	60		5		
850731	30		2	5			10		
860721			1	2	20		2		
860722			1	2	15		5		
860723	30		1	3	15	2	3	1	
860724	30		1	4	15	1	3	1	1
860726	30		4	3	15	2	3	1	1
870721	10		2	1	20		15	5	
870722	15				25				
870723									
870724	20								
870727									
870728	30	5		4					
870729									
870730									
880721			3				5	5	
880725								10	
880726			7					15	
890721		15	15	3	10	10		8	5
890722		20		5	30	30		25	10
890724			20	6	40	40			
890725								25	12
890726		30						50	15
890727				10					
890728		40							
900723									
900724									
900725									
900726									
900727							15		
900728									

＊本児は 83 年夏から参加しているが、83 年および 84 年は水が怖くて、シャワーの下で顔に水がかかったり顔をシャワーに向けたりすることができず、数値記録として表せるようになった 85 年からのデータを載せている。

い」（83 年）、「下にいることができるが、走って向こうに逃げる」（84 年）であったのが、85 年は当初より 20 秒間ほどその下にいられるようになってきている。そして、プールの水に 1 秒だけれども顔を少しつけていられるようになっているし、息つぎの回数なども日が経つにつれて徐々に増えてきていることである。すなわち、それまでは怖くて仕方がなかった水にようやく我慢できるようになってきた段階が、この 85 年から始まっているのである。 3 年の歳月とはすごいものであることが分かる。

85 年に続いて、大きな変化としては見いだしにくいものの、86 年、87 年においても水との関係が少しずつ少しずつながら変化していっている様子が見てとれる。86 年では顔を入水しての潜りの動作が発生していること（7 月 23 日から 3 日間の参加機会で「顔を入水しての泳ぎ（輪くぐりを含む）」で 1 m が記録されていること。また 87 年では「顔を上げての泳ぎ」が 7 月 21 日ヨウちゃん初日で 15 m を記録し、「顔を入水しての泳ぎ」が息つぎを伴って「5 m」と記録されていること、その他ヨウちゃん 6 日目の 7 月 28 日に「シャワーに顔を向けていられる時間」が 5 秒、「息つぎ回数」が 4 回を記録していること等、着実に水に慣れる状態も増していることが分かる。

　こうした成果のきっかけは、83 年の段階から取り組んでいた「輪くぐり」において、ヨウちゃんが水を怖がっているその気持ちを酌んでリーダー松山さんは、「それで、まず、しゃがむこと、次に口まで水につかって『ブクブク、パアー』の練習をすること、そして輪くぐりができること」というように、徐々に徐々に、水への抵抗を少なくする方法を根気強く試し、その結果「案外、子どもはやってくれて、今日初めて顔まで水につかった」（p. 240）と報告していることに示されているように思う。それを引き続いて担当してくれた各リーダーたちがそのときそのときのヨウちゃんの状態を見計らいながら丁寧に指導してくれていったことの成果が徐々に徐々に開花していったものと考えられる。

　85 年以降の取り組みの中でヨウちゃんの泳ぎ・水慣れに大きく変容の兆しを見せるのは、89 年の夏休みの 7 日間ということなのだが、しかしその前年度、88 年の 3 日間の参加の機会も前兆の機会であったのではないかと見逃せない。

　というのは、88 年の 7 月 21 日、25〜26 日において、輪くぐり等への取り組みも含めて、顔を入水しての泳ぎが 5 m、10 m、15 m と一気に 2 桁の距離を継続して泳ぐことへと繋げているからである。

　そして彼がプールにおいて継続して泳げることを決定づけていった 89 年の 7 日間の夏期集中の泳ぎにおいて、どの項目においてもヨウちゃんが水との関係を深め、とても良好な関係となっていったことが記されている。典型的には、その期間の中で 25 m 継続して泳げたのが 2 回、25 m 継続した後また続けて 25 m、合計で 50 m の距離を泳げるに至っていることと、「シャワー」や「息つぎ回数」「浮き身」などにおいてもそれまでのどの年よりも多くの回数や持続時間などを拡張できていることが数値上も明確に示されている。このような変化大だったのが 89 年の夏である。

　ところが 90 年になって、それまでの紆余曲折も一定含みつつ右肩上がりの水泳への良好な変化が急に崩れていくかのように、何らかの数値的な変化の記録が何ら示されなくなっている。そのときにリーダーであった（その前年度もリーダー）迫くんは概ね連日のように、「好きなこと、嫌なこと；今日、あまり進んで泳ごうとしなかった。もう

少し積極的に練習してほしい」（7月25日）とか、「顔に水がかかること；顔を水につけるときとつけないときと、気分にムラが激しいときがある」（7月28日）、「好きなこと、あるいは嫌なこと；初めは進んで泳ごうとしましたが、途中から全く泳ごうとしませんでした」（7月28日）、そして最後の全体感想として「やればできる子なのですが、言うことを聞いてくれなかったことが多く、少し残念でした」（7月28日）と報告している。

　以上、ヨウちゃんの83年～90年の8年間における水との関係や泳ぎの変化が大きく示されていくところに着目して取り上げてきた。一方、次の項2）において86年9月以降和歌山市内の温水プールを使用させてもらって毎週1回プールで泳げる機会を季節に関係なく持てるようになったことの記録を紹介する。

２）社会保険センター温水プールでの火曜日の水泳指導において
（１）概要
　86年秋（9月）より、夏休みの期間だけでは水慣れに時間を要する子どもたちを泳げる段階まで指導するのはまず不可能に近いという実感から、温水プールで定期的に指導する機会を模索し提供してもらえるプールが見つかった。提供していただいたプールは和歌山社会保険センターのもので、15ｍ×8ｍ（4コース）の大きさである。1週に一度の割合で、火曜日の午後4時30分～5時30分の1時間を専用でお借りできることになった*127。

　86年は、まだ泳げるようになっていない段階の子ども、87年から泳げるようになった子どもも参加することになった。指導者は、和歌山大学教育学部障害児教育教室（現在では「特別支援教育教室」）で実施している「教相（きょうそう）*128」参加の学生のうちの1～2名の学生がリーダーとして参加してくれて、原通範とお母さん方とともに「火曜プール*129」を運営することになった。

　ヨウちゃんは86年温水プール（火曜プール）での教室2回目の9月9日から参加していて、原の観察記録と直接プールに入って彼に付き添って指導してくれた彼の母の記録をもとに、彼の様子を記している。

　ここでは、86年9月以降、そして彼が概ね定期的にプールに参加していた90年7月までの期間を対象に、温水プールでのヨウちゃんの泳ぎと行動の様子を記録し、以下、大きく3つの時期に着目して、彼における泳ぎの技能と行動における変化について確認・検討をしたいと考えている。

◆彼は87年夏休みの和大での集中的教室において、シャワーにも顔を向けていられるようになり、顔をつけての泳ぎを5ｍほど続けて泳げるようになった（p.250、表

6-3 参照）。ここに至るまでの温水プールでの泳ぎや行動の様子。

◆とりわけ夏休みの教室で 25 m 以上を泳げるようになった 89 年度の大きな成果（表
　6-3 参照）に向けての温水プールでの 88 年秋（9 月）〜89 年 7 月の期間における彼の
　泳ぎにおける変化の様子。

◆そして 90 年夏休みの大学でのプール指導において泳ぎが停滞してしまって、指導者
　の言うことも聞かず、泳ぐことに消極的になっていった（pp. 248-249、ⅷ）1990 年
　指導者・迫俊介くんの記録参照）。ここに至るまでの 89 年 9 月〜90 年 7 月までの温
　水プールでの泳ぎや行動の様子。

　このように、和大夏休みの水泳教室における泳ぎや行動における大きな変節点（行動
変容・発達変化の時期）に着目して、そこに至る温水プールでの泳ぎのスキルや行動が
どのように関連していたのか、ヨウちゃんの泳ぎの発達・変化について分析・検討を試
みる。

（2）全体指導者（原）と母親のメモによる指導記録
　まず 86 年 9 月からの火曜プールでの様子から取り上げてみる。
　なお、1）に取り上げた夏休みの集中的水泳教室（以下、「和大夏季水泳教室」）以後
の 9 月から翌年 3 月までの期間を「○○年後半期」、翌年の新学期の 4 月から 7 月夏休
み前までの期間を「△△年前半期」と呼んでおくことにする。とりわけ内容として記載
するのは、それ以前の日に比べて泳ぎや行動に変化があった時や、行動の状況等の説明
を加えておく必要があるときに行っている。

　　ⅰ）《86 年後半期》
①9 月 16 日（本児 2 回目）：
　原の記録；一人ずつ行った輪くぐりで顔をつけ、体を浮かせてゆっくりと落ち着いて
いった。しかし目を開けていないので、顔を上げるところがいろんな方向に逸れる。
　母の記録；水中に顔をつけている間が少し長くなったようです。自分でもそれが分
かってきているようです。
②10 月 7 日（本児 4 回目）：
　原の記録；縦の輪くぐり[*130] で、足をプールフロア[*131] より浮かせて行えた。ただ、
足を動かすことができないのと、フロアを蹴って出られないのとで進まない。

ii）《87 年前半期》

① 4 月 14 日（本児 1 回目）：

　原の記録；顔をつけて潜ることが落ち着いて行えだしている。ただし床を蹴っての蹴り伸びがとれない。一応水中に浮かぶと伸長状態をとろうとするが、体がクネクネと動き水をキャッチするキックができない。

　母の記録；★シャワーの下に 10 秒いられる。

　　　　　　★顔まですっぽり水につけられる（7 秒）。

　　　　　　★補助で伏し浮き身（20 秒）。補助で背浮き身（10 秒）。

　　　　　　★輪くぐり；両足を床から離すことができる。

　　　　　　★一人で伏し浮き身（3 秒）。一人で背浮き身（3 秒）

　　　　　　　（p.260 の表 6-4 参照）。

② 5 月 19 日（本児 5 回目）：

　原の記録；目を水中で開けることはできないが、初めて水中において自分で体を動かして進むことができるようになった（1 m ほど）。立ち上がるときにも慌てなくなってきている。

　母の記録；★補助伏し浮き身（約 60 秒）。

③ 5 月 26 日（本児 6 回目）：

　原の記録；自力でプールフロアを膝で押して、PRONE ポジション*124 に近い形をとり、漂うようなスピードで進むことができるようになった。ホースロープ*132 の上を P ポジション*124 をとらせると、自力でロープを越える程度に進むようになった。

④ 6 月 2 日（本児 7 回目）：

　原の記録；ホースロープの上を進むと、途中で足を着かずに 3 本程度（5〜6 m）連続して進んだ。次のロープに進むときは横の紐を持ってたぐり寄せるように進む。

⑤ 6 月 16 日（本児 8 回目）：

　原の記録；ホースロープの上づたい、および下くぐりは安定してきた。距離は 2〜3 m ずつぐらいが継続の単位。ホースのない所では、彼の前方 1〜2 m くらいの所に立ってやると、そこを目標に倒れながら進んでくることができる。しかし、その「倒れながら…」というのは、指に触れるか触れないかといった程度に離れた場所に手を置いてやり、それに片手でタッチさせながら進むと付いてくるというものである。

iii）《87 年後半期》

① 9 月 22 日（本児 2 回目）：

　原の記録；ビート板の下くぐりに取り組ませた。最初かなり緊張していた。足から進もうとし、顔は最後にくぐるようにしていたが、数回チャレンジする間に顔を先にくぐ

らせていくこともできるようになってきた。

② 10月20日（本児4回目）：

　原の記録；ビート板くぐり；両足を後ろに伸ばし、キックもある程度組み込んで行えるようになってきた。

③ 10月27日（本児5回目）：

　原の記録；ビート板くぐり；ビート板を2個置いたところ、それをくぐることができた。潜ってから確実に床を蹴り、ほぼ水平に近いポジション（Pポジション＝PSP）で浮き身がとれるようになってきた。

④ 11月17日（本児7回目）：

　原の記録；ホースロープくぐり；だんだんロープを持たずにできる（軽く触れる程度に）ようになってきた。しかしまだ不安感を拭いきれず、足を先に前に出そうとする。ビート板くぐりでは、膝から下を床にすらせ、顔を潜らせた姿勢でくぐる。母親にビート板の前についてもらうと、そこを目標にきちっとくぐる。ロープくぐりではどうしてもロープを持ってしまう。

　iv）《88年前半期》

① 5月24日（本児2回目）：

　原の記録；目を閉じているようなので、潜ったあと顔を上げるために起き上がるとき慌ててしまう。しかし水中に沈み込み蹴伸びをするのはとっても上手になっている。しかしどうしても立ち上がるときに慌てるので、立ち上がって息つぎをしてまた潜るという「潜りと息つぎの連続」がなかなか達成できない可能性が高い。

② 6月7日（本児4回目）：

　原の記録；★足をかなり真横に（水平位に＝Pポジション）浮かせられるようになった。

　　　　　　★自分で床を蹴って潜れる。

　　　　　　★顔を上げた後、目を開けるのが早くなった。

　母の記録；★背浮きの補助浮き身で180秒程度浮いていられる。

　　　　　　★顔をつけないままだと犬かきで10m泳げた。

「泳いでいるヨウジの後ろから『足を着けないで』と言い続けていくと、約10m泳げました。顔をつけられないのでとても苦しそうですが…。」

③ 7月5日（本児8回目）：

　母の記録；「顔をつけてロープをくぐったり、顔をつけて1回だけ泳ぐこと（1呼吸の泳ぎ）はできてきましたが、今日初めて息つぎらしいことができました。今までは顔をつけて顔を上げるとすぐ足を着いて立ち上がっていたのが、『足を着けないで、そのまま続けて足をバタバタさせるように！』と言うと、顔を上げて自分で『パッ』と言い

ながら息をし、続けて顔をつける。この繰り返しを3〜4回できました。ヨウジより私の方がとてもうれしかったです。」

　　v）《88年後半期》

① 10月11日（本児4回目）：
　原の記録；ビート板くぐり（2〜3枚横×4組）で、頭はつけるがすぐに顔を起こして起き上がってくる。だから、どうしても余分な力の入った泳ぎとなる。しかし、7〜8m継続して進むことができるようになってきている。

② 10月25日（本児6回目）：
　原の記録；今日、ビート板くぐりにおいて、1〜5数える間、頭をつけていることができた。ビート板2個分（縦に置いたビート板）を、どうにか頭を水につけたまま潜っていられる。

③ 11月8日（本児8回目）：
　原の記録；頭をつけている深さ、時間ともに増して（深く、長くなって）きている。しかしキックはバタ足で、しかも体幹に力がかなり入っているのだろう。やはり、2個連続したビート板2個目*133の所で、頭でビート板を押し上げてくる。

④ 11月15日（本児9回目）：
　原の記録；頭を結構深くつけるようになってきた。ビート板2個で、その2個目の最後の所でやっとビート板を押すほどに潜っていられるようになってきた。だから、脚部が少しキックを止めて休んでられる瞬時が出てきたのではないかと思われる。

⑤ 12月6日（本児10回目）：
　原の記録；ビート板3個分を顔をつけて進めるようになった。ビート板（縦ビート板3個分1組としたもの）から次のビート板組の間は息つぎをして進んでいることさえできるようになっている。

⑥ 1月31日（89年：本児14回目）：
　原の記録；私と2人組の泳ぎで、私が軽く彼に手を貸しながらの「補助付き泳ぎ」ながらも、初めて15m泳ぐことができた。またビート板くぐりでは、ビート板とビート板の間を犬かきしながら呼吸し、ビート板のあるところでは顔をつけて潜るというパターンで泳ぐことができた。

　　vi）《89年前半期》

① 4月11日（本児1回目）：
　原の記録；ひさしぶりなので、最初は顔を上げてくるのが早かったが、ロープくぐり、ビート板くぐりなどをしている中で、とにかくとても積極的になった。そしてだんだん

と顔をつけていられるようになり、息つぎして連続的に泳ぐことを取り戻した。

② 4 月 18 日（本児 2 回目）：

　原の記録；前回以上に顔をつけていくことに自信を持ってきた。<u>呼吸のときも足を着かず、5 人の大人が各 2 個のビート板を持っているところを連続して泳ぐことができた。顔を上げてから少しして「パア」と呼気する</u>*134（息を吐く）。

③ 5 月 2 日（本児 4 回目）：

　原の記録；おおよそ 10 m は継続して進むことができる。ビート板くぐりにおいても、ビート板を 3 〜 5 個分、顔を水につけて潜って進むことができる。足のキックはバタ足が多いが、ドルフィンキックも使用する。母親がつきながら練習させていた。

④ 6 月 20 日（本児 8 回目）：

　原の記録；<u>初めて、両足ドルフィンを使ったドル平的泳ぎのコンビネーションを少し泳げた</u>（母親の情熱の成果）。

⑤ 7 月 11 日（本児 9 回目）：

　原の記録；<u>プールフロアで作ったトンネル（1 m× 2 m、高さ 40 cm）、そのフロアをプール壁面に斜めに作ったすべり台の両方を怖がっていた。</u>トンネルの水面下は足を前にして歩きながらの状態で 2 度くぐった。

⑥ 7 月 18 日（本児 10 回目）：

　原の記録；<u>プールフロアの縦 1 個分（2 m）を潜っていくことができた。</u>ただし、最初は怖く、横 1 個分（1 m）を歩くようにしていき、そのあと縦にして行った。縦で、1 度目はほぼ歩くようにし、2 度目で、足を後ろに残すように持ってやると、その後バタ足により進んでいった。

vii）《89 年後半期》

① 11 月 7 日（本児 2 回目）：

　原の記録；<u>顔を水につけることに抵抗がある模様。ロープの手前に来ると相当にたじろぐ。プールの底に 2 段積みにしたプールフロアからの飛び込みを嫌がった。</u>すべり台のとき、プール入り口付近の壁面に下ろしたすべり台から滑り降りるのを好むということなので、反対壁面からのすべり台を作って取り組ませた。

② 11 月 28 日（本児 4 回目）：

　原の記録；<u>ビート板くぐりをすると、楽しそうに泳ぐことができる。</u>

③ 12 月 5 日（本児 5 回目）：

　原の記録；★ビート板くぐり；適当に足を着いて手抜きしながら行う。

　　　　　　★すべり台；最後、1 人で行こうと（いつも母親か私たちが手を差し伸べることによって台の上に乗ることができるのだけれど）<u>がんばってい</u>

た。しかし結局母親の手を借りることで行うことができた。現段階は、台登りも怖いし下りるのも怖いが、自分でやろうという気持ちは確かに芽生えている。

④ 12 月 12 日（本児 6 回目）：

原の記録；リバープールの水流で立ったり、止まったりそして泳ぎもする。

⑤ 1 月 23 日（本児 7 回目）：

原の記録；1 人ですべり台に上り、お尻をつけて滑り降りた。

⑥ 1 月 30 日（本児 8 回目）：

原の記録；リバープールではほとんど自分で泳がない（この子を泳がせるには、ビート板くぐりしかないのだろうか？）。すべり台は座って行う。昨年の 12 月頃に比べ、片手での軽い補助があれば台の上に上がって行うようになっている。

⑦ 2 月 20 日（本児 11 回目）：

原の記録；あまり泳がない。TK くんを怖がる。

⑧ 2 月 27 日（本児 12 回目）：

原の記録；久しぶりに顔を水につけてよく泳いだ。ビート板くぐり、プールの底の赤線の上の泳ぎのどちらも泳いだ。赤線の上の泳ぎでは、顔を上げて進む方向をよく見ている。その帰りは、あお向けで泳ぐ。ただし腰は落ち込んでいるが。

viii）《90 年前半期》

① 5 月 15 日（本児 4 回目）：

原の記録；TK くんの肩を持って汽車ぽっぽの水中移動をしていた。お母さんが横にいてそうさせていたためかもしれないが、最近の大きな変化である。しかし泳ぎはじめると、最近いつもそうであるように消極的になった。みんなのいるところでは泳ごうとしない。

② 5 月 22 日（本児 5 回目）：

原の記録；TK くんがいなかったにもかかわらず、やはりみんなの前では泳ごうとしない。教室終了後、15 m プールで 1 往復した。途中足を着くが、両足を楽に浮かせることができている。動作の形態から見ると、プルは平泳ぎのように両腕を同時にかき、足は両足を同時に打ち下ろすことが多いので、ドル平（平ドル）と呼べなくはない。しかしプルし始めるとすぐにロープを引くこと、頭が絶えず水面に出ていることから、犬かきに近い泳法である。すべり台はしたがる。

③ 6 月 5 日（本児 6 回目）：

原の記録；ビート板を頭で押して（顔を水につけて）進むことを行い、その前方にプールフロアを水中に 2 段積みにし、そこからの飛び込みでは、顔を水につけながら入って

いくことができる。しかしこの取り組みにおいては、足の方が先に進行方向に動いて、立った姿勢または顔を後ろに引いた姿勢になってしまう。教室終了後、時々足を着くが（5mに1回くらいの割りで）、泳げる。

④6月12日（本児7回目）：

　母の記録；「TKくんの存在が気になるが行わないことはない。」

⑤7月10日（本児11回目）：

　原の記録；相変わらずTKくんを恐れる。それで、フロアからフロアへの飛び込みも落ち着いてできない。教室終了後にみんながプールから上がってから、顔をつけ、はっきりと「パアー」と言いながら、きっちりとした息つぎを行って泳いでいる。ただ、水中に腕を入れ潜ったとき、肘が曲がったまま泳いでいる。"平泳ぎ的犬かき"といったところ。

（3）火曜プールにおける実践のまとめ

　ヨウちゃんにおける86年9月〜90年の前半期までの水慣れの様子、並びに、逆に仲間との関係が気になり、水との関係や泳ぎに停滞を示していく様子などがどうだったか、こうした彼についての出来事の流れについて、見やすい資料としてまとまるように整理したのが表6-4である。この表と、全体指導者や一緒に泳いで様子を記録した母の記録などでの経過から次のようなことを指摘できるのではないだろうか。

　ｉ）86年9月以降から87年にかけて、補助背浮き身や伏し浮き身の時間が確実に伸びてきており、表6-3（p.250）の85年、86年時点よりも格段に継続時間が増えている（表6-3では背浮き身が概ね20秒程度であったのが表6-4では60秒に、伏し浮き身も1、2秒しかできなかったのが火曜プールで20秒、30秒と継続）。

　そして、火曜プール87年4月14日には自分一人で背浮き身、伏し浮き身ともに3秒できている（母の記録より）。

　ⅱ）顔を入水しての泳ぎが表6-3（和大夏休みの水泳教室）では86年7月23日〜25日まで毎日1mずつ記録しているが、表6-4（火曜プール）の87年5月26日以降は2m〜5m泳げるようになっている。そして、その5月19日に「目を水中で開けることはできないが、初めて水中において自分で体を動かして進むことができるようになった（1mほど）」（原の記録）とあり、続いて5月26日に「自力でプールフロアを膝で押して、PRONEポジションに近い形をとり、進むことができるようになった」とある。

　ⅲ）これらPポジション[124]で水中を進むことを促進させた要因として、『水道ホー

表 6-4　ヨウちゃんの温水プール（火曜プール）での泳ぎの動作行動の変化

実施時期（年月日）	シャワー下に持続（秒）	シャワーへの顔向け（秒）	顔の入水（秒）	息つぎ（回数）	補助背浮き（秒）	伏し浮き（秒）	泳ぎ：顔上げて（距離m）	泳ぎ：顔入水_輪・ビート板下くぐり等（距離m）	背浮き泳ぎ（距離m）
860909	1		5	0	60		5		
861028									
870414	10		7		10	20			
870421					20	30			
870428	20				60				
870512	20				60				
870519					60			1	
870526								2	
870602								5	
870616								3	
870707								2	
870714								2	
870908								2	
871020								2	
871027								3	
880517		5			120	8	8	5	
880607					180	10			
880705				4				5	
880712									
880913									
881011							15	7	
881018								7	
881025			5						
881101			5						
881206								7	
881213									
890131								15	
890214									

スによるロープくぐり*135』が大きかったように思われる。その効果の記述として、「途中で足を着かずにホース 3 本程度を連続して進んだ。次のロープへ進むときは横の紐を持ってたぐり寄せるように進む」（87 年 6 月 2 日原の記録）ことで、水中に顔をつけて進んでも大丈夫だということを徐々に自分の体でつかんできたようである。この道具がヨウちゃんにどのような効果を具体的にどのような原理によりもたらしたのかという点については、和大の夏期教室と火曜プールの両実践を関連づけて考察する際に後述する。

iv）表 6-4 の 88 年前半期（88 年 5 月 17 日〜 7 月 12 日）において、シャワーへの顔

実施時期 （年月日）	シャワー 下に持続 （秒）	シャワー への顔向け （秒）	顔の入水 （秒）	息つぎ （回数）	補助 背浮き （秒）	伏し浮き （秒）	泳ぎ： 顔上げて （距離 m）	泳ぎ：顔入水_輪・ ビート板下くぐり等 （距離 m）	背浮き泳ぎ （距離 m）
890502 890509								10 10	
890718									
891107									
900220 900227								TK 恐れ、不泳。	
900417									
900515								TK と水中移動。	
900522								TK 不在だが、皆の前不泳。皆帰り、後 15 m 泳ぐ。	
900605								プールフロア 2 段から顔つけ入水。	
900612								TK 気になるが、不泳ではない（母）。	
900619									
900710								TK 恐れ。皆が帰り、"平泳的犬かき泳ぎ" を泳ぐ。	

＊表内の横線の ━ は新学期に入る時期と夏休みに入る時期を表示している。また、‥‥ とか ━ 等で囲まれ、その間を「〜」と表示された箇所は、その間の数回の実施機会を省略していることを表している。

向けが初めてできるようになったこと（5秒）や背浮き身、伏し浮き身、そして顔を上げての泳ぎおよび顔を入水しての泳ぎなどが着実に伸びていること。

「ホースロープくぐり；だんだんロープをもたずにできるよう（軽く触れる程度）になってきた」（87 年 11 月 17 日）や「泳いでいるヨウジの後ろから『足を着けないで』と言い続けていくと、約 10 m 泳げました」（88 年 6 月 7 日母の記録）、「今日初めて息つぎらしいことができました。今までは顔をつけて顔を上げるとすぐ足を着いて立ち上がっていたのが、『足を着けないで、そのまま続けて足をバタバタさせるように！』と言うと、顔を上げて自分で『パッ』と言いながら息をし、続けて顔をつける。この繰り返しを 3 〜 4 回できました。ヨウジより私の方がとてもうれしかったです」（88 年 7 月 5 日母の記録）。

ⅴ）表 6-4 の 88 年 9 月以降 89 年夏休みに入るまでの時期に、ヨウちゃんの泳ぎが確実に形作られていくことのデータが表されている。顔を入水させての泳ぎが 7 m〜10 m

そして 15 m が記録されている。具体的に見ると以下の通り。

「ビート板くぐりにおいて、1～5 数える間、頭をつけていることができた。ビート板 2 個分（縦に置いたビート板）を、どうにか頭を水につけたまま潜っていられる」（10月 25 日）や「ビート板（縦ビート板 3 個分 1 組としたもの）から次のビート板組の間は息つぎをして進んでいることさえできるようになっている」（12 月 6 日）。「呼吸のときも足を着かず、5 人の大人が各 2 個のビート板を持っているところを連続して泳ぐことができた。顔を上げてから少しして「パア」と呼気する（息を吐く）」（89 年 4 月 18日）。そしてさらにより確実に一定の距離を泳ぐことに結びつく、「初めて、両足ドルフィンを使ったドル平的泳ぎのコンビネーションを少し泳げた（母親の情熱の成果）」（6 月 20 日）。これらはいずれも原の記録において示されている。

vi）しかし、同じく「潜り」を伴う泳ぎ設定の条件が大きく変わると、「プールフロアで作ったトンネル（1 m × 2 m、高さ 40 cm）、そのフロアをプール壁面に斜めに作ったすべり台の両方を怖がっていた」（7 月 11 日）ように、その遭遇する場面への拒否的行動の傾向が示される。

だがこれくらいに泳ぎの力をつけたヨウちゃんなので、「プールフロアの縦 1 個分（2m）を潜っていくことができた」（7 月 18 日）。しかしその適応過程としては、怖さがあったので、まずはプールフロアの横 1 個分、続いてこちらが彼が潜った際に軽く彼の足を後ろに残すように支える等をきっかけにしてプールフロアの縦 1 個分をくぐれるようになっていったのである（詳細は、7 月 18 日分からの記録を参照）。

vii）こうした彼の温水プールでの成果は和大夏の水泳教室で大きく開花し、50 m を継続して泳ぐという記録まで打ち立てていったことは既に見た通りである（表 6-3 および学生の迫俊介くんの 89 年の記録参照）。にもかかわらず、89 年後半期の温水プールにおいては 11 月に入ってからの参加であったが、「（水道ホース）ロープの手前に来ると相当にたじろ」ぎ、プールフロアへの台登りや台下りを怖がるなど、プールの水に顔をつけて入ること自体への抵抗感が高まっている（11 月 7 日～12 月 5 日の記録参照）。

とりわけ 90 年 2 月 20 日に見られるように、TK くんを怖がるという具体的なプール入水や泳ぎ行動での抵抗感を示す実在の対象（相手）などが現れる（表 6-4 並びに 2 月20 日以降 90 年 7 月 10 日までの記録において TK くんを気にしていく様子が随所に記録されている）。なぜ TK くんを恐れ気にするのかという点の具体的原因は定かでない。一応以下、和大水泳教室と火曜の温水プールでの両実践の取り組みを関連づけてまとめるところで、こちらの想定・推量している点を少し述べてみたい。

3）和大夏の水泳教室と「火曜プール」との関連の整理

86年9月以降の火曜日の社会保険センターの温水プール使用機会（以下、「火曜プール」という）ができたことによって、和大での夏休みの集中的教室で得られた成果（変化）に対して、「火曜プール」での水慣れ、泳力獲得の状況が影響していると思われる点と、片や夏の水泳教室での成果によって火曜プールでの成果に結びついている点に着目してヨウちゃんの泳ぎ獲得の状況を整理してみる。一方、逆に90年夏の教室での不本意な成果とそこに至る火曜プールでの活動並びにそこでの泳力獲得状況や行為などとの関連性に着目して、火曜プールでの記録を整理してみる。

（1）（表6-4に着目して）まず、87年の5月時点の火曜プールから87年の10月時点まで、「泳ぎ：顔を入水して」の欄に毎回同じ程度の数値（概ね1～3m）が示されていることである。この点に関連して、表6-3の和大水泳教室の場合にもこの項が86年7月23日より26日にかけて連続して「1m」が記録されているが、この場合は、浅いプールで輪くぐりを1回行ったとき進む距離がちょうどその距離（1m）であることに依っている。しかし、本児はこの87年の火曜プールにおいて、「初めて、水中に頭を潜らせ、自分で体を動かして進めた」（87年5月19日）とあるように、既に火曜プールにおいて顔を潜らせての泳ぎに自分の意志でもって取り組み始めていたということである。

このきっかけは、この時点でコースロープの間に約3m間隔で取り付けた水道ホースによるロープくぐりに負うところが大きいように思われる。87年6月2日の原の記録にあるように、「途中で足を着かずにホース3本程度を連続して進んだ。次のロープへ進むときは横の紐を持ってたぐり寄せるように進む」ことで、水中に顔をつけて進んでも大丈夫だということを徐々に自分の体でつかんできたようである。そのときまで、この子にとっては、火曜プールへの本児初参加の86年9月9日の記録[*136]に「輪くぐりは行うが、水中から顔を上げるとき輪を持って足場のバランスを保てないまま急いで起き上がろうとする。くぐるとき長座の姿勢で行おうとするので手を引いてやろうとしたが嫌がる」（86年9月9日）とある。すなわちヨウちゃんは輪くぐりのとき、足から先に輪を越えようとするのが通常のやり方であった。つまり、以前は水につかることから何とかして身を守りたいということばかりに気を取られていたのに、その意味でこの87年での顔つけ泳ぎは、この子にとって大きな質的発展であるといえよう。水道ホースロープの場合、何よりも横に張った水道ホースのロープを持てるということが大きな要因であったのである。そして彼のロープくぐりは、"くぐる"というよりも"手繰（たぐ）り寄せて（ホースを）越える"ことであったことが、さしあたりヨウちゃんのホースロープくぐりの正体である。

しかし87年の夏休みの和大水泳教室においても一定の成果があり（pp. 244-245（7

月 21 日と 22 日）の記述より）、その夏休みの教室の成果の積み上げのもとに、実際、彼の泳ぎの技能の習得は 87 年の秋からの火曜プールで飛躍的に発展していっているといえる。

（2）この秋から採用したプログラムはビート板くぐりである。「ビート板くぐり；両足を後ろにのばし、キックをある程度組み込んで行えるようになってきた」（87 年 10 月 20 日）、「ビート板 2 個を置いたところをくぐるようになってきた。潜って床を蹴り、ほぼ水平に近いポジションで浮き身がとれるようになってきた」（同年 10 月 27 日）、がこの間の事情をよく表している。そして、同年 11 月 10 日には「うつ伏せ浮きも仰向け浮きもできるようになってきた。以前はすぐに顔を起こそうとしていたのに、落ち着いてできるようになった」というまでに水に親しんできている。

　pp. 260-261（3）の「火曜プールにおける実践のまとめ」のⅳ）に示したように、特に 88 年 7 月 5 日の実践の中で「息つぎ」ができるようになり、そのときのお母さんの記録「…顔を上げて自分で『パッ』と言いながら息をし、続けて顔をつける。この繰り返しを 3 〜 4 回できました。ヨウジより私の方がとてもうれしかったです」の記述は何年もかかってとてもわが子にはできないかもしれないと思っていたお母さんの積年の感動が綴られている。とりわけ、自らがわが子のその輝かしい姿の実現に直接関与しているのだから、なおさらその思いのほとばしりは強いものであったことであろう。

　この火曜プール 87 年後半期から 88 年前半期での成果により、88 年夏休みの和大水泳教室への参加は 3 日間しかできなかったとはいえ、息つぎを数回できるようになって、犬かき的泳ぎながら顔をつけて 10 m〜15 m を泳げるようになっている。

（3）88 年後半期から 89 年前半期の火曜プールでの成果を通じて 89 年の夏休みの和大水泳教室においてヨウちゃんの泳力において大きな飛躍の年であったと言えよう。

　泳ぎの距離としては、この社会保険センターでの火曜プールにおいては最大 15 m（89 年 1 月 31 日）かつ 5 月のプールにおいても 10 m は泳げていることなどの成果に加えて、何よりも 6 月 20 日には「両足ドルフィンを使ったドル平的泳ぎのコンビネーション」ができていることである。

　そうした成果の上に、和大夏期集中教室での附属小のプールで 25 m から 50 m（89 年 7 月 22 日〜28 日）の泳ぎを迫リーダーのがんばりの成果も加わって実現している。

　ここに示された距離の違いは、泳力、水泳技能の違いによるのではなく、どちらもドルフィンキックを交えたドル平的泳ぎ（平ドル）が火曜プールにおいて誘発され、夏休みに若き学生リーダーの指導のもと、きっと張り切って泳ぎの実現に取り組んでいったヨウちゃんのがんばりの成果が現れていたことに依るものと思われる。泳げた距離自体

は火曜プールと和大プールの大きさの違いによるところが大きく、いずれにしても、こうした効果の直接的要因としては火曜プールにおいて、ビート板くぐりで頭を潜らせる技能習得と息つぎとの運動連結・運動結合＊137 が創り出されたことによるのではないかと思われる。特に、ビート板をくぐるということは輪くぐりやホースロープよりも潜りへの制約が高くなるということが指摘できる。それだけに、息つぎに続いて「潜ること」がより強化されて、息つぎとドルフィンキック、そこに潜ることの結びつきがより深められたものと考えられる。その分、無理をして泳げるようになっていて、彼の心の中にどこか負担感も蓄積されていっているのかもしれない。

　だからそれだけに以下に示すように、逆の効果も生み出す可能性を持っているのではないだろうか。

（４）最後に、90 年の活動において、退歩しているかのように記録が示されている点が挙げられる。

　89 年になり、それまで以上に「自発的に」取り組んできたビート板くぐりやその他の活動も、90 年に入った途端に消極的な活動に切り替わってしまった。その現象として、TK（K タカシくん）を極度に恐れる。数回 K タカシくんに水をかけられたことがきっかけとなっているらしいが、この点が我々観察者にとって最も理解しがたいほどのこだわりを生んでいるようである。しかし、果たして K タカシくんが最大の原因かどうかは今後の課題とならざるを得ない。

　というのは、87 年の夏期集中時にせっかく上向き加減であった調子がバタッと崩れているし、また「火曜プール」での定期実践においても次のような兆候的現象が 90 年の崩れの前に生じている。それは 89 年の前半、本児のように泳ぎの苦手な子にとってはビート板くぐりで成功していったものの、横で練習している泳ぎの得意なメンバーにとってはプログラムがマンネリ化しつつあったので、プールフロアを使ってその下の空間を潜らせるような課題を取り入れ始めたこと。また、プールフロアをプール壁面の上から斜め下に下ろしてすべり台をつくったこと。これらは、89 年 7 月 18 日や同年 11 月 7 日および 11 月 27 日の記録に示されているとおり、こうした遊具の設置は本児に対し相当な制約となっているものと見受けられる。これらの課題は本児にとっては、心理的ダメージに繋がったのではないだろうか。

　K タカシくんはプールでの活動を拒否する表向きの理由であり、裏の実際の理由として、課題に対する心理的プレッシャーが働いている可能性は十分にある。そして、87 年の夏期集中のときのように、指導者側から課題への強い働きかけが少ない場合は、子どもの側から自ずと自由度が高い気まぐれな行動を示すことになった可能性が大いにある。このときの指導者の谷口リーダーの記録によれば、例えば 7 月 23 日「今日はほと

んど泳がなかった。泳いでもすぐに足をついてしまうので、何とか泳げるようにしたい」とはいうものの、最終日の7月30日「今日はほとんど泳がなかったので、音楽に合わせて跳んだり、踊ったりさせた」と記されており、7月23日以降は泳ぐ行動自体が低調であった。

　火曜プールにおいて、87年前半期の7月までの段階で顔を水につけての泳ぎができ始めたといっても、泳ぐこと自体がまだ、子どもにとって「遊びの段階」になるほど楽しく、慣れた段階にまで至っていない場合は、自由にされてしまうと避けてしまう課題と言えなくはないからである。つまり、制約がまだ強い段階では、そこから逃れたい衝動が働くし、制約が緩くなると、その子にとっての自由な気ままな活動が優先される。

　そういった泳ぎに対する負の効果が、87年の夏期集中の「教育相談プール」と、「火曜プール」での89年の末頃～90年前半期において生じ、そして90年夏の「教育相談プール」へと繋がっていった「水泳行動への退歩的現象」に、介在しているものと考えられる。

4）総括

　以上、軽い肢体不自由を伴い、かつ自閉的な固執傾向も強い発達遅滞児であるYY1（ヨウちゃん）における8年間の水との関係、泳ぎの技能の習得的状況の変化の様相について考察した。停滞や退歩を繰り返しながらも、何とか水泳技能を身につけつつあるといったところが（90年時点での）現在の状況であり、今後への可能性であると思う。この泳ぎの技能の習得において、輪くぐりやホースロープくぐり、ビート板くぐりの果たした役割は大きかったのではないだろうか。その繰り返しの成果として、慎重で引っ込み思案な特質を強くもつ傾向のあったヨウちゃんに対して、彼の母親や89年夏休みの教室での指導を担当した迫Lなどの熱心な取り組みがプールの端から端まで、もしくはその往復の50mの達成などの成功へと導いたのではないだろうか。

　それでも、ヨウちゃん自身の気分に左右される状況や彼にとって遭遇する、泳ぎと水慣れに効果があると指導者側で準備した課題が、彼にとっては新奇であったり、少し荷が重く感じられるような課題（プールフロアの下をくぐる等）であった場合には、とても慎重に、かつ拒否的な感情を誘発する傾向が強く働きやすい性向を示すことに繋がることが多かったのではないだろうか。そこに、タカシくんという体の大きな子が、課題に直面してたじろいでいるヨウちゃんを見ると、水をかけたり何らかのちょっかいをかけたりせずにはいられない形で現れたことで、タカシくんを必要以上に怖がったりし、好きになりかけていた泳ぎの場面への参加を消極的にさせたという形で作用したのではないだろうか。

　そうした点を考えると、水への恐怖心が高く、しかも自らの行動においてはとても慎

重に事を運ぶヨウちゃんに対して、彼がようやくできるようになって彼自身が興味を覚え、少しでも積極的・能動的に対処できる課題（ホースロープくぐりやビート板くぐり等）に対して、指導者側ではもっともっとじっくりと何度でもチャレンジさせ、できるようになったら飽きるまでその泳ぎのプログラムに取り組めるようにして、彼自身のもつ発達の力を引き出せるようにする物事の進め方が、大事だったのではないだろうか。

　私たちとしても、こうした怖がりで慎重な子どもに対しては何よりも、指導する周りの人間の忍耐強い関わりや働きかけで取り組んだつもりではあったけれども、彼が示す進歩に対して期待する余りに、次にもう少し先、もう少し先へと急ぎ過ぎる気持ちが強かったのではないかと反省するところである。

【付記：YY1（ヨウちゃん）のその後〈1994年8月22日〜27日；20歳時／リーダー・記録者＝堀奥義輝（和大障害児教育専攻学生)〉】

　ヨウちゃんのその後の水泳指導における適応状況の記録を確認するのだが、大変恥ずかしいことながら、筆者の原がそれらのデータを何らかの目的で使おうとしたのだと思うが、結局散逸させてしまったようで見つけることができない。かろうじて、その記録データが残っていたのが、標記の記録である。

　ヨウちゃんは夏の和大水泳教室には91年度からも引き続いて参加し、94年のこの記録が最後。火曜プールでは、93年の7月までは来れるときに来て参加しているものの、93年秋以降は94年にかけても全く参加していないことが判明している。

　ということで、94年和大夏の水泳教室（教育相談プール）における堀奥くんの記録から、当時のヨウちゃんの様子を下記に示しておきたい。なお、8月の後半の日程で教育相談プールを実施したのは、和歌山大学附属小学校・中学校ともに元の吹上地区（当時の和歌山大学教育学部跡地）の整備が完了し、その新校舎の附属小学校プールを借りて実施できることになったためだった。

①8月22日（1日目；対象者YY1（ヨウちゃん)≒20歳）：
　とにかくプールに入ってもらうことを第一に考えたが、なかなか入らない。
　入ってから、「肩までつかる」→「泳ぐ」にもっていこうとしたが、泳ぐまでには至らなかった。
　《感想》：「プールに入れることだけで時が経ってしまった。とっても残念。昔50mも泳いでいたというのが不思議だ。」
②8月23日（ヨウちゃん2日目）：
　体操、ダンス等、一切なしで泳がせることに専念させる。深いプールに移動するのに時間はかからなかった。泳ぐことには至らなかったが、5mくらいは浮いていたかもしれない。

《感想》：「泳ぐにはもう一息」。

③8月24日（ヨウちゃん3日目）：

　子どもが多かったので、入るのに抵抗があった。雄叫びがしばらく続いた。

　今日は単語の連発だった。「東京外国為替市場」「中曽根総理」等、意味不明な言葉が続いた。今日はやたらつねられた。泳ぐまでには至らなかったが、無理矢理泳がせる。彼の両手をもって引っ張る。が、足を着けて泳ごうとはしない。アイスクリームを買ってもらう思いが、日ごとに増していっている。

　《感想》：「今日は精神的にも、体力的にも疲れた」。「ゆっくり、じっくり…」

④8月25日（ヨウちゃん4日目）：

　休憩までに275m。その後、150m泳いだ。3日間合わせたよりは泳いだのではないだろうか。しかし歩くことが多かった。歩くのは、今の（今までの）ヨウちゃんのもっていた力量からはしかたない。

　《感想》：「今日は充実した。こっちもうれしくなった」。

⑤8月26日（ヨウちゃん5日目）：

　600m泳いだ。顔をつけるまでには至らなかった。

⑥8月27日（ヨウちゃん6日目）：

　休憩までに375m泳いだ。その後225mは、もうイヤイヤ泳がしていた。

　とうとう顔をつけることはできなかった。

《以上を読んでの原のコメント》

　ヨウちゃんは、火曜プールには93年7月までの参加でその9月以降94年和大水泳教室での堀奥リーダーとの出会いまで、どうしていたのか定かでない。93年夏の教育相談プールの参加者名簿はあったが、果たしてほんとに参加していたのか、またどの程度参加していたのか定かでない。

　堀奥Lの記録からすれば、プールで泳ぐこと自体がとっても久しぶりといった感じなので、その前年度の夏のプールに参加していたのかどうかはよく分からない。

　いずれにしても、94年のこの夏休みの教育相談プールでは、ヨウちゃんにとっても予期せぬほどのリーダーの強力な引き込み、誘導によって、とにかく、堀奥Lに補助されながら、最初はプールに入るのもやっとといった状態から、後半の4日目から以降は500mほど、あるいはそれ以上の距離を泳いでいる。しかも堀奥Lの書いているところでは、顔をつけずにそれだけの距離を泳いだとのことである。もちろん途中かなり歩きながらの泳ぎであったようなので、リーダーの強い指導に対してのいやいやながらの泳ぎでそうなったのか、それとも顔をつけて泳ぐ泳ぎ方を忘れてしまったのか。なぜ顔を上げての泳ぎ方しかしなかったのか、その理由は定かでない。

彼にとっては、顔を水につけて、ドル平を交えた泳ぎで 89 年の夏、あるいはその前の 89 年前半期の火曜プールでは息つぎをしながら泳いでいることが体にしみ込んでいるはずなのに、どうして顔を上げっぱなしのしんどい泳ぎで 500 m 以上も泳ぐことを続けたのだろうか？

　堀奥 L からそういうことを聞いてみたかったのだけれど、私はこの行為を怠ってきてしまった。研究者としてはあるまじき怠慢だったと言わざるを得ない。

　ただ、いずれにしても、ヨウちゃんは泳ぐという行為自体を忘れていたわけではなく、顔をつけての泳ぎはできなかった（あるいはしなかった）ものの、泳ぐという行為は、数日間のリーダーとのやり取りでの結果であるとしても、やったのである。

　そう考えてみると、彼自身の中に内在する「泳ぐこと」への願望を大事にしつつ、発達の過程のその時々の時点で身につけていった行為や能力がその人の中でじっくりと発現・発揮できるように、周りからは「じっくりと待ちつつ」タイミングを見計らった指導や取り組みが重要だということを、ヨウちゃんの事例は物語っているのではないかと思う。

第2節　もう一人の顔を水につけることが極度に苦手だった子どもの事例紹介 —TI1（トシアキ）の場合—

1　はじめに

　顔に水がかかるとか顔を水につけるのを怖がる子どもにその壁を乗り越えさせることは、水泳指導における基本中の基本のハードルである。特に慎重で、警戒心が強く、怖がりの子どもにとってその壁をどのように乗り越えさせるか。それは水泳指導における最大の難関である。

　私たちが行っていた夏休みの水泳教室や火曜プールでの指導において、これまでそのような子どもたち何人かに出会ってきたし、私の印象に残っている子どもとしてヨウちゃんの他にも、YU2（ヨシオくん）、DA（ダイちゃん）、AO（アキちゃん）等がいるが、中でも格別に強く私の印象に深く残っている子どもは TI1（トシアキ）である。

　ヨウちゃんは 83 年からの参加だったが、トシアキは 84 年からの参加者である。ヨウちゃんは参加開始当初からのデータは前記のとおり記録されていたが、トシアキに関しては、いつか彼についてまとめようと考えていて、大学の研究室か家のどこかに大事に保管していたはずなのだが、大半の資料を紛失していて見当たらない。84 年からの彼の水泳史において具体的な指導効果が現れた 89 年と 90 年の指導者・村上博信くん（和歌山大学教育学部障害児教育専攻ではなく、当時の通称用語では「教育相談の授業[*138]」

を受講していた教育学部生）での記録の分だけが保管され残っていたので、トシアキの水泳指導全体（84 年度～91 年度の全体）には言及できないが、上記 2 年間において夏休みの水泳教室での成果が出る状況を把握することにより、後世の指導に役立てるに必須の資料だと考え、本章において取り上げることにした。

2　対象児

　TI1（トシアキ）。1974 年 5 月 19 日生まれで、以下に示す 1989 年と 1990 年 7 月時点での和歌山大学教育学部および附属小学校のプールにおける教育相談プール実施時の年齢は 15 歳および 16 歳であった。本児は生後 2 日目にチアノーゼ発作が起こり和歌山県立医大（和医大）に 2 か月間入院。障害名は和医大にて精神薄弱（以後、本稿では「発達遅滞」（知的障がい）という名称を使用）。その後、和医大に 2 年、他、大阪小児保健センターなどにも 5 歳頃まで通所。

　発達の経過と親御さんの運動・スポーツに対する願いは概ね以下の通りである。

・初歩；3 歳の後半。
・養護学校小学部 1 ～ 2 年生時に、2 ～ 3 語程度発語（大便、小便などもこの頃に伝達できるようになった）。
・小学部 3 年生のとき、自分でトイレに行けるようになる。
・中学部になり、言葉数も増えて、本人も言葉（単語的なもの）を話して楽しめるようになる。
・親御さんの気がかりなこと；両親亡き後、この子がどうなるか心配。
・運動・スポーツをすることで親御さんの期待するもの；日頃体を動かす機会が少ないので、運動することで何か目的となるものが持てればいい。それと、運動すること（泳ぐこと）などに関して、日課として、言葉として出てくるようになった。
・発達年齢および発達指数（津守・稲毛式検査；お母さんが記録したもの）は以下の通り（表 6-5 を参照）。

表 6-5　トシアキの 6.11 歳（83 か月）時での発達得点（津守・稲毛式検査による）

検査時期	生活年齢	〈運動〉		〈探索〉		〈社会〉		〈生活習慣〉		〈言語〉	
		素点	発達年齢	素点	発達年齢	素点	発達年齢	素点	発達年齢	素点	発達年齢
81.4.?	83	64.5	27	53	24	27	15	30	18	14	15
DQ		0.33		0.29		0.18		0.22		0.18	

＊発達年齢＝DA：月齢（m）で示す。生活年齢＝CA のこと。
　DQ＝発達指数のことで、DQ＝DA/CA で表す。

「運動」と「探索」は概ね生活年齢（CA）の30％程度、「生活習慣」は20％程度、「社会」と「言語」は20％に満たない発達の達成状態で、1歳半の壁は越えているが、かなり遅滞した状態であることを示している。

3　水泳指導実践の記録（89年と90年のみ）

1）リーダーの記録から

　和大教育相談水泳教室への彼の参加6年目と7年目の資料だけしか提示できないが、この2年間で彼が水泳教室に参加してようやく、プールの水にも少し慣れてきたというところである。

　それまでの5年間（14歳時点まで）では、シャワーの下で立っているのも難しく、浅い小プール（小学校の低学年児が膝を着いて四つん這いでしゃがんで適切な深さ）で壁に腰掛けるか、またはプールの壁をもてば足をバタバタさせることができたが、リーダーの肩に両手を乗せてもらい、お腹を支えてもらったとしても彼は安心できず、決してプールの中に出ていこうとしない時期なども長く続いていた。そんな状態であった。

　しかし89年では以下に示すように、初日からビート板を自分でもってプールの中に入っていける状態になっていた。そうした中、3日目からは村上博信くんが中心リーダーとなって、みんなでトシアキを盛り立てつつ、基本的には村上リーダーのねばり強い指導で小プールでは何とか目から顔まで水につけて輪くぐりやプールでの移動ができるようにまでなってきた。そして、90年には大プールでも顔をつけ、輪くぐりも何とかチャレンジできるようにもなった。そうした過程を以下の記録と一部映像（写真）で紹介してみたい。

（1）【89年：本児15歳】リーダー・記録の中心＝村上博信；教育学部生

　リーダー並びに記録者として、90年にも継続して担当する村上博信くんは3日目から最終日までなのだが、1日目と2日目は異なるリーダーの担当による。

ⅰ）《各実施日の記録から》
①7月21日（1日目；リーダー・記録者＝辻本多英；障害児教育専攻）：

　「ぴょんぴょんとび[139]」で208m進んだ。進んでいる間は、たえず自分でも「ぴょんぴょん」と言っていた。大プールへは一度も入らなかった。（小プールで）ビート板で5mくらい進んだ（おそらくバタ足をしながらだと思う）。

②7月22日（2日目；リーダー・記録者＝山崎孝子；教育相談に入った内地留学の方＝一般学校の先生）：

いつもビート板を持ち、ぴょんぴょんとびをしているが、「足のばしてバタバタ」と言うと、足をのばしてバタ足をする。顔はこの時間中、水につけない（※ここまでは小プールでの話[140]）。

大プールへは足だけつけられるようになった。「水中の踏み台（プールフロア）に立って」と言うと、「おしいのう」と言って小プールの方に行くので、今日は大プールには足をつけただけに終わった。

③7月24日（3日目；リーダー・記録者＝村上博信；教育相談受講教育学部生）：

今日も大プールには入らずに終わった。心の整理がつかない模様。明日は入ってくれると期待する。小プールでは板を離さず、何度もバタ足をしていると、やらなくなる。また水に顔をつけない。泳ぐとき時々目をつむる。

④7月25日（4日目；リーダー・記録者＝村上博信）：

大きいプールには入ったが、あまり時間が長くなく、すぐに小さいプールに入った。顔を水に絶対つけようとしない。口の下までなら、言ってやってくれることもあったが、それ以上は強い拒絶を示した。

⑤7月26日（5日目；リーダー・記録者＝村上博信）：

今日は板なしで「バタバタ」ができるようになった。口もとを水の中につけることができるようになった。

⑥7月27日（6日目；リーダー・記録者＝村上博信）：

大きなプールに入ることはできても、少し浅いところ（プールフロアの上）以外から出られない。しかし、口もとは水につけることができ、板なしでもバタバタできた[141]。

⑦7月28日（7日目；リーダー・記録者＝村上博信）：

顔つけは目までつけてくれること（輪くぐりの時）が2、3度あった。しかし、大プールではとうとう台の上から動いてくれなかった。板なしで小プールを「バタバタすること」には、少しずつ抵抗がなくなってきた。来年は、大プールを是非泳ぎまわりたい。

ⅱ）《89年全体感想》

恐怖心が強く、板なしにすることや、大プールに行くこと、顔をつけることを強く拒んだ。しかし強く言葉と表情で要求すると、きちんとやってくれる。トシアキの場合、その恐怖心が強いために、何年もすぐにはできないが、時間と根気をもってやれば必ずうまくなると思った。来年は顔をきちんと水につけられるようにして、板を使って一人で泳げるようにしたい。

（２）【90 年：本児 16 歳】リーダー・記録者＝村上博信；教育相談受講教育学部生

　記録項目：a）顔に水がかかったり、顔を水につけたりすることについて

　　　　　　b）浮いたり、潜ったり、等の水慣れの様子について

　　　　　　c）泳ぐ動作の特徴；泳ぐ距離や泳ぎ方の癖などについて

　　　　　　d）好んで行うことや、逆に、嫌がることなどについて

　　　　　　e）その他、本日の全体的な様子；体調、気分や行動等について

　ⅰ）《各実施日の記録から》

① 7 月 23 日（プール指導 1 日目）：

　a）唇を水につけるのが精一杯（去年と同じ）

　b）できない

　c）泳げない

　d）ビート板をもって足をバタバタさせて歩いては少し浮く動作が好き。私が腹をもって浮
　　かせようとしたり、顔を水中につけるのを極度に嫌がる。

　e）今日は大きいプールに入ったし、プールサイドをつかめば、腹をもたせてくれた。明日
　　以降が楽しみである。

② 7 月 24 日（プール指導 2 日目）：

　a）輪くぐりだと目のあたりまで水につけることができるが、普通のときはダメ。

　b）できない

　c）泳げない

　d）無理矢理すると嫌がる。明日来るかどうか、大プールに行くかどうか、不安だ。

　e）今日は大プールに入れなかった。壁のやつ*142（壁をもっての補助浮き）と、輪くぐり、
　　大プール、何とかこれら 3 つを地道にやっていきたい。

③ 7 月 25 日（プール指導 3 日目）：

　a）輪くぐりだとほとんど目までつけるようになった。顔つけだけだと鼻までが精一杯。

　b）できない

　c）泳げない

　d）（記録なし）

　e）今日の収穫は大プールに苦労して入ったこと。肩までもてば、泳ぐようにバタバタでき
　　るようになった。明日は大プールでがんばりたい。

④ 7 月 26 日（プール指導 4 日目）：

　a）輪くぐりでは同じように目まで水につけてくれた（少しずつ慣れてきてくれている）。

　b）できない

　c）泳げない

d）大プールに入るのが嫌だけど、昨日より短い時間で入ることができた。

　e）大プールでブクブクと口をつけて、泡を出すことができるようになった。終わりのとき
　　はビート板を離してくれた。

⑤7月27日（プール指導5日目）：

　a）輪くぐりがずいぶんできるようになった。必ず目をつけてくれているし、時には顔面全
　　部つけることもある。

　b）できない

　c）泳げない

　d）今日は大プールへ3回入ったが、どれもすぐ入れた。しかし大プールでの輪くぐりや肩
　　や手をもってバタバタや、壁に手を当ててのバタバタはできない。嫌がる。

　e）今日の収穫はビート板なしで大プールに入れたこと、そして大プールに少しずつ慣れて
　　きた。明日はせめて輪くぐりをしたい。

⑥7月28日（プール指導6日目／於．附属養護学校）：

　a）輪くぐりは一応できたが、昨日の附小の小プールほどではなかった。環境が変わったか
　　らだろうか。

　b）今日初めて、棒浮きをもって、バタバタ浮けた。環境の違うことがここまで違うのだろ
　　うか。足のバタバタが不十分で、力がなく、ゆるく、あまり推進力がない。

　c）足のひざが曲がって、バタ足をする。手はフロートをもつ手が曲がる。

　d）家崎先生をこわがった。無理矢理されると思ったのだろうか。

　e）大プールへ躊躇なく入ってくれて、一人でフロートの棒で浮けて泳げた。しかし、長続
　　きせず、4m〜5mが精一杯。

　ⅱ）《90年全体感想》

　今年のトシアキはよくがんばったと思う。大プールに入れたし、泳ぐことに少しずつ近づい
ている。来年は少なくてもフロートでかなりひとりで泳げるようになってほしい。

　2）ビデオによる映像記録から

　以下、ビデオ映像として88年7月末と89年および90年の各年度に残されていた映
像から、トシアキの水慣れしていく様子と彼の直面するジレンマ（89年、90年頃では
大プールに入ることや人の肩につかまるなどをしてプールの中を移動したりすること）
を如実に表す場面を取り上げてみる。

（1）【映像記録 88 年〜89 年】

 i）「トシアキが小プールで自由に泳いでいる！」（88 年 7 月 27 日の映像）

　僕の記憶に深く留めて
いるトシアキは、プール
の壁から手を離さず、
ビート板で小プールを自
由に動けるというのは
すっかり忘れていた。と
にかく、人が近づくのを

写真 6-1　ビート板もつとひと
りで自由に動けるんだ。

写真 6-2　わあ、足まで浮かし
てバタ足で進んでいるんだ。

嫌がり、おそらく近づかれると、自分が嫌がることをされるのではないかという、彼の
記憶痕跡に留めた、「人は信用できない」という意識が強かったものと思われる。しか
し 7 月 27 日、最終日前日に撮影した映像では、このように道具を使えばプールの中を
自分流に獲得したやり方で、自由に動けるトシアキの姿が収録されていたことが判明し
た。

 ii）大プールへの入水に躊躇するトシアキ（89 年 7 月 22 日の映像から）

写真 6-3-1　大プール
　に入れるかな？

写真 6-3-2　やっぱり
　ちょっと怖い。止め
　ようかな？

写真 6-3-3　どうしよ
　うか。プールへ入ろ
　うかな？

写真 6-3-4　やっぱり
　止めとこか。

写真 6-3-5　やっぱり
　入ってみようか。

写真 6-3-6　ビート板
　もって入ってみようか。

写真 6-3-7　やっぱり
　今日は入らない？

　大プールに入りたい思いはかなり強いものであるはず。自分と同じ時期から教室に参
加していた多くの子どもたちは大プールに入って、気持ちよさそうに泳いでいる。自分
は怖くて、これまでそんなことを考えてもなかった。しかし小プールではあんなにスイ
スイとビート板をもって、ぴょんぴょんとびをしたり、バタ足で進んでそこら中に行け

るようになっている。だから、ほんのちょいと勇気を出せば目の前の大プールの場所は深くなさそうだし、きっと大丈夫かもしれない。そんな思いもきっとよぎっているのではないか。いったんは入水をあきらめ（写真6-3-4）、入る構えを見せたものの（写真6-3-5〜写真6-3-6）、やはり入るのを止めさせる力が働く（写真6-3-7）。

　以上、私なりの想像を交えて、これらの写真から推し量られるトシアキの気持ちを表してみた（7月22日、山崎孝子さんの「今日は大プールに足をつけただけに終わった」の記述を参照のこと）。

ⅲ）トシアキは大プールに入れていた（映像は7月28日最終日の様子）

写真6-4-1　えっ、トシアキがビート板をもち、大プールにいる。

写真6-4-2　ぴょんぴょんとびしてプールにいるぞ！

写真6-4-3　いや、輪くぐりをする気なのかな？

写真6-4-4　あれ！　肩までつけて村上Lに近づいていってる。輪くぐりする気かな？

写真6-4-5　なんだい、輪くぐりは仕草だけだったのかい？

写真6-4-6　村上Lに近づいていってる。また、大プールで泳ぐ気になったのかな？

　89年度の7月22日プール開始2日目では、彼は大プールに足をつけただけで終わったが、村上リーダーになり、7月25日から何とか大プールの床板の所だけには入り、最終日7月28日には、写真6-4-1〜写真6-4-6に示すように、大プールの床板のある浅いところで、ぴょんぴょんとびをしつつ、輪くぐりに気持ちを覗かせるような仕草を示すまでになっている。これが89年度の取り組みの大きな成果だ。

　写真6-4-1〜写真6-4-4には、画面の左側にリーダーの村上くんが輪っかを構えて「ここにおいで」と呼んでいるが、トシアキは輪くぐりは嫌で、その最終2枚目の写真6-4-5で小プールに向けて出ていっている。しかし、最終の写真6-4-6で村上Lがトシアキに向かって立ち、トシアキが表情を緩めてリーダーに近づいていっている。このリーダーとなら、大プールで床板まで入ることには問題がないようだ。

（2）【映像記録 90 年】
　ⅰ）小プールの輪くぐりで顔を水につけながらくぐっていく場面／
　　　7 月 25 日（プール指導 3 日目）
①ロングコース往路（1 回目の 1 つの輪での様子）

写真 6-5-1　89 年最終日やっと目までつけれるようになった輪くぐり、今年はどうか？

写真 6-5-2　おっと今年は既に 3 日目で顔を何とかつけているぞ！

写真 6-5-3　その調子だトシアキ、顔つけれているぞ！

写真 6-5-4　やったぜベイビー。顔を手で拭うものの、がんばって輪をくぐった。

　これら一連の写真から、村上 L の掲げた目標・方針（p. 272 の 89 年の全体感想に書いた「来年は顔をきちんと水につけられるようにして、板を使って一人で泳げるようにしたい」と p. 273 の 90 年のプール指導 2 日目に書いた「壁をもっての補助浮きと、輪くぐり、大プール、何とかこれら 3 つを地道にやっていきたい」という方針）の大前提である「輪くぐりで顔をきっちり水につけること」が成立してきそうなことが示されている。
　以下、7 月 25 日（プール指導 3 日目の映像）から、トシアキの輪くぐりの仕方がどう変わっていったのかを見ていく。

②ロングコース復路（1 回目の最終の輪をくぐるときの様子）

写真 6-5-13　トシアキ、一応最後のくぐりだ！

写真 6-5-14　よし行くぞ！ 左手で輪を持った。

写真 6-5-15　よしよし、落ち着いてきた。

写真 6-5-16　よーし、くぐった。いいぞ。

　この復路においては、①の往路の最初よりもだいぶ落ち着いてくぐれるようになってきた感じがする。それは、p. 279 の表 6-6（輪くぐりロングコース時）の全部で 14 回くぐった際（顔つけ）の NO.1（1 回目）の 3 回測定平均タイムが 1.12 秒であるのに対して、NO. 14 の 3 回測定平均タイムが 1.56 秒と顔つけの時間が長く伸びていることからも見てとれる。
　そして、念のために 14 回の輪くぐり（顔つけ）時の前半と後半で各 3 回測定した顔

つけの回数を5回分合わせて顔つけタイムがどのように変化しているかということも見てみた。それは表6-6の輪くぐりNO.1〜NO.5の最初から5回までの計測平均では1.20秒、NO.10〜NO.14の最終5回計測平均では1.30秒と僅かながら0.1秒伸びる傾向を見せていた（特に前者が標準偏差$SD = 0.32$、後者が0.17と標準偏差においても小さくなっているので、そうした傾向を認めうるかもしれない）。この点は後で、次の③のまとめとして、輪くぐりをより確実にしておこうと村上Lが試みた、もう一度輪くぐり挑戦における最後の5回の試行時のデータと合わせて、統計的な確認も行ってみて言及してみたい。

　また、以上の補足事項として、なぜ1回の顔つけの時間測定に3回の測定実施をしたかといえば、目測（もくそく）でストップウォッチを押したから、その信頼性を高めるために3回の測定を実施し3回のデータの平均をとれば概ね各値の信頼性を少しでも高められるのではないかと考えたからである。

　なお、次ページの表6-6と表6-7の「顔つけ」時間に対して「顔上げ」としているが、本来「顔つけ」に対しては「息つぎ」としたかった。しかし、トシアキの輪くぐりにおいて「顔上げ」は、顔つけの終了時に顔の水を手で拭い、呼吸（息つぎ）をすることをあわせた時間としてみてもらえばいい。トシアキのような、ようやく顔を水につけてしゃがみ歩きをしながら輪くぐり（顔つけ）を行う子どもの「顔つけの時間」と「息つぎをしている時間」をはっきりと区切って測定を行うことは実際に判定が難しい。そして「顔の水拭い（みずぬぐ）＋息つぎ」時にトシアキは既に立ち上がらなくてよくなっているので「顔上げ」と呼ぶことにした。トシアキは輪くぐりの際、輪をくぐったあと息つぎをするために、まず立ち上がって顔の水を拭い息つぎをするので、最初「顔上げ」でなく「立上り」としていた。

③ショートコース（顔つけを安定させるための最終の輪くぐり）

| 写真6-8-8　今日最後の輪くぐり仕上げだ！ | 写真6-8-9　良いぞ！落ち着いて顔つけてるよ。 | 写真6-8-10　よーし、とってもいいぞ！ | 写真6-8-11　よくやった。落ち着いて潜ったよ。 |

　「せーの！」と仕上げの輪くぐりに、ちょっと自信ありげな表情（写真6-8-8）。これらの4コマに3度の計測で平均2.52秒の時間をかけてじっくり行えた（表6-7）。これまでの最高だ。顔つけ輪くぐりを行った後も、顔を拭かず（写真6-8-10〜6-8-11）。

表6-7を見ると、この③のショートコースは最後の顔つけ時間2.52秒を含めてそれまでの一連5回の顔つけの平均タイムが1.76秒（①は1.20秒、②は1.30秒）、標準偏差 SD が0.48（①は0.32、②は0.17）と3つのケースでは最大ではあるが、「顔つけ」の平均値時間の値が1.76秒と大きいので、念のため、①〜③の各2つのケース間で平均値の差の検定を試みてみた。

　その結果は①、②、③の間のいずれのケースにおいても統計的な有意差は示されなかった。ただ平均値間の差の値は、①と②間では0.511、①と③間では1.242、②と③間では1.484で、統計的な有意差（$p < 0.05$）として認められる値「2.776」にはいず

表6-6　トシアキ①②輪くぐりロングコース往復時の顔つけと顔上げの時間（秒）　90年7月25日

	NO.	ロング1回目測定		ロング2回目測定		ロング3回目測定		ロング3回の測定平均	
		顔つけ	顔上げ	顔つけ	顔上げ	顔つけ	顔上げ	顔つけ	顔上げ
往路	1	1.05	6.74	1.16	6.9	1.14	6.62	1.12	6.75
	2	0.66	5.33	0.74	5.14	0.95	4.94	0.78	5.14
	3	1.59	6.63	1.46	6.82	1.47	6.82	1.51	6.76
	4	1.39	8.19	1.44	8.16	1.75	7.85	1.53	8.07
	5	1	5.49	0.95	5.5	1.19	5.35	1.05	5.45
	6	0.96	5.07	0.77	5.19	0.88	5.21	0.87	5.16
	7	1.03	12.8	1.4	12.34	1.65	11.88	1.36	12.34
復路	8	0.94	8.53	1.34	8.26	1.55	8.02	1.28	8.27
	9	1.18	11.7	1.22	11.66	1.31	11.78	1.24	11.71
	10	0.93	8.76	1.34	8.37	1.28	8.5	1.18	8.54
	11	1.18	11.18	1.29	10.94	1.18	10.98	1.22	11.03
	12	1.04	7.87	1.2	7.72	1.19	7.6	1.14	7.73
	13	1.35	6.48	1.3	6.54	1.52	6.48	1.39	6.5
	14	1.4		1.44		1.84		1.56	
	平均	1.12	8.06	1.22	7.96	1.35	7.85	1.23	7.96

最初5回 M	1.20	6.43
最後5回 M	1.30	9.10
最初5回 sd	0.32	1.18
最後5回 sd	0.17	2.21

表6-7　トシアキ③輪くぐりショートコース時の顔つけと顔上げ時間（秒）　90年7月25日

NO.	ショート1回目測定		ショート2回目測定		ショート3回目測定		ショート3回の測定平均	
	顔つけ	顔上げ	顔つけ	顔上げ	顔つけ	顔上げ	顔つけ	顔上げ
1	1.27	7.21	1.64	6.78	1.32	6.97	1.41	6.99
2	1.33	6.57	1.66	6.61	1.72	6.25	1.57	6.48
3	1.35	6.05	1.22	5.84	1.51	5.97	1.36	5.95
4	1.85	9.13	2.06	9.42	1.86	9.13	1.92	9.23
5	2.88		2.23		2.45		2.52	
平均	1.74	7.24	1.76	7.16	1.77	7.08	1.76	7.16
						sd	0.48	1.44

れのケースもほど遠いものではあったが、③における最終5回の輪くぐり時の「顔つけ」の時間は、最初の往復ロングコース時（①と②）に比べて、ゆっくりと落ち着いて行えるものとなっていると思われる。

ⅱ）息つぎを終えた後のトシアキとリーダーの関係の様子①

写真6-6-1 「トシアキ、やったね」「向こうまで一緒に行こうか」との声かけに応じる。

写真6-6-2 村上Lに脇を支えられ、彼の肩に手をかけ、安心してバタ足をするトシアキ。

写真6-6-4 「トシアキ、上手だよ」と、リーダーも喜びの表情を隠さず…。

90年初日（7月23日）の村上Lの記録に次のように書かれていた（p. 273）。
「d）ビート板をもって足をバタバタさせて歩いては少し浮く動作が好き。私が腹をもって浮かせようとしたり、顔を水中につけるのを極度に嫌がる。」
　この場面（写真6-6-1〜写真6-6-4）は、①と②の往復ロングコースの輪くぐりをする中で2人の間の信頼関係が生まれ、こうして脇やお腹を支えられてリーダーとともにプールを移動・散策していく打ち解けた関係を表している。輪くぐりにおいてリーダーが横に付くことによって、無理をしない範囲でところどころやり直しをさせたりする中で築かれた2人の心の絆の証しとも言うべきものではないだろうか。

ⅲ）息つぎを終えた後のトシアキとリーダーの関係の様子②

写真6-9-2-4 じゃあ今度は壁もって、「そうだ、肘をもう少し伸ばして、ね」。

写真6-9-2-7 「今度は息つぎの練習だ」「ウー（ブクブク）」っと「口から息出してー」。

写真6-9-2-8 「さあ、お腹をもう少しへこめて」"パー" と息を吐くー」「そうだ」。

　こうして壁をもって、村上Lがトシアキの脚や腰を支え、手で彼の腕の緊張具合を確かめたり、擦ったりすることは、トシアキが一番嫌がることだったわけであったにもかかわらず、トシアキは「ブクブク、パー」などと楽しそうに応じている。このような

仲睦（なかむつ）まじい光景は、先のような輪くぐり等に取り組んできたなかで生まれた信頼関係のなせる技と言えるだろう。

　こうした泳ぎの基本的な動作の練習を行う前には、肩につかまって2人で移動したことや、互いに向かい合って口まで水につけて、水中で「ウー（ブクブク）」、水上で「パー」をしたり、正に輪くぐりロングコースや輪くぐりショートコースをやる中で生まれた、リーダーと子どもの共同作業が育んだ賜物であろう。

　写真6-9-2-4～写真6-9-2-8の一連の壁を使っての「息つぎ－パー」は、次の大プールで取り組むための呼吸練習でもあったわけだが…。

iv）大プールに入るための挑戦で逡巡（しゅんじゅん）・躊躇（ためら）いに苦悩するトシアキの5分

　こうした逡巡（しゅんじゅん）・躊躇（ためら）い・思案（しあん）が、映像コマで「写真6-10-1～写真6-10-30」までの30コマが続くが、残念ながらビデオはトシアキの最後の決断までは映せていない。村上Lの90年7月25日（3日目）の記録では、「e）<u>今日の収穫は大プールに苦労して入ったこと。肩までもてば、泳ぐようにバタバタできるようになった。明日は大プールでがんばりたい。</u>」と記されている。

　こうしてトシアキは5分間余りの大プールのプールサイドでの心の葛藤（かっとう）を経て、この日ようやく、大プールに入れたとのこと。ほんとに、トシアキとリーダーの村上くんにとってこの躊躇（ためら）いの時間は7月25日当日の8割に相当するほどのものであったかもしれない。彼ら2人にとって、この1990年7月25日という日は、天国と地獄、そしてまた天国へと続く、誠に大きな泳ぎにおける試練を乗り越えた一日であったのではなかろうか。

　この7月25日で、①「小プールの輪くぐりがかなりスムーズに、しかもかなり落ち着いて、目までの顔つけをしながらできるようになったこと」、②「リーダーの肩に手を乗せて、2人でプールの中を足をバタバタさせながら進んでいけるようになったこと」、③「プールサイドで壁をもって、リーダーの指示に従って腰～足を浮かせ、口を水につけて "ウー・パー" ができるようになったこと」、そして ④「長い逡巡の末、大プールに入ることができたこと」など、大変大きな成果が得られたと言えよう。

　この90年3日目の成果により、最終日の6日目（7月28日）には、いつもやっていた附属小学校でのプールとは違う附属養護学校（現在の和歌山大学附属特別支援学校）の大プール（附属小学校のプールよりは少し小さく、そして少し浅いプールではあるが）において、「e）<u>大プールへ躊躇なく入ってくれて、一人でフロートの棒*143で浮けて泳げた</u>」（しかし距離にしては4～5mほどではあるが）とのこと。

　ただ残念ながら、その後の年度におけるトシアキの泳ぎの状況に関しては、既に述べ

写真 6-10-1　大プールに入ろう
　　　　かな①

写真 6-10-2　大プールに入ろう
　　　　かな②

写真 6-10-4　大プールに入ろう
　　　　かな③　足をつけてみる。

写真 6-10-5　大プールに入ろう
　　　　かな④　よし入ろう。

写真 6-10-9　「大プールに入る
　　　　の、やっぱり怖いな。」

写真 6-10-10　「さあ、おいで
　　　　よ！」「どうしよう??」

写真 6-10-15　「さあ、もう入ろ
　　　　う！」と村上L、促す。

写真 6-10-19　「うーん、どうし
　　　　よう？」やっぱり思案だ。

写真 6-10-26　「よし、入ってみ
　　　　ようか」っと、足動かすか？

たように、リーダーの記録を私自身がどこかに紛失してしまったことと、また、彼の最終的な泳ぎの姿については私自身の確かな記憶としても残っていない。はっきりしているのは、トシアキが和大夏の水泳教室に参加していたことが明らかな記録（参加者全体を表した表）は 91 年度のものまでしかないということで、トシアキは自力で泳げるまでは至っていないということである。ただただ、自分自身の物事の整理のずさんさを悔やむのみである。

　　以上、運動が苦手で、かつ新しい運動場面や運動課題に対してとても慎重で恐怖心を強くもつ傾向のある、ヨウちゃんの 10 年余とトシアキの 2 年間の取り組みを見る中で得ることのできた教訓として確認しておくべきことは、次のことではないかと思われ

る。

①決して、無理に顔を水につけさせたりせずに、じっくりとその子のペースを大事にしながら取り組むこと。

②子どもは、プールに入りたいけれど、その気持ちが強くなればなるほど心の内部で逆にそれを押しとどめる力も働いて、「入りたい、だが怖い。入れない！」の心の中での葛藤がより強くなるのである（写真6-10-1〜26で見られるトシアキの表情の中にその気持ちの葛藤が強くなっていく様子が示されている）。

③村上リーダーの待ちの姿勢とチャンスと見たときに冷静に働きかけていく姿から、私たちは学ばねばならないのではないだろうか。

＊118 原通範・家崎満大・橘英彌「発達障害児の水泳技能習得に関する事例研究─水慣れの困難な軽い肢体不自由を伴う発達遅滞児の場合─」、『教育研究所報（No. 14）』、和歌山大学教育研究所、1990、pp. 125-146.《本児YY1くん（愛称、ヨウちゃん）の場合、いろんな学習課題や学習場面での適応状態に問題があり、発達遅滞の影響も強いと思われるが、その背後には彼自身の物への執着やこだわりが強く、その意味では自閉症的傾向の強い発達障がいがあることが彼自身の社会や物事への適応を阻害してきているものと思われる。》

＊119 序章における前掲書＊6より。

＊120 人垣トンネルくぐりとは、人と人（ここではリーダーや親御さんなど）が両手もしくは片手をつなぎ合い、その下をくぐって泳ぐので、そのように呼んでいる。

＊121 2007年4月以降は「特別支援学校」と名称変更（和歌山県立の特別支援学校は「○○支援学校」と呼称）されている。

＊122 外反：足部（足関節）の運動で、足部が外方に向く動きを言う。逆に内方に向く動きのことを内反と称した。しかし外反・内反という言葉は1995年以前の用語で、現在は「外がえし；Eversion」および「内がえし；Inversion」という。茂木俊彦編集代表『障害児教育大事典』、旬報社、1997、p. 42.

＊123 津守・稲毛式乳幼児精神発達検査：米国のゲゼル（Gesell, A. L.：発達心理学者）が言った「子どもの神経学的な欠陥や感覚障害を明らかにし、個人内での発達の偏りを見出して『発達指導を建設的に行う』ための発達診断の手掛かりとなる検査」で、5つの領域（適応行動、粗大運動行動、微細運動行動、言語行動、個人－社会的行動）から乳幼児の行動を観察する方法と発達診断を実施する大事な時期を提唱した。このゲゼルが提唱した観察項目と検査時期を基にして、日本の津守真、稲毛教子、磯部景子らが0〜12か月、1〜3才、3〜7才の3つの発達時期それぞれに即した「質問調査法」を作成し『乳幼児発達診断法』としたものである。各発達時期（年齢段階）区分により発達領域の名称には一部変更はあるが、ゲゼルの示した5つの領域に沿って「運動」「探索（・操作）」「社会」「生活習慣」「言語」に分類してそれぞれの領域で素点を算出し、発達年

齢（DA）、発達指数（DQ ＝ DA/CA）を算定している。なお CA とは暦年齢のこと。以上は、編集代表：清水貞夫・藤本文朗『キーワードブック障害児教育—特別支援教育時代の基礎知識』（クリエイツかもがわ，2005，pp. 160-161）を参考にした。

＊124 PSP ＝ prone stretching position（脚を伸ばした姿勢）とは、「うつ伏せでの顔をつけた姿勢」ということで、通常「伏し浮き姿勢」のことを指し、略して PSP ポジションないしは P ポジションともいう。

＊125 リバープール：プールの中をみんなで一定方向に回る（走ったり、泳いだりする）ことを通じて、川のようにプールに水の流れができる。その中での活動（泳いだり、顔をつけてじっと浮かんでいたりすること）を総称して、リバープールという。

＊126 橋渡し：プールサイドから大きな浮きマットを置き、その上を渡って進み、水中に飛び込む（落ちる）活動を総称していう。

＊127 ここをお借りできることになったのは、その場所を障がい児者の親御さんであり、当時教員をされておられた方（この方は私もともに体育の共同研究に携わることもあったりする方）が当センターの所長さんと親しく、その所長さんが障がい者の活動に極めて好意的であったということによるものであり、私たちは研究と指導の貴重な場を一挙両得、大変な幸運に出くわすことができたのである。

＊128 教相：教育相談の授業。現在は「障害児指導法」（第 5 章の後注＊113 を参照）。

＊129 火曜プール：社会保険センターをお借りして火曜日に行えることになったので、いつしか『火曜プール』と、私たちの間では呼ぶ習わしとなった。和歌山市内の JR 和歌山駅に比較的近い（徒歩 10 分）「国体道路」沿いに抜ける交通の便が良い所に “社会保険センター”（のちに持ち主が変わり “トップウェルネス和歌山”）があり、そこにある 15 m × 8 m の比較的小型のプールである。残念ながらコロナ禍の中、閉業に至った。

＊130 縦の輪くぐり：第 2 章（p. 64）図 2-9 の b. 輪くぐりⅡのこと。

＊131 プールフロア：プールの水深を少し浅くするための床板で、高さ 40 cm × 横 1 m× 縦 2 m の市販されているもの。

＊132 ホースロープ：輪くぐりの輪の代わりに、水道のホースをコースロープ間内に収まる適当な長さに切って、コースロープや独自に用意したロープにくくりつけて輪くぐりと同様な道具として作成したもの。特に、水で進むのが苦手な子ども用に作成した。くぐるだけではなく、ロープの上を腹這いのポジション（＊124 の PSP ポジションとか、略して P ポジション）で進むこともしやすい。＊135 にこのホースロープを模式的に示した図を載せている。

＊133 ビート板 2 個：縦向きに並べたビート板 2 個分。

＊134 顔を上げてから少し間を置いて呼気をする（パアと言う）は、呼吸のタイミングとしては少し遅い。が、少し遅れての呼気にしろ、顔を上げて息を吐き出すことが大事。

＊135 コースロープの間におおよそ 1.5 m くらいの幅でロープを引っ張り、その両ロープ上で約 3 m 間隔に水道ホースをはしごの段のように取り付けた輪くぐりの応用物。

　なお、それらの両ロープ自体も浮かせるために、

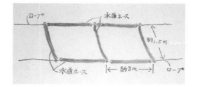

3ｍ間隔で張られた水道ホースの間のロープの周りを水道ホースで被せたホースくぐりロープ（＊132）である。

　　ヨウちゃんはこれを結構気に入って、潜り～呼吸の連続動作を身につけていった（p. 256に示されたお母さんのコメントに下線を引いて示している）。とりわけ、お母さんの「ヨウジより私の方がとてもうれしかった」のコメントにとても印象深い感動の気持ちが表れている。

＊136　前掲書＊118（原通範・家崎満大・橘英彌共著の前掲著論文のp.135に記載）。

＊137　運動結合（運動連結）とは、元々はK.マイネルの運動学（動作学）に示されているもの（1960）で、「２つあるいはそれ以上の非周期的動作行動が直列に実施されるならば、我々はそれを動作結合と呼ぶ」（Kurt Meinel著（萩原仁・綿引勝美訳）『動作学（上巻）』、新体育社，1980，pp. 138-141）。この動作結合、運動結合をボール運動でのタイミング獲得の実験例として「ボールをキャッチする＝捕ること」と「ボールを投げること」の学習においては、両者の動作を連結するように学習することの有意性を証明している（調枝孝治著『タイミングの心理』，不昧堂，1972，pp. 169-183）。

＊138　教育相談の授業（＊113および＊128を参照）。

＊139　ぴょんぴょんとび：ビート板をもって体はしゃがんだまま、両足でピョンピョンと軽くジャンプするようにして移動していくこと。

＊140　（　）内の※印以下は、原による補足。

＊141　板なしでもバタバタできた：これまでは、ビート板を持っていると安心で、リーダーの肩に手を乗せ、リーダーにお腹を支えてもらってプールの中を移動するのは不安で、それはさせなかった。おそらく、それ以前の時期では壁をもってバタバタできても、人に抱かれるように支えてもらうことも、ビート板でプールの中を移動することも拒否していた時期があった。

　　それがいつしかビート板でプールの中を移動できるようになり、その後にようやく、リーダー等に自分の身を任せて移動することができるようになったのである。

＊142　「壁のやつ」：村上Lによる用語で、トシアキ本人はプールサイドの壁をもち、リーダーがお腹を下から支えて補助浮き身をすること（「壁をもっての補助浮き」をそう呼んだ）。

＊143　フロートの棒：p.181の写真5-2-1に示す黄色の丸い浮き具（スイムフロート）を両サイドにつけた棒。もしくは写真5-3-11（p.212）や写真5-3-13（p.213）など、遠泳の場面で安全のために使っている浮きバーであったかもしれない（附属養護学校にはそれら両方を持っていっていた）。

第 7 章

行動制御の重度な知的・
発達障がい児者の
事例研究から

本章においては、第6章において精神発達および運動発達の面で発達的に比較的重度な遅れ（障がい）をもつ対象者（ヨウちゃんとトシアキ）の水泳技能獲得過程について取り上げたことを受けて、彼らに比較的類似する発達的特徴を有するGK（ゴーちゃん）を対象に、彼が示した遠泳での行動変容と技能獲得並びに発達的変化の特徴について検討したい。もちろん彼も夏休みは和歌山大学の教育相談プールおよび普段1週間に一度は社会保険センター（トップウェルネス和歌山）のプールでの水泳教室に通っていた。

　その際執筆の論点として、以下3つの論点を掲げ、運動や行動の制御で重度な障がいのあるゴーちゃんが遠泳に参加することによって泳力を獲得し発達していったことと、プールでの泳ぎや遠泳において獲得し成長した泳力が停滞・遅滞していく過程を含み、問題を孕みながらも発達・変化していく過程であるという点とを明らかにしていきたい。

1．遠泳の場面を通じて、泳ぎへの興味などが開かれていく泳力獲得の過程から（以下、第1節）
2．徐々に遠泳での泳ぎを定着させていく過程から（以下、第2節）
3．遠泳での泳ぎに停滞・遅滞が生じていった過程から（以下、第3節）

　こうした過程が生じることが運動の苦手な精神発達・行動制御において重度な障がいを抱える子どもたちの水泳技能獲得過程における問題であることを明らかにできればと考えている。

　なお、下記3つの論文においては、論文掲載時点で使用した字句等をそのままの形で掲載していることをお断りしておきたい。もちろん本章の上記3つの論点や本著全体との関係で修正すべき点は修正するし、また必要事項について注書き等を追加して記述していくこととする。

第1節　発達経過の進展がゆっくりの知的・発達障がい児の水泳行動にみる事例紹介[144]

1　まえおき

　私が自閉傾向をもつ子どもたちを初めとする知的・発達障がい児たちと関わるようになった最大のきっかけは、1979年度4月より和歌山県主催の情緒障害児体操教室が開催されたことである。自閉傾向をもつ子どもさんたちに途方に暮れつつも子どもにでき

れば「発達効果の現れる活動を」ということで、子どもたちの親御さんたちが私の先輩教員であった家崎満大氏と障害児教育教室の橘英彌氏を訪ねられ、そのお二人のご尽力で和歌山県教委との連携が模索され、この教室の運びとなった。そのとき以来なのでかれこれ25年になる（序章を参照）。

このように時が経つのに、私自身の生来のものぐささと手際の悪さで、知的障がいの子どもたちが運動課題を獲得していく様子や彼らが発達するための原理などの研究がなかなか進まないままになってしまって今日に至っている。もちろん20年余りも経っているのでそれなりの報告をまとめさせていただき一定の成果は上げてきた。その多くは、比較的運動課題の獲得に成果を出しやすかった子どもたちについてである。障がいの重かったというか、行動面での変化が表面的に見られ難かった子どもたちの事例については、これまでまだ一例を数えるのみである（本論の執筆時点では第6章第1節のヨウちゃんのケース）。

いずれにしても知的障がいのある子どもたちを対象に運動学習の原理や指導方法を見いだすことは時間と労力を要す困難な仕事で、ここではていねいに子どもたちの行動変化の状況を記録し、その変化を生むことに結びついた活動や指導の方法との関係づけを集めていく、帰納的なアプローチに依存する度合いの高い研究分野であるといえる。その意味で私のこれまでの研究経過において、発達経過の比較的早い、あるいは遅いいずれの子どもたちについても、その行動変化を達成させるための原理に関してはまだまだほとんど見いだせていない現状にあることは否めない。

特に、標題にあげる発達経過の進展に変化を認め難い人たちについては、事実の積み上げと指導仮説の設定が大きな課題である。

2　本節の趣旨・目的

ゴーちゃんは、知的な障がいが重いといえば重い、2002年現在20歳になったばかりの人で、彼とのつきあいは今年で13年になり、運動活動においては私は水泳でのつきあいが多かったといえる。彼は言葉が比較的流暢に言えるところがあるので一見軽度な障がいかもしれないと思ってしまうが、言っていることとやることの間には大きなギャップがあって、行動の改善面では遅々とした変化しか認め得ないことが多く、その意味で重度な障がいがあると言わざるを得ない。

その彼が、特に高校生以降（16歳になった頃）から運動面でもいろいろな改善があり、その一つとして水泳における改善には目覚ましい進歩があった。そこで、彼の最近での水泳行動面における大きな変化の事実を示し、それ以前の変化や他の運動行動面での変化等と関連づけることにより、何が彼にそのような変化をもたらす要因になっていたか

を考える機会としたい。

3　ゴーちゃんの生育歴（概要）

・1983年3月生、20歳男性／現在（2002年）に至るまで、祖父母と母の4人家族。
・出産時での異常はなし／異常に気づいた時期は出生後間もない頃／生後1週間で百日咳に感染。すぐに総合病院に入院／症状として、チアノーゼがあり呼吸停止するような咳が続く。入院後ビタミンK欠乏症で意識障害（痙攣発作）を起こす。
・障害名「百日咳およびビタミンK欠乏症による後遺症」（診断機関：和歌山市N総合病院）
・治療訓練機関「和歌山市Kリハビリテーションセンター」／ボイタ法による訓練／1983年12月〜1985年12月。
・発達経過：首のすわり（5か月）／言語（11か月；マンマ）／歩行（2歳4か月；2、3歩程度の歩行。よちよち歩きは3歳頃から）／自閉的傾向（3歳過ぎから；エコラリアやこだわりが見られるようになってきた。10歳頃（小5）からはエコラリアは見られなくなったが、こだわりは顕著。（以上、12歳時での母の記録から）
・運動スキルの獲得：持久走（小6のとき誰かの伴走により1km継続）に取り組み始め、中2のときに2kmを目標とし、今冬では5kmを33分余りで走れるようになっている。／自転車に補助輪なしでやっと乗れるようになったのが14歳／なわとびで、「縄を後ろから回して床に着いてから跳ぶ」がやっとできるようになったのが高校を卒業後で、ごく最近になって1回の連続的な動作連結ができるようになった。

（2003年3月、母からの聞き取りによる）

4　ゴーちゃんが"自力で泳いだ！"初めての遠泳：2002年の泳ぎ

1）遠泳本番前日での泳ぎ

（1）リーダー（記録者）の記録から

8月30日（本番前日。記録者：秋山裕人＿障害児教育専攻）

　今日はちょっと便秘気味だったので、昼ご飯もあんまり食べず、トイレに行くと大の方でやっていた。そのためか、今日はあんまりテンションは高くなく、かなりおとなしかった。

　泳ぐ前から、「ライフジャケット」と言っていた。ライフジャケットを着け、体操をし、海に入った。

海に慣れるためのプログラムでは余り泳ごうとせず、ライフジャケットで漂いながら海を歩き回った。途中ボートに興味を示したが、すぐに逃げていった。

休憩の時間では、砂をかけ、埋もれさせた。途中波がかかると、ビックリして起きあがってしまった。休憩のとき、原先生からライフジャケット「なし」を誘われたので、2人とも脱いで、スイムフロート＊だけを一つもって、泳ぎにいった。（＊第5章 p.181の写真5-2-1参照）

初めの方は、スイムフロートをゴーちゃんに持たせて、足が着かないところまではそれで行くことにした。その間に、どうしても立ち泳ぎになるので、「足をのばして」と言うと、バタ足をした。テトラポットの向こう側に移るあたりから、原先生に会い、スイムフロートを外し、息つぎに入る。

原先生と僕で、声かけをしていくと、だんだんテンポが速くなってきて、すごくよい調子で泳ぎ続けた。途中、2回ほど休憩したが、最後まで息つぎで泳ぎ続けた。

お風呂はちょっと鼻血が出たが、気分良さそうに入っていた。晩ご飯はゆっくりだが、ご飯以外は食べた。その後眠そうだったので、2段ベッドで寝た。

（2）映像の流れ（泳ぎのコマ）から

ⅰ）ゴーちゃん「初の一人泳ぎ」における開始時の様子と、ⅱ）落ち着き安定時の様子

秋山リーダーが記すごとく、ゴーちゃんに着けていたライフジャケットを外させて、「がんばって、顔をつけてみて、ゴーちゃん！」と私は船の上から呼びかけ、秋山Lは横で静かにゴーちゃんを励ますことから始まった、ゴーちゃんが遠泳で泳げたときの様子は誠に感動的であった。

ⅰ）ゴーちゃんが顔をつけ始め、恐る恐る海の感触を確かめていくときの様子と、

ⅱ）その後だんだんと海での潮や波の感じにも慣れ始め、「後にも先にも人生で初めて海でこんなに落ち着いて泳ぐゴーちゃんの遠泳での泳ぎは見たことがない」というほどの様子。

これらの2点を、揺れる船からゴーちゃんに声かけをしながら撮るビデオ映像のコマと、そのときのゴーちゃんの泳ぎにおける「息つぎ・その他調整のために顔を上げている時間」と「顔をつけて潜っているときの時間」の時間分析のデータを示して確認してみよう。

まずⅰ）では、ジャケットを外したゴーちゃんが、最初は恐る恐るちょっとだけ、額〜目まで水につけてみる。そうしたら私が船から「そうそう。上手上手！」と声かけ、応援する。するとそれに続けてその後だんだんと顔を水につけていく。

また船からさらに続けて、「両手を水につけてお休み！」「そして足もお休み！」等の

写真7-1-1 フロートを秋山Lに渡し、顔つけに挑戦しようとするゴーちゃん。

写真7-1-2① さあ、いよいよ顔つけてみようかな？の構え。

写真7-1-2② 海に顔つけたつけた！まずは何とか鼻までは。

写真7-1-3① 「ゴーちゃん、もう少し顔もつけてみるかな？」

写真7-1-3② 「おー、今度は顔もつけてる」「つけたよ、ゴーちゃん！」

写真7-1-4① 「やったぞゴーちゃん」今度はどうするのかな？

写真7-1-4② 「さあ今度は、もう少し挑戦だ」とゴーちゃん。

写真7-1-4③ さあ、手（右手）を前に出して、それから脚も伸ばすかな？

指示が飛んでくる。それに応えて、声に見合った動作を試み、その通りになっていく様子が示されている。

　こうしてゴーちゃんは、日高町小杭の海浜で、テトラポット[*109]（略して「テトラ」ともいう）の周りをおもむろに手探りで、船からの私の声による指示（問いかけながらの指示）に応えつつ、横から秋山Lの声かけと応援に支えられて、海で初めて顔を海水につけながら泳いでいくのである。

　次にまず、ⅱ）に至る前を振り返ってみる。

　しばらくは、上記の写真のごとく顔を上げて立ち泳ぎをしながらもがくように腕と足を動かしていたけれど、リーダーの秋山くんの優しい励ましに応えるかのように、顔をつけたゴーちゃん（写真7-1-2②_鼻までだが、写真7-1-3②、写真7-1-4③）[*145]。続いて、プールでやっているように、「息つぎしたら輪くぐりするために潜り、その後浮かぶ」をだんだんと思い出して、少し大きな波に揺られながらやっていく。そして、驚くなかれ！　ⅱ）の人生で最高の遠泳の泳ぎをしていったのである[*146]。

　この写真7-2-3に入ってのゴーちゃんの泳ぎでは、それまでの写真7-2-2の①～③に見られるように、彼が顔をつけて水平状態になっているときは大抵、足先の方からキックしながら進むので水しぶきが立っている。しかし、写真7-2-3①～②、写真7-2-4①～④、写真7-2-5①～②では足先から全くといっていいほど、水しぶきが見られない。

写真 7-2-1　体をしっかり伸ばしつつ呼吸しているゴーちゃん。

写真 7-2-2①　顔をつけてキックしながら推進していくゴーちゃん。

写真 7-2-2②　もう少し進もうと、さらにキックを続けるゴーちゃん。

写真 7-2-2③　さあ浮かんできたよ、今度は呼吸に向かうゴーちゃん。

写真 7-2-3①　次またゆったりと顔をつけて潜るゴーちゃん。

写真 7-2-3②　ゆったりと浮かんで、息つぎに向かってるゴーちゃん。

写真 7-2-4①　また顔をつけて潜りながらゆったりと進むゴーちゃん。

写真 7-2-4②　顔をつけて腕も交互にかきつつ浮かび進んでいる。

写真 7-2-4③　まだ顔をつけゆったりと進んでいくゴーちゃん。

写真 7-2-4④　足の裏を見せてゆったり浮かんできているゴーちゃん。

写真 7-2-5①　ゆったりと息つぎをする、最高の泳ぎだ、ゴーちゃん。

写真 7-2-5②　また潜っていくが足から水しぶきが全然上がらない。

　特にここに上げた写真 7-2-1～7-2-5②までの一連の泳ぎは、彼がとっても楽に泳ぎ、浮くことを探り、そして気づいていった、正に遠泳で目指すリラックスされた泳ぎをしていることを表している（疲れたのでそうなっているのかもしれないが）。

（3）テトラポットを回り、終盤、浜辺の母から声援を受け、泳ぎ続けるときの泳ぎ

　それと初日最後に、テトラを回ってきて、かなり疲れているのだと思う。わずかにその表情が、以下の写真 7-3-1、最初の息つぎをしたところの写真に表れている。

　しかし、初めて海で顔をつけたらゆったりと潜りそして浮いてくるという、泳ぐということの気持ちよさ、快感を初めて味わった（気づいた）こと。さらに、テトラポットの右コーナーを回っていくと（p. 298 の図 7-1 参照）、岸からお母さんが「ゴーちゃん、

写真 7-3-1　顔を上げて立ち泳ぎしながらがんばるゴーちゃん。

写真 7-3-2①　やがてまたまた海に顔をつけ潜っていく。

写真 7-3-2②　顔を沈めた後は浮かぶ姿勢を自然ととるゴーちゃん。

写真 7-3-2③　浮かんできたら、自然に前方向を窺うゴーちゃん。

写真 7-3-3①　顔を前に向け呼吸した後はまた、顔をつけ潜る。

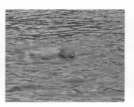
写真 7-3-3②　顔をつけてまた手をかきながら浮かぶ姿勢をとっていく。

写真 7-3-3③　少し顔を上げていきながら浮きのバランスとり…。

写真 7-3-3④　浮かびつつ、前方へと進むために軽くバタ足をしていく。

写真 7-3-3⑤　軽くバタ足をしつつ手を下側にかき、もう少し前に進む。

写真 7-3-3⑥　よく進み浮いてきた。両手をかきつつ顔を前に向けていく。

写真 7-3-3⑦　「さあ顔が出てきたよ。」「呼吸を整え息つぎに入るよ。」

写真 7-3-3⑧　「よーし顔も出た。」「息つぎし、ゴールまであと一息！」

がんばってー！」と喜びの声を上げて声援してくれている、その声に応えようと今度はスピードも上げつつ泳いでいく様子をさらに示しておきたい。

　写真 7-2-1〜写真 7-2-5②のシリーズの泳ぎ同様、ゴーちゃんはほとんど水しぶきの上がらない泳ぎでテトラを回って終盤の泳ぎになっても泳ぎ続けていること、が写真7-3-2①〜写真 7-3-3④あたりまでの足下（あしもと）の静かな様子からも了解できる。しかし、その最後の方（写真 7-3-3 の⑤〜⑧にかけて）で、おそらくお母さんの声援が聞こえてきたのではないだろうか。少し水しぶきを出しつつバタ足をしてがんばる様子が認められる。

　「よーしすごかった。ゴーちゃん、ほんとよくやった！　テトラをほとんど 1 周回れたヤン!!　すごいことだよ」。91 年に遠泳に初参加して、ゴーちゃんにとっては確か 10回目の遠泳で、がんばって自力で泳ぐことができたのだ。

スイムフロートをリーダーの秋山くんに渡して、一人泳ぎを開始し、途中2回ほどフロートを秋山Lからもらって休憩（それぞれ約2分半ほど、計5分ほどのお休み）をとるが、その2回目の休憩から再び泳ぎ始めたのが一人泳ぎを開始して22分ほど経過した頃で、その後は最終、37分48秒時点で海の底に足を着くまでは休まずに泳ぎ通した。

　つまり彼は、約100mの長さのテトラポットを回り概ね200mほどの距離を、そのテトラに向けて波が打ち寄せてくる中、延べ30分余りの時間を泳ぐことができた。そして最後の15分間ほどは全く休みなく泳いでゴールをしたということになる。

　なお、泳ぎ始めて25分ほど経った頃に100mほどの長さがあるテトラポットの終点を過ぎて曲がり始め、その頃から、息子が自力で泳いで戻ってくる姿が見えたので、浜からお母さんが「ゴーちゃんがんばって！」という声援を送ってくれ、ゴーちゃんはその声援に励まされながら、最後海の底に足が着くまでがんばって泳ぎ通すことができたのである。

　この感動をしっかりと胸に刻み、明日の遠泳本番へとレッツゴー！

２）遠泳実施本番での泳ぎ

（１）リーダーの記録から

8月31日（遠泳本番；記録者・秋山L）

　今日は朝ご飯は余り食べなかった。ごはん、オムレツ、ウインナーと残した。トイレは問題なくいった。

　泳ぐのでは、今日は初めからライフジャケットなしでやり、初めの水慣れは、雨が降ってきたおかげで水につかるのは早かったが、顔はつけなかった。休憩時間では砂をかけて埋めた。

　遠泳本番では、僕がスイムフロート*を持っていき、ゴーちゃんは何もなしで泳いだ。足の着く場所では、全体顔をつけることなく進んでいたが、足が着かなくなり、僕が「顔をつけて、手足を"プカー"としてたら楽やでー」と言い、「せーの！」と声かけをすると、息つぎをし出した。まずはオレンジのブイを目標にし、途中、半分くらいのところでいったん、スイムフロートを渡し、休憩して、二度目でオレンジのブイまで行った。

　<u>「1、2ー、トーン、パア」と昨日原先生に教えてもらったことを言いだしたので、そのリズムに合わせて息つぎをやるようにしたら、すごくよい感じで進んだ。途中3回ほど休憩したが、昨日よりも良い感じで進み、最後の浜辺の近くまでがんばって泳ぎきった。</u>

　終わったあと、お母さんがゴーちゃんの様子がおかしいらしく、心配していたが、ス

イカを食べているとじっとしていられなくなり、トイレに走った。おしっこがいっぱい溜まっていた。

　その後、風呂に入り、カレーはいっぱい食べ、すごく疲れたらしく、私の部屋で横になると、すごくうれしそうな感じだった。

　1周終了に要した時間：1時間8分8秒

＊スイムフロート：直径1cm長さ60cmほどの棒の両先にプラスチック製の黄色の球（直径約20cm）が付いている（p. 181の写真5-2-1：上記＆下記の写真で、秋山Lが泳ぐゴーちゃんの横でもっている）。

（2）遠泳本番での泳ぎの様子

ｉ）沖の船から戻ってくるところ

写真 7-4-1　テトラ付近に近づいて来つつあるときの息つぎ。

写真 7-4-2①　昨日初めて泳げたときよりも海に体を任せてる。

写真 7-4-2②　キックを入れてもう少し前に進めようとしている。

写真 7-4-2③　「そらーっ顔が出たぞ。息つぎに入ろうかね」。

写真 7-4-2④　「よっしゃー、息つぎしたよ。いいぞ、そのリズムだ」。

写真 7-4-3①　また潜りに入った。昨日よりもリズムがしっかりしてる。

写真 7-4-3②　「よっしゃ、キックして、いいリズムだ！」

写真 7-4-3③　「その調子。息つぎリズムもピッタリしてきたよ」。

　今日も波が少し高かったので、比較的波の穏やかなテトラポットと波止場に近い所に置き船を浮かべ、テトラとほぼ同等くらいの横幅になるように、オレンジ色のブイを両脇に置き、浜からテトラを内に含むコースを1周してくるようにコース設定をした（p. 298の図7-1参照）。

　距離としては昨日のテトラ1周が200mだとすれば、本番のコースは概ねその倍ほどの400mの距離はあっただろう（図7-1に示す通り、浜から沖に停泊させている「置

き船」までが直線距離でおおよそ200mゆえ、往復で400m。そしてテトラの延長線上くらいにオレンジ色ブイが2つあるので概ね400mはあるだろう）。ゴーちゃんは、途中で100mくらいずつで休憩を入れていたとはいえ、全体としては概ね合計で400m近くの距離を泳いだということになる。

ii）テトラを過ぎ、浜に向かうほぼ最終盤での泳ぎ

写真7-5-1　テトラ（上部左方に見える）を回り最終コーナー。

写真7-5-2①　息つぎの後は潜ってキックを強く速く打って到着を目指す。

写真7-5-2②　「よーし、その調子。キック速やか、進むペース良し」。

写真7-5-2③　「さあ、浮かんできた。息つぎの用意、頭を起こそう」。

写真7-5-2④　「いや、もう少し進んでおきたい」と、またバタ足。

写真7-5-2⑤　「さあ今度は息つぎに入ろうね」。キックしつつ顔を起こす。

写真7-5-2⑥　「さあ、息つぎしてよ」「いやいやもうちょっと進んでからだ」。

写真7-5-2⑦　「さあやっと息つぎだ」。ゴールももう間近だね。

　テトラポット手前のゴールにほど近くなってきてからの帰りのコースでの泳ぎの様子を、以下に取り上げておきたい（写真7-5-1〜7-5-2⑦）。
　昨日、テトラの周りを回って最終コーナーに差し掛かったときの泳ぎにも、その前のテトラ向こう側で海での泳ぎの気持ちよさに触れたときと比べて、水しぶきを少し上げた泳ぎとなっていたが、今回本番ではその倍以上の距離を泳いできただけに、ゴールの浜に近づいたときにはキックによってかなり水しぶきが上がっている（写真7-5-2①〜写真7-5-2②、および写真7-5-2④と写真7-5-2⑤）。この日は昨日に比べ、その倍以上の時間（1時間8分8秒）をかけて泳ぎきっただけに、ゴールに近づき、早く浜に辿り着きたい思いは一入（ひとしお）であったのであろう。潜って浮き上がり呼吸するまでの間に、それまで泳いできた泳ぎと比べて、相当に水しぶきを上げキックにより推進している様子（がんばっている様子）が見てとれる。

（3）本番前日のテトラ周りのコースと本番でのコース

　以下、図7-1に遠泳前日8月30日の練習コースと8月31日の遠泳本番に設定した
コースを示すが、まず注釈（※1、※2）を先に示しておきたい。

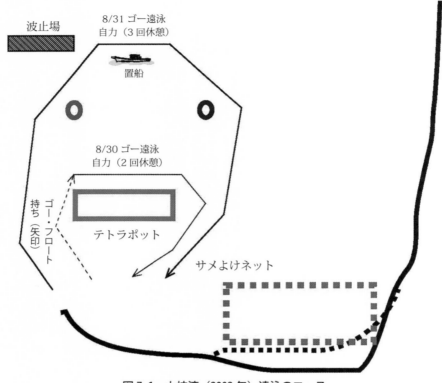

図7-1　小杭湾（2002年）遠泳のコース

> ※1　《ゴーちゃんの泳ぎ（泳いだコース）》
>
>   ◆8月30日：遠泳実施前日；テトラポット周り → 200m（テトラポットまで
>   スイムフロートを使って進み（……部分）、実線コースの部分を自力で泳いだ。
>   ◆8月31日：遠泳本番当日；ブイと船の周りまでを回る → 350〜400m
> ※2　《補足事項》　8月30日は波がかなりあった。8月31日は前日よりも波は静
>   まっていたけれどもまだ残っていたので、テトラの延長線上で波止場に近いコー
>   スに設定した。ゴーちゃんは3回ほどの休憩をした以外自力で泳いだ。

（4）自力泳ぎに至った要因の検討について

ｉ）ゴーちゃんの遠泳自力泳ぎ（本番前日8月30日）でのリズム分析

　前日、海で初めて顔をつけて潜り、プールで25mを泳げるようになった際の泳ぎを
思い出し、だんだんと潜る際の時間が安定（少しずつ潜りの時間が増加）しながら、呼

吸の動作時に顔を上げて泳ぐリズムも整っていきつつある様子が示されている（表7-1-1〜表7-1-3）。特に表7-1-1では潜りのタイムでの変動幅が$SD = 0.70$と小さい。また表7-1-3は、前の2つの泳ぎ系列と比べて運動連鎖の系列は短いが、第1回目の息つぎ〜第4回目の潜りまで、息つぎと潜りの時間も約4秒〜5秒程度の近似した値が連続していて、リズム的に最も安定していた泳ぎの様子を取りだしたものである。息つぎ、潜りともに時間の変動幅（SD）もそれぞれ0.76秒、0.57秒と小さく安定している。

　一方、最後の4表目（表7-1-4）は、テトラを回ってから最終盤での泳ぎでの潜りと息つぎの時間リズムを測定したもので、それは遠泳本番時の泳ぎ（写真7-5-1〜写真7-5-8）と同様な泳ぎから、ゴーちゃんが最後に海の底に足がつくときまでの様子（リズム）についての調査である。ここでは、潜っている平均時間が、それまでの相対的に安定していた泳ぎで示していたとき（表7-1-1と表7-1-2）での3.00秒、3.39秒に比べ、4.99秒とかなり長くなっており、この値は最安定時（表7-1-3）の潜り時間4.44秒に近似した値となっていることである。前二者（表7-1-1と表7-1-2）の潜りと息つぎの時間的関係における格差の関係（潜りが3秒台前半、息つぎが7秒台後半）に比べて、表7-1-4では潜りが約5秒、息つぎが約6秒と、最安定時の泳ぎ（表7-1-3）での潜りが4.44秒、息つぎが4.85秒におけるだいたい同等な時間配分に近い時間的リズムを示している。

　こうした潜りと息つぎの間の時間的関係が互いに近い値である方がリズムの安定性が高いのか、そうではないのかという点については、単純にどちらかに軍配を上げるのは避けなければならないが、3秒余りの時間水中に潜り、顔を上げた状態で8秒間近く水面にいると、どうしても下半身が水中に沈もうとするので、その分手足をかなり動かして水中での身体バランスをとる必要性が高まる。つまり、顔を上げた時間が伸びるとそれだけ、泳ぎにおいては体を水面に浮かしておくためにエネルギーを消耗する度合いが高くなる。一方水中に潜って息こらえをする状態が高まると無呼吸による身体疲労が高まる。そうすると、潜っている時間で楽に泳ぎ動作をし続けるための最適時間として一定の許容範囲があるということになるだろう。それとともに、顔を上げて息つぎするにも当然許容時間があるということになる。

　現段階では泳ぎにおける水中に潜る際および息つぎの際の最適時間や幅について科学的に確立したデータを知らないが、経験的には、泳ぎのリズムを刻む際は、泳ぎを練習・学習する人の横に立ちながら、「いーち（1）、にー（2）、さーん（3）、パーとかパッ（4）、あるいはパー・ハア（5）（4は呼気強調、5は呼気と吸気の両方の動作強調）」などと声かけしながら行うと、学習者の潜りと呼吸の時間配分の関係が安定し、ドル平の指導をする場合等にはこうした4拍子ないしは5拍子のリズムでの声かけにより、呼吸リズムを整えさせ、泳ぎを続けさせる大きな要因となっていると思われる。このリズ

ムからすると、概ね、潜りに3秒程度、息つぎに1秒～2秒などが、泳ぎにおける楽な潜りと息つぎのリズムと言えるのかもしれない。ただしこの時間リズムは、淡水（真水）における場合であるので、塩分による浮力の高い海水では、もう少しゆっくりとしたリズムでの泳ぎも楽な運動を許容する条件と考えていいかと思われる（例えば、和歌山大学の保健体育専攻生の集団で統一して行う「潜り－息つぎ」の遠泳時でのリズムとしては、p. 329 の表 7-2-11 に示すところではタイム（潜り）が 4.6 秒、タイム（息つぎ）が 3.1 秒である）。

　そうすると、ゴーちゃんの最も安定した泳ぎのリズムであった表 7-1-3（潜りに約 4.5 秒、息つぎに約 5 秒）がだいたい楽な泳ぎの許容限度を示す鍵であるのかもしれない。その意味で、表 7-1-4 における潜りの約 5 秒、息つぎの 6 秒余もある程度の許容範囲にある泳ぎなのかもしれない。しかし表 7-1-4 の最後に足が海底につくことに繋がっていく泳ぎで、母の声援を聞き、かつがんばった末のゴール到着だということで、バタ足を強めに打つなど、運動を行い過ぎている状態で力を振り絞った際の泳ぎなので、決して楽な泳ぎとまでは言えないだろう。とてもしんどい中、最後の力を振り絞って潜り進み、そこに息つぎをしながらようやくゴールに辿り着いた泳ぎと言えるだろう。

　念のために、最後の浜辺のゴール（足のつく所）に近づいてきたとき（表 7-1-4）と、それまでの3つの泳ぎの場合の平均値との間での差の検定[147]を行ってみた。

　すると、潜っているときの時間（「タイム（潜り）」）において、「安定に向かう泳ぎ時」（表 7-1-1）と「ほぼ安定泳ぎ時」（表 7-1-2）の場合との間にそれぞれ、1％水準での有意差、5％水準での有意差が見られた。他の場合、すなわち「潜り」と「息つぎ」のリズムが最も安定していた表 7-1-3 でのケースとの間においては、潜り時間（タイム（潜り））が 4.99 秒（表 7-1-4）と 4.44 秒（表 7-1-3）と比較的近似した値でありながら、かつ SD が両者で 1.94 秒と 0.57 秒と開きがあったこと、また「息つぎ」においても、両者の表の間で平均値がそれぞれ、6.08 秒と 4.85 秒、SD で 3.22 秒と 0.76 秒とかなり差があったこと、そして表 7-1-3 で収集できた泳ぎのデータが少なかったこともあり、有意差は示されなかった。なお、「タイム（息つぎ）」においては表 7-1-1～表 7-1-3 のいずれの場合も、ゴールに近づいた最終のデータ（表 7-1-4）との間に有意差は示されなかった。これは、4つのどの泳ぎのデータ間においても有意差はなかったということでもある。

　すなわち、遠泳において初めて海に顔をつけながら泳ぐことに挑戦してみた最初の試みにおいてゴーちゃんは、泳ぐことに少し慣れたのか、潜って顔をつけている時間の長さが概ね一定の範囲内（約3秒～5秒）で行えるようになって泳いでいられるようになっていた。この点は、最安定時の泳ぎ（表 7-1-3）に顕著だったが収録できた回数が少なすぎたこともあり、他の3つの泳ぎとの間に有意差を示すには至らなかった。ただ

表 7-1-1　潜り－呼吸動作の時間リズム
（安定に向かう泳ぎのとき）

泳ぎの経過	タイム（潜り）	タイム（息つぎ）
1	00:01.92	00:06.26
2	00:04.31	00:05.03
3	00:03.90	00:05.28
4	00:03.22	00:08.43
5	00:03.25	00:06.08
6	00:02.72	00:09.66
7	00:02.02	00:05.91
8	00:03.29	00:12.71
9	00:03.24	00:09.06
10	00:02.48	00:06.83
11	00:02.65	
平均	00:03.00	00:07.52
SD 秒換算	00:00.70	00:02.29

表 7-1-2　潜り－呼吸動作の時間リズム
（ほぼ安定泳ぎのとき）

泳ぎの経過	タイム（潜り）	タイム（息つぎ）
1	00:01.76	00:06.02
2	00:03.32	00:12.72
3	00:03.05	00:09.35
4	00:02.40	00:06.86
5	00:02.80	00:09.91
6	00:03.29	00:07.56
7	00:05.36	00:05.95
8	00:05.30	00:04.36
9	00:01.75	00:06.55
10	00:04.89	
平均	00:03.39	00:07.70
SD 秒換算	00:01.36	00:02.55

表 7-1-3　潜り－呼吸動作の時間リズム
（最も安定した泳ぎのとき）

泳ぎの経過	タイム（潜り）	タイム（息つぎ）
1		00:05.70
2	00:04.35	00:04.25
3	00:05.05	00:04.59
4	00:03.91	
平均	00:04.44	00:04.85
SD 秒換算	00:00.57	00:00.76

表 7-1-4　潜り－呼吸動作の時間リズム
（ゴール到着寸前でがんばっているとき）

泳ぎの経過	タイム（潜り）	タイム（息つぎ）
1	00:03.67	00:09.99
2	00:03.43	00:06.14
3	00:05.30	00:03.93
4	00:07.64	00:08.22
5	00:06.29	00:07.20
6	00:05.25	00:13.25
7	00:02.62	00:01.77
8	00:08.21	00:06.04
9	00:03.92	00:02.77
10	00:03.97	00:03.52
11	00:06.65	00:05.59
12	00:02.20	00:03.35
13	00:02.17	00:04.59
14	00:06.52	00:03.67
15	00:07.80	00:03.97
16	00:04.76	00:11.50
17	00:04.43	00:07.91
平均	00:04.99	00:06.08
SD 秒換算	00:01.94	00:03.22

※数値単位データは '分:秒.00' と小数点以下2桁までを表示した。どの表も同じ。

この泳ぎにおいては、潜りと息つぎの時間的関係が平均値で 4.44 秒、4.85 秒の近い値、また *SD* においてもそれぞれ 0.57、0.76 と、どちらも互いに類似した時間帯でまとまるようになっていたのである（表 7-1-3）。

ⅱ）プールにおいて初めて顔をつけて泳ぎ、25 m を達成

　ただ 2002 年の今回の遠泳でゴーちゃんが自力で安定したリズムでの泳ぎができるようになったのには、この年のこの夏までのプールでの泳ぎが偶々(たまたま)いつも行っていた社会保険センターの縦 15 m × 8 m の普段練習しているプールが工事中になり、プールでの練習を和歌山県の体力開発センターの 25 m プールで 1 コース（約 2 m 幅）を借りて練習をすることになったことが彼にとって、息つぎして泳ぎきることにつながったものと思われる。

　そのときにずっと付き添っていたリーダーが秋山リーダーであり、息つぎをしながら泳ぐことをよく指導してくれていた。

　そして NK（K ナオヤ）もいつもこのプールに一緒に参加しており、また時折 TS2（タカちゃん）も火曜プールに参加することがあり、同じコースロープの中で間近に K ナオヤやタカちゃんの泳ぎなども近くで見ることができていたこと。さらに、このとき隣のコースでは子どもたち対象の日本泳法の教室などで私たちの水泳教室参加者には少々変わった泳ぎ方をして子どもたちが泳いでいる姿を目にしていたこと等も関係しているかな。

　等々、ゴーちゃんにとっても泳ぎにおける多彩な刺激が入ってきていたことも作用した中で、秋山リーダーが熱心にゴーちゃんにつきっきりでゴーちゃんとともに泳いでくれたことによって、ゴーちゃんもがんばって、息つぎをしながらの泳ぎにしっかりと取り組み、プールで連続して 25 m を泳げるようになっていた。

　このように、プールの大きさの変化、そこに泳ぎ練習する仲間や人々、かつ多様・多彩な泳ぎ方等を見ることの中で、ゴーちゃんに呼吸・息つぎをしながらの泳ぎを達成したいとの思いが強くなっていったのではないか。これらのことがとても大きな、ゴーちゃんが継続して泳ぐことの原動力となったのではないかと思う。

3）2002 年に至るまでのゴーちゃんの遠泳における泳ぎ

　2002 年に近い順から記すと以下の通り（2001 年はサメ騒動で海から川遊び（美里天文台下での）に変更）。

（1）2000 年 8 月 30 日（記録者：小川修史_システム工学部生）

　救命具を外して泳ぐことに抵抗があったようです。泳法は主に犬かき、ただの泳ぎ方がいいのか、進む速さは速かったように思います。

　8 月 31 日（記録者：小川修史）

　…2 周泳いだが、最初の 1 周は休むことがかなり多かったように思います。ただ 2 周目は急にペースアップ。声かけによって、休むことなく 1 周を泳ぎきりました。泳ぎ方は犬かき＋バタ足で、手より足の方が活発に動いていました。バタ足をしているときはものすごく楽しそう

に泳ぎ、目標物（ブイ）が見えるとものすごい勢いで泳ぎ始めました。

（もう一人の記録者：籠谷健彦_システム工学部生）

　…最後のチェックポイントからは、なんとライフジャケットを脱いで泳ぎきった。

（2）1999年8月30日（記録者：石川健_障害児教育専攻学生）

　ゆっくりと泳ぐ。長時間続けては泳がない。犬かきのような泳ぎ方でバタ足が多い。顔をつけることがほとんどない。口や鼻に水が入ると泳ぎを停止してしまう。

　8月31日（記録者：石川健）

　ゴーくんは実はよく泳ぐ。私はゴーくんを見下していたのだ。反省している。実力があるのに気づかなかった。

　…まず、私がライフジャケットを着け、それにゴーくんがぶら下がる形で泳いだ。ゴーくんは立ち泳ぎの状態でバタ足をする。だから前半、ほとんど進まなかった。バタ足をするものの、私がほとんど引っ張ってしまった。

　次にゴーくんにライフジャケットを着けさせた。今度は、浮かんだまま、バタ足もしなくなり、波に漂っていた。これまた、ほとんど私が押した形で前進した。

　一番離れたブイについたとき、原先生の指示で何も着けずに泳ぐことにした。これが大成功だった。ゴーくんは、自分の泳ぎで浜まで、泳ぎきってしまった。私は4〜5m離れたところからゴーくんを見守った。ゴーくんは犬かきのような泳ぎをし、顔は全く水につけようとはしない。首に相当力が入っている感じがする。

（3）1998年8月30日（記録者：小山武宏_障害児教育専攻学生）

　…海に入ってからは、ライフジャケットを着ていたため、自分で泳ぐというよりも波に揺れ、ただ浮いているという状態だった。海で泳ぐことをかなり楽しみにしていたようで、とてもうれしそうだった。泳ぎは犬かきだったが、ライフジャケットをとってしまった方が泳ぎやすいのではないか？　しんどいとは思うが…。

　8月31日（記録者：小山武宏）

　…最初は順調にテトラポットに向かって泳いで（浮いて）いたが、直前で引き返し、逆行しながら、昨日同様水のかけ合いをした。

　…泳ぐというよりも大部分が浮いていたが、目標（ブイ）の5mくらい前から、「得意の」犬かきが始まり、見事目標地点まで泳ぐことができた。

（4）1997年8月30日（記録者：松尾晃秀_障害児教育専攻学生）

　ライフジャケットを着けて、最初は水に浮きながら波に乗せられて泳ぎました。足がつかなくなるところまで来ると岸の方に戻りたがっていたみたいだけど、ゴーちゃんの背中を押

しながら少し沖の方まで行ってみました。ライフジャケットを着けているので浮いていられたので、ゴーちゃんと水を掛け合ったりして遊んでいました。

　8月31日（記録者：松尾晃秀）

　遠泳がスタートしても足の着くところでは先に進もうとはせず、後ろの僕に向かって水をかけたりして泳ごうとはしなかったので、足が着かないところまで押していった。テトラポットのあたりでは、少し足を動かして泳ぐこともあったが、後ろの僕に水をかけたりして余り泳ごうとはしなかった。テトラポットをターンして防波堤のあたりで、ゴーちゃんに、「まだ行ける？」と聞くと、「元気」って言っていたので、もう少し泳ぐことにしました。

（5）1996年8月30日（記録者：久保忠好_教育学部生）

　…初めの1時間は、ブイにつかまってばかりいた。しかし、本人はそれでも楽しんでいたらしく、私は後を追っていくばかりであった。休憩を挟んだ後は<u>少しずつではあるが、自力で泳いでいました</u>。

　8月31日（記録者：甲斐健）

　朝、海にきてすぐ、海に入りたくてうずうずしていた。実際、体操が終わって、先生の話のとき、海に入ってしまった。なかなか海から上がろうとはしなかった。

　実際、<u>遠泳が始まると、自分から泳ごうとはしなく、私の鼻をつまんだり、水をかけたりしながら遊んだ</u>。それでも何とか遠泳をさせようとして、<u>私がゴー君をひっぱる形でテトラポットの所まで進んだが、そのあたりで引き返そうとする</u>。<u>その辺りは自分で泳いで進んだ</u>。

（6）1995年8月30日（記録者：鎌田貴志_障害児教育専攻学生）

　今日は、とりあえず、泳ぐというよりは海で一緒に遊ぶことを考えていた。そういうことで、沖までは別に行くつもりもなかったし、実際に行かなかった。

　それで今日はどこのあたりにいたかというと、黄色のブイのところにいた。そこでずっとボートに乗っていた。海でバシャバシャできて良かった。バシャバシャするくらいだったから、余り遠くには行かなかったけれども、ボートの上でずっといてなくて良かった。

　8月31日（記録者：鎌田貴志）

　今日の目標は、みんなのペースに合わせることもなく、自分のペースで沖まで泳いでもらうことにおいていた。

　海に入る気は満々とあって、みんなが海に入る前から自分一人でライフジャケットを着て、黙々と海に入ってぷかぷか浮いていた。

　…それと、遠泳の方だが、全然遠くの方まで行かず、昨日と同様、黄色のボートのところにずっといた。私としては、ボートを中継点としてしか考えてなくて、そこから泳いでもらおうとしたが、ゴーくんはボートから一つも離れなかった。

（7）1994 年 8 月 31 日（記録者：勝田晋二_保健体育専攻学生）

　今日は本当におもしろかった。ゴーくんは実際に泳ぐ力はある。今年は一応、ジャケットを着けてだった。それでも、まあ完泳すると思っていた。

　今日の感想は、前半に少し甘くしてしまった。途中で思ったが、やはり、ジャケットを着ていると、体の姿勢が起きてくるので、前に進みにくい。でも後半は、私が少し前に出ると付いてきてくれた。本当によくがんばったと思う。

（8）1992 年 8 月 30 日（記録者：鎌田貴志）

　水が本当に好きみたいで、なかなか休憩しなかった。ずっと泳ぎっぱなしだった。でも全然疲れた様子は見られなかった。今日は浮きをずっと使っていたけども、ちょっとばかり浮きを外して泳いでいた。ちょっとばかり苦しそうに泳いでいたけれど、泳げることは泳げた。浮き輪を着けて泳いでいるときは、僕にちょっかいをかけてきてばかりだった。蹴ったり、髪の毛を引っ張ったりなどしていた。こちらもやり返すと喜んでいた。

　8 月 31 日（記録者：鎌田貴志）

　遠泳のときは昨日の浮き輪ではなく、救命胴衣を着ていた。浮き輪よりずっと安心だった。しかし、遠泳と言っても、最初のうちは全然参加しようとはしなかった。しばらくしてようやく、遠くの方に泳いできてくれた。こちらが先に泳いで、「ここまでおいで」と言うと、すんなり言うことをきいて、来てくれた。

　そんな感じで繰り返し、繰り返しした。だいぶ遠くまで出かけたが、半周もできずに船に乗せてもらった。

（9）1991 年 8 月 29 日（記録者：西田裕子__障害児教育専攻学生）

　今日は海岸に出るとすぐに、海に入りたがりました。初めは浮き輪をせずに足が着かないところ（私は着きましたが）に行っていたのですが、お母さんが浮き輪を持ってきてくれたので、それからはずっと浮き輪を着けていました。浮き輪を着けると安心したのか、どこまでも沖の方へ泳いでいきました。

　途中で、中森さんと 2 人で沖の方で浮き輪をとりました（少々強引でしたけれど）。

　しばらくは浮いているのですが、バタバタするので海の中に沈んでしまって、そうなると中森さんにしがみついてしまいます。2、3 度そのようなことをしたのですが、すぐにしがみついてしまうので、あまり長い時間はできませんでした。

　それからは浮き輪をとろうとすると、逃げるか、嫌がってしまって、お母さんが浮き輪をとるまで浮き輪を外しませんでした。

　8 月 30 日（記録者：西田裕子）

　今日は、初めは浮きを着けずに自分の首のあたりまで入っていきました。今日は波が大き

く、波が来ると水がかかるので、すぐにしがみついてしまいます。綱のところにまたつかまって、綱を伝って往復するのを繰り返していました。

　一度休憩した後に、遠泳組が泳いでいるところまで行きました。浮き輪を着けていると、きちんとバタ足もできていたし、進むのも速いのですが、浮き輪がついていないと体を横にすることができないので、浮くことができません。体を持って、ちゃんと支えてあげると、きちんと浮くことができます。

　最後に、浮き輪をとって遊んでいましたが、首のあたりまでの深さになると、やはりしがみついてしまいました。しがみついたまま一緒に潜っても、別に怖がる様子はありませんでした。

　今日は自分から浮き輪をしないと言ったし、沖の方へ行くとも言ったので、昨日よりは進歩したのでは（？）と思います。昨日と比べて水に入っている時間が短かったです。

（10）ゴーちゃんのこれまでの遠泳の経過からのまとめ

　以上、2002 年の遠泳に至るまでの 10 年間の海で水泳・遊泳時のリーダーとの関わりの中での行動をみてきたが、彼の 10 年間の過程を振り返ってみると以下のような段階を区分できるのではないだろうか。

① 2000 年と 2002 年の間に、水泳のスキル獲得としては大きな質的変化があった。

② 1998 年頃から 2000 年にかけて、息つぎはできないが、ライフジャケットを外した中で一定の距離を進んでいける泳力が身についてきている。

③ 1992 年から 1997 年の間は、浮き具（ライフジャケットやスイムフロート）を使って海で遊ぶことを楽しんでいる段階（ただし 1994 年の勝田 L の記録では、ライフジャケットを着けてリーダーの後を付いて 1 周しているので例外的だが）。海に対する直接的な恐怖といったものを明確に認めることはできないが、浮かせるための道具がない限りは海で移動するための自力の手段に自信が持てていない様子が示されている。

④ 1991 年度初めて参加した小学校 3 年生（8 歳）の時点では、海の怖さを感じ取れていない様子が示されている。しかし同時に、浮き輪があると安全だということを感じ取っていく過程も示されている。特に 2 日目には、波が高く、背が立っていたはずのところも急に立たなくなってしまうなど、不安定な場所が海であることをしっかりと体験していくこともはっきりと示されている（この体験がその翌年度＝1992 年度から長年続く、表面に現れない「水泳スキル面での停滞の過程」に結びついていったのではないか、と考えられる[*148]）。

　遠泳の過程を総じてみれば、第一に指摘した 2002 年に先立つ段階にあった事柄と、1998 年〜2000 年の過程も泳力の質的展開に大きな変節点となっているのではないかと

考えられる。そこで以下、これらの時点と関連した出来事を確認しておきたい。

4）考察

（1）その前段階としての泳ぎスキルの獲得

　第一の点はまさしく、息つぎを獲得している過程が海に至る前に準備されていると考えられる（私自身の社会保険センターでの記録より）。

○ 2001 年 10 月 30 日：毎週活動している社会保険センターの温水プール（15 m × 8 m）において次のようなことがあった。

　　「ゴーちゃんが近づいてきて、私の足を持ったり、体に触れてきたので、私と交代しながら、ドル平の息つぎを行っていった。息つぎしたあと、両腕を休ませて息つぎをできることを示していったら、そのように息つぎを比較的ゆっくりとできた。」

○ 2002 年 1 月になって社会保険センターのプールが改修工事に入ったとき、より公共の一般プールである体力開発センターのプールに行った。そこでは、一般の人々と一緒に 25 m プールでその歩調に適応するように練習していく中で、「息つぎ」という動作をしながら、初めて 25 m を継続して泳げるようになる。そして次のような段階の改善へと到達していく。

　　「息つぎを落ち着いて行えてきている。私が指で示して、‘1’、‘2 ー’、‘パー’（手のひらを上に上げて示す）と、呼吸のサインとリズムを伝えていく。その動きによく合わしてくるようになった。片足を着いて息つぎをすることも多いが、かつてのゴーちゃんの泳ぎの動作と全く違ってほんとにゆったりとした浮き身と沈みと呼吸の動作である。」

　第二の点として、1998 年時点の冬頃と 1999 年の冬および 3 月〜 5 月頃にかけて以下のような記録がある。

○前者においては、「犬かきで連続して泳ぐ。すごい！　しかしそのあと誘いかけてもなかなか泳がず。」（1998 年 1 月 13 日）、「ジェンカのリズム（私の口ずさみ）に乗って “パン、パン。ン、パ、パのパ…” と声を出しながら、私と一緒に踊りました。」（98 年 4 月 14 日）など。つまり、98 年時点では泳ぐのを楽しむかと思うと、しばらく経つと泳がずに別の遊びをするなど、泳ぎに対する行動パターンは定まらない。

○後者においては、「口まで水につけずに、途中でどこかに行く。しかし犬かきで 5、6 m 進む」（99 年 2 月 23 日）、「やはり、口までつけさせようとして指示してもやらない」（3 月 9 日）、「犬かきでよく泳いだ」（3 月 16 日）と、顔を水につけて泳ぐことはしないが泳ぐ行動はする。

○ 4 月になって、「無茶苦茶泳いだ。しかも顔を水につけ、小さな半径のヒューマンス

トロークとバタ足で連続して行う。顔を深く潜らせて、ちょっと足を床に着けて息つぎ。そしてすぐ連続して泳いでいく」（4月20日）とある。翌週には「息つぎなしでも泳げるんだ」と言って、今日はずっと顔をつけずに泳ぎ、7、8回連続して往復して泳いで帰った（もちろん、片道15mのコースで何度か足を床に着けて立ったりしている）。

　このように、1998年時点と1999年時点では泳ぐ安定感での違いはあり、泳ぐ力を発達させていっている様子がうかがえる。それが遠泳のとき、前者ではブイの5m手前から犬かきで自力で泳いでいく行動となって表れているのに対して、後者では最後のブイから後は浜まで一気に泳いでいくことにつながったのである（石川健の記録より）。しかしこの時点ではまだ顔をつけての息つぎには結びつかなかったのだが、温水プールで息つぎを覚えて、自力で25mを泳げるようになっていった後の2002年の遠泳では息つぎをしながらの泳ぎへと大きな発展を遂げていたといえる。

（2）発達は他の諸行動獲得との関連において行われる

　遠泳において実現された「自力で泳げた」運動行動（ゴーちゃんにとっての運動文化）は泳力がついたという、泳ぎにおける発達によってだけ実現されたものではない。百日咳の後遺症によって、運動機能や知的機能の発達障がいに対して、生後すぐからボイタ法による治療訓練を始め、ご家族の取り組みとそのねばり強さの中で、大変な時間がかかりながらも、ゴーちゃんは徐々に徐々に運動機能面での発達を遂げていく、そうした発達への取り組みの生きざま（親や親族などの子育ての姿勢）が、こうした行動の実現に大きく関与したものと思われる。

　小さい頃から愛情豊かでそれだけにがんばり屋で厳しい母親ヤスエさんのもと、小さい頃からねばり強く2人で一緒に散歩したり走ったりの生活を続け、また学校以外では、体操教室や大学の教育相談などで若い大学生の人々と多く交わることによって、楽しくランニングやなわとび、その他いくつかの運動に取り組むようになっている。こうした中で "ともに続けるラン（run）"、そして中2では自転車の一人乗り、高校になってからは週に1回やる、野球でバットで打つことも明確になってきたし、なわとびもできるようになってきている。今、作業所で電気ドリルで穴を空けたり支えたりする作業で様々な木工品も製作する中、マラソン5kmを33分で走ってこれるようになり、しかも伴走者がいろんな人に変わってもコンスタントにその記録を出せるところまで来ているという。

　以上、発達が分化・統合の過程であることがみえた事例である。これがゴーちゃんの泳ぎについて、そして発達について本研究から得られた成果と考える。

第2節 重度な知的・発達障がい者への水泳指導研究（１）
―シンクロ的泳ぎの導入が遠泳の泳ぎにどう影響しているか―

（2007 年と 2008 年遠泳時の泳ぎの分析から）

1　序論

1）本研究の対象児

　本研究は、科学研究補助金 2007〜2009 年度の基盤研究 C のうち、2007 年度の研究開始時点での遠泳とその翌年 2008 年度の遠泳時の泳ぎをもとに、研究対象である GK（ゴーちゃん）の 07 年当時と 08 年当時の泳ぎにおける改善の比較を行うものである。ゴーちゃんは、07 年時は 24 歳、08 年当時 25 歳、いずれも 8 月 31 日であった。生後 1 週間目に百日咳に感染し、その病気並びにビタミン欠乏症の後遺症により、軽度の片麻痺（上下肢とも）と、3 歳過ぎよりエコラリアやこだわりが強く見られるようになり、現在も新しい場所でのトイレなどがとても気になり、ずっとトイレの場所を一つひとつ確認したり、そこで結局トイレができずにお漏らしに至ることがあったりもする。もちろん、こだわるのはトイレだけではない。自分の言ったことそれ自体の表現についても何度もそれを主張したりすることもある。「原先生は、いまから大学に戻ってお仕事」「原先生は大学に戻ってお仕事します」。こういったことを、プールが終わって着替えたりするときに、私の目を見ながら何度も繰り返し言ったりする。「ゴーちゃん着替えようよ」と言うと、着替えの行為に戻るが、少しすると再び着替えの動作を止めて、再び「原先生は、いまから大学に戻ってお仕事」「原先生は大学に戻ってお仕事します」をしばらく繰り返す。そして私が「じゃ、ゴーちゃんバイバイ。行ってきます」と言って別れを告げると、「じゃ、バイバイ」と返してくれて、そういう強いこだわりをもつ「こだわりの時空間」から脱して、着替えの行為に戻る。そのときのゴーちゃんの繰り返すものの言い方はエコラリアではないかと思うこともある。そういった自閉性の障がいが今も確実に残っている。が、現在のゴーちゃんの言葉は、エコラリアはなく（10 歳頃から消えているとのこと）、むしろ言葉による表現はビックリするくらいにその場に即したすばらしい表現になっていたりすることもある。ただし、実際に行うことは全くそれに伴っていかない場合が多い。「原先生、俺の泳ぎを見てみろよ。すごいぜ。ハハハハハ…」といった形で言うだけは言うが、行いは全くそれに伴っていかない。

　小さい頃、片麻痺があって、歩行などの発達も 2 歳 4 か月目ということで運動発達面では遅れがある。しかし言語は 11 か月目にマンマを言ったりしている。

　ところで、ゴーちゃんは小学校時代から母親ががんばって細腕一つで障がい者家族仲

間の先頭にも立ちつつ、運動できる機会や場所を捉えて、体操（運動）教室や教育相談、私たちの行っているプールや遠泳なども、ゴーちゃんが小学生か幼児の頃からよく連れてきていた。その成果は、小・中学校時代は徐々に潜在的な形で現れ、高校時代くらいから、運動面での発達効果が顕著になってきたといって過言でなかろう。自転車に乗れるようになる。縄跳びも何とか自力で回して、それをゆっくりとながらも跳べる、マラソンを毎年秋から冬にかけて行う、といったこと等である。

2）これまでの障がい児者水泳指導研究概略

　筆者はこれまで、1980 年より知的障がい児者の水泳指導を実施し、その成果について報告してきた[1],[2]。そして遠泳については、1988 年より実践を試み、この成果についても一定の報告を行った[3]。

　こうした研究の中で、輪くぐり用の輪など、行動の目印となるものを泳ぐ空間に配置し、輪をくぐるときに潜り、輪の中もしくは輪を出て、水面上に顔が出たときに「パッ」と息を吐くことをできるようにする「呼吸の制御方法」と、「沈み・浮く方法」を結果的に行えるようにすることが、泳ぐ行動を実現していくことに結びつくことを明らかにしてきた[(注1)]。

　しかし、逆に、顔をつけることを怖がり、抵抗を示す子どもたちには長い時間をかけて、水中で鼻に水が入らないように止息する方法を工夫し、根気よく輪くぐりを繰り返す中で成果が得られてくることを明らかにしてきた[2],[4]。

　その中で、重い障がいのある知的障がい者（ゴーちゃん）が 13 年間の遠泳（泳げなくても、補助者がついて浮き具を着けて泳ぐことを含む）への参加の中で、プールでの泳ぎの行動が変化することに伴い、遠泳での泳ぎに大きな変化が得られ、300 m ほどの距離をほぼ自力で完泳できるまでになっていた[4]。ところがその自力遠泳を達成した翌年（2003 年 8 月）、プールでも泳がなくなり、遠泳においても自力での浮きを途中試みることが一度あったものの、ほぼ全行程において 2 人の学生リーダーの補助によりやっと目的地までたどり着くことができたというまでに運動行動の低下が示された[9]。

3）本研究の目的

　冒頭に記したようにゴーちゃんは、重度な知的障がいと言っても、言葉はある程度その場に即した会話を成立させようとすることのできる人で、問題はいくつかのことを表現している内容に、決して行動が伴っていかないところにある。いわば、行動を制御することに重度な障がいを伴っている。この人の場合、単に同じ動作や練習の繰り返しでは、泳ぐことに意欲を持続させていくことが困難である。

　2004 年 2 月頃より、通常 1 週に一度の割合で開催している温水プールでの水遊びと

水泳指導の機会に、シンクロナイズ的泳ぎの練習を、歌に合わせた模倣運動・模倣遊びのような形で約10分間ほど導入し、参加者みんなで集団的に楽しみながら演技に取り組むことを行ってきた。ゴーちゃんはまだリーダーに補助されての「伏し浮き」や「背浮き」、そして「水中倒立」「イルカ泳ぎ」（息つぎをして水に潜り浮く）などの演技（課題）には、うまくできないながらも積極的に取り組んでいる。ここで必要とされるシンクロナイズ的泳ぎは、音楽に合わせて一定の動作構成をすることが最終的に要求され、浮きや息つぎと浮きのコンビネーションなどは、遠泳で必要とされる浮きと潜りと息つぎの、リラックスの伴ったコンビネーションに必要とされる技術的要素でもある。

　すなわち、行動制御の重度なゴーちゃんにとって、遠泳に直接通じる、息つぎを伴った泳ぎの練習を併用しながら、みんなと楽しく参加できるシンクロナイズ的泳ぎを取り入れることによって、泳ぐためのスキルが洗練され、浮力と息つぎを結合することを高める機会となりうると考える。したがって、以前泳げた遠泳での泳ぎの能力を回復するために、シンクロ的泳ぎをプールで行っていくことが本研究の課題である。

　本研究は、このゴーちゃんの泳ぎに焦点を当て、シンクロを練習する中でゴーちゃんの泳ぎがどのように変容するかを詳細に明らかにすることを最終的な目標とし、本稿では①遠泳における、2007年から2008年への泳ぎの変化、②他の泳げる人々[注2]の泳ぎとの比較検討を直接の目的とした。

　ここに得られる成果により、重度な知的障がい者にスポーツをすることのよろこびを確保するための方法を確立することに貢献しうるのではないかと考える。

4）ゴーちゃんの2002年以後の泳ぎ行動の概要

　ゴーちゃんは1991年の8月、小学校3年生（8歳）のときに初めて遠泳合宿に参加し、それ以来毎年どんなことがあっても、遠泳が中止にならない限り参加している（2001年と2004年はサメ騒動で中止した）。その中で遠泳のスキルや行動は大きく3つの段階をたどって成長してきた。①参加年から1997年までは、スイムフロート等の浮き具や救命胴衣を着用して泳ぐ段階、②1998年から2000年頃までは救命胴衣やスイムフロート等をはなして、自力で泳ぐところも一部の過程で出てくる段階、③2002年以降、自力で呼吸をしながら、その気になれば泳げる段階、である[4]。

　現在は③の段階の中で泳ぎに積極的にチャレンジしたり、しなかったりといった途上にある。以下簡単に、2002年度以降のゴーちゃんの泳ぎの過程をたどってみる。

（1）遠泳における泳ぎ行動の経年的変化
◆2002年：初めて自力で泳げた遠泳
　リーダー秋山くんについてもらって、初めて、海で自力で泳ぐことにチャレンジし、

そして成功。この8月の遠泳に至るまでの過程は、普段練習していた温水プールは工事で泳げなくなり、一般開放されているプールにおいて、2つのコースの中でウォーキング・スイマーや古式泳法の練習をしている小学生たちに混じって、プールの中で秋山Lたちとともに、息つぎをしながら続けて泳ぐ泳ぎをマスターし、何とか25mを泳げるようになっていった。それが大きな布石となっている。犬かきをしながら呼吸をし、その後、顔を水につけて潜り・浮くようになった。潜ったときに、体をお休みさせたり、バタ足やドルフィンキックをしながら進み息つぎをする。その繰り返しである。

　8月30日と31日の遠泳合宿のとき、台風が近づいていたこともあって、急遽、普段使う波の強い場所を避け、テトラポットで波よけにしている防波堤のようなところを1周する泳ぎを行うことになった。泳ぎに入る前にも比較的たっぷりと、歌を歌いながら、潜ったり浮いたり等を含むいくつかの遊び動作を入れてのシンキングゲーム（模倣動作遊び）を行って水慣れしていった。

　そうした過程を踏んで、テトラポット1周回りにいざ出かけた。みんなが行ってしまった後、ゴーちゃんは、救命胴衣を着け、浮きバーに抱きつきながら、秋山Lと、そして船で私たちが先導しながら進んでいった（といっても、ゴーちゃんはゆっくり、ゆっくりであった）。そのゴーちゃんに秋山Lが、そして原が、「ゴーちゃん、ジャケットを脱いでみよう！」「そして、浮きバーも外して、プールでやっていたように、顔を水につけて、パーとやってごらん！」と誘っていく。躊躇をしていたが、だんだんとそれらの言葉に乗せられるかのように、そのうちゴーちゃんはすべてを外して、海に顔をつけて浮かんだ。後は、一つ一つ丁寧に声をかけ、彼の一挙手一投足に秋山Lと船の上の私たち（船頭さんも含めて）は呼応していった。ゴーちゃんは、最初は一つ一つが途切れたような形で、潜ることと、息つぎをすることを試みて、潜っても海が自分の体を持ち上げて浮かせてくれることを体に、そして心に刻んでいく。そのようにしながら、かれこれ、200mくらいの距離を、波の大きな中ながら、1時間余りの時間をかけて進んでいくことができた。

　◆ 2003年：ほとんど泳げなくなっていた遠泳

　ところがその翌年は、同じくテトラポットの同じ場所で遠泳を試みたが、途中、何とか自力で顔をつけることも2、3回試みたかもしれないが、結局ほとんど自力で泳ぐことがなく、浮きバーに乗っかったまま、リーダーにバーを引っ張られたりしながら、何とか時間を過ごした。そんな感じの遠泳となってしまった。

　その理由ははっきりとは分からない。ただ、その頃、ゴーちゃんの家では、おばあさんの具合が悪くなり、かつ、おじいさんもいろいろと具合のよくない状態が続いたりして、普段ゴーちゃんの面倒をしっかりとみているお母さんも、ゴーちゃんへの関わりが薄くなることも起こってくる。そういった不安定な生活条件を抱えていたことなども遠

因となっていたかもしれない。ゴーちゃんは、プールでも余り気乗りがしない形で過ごすことにもなっていった。

その翌年の 2004 年はサメ騒動で 2 回目の遠泳の中止。

◆ 2005 年：再び回復兆候を示したゴーちゃん

ただし、泳ぎ始めの前半はほぼ全く泳ぐ気配を見せないまま、リーダーに沖のブイまで引っ張られるようにしながら海に漂っていくゴーちゃん。しかし、後半も半分ほど過ぎた頃、担当リーダー以外の他のリーダーたちの加勢もあったりして、自力で泳いでみることに挑戦していく。海の上で 1 時間近くも漂った末に、たまりかねたのか、ゴーちゃんは浮きバーを離し、顔を水につけて潜ることに挑戦。そしたら、それはプールではシンクロ（音楽をかけてその流れに合わせて、進んでいく泳ぎ）を、2004 年の 5 月に初めて体験して、プールでもその演技ができることに向けて、1 年の中をいくつかの段階にもわけて取り組んできていたときでもあった。何が彼を泳がせる挑戦に駆り立てたかは分からないけれども、いったん、顔を水に潜らせると引き続いて、息つぎをし、また潜る。そういった行為の連鎖を繰り返していくのであった。

◆ 2006 年〜2007 年：2005 年次の繰り返し

前半泳がず、後半の帰路で泳ぐ。基本的に、2005 年と同様な傾向を示した。そういう 2 年間であった。

◆ 2008 年：前半から泳ぎに挑戦し、後半自力泳ぎ

以下、2 に記すように、この年は、2002 年以来の快挙であり、そのプロセスは 2002 年の夏以上に示した積極的な成果であった。特に顕著だったのは、リーダー・波多野さん（波多野 L）による軽い支援が、彼の水に潜り浮かせる行為を押し上げるものでもあった。彼女は、ゴーちゃんが顔をつけて水に突っ込む（潜ろうとする）とき、その動作を助ける動作、軽く彼の水着に手をかけて、おしりを浮かせる手伝いをする。これがゴーちゃんの、リラックスして水に潜り浮き上がっていく、グライド動作を助けるものとなった。いわゆる、ヴィゴツキーのいう「発達の最近接領域」[5] に値する補助動作でもあった。この行為によって、ゴーちゃんは泳ぐリズムをつかんだのである。

（2）プールでの泳ぎやシンクロ練習における行動変化など

特に、2007 年度は 3 月から 4 月にかけて、社会保険センターの経営形態が変わる入札の時期とも重なり、5 月に行われるシンクロのための新しい選曲と振り付けづくりに取り組めなくなった。それで、普段練習で行っていた「めだかの兄妹」をそのままシンクロフェスティバルで行う演舞曲とし、これは振り付けも比較的簡単なものでもあった。それでもゴーちゃんは、みんなと一緒に手をつないで顔をある方向につけたりすることはなかなかできず（どうしてもみんなでつけるのと反対方向に顔を傾けようとする

＝鏡映像的動作になる）、また途中でぐるぐると回りながら泳ぐ場面を取り入れているが、そこでは反応することが難しく、彼の場合、最後に、プールの端っこのところでくぐって進むためのバーをくぐる、その最後のバーを潜ってくぐるところだけはいつも確実に行うことができていた。

　このことがうまく作用したのかどうか、これも定かではないが、プールでの練習過程と遠泳での泳ぎは、動作として要求されることがよく似ている。こうしたこともうまく引き金として作用したのかもしれない。

　そういった流れが 2008 年遠泳での泳ぎにスムーズに入れて、波多野 L の助けで泳ぎを持続させていったこととがうまく結びついたのかもしれない。

2　ゴーちゃんの 2008 年泳ぎの特徴

1）2008 年遠泳のコースと到着タイム

（1）【泳ぎに要した時間】

表 7-2-1　ゴーちゃんと他 3 人の泳ぎの経過

対象	1 周目	2 周目	ゴール到着（足がついた）時間
ゴーちゃん	1 時間 17 分 25 秒		1 時間 22 分 20 秒
トッチー	0 時間 50 分 50 秒		0 時間 58 分 00 秒
K ナオヤ	0 時間 24 分 00 秒	0 時間 47 分 42 秒	0 時間 51 分 20 秒
タカちゃん	0 時間 22 分 00 秒	0 時間 36 分 43 秒	0 時間 38 分 58 秒

　表 7-2-1 に示した通り、ゴーちゃんの泳ぎを確認（評価）・考察するために、プール等ではゴーちゃんよりも自力泳ができるけれども遠泳に初参加のトッチーと、遠泳では長年参加しているし、泳ぐことの達者な K ナオヤと 1988 年の初回遠泳より参加し泳げているタカちゃんの泳ぎの時間を示す。

（2）【小杭湾：2008 年障がい児者遠泳のコース】（図 7-2）

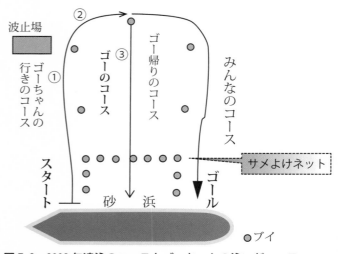

図 7-2　2008 年遠泳のコースとゴーちゃんの泳いだコース

2）ゴーちゃんの泳ぎの全体的経過（トッチーほか他児の様子も含む）

ゴーちゃんの 2008 年における遠泳時の泳ぎの全体的経過は表 7-2-2 の通り。

表 7-2-2　ゴーちゃんの泳ぎの経過（トッチーとの対比をも含む）

	泳ぎ・行動の内容
ゴーちゃん①	今年は、これまでよりも、早い段階で救命具を外し、そして、浮き（スイムフロート）も貸してもらったり、外されたりしながら、浜から 50 m 以上沖のサメよけネットの真ん中くらいの段階で、そのような体勢で進んでいく。 「さっき上手やったな。浮きを外していくの」「口閉じて、顔つけてー！」という波多野 L の指示に何となく従っていく。これまでとの違いが今年のスタートからの泳ぎの中で見られる。だが、もちろん、すでに遠泳参加の一団は沖の方に進んでいっている。始まって、10 分くらいといったところ（ただ、本日は、昨年よりも、向かい風が強く、白波めいた波が立っている）。
ゴーちゃん②	「ゴーちゃん、お茶飲むか？」ゴーちゃんにとっては、いつも 30 分以上（2007 年では約 1 時間近く要している）はそれを越えるのにかかるサメよけネットをすでに過ぎ、もう、テトラを過ぎたあたりを泳いでいる。波多野 L に促されつつ、ブイを離して、顔をつけて、浮きながらゆっくりと泳いでいる。顔を沈めたときは、両手を前にかざして空中や水面上に浮かしたり、遊ばせたりしている。両手を前に浮かべるようにしながら、顔をつけて浮いている。浮き棒はリーダーがもっている。時々、塩水を飲んでいる。「しょっぱい」などと言いながら泳いでいる。「口を閉じてー！」と言われて、泳いでいる。しかし、波が強く、彼は押し流されていく。船からみているとテトラの方に流されていっているように見えるし、実際に流されている。 その頃、速い人、例えば K ナオヤはもう 1 周目を終えて、2 周目に向けて泳いでいっている。
ゴーちゃん③	ゴーちゃんもほとんど自力でずっと泳いでいる。時々、「おう、ゴホン、ゴホン」と塩水を飲んでむせている。その少し後では、タカちゃんなどは 1 周半のコースをもう、沖からその半分くらいのところまで戻ってきている。とも子ちゃんも浮きを両脇に抱えて、バタ足をしながら進んでいる。
トッチー①	トッチーは、私がみた場所では、ウエットスーツを浮き代わりにして、それに乗っかりながら浮かんで泳いでいる。今日はかなり疲れているといったところだ。しかしそのトッチーは、スタート直後は、張り切りすぎて、無呼吸に近い急ぎのクロールでしばらく泳ぎ、その後顔をつけて休み、顔を上げて何とか息をつぐという、大変しんどい泳ぎを繰り返していた。どうやら、前を行く K ナオヤを必死で追いかけようとしたようだった。その無理が本日全体の泳ぎに影響を及ぼしてしまう。
ゴーちゃん④	ゴーちゃんはやっと、沖に元から浮かべている波止場寄りの白いブイにたどり着いた。まだもう一つ沖にブイがある。少なくともそこまでは何とか行きたい。それに向かって、泳ぎながら進んでいく。何といってもこれまでとの違いは、今年はほぼ全コースにわたって泳いでいるというところだ。顔を水につけて伏し浮きをしながら泳いでいくところが、これまでとの大きな違いだ（波多野 L によれば、腰を浮かせるよう、所々軽く支えたり、刺激を送ったり、声かけをしたりといった補助などをしたとのこと）。波多野 L 自身、大学 1 年のときの水泳の授業でドル平を覚え、シンクロを苦労しながら泳いだメンバーだ。彼女がうまく泳がせていることで、ゴーちゃん自身がやはり大きな変化をつかんだと言えよう。ゴーちゃんは今、最後のブイに向かって泳いでいる。
トッチー②	トッチーは、最終のコースに入っている。サメよけネットの横を泳いでいる。 ゴーちゃんには、最沖のブイまで泳いで帰るか、横のブイに横断して戻るかの選択を迫った。本人はセンター（最沖のブイ）までがんばりたい模様。…

3）ゴーちゃんの泳ぎコースでの経過に沿った泳ぎの特徴

　ゴーちゃんは 2002 年の夏以来初めて、泳ぎ始めの段階から、波多野 L の指示に従って、泳いでいった。波多野 L が日誌に書いているところでは、「一度顔をつけて泳ぐとその後はスムーズに浮かぼうとしているように感じました。腰のところを少し引っ張り上げると、かなりきれいな形で浮かべたように思います。途中『しょっぱい』と言って、なかなか泳ぐことができないところもありましたが、ペースができ、目標（『ブイまで泳いで、休もう!!』と約束しました）をたてると、そこまでは泳ごうとがんばっていました。自分でも『がんばる!!』と言って、言い聞かせているような感じでした」とある。

　彼の泳ぎにおける顔をつけ、腰を浮かせて潜った状態と息つぎの時間的関係は次の通りだった。

表 7-2-3a　泳ぎ始めの潜りと息つぎ時間の平均と SD（2008 年）（単位：秒）

項目	タイム（潜り）	タイム（息つぎ）
平均	5.44	6.45
SD	2.85	4.62

＊潜り＝顔を水中につけている時間
　息つぎ＝呼吸・顔上げ時間

表 7-2-3b　泳ぎ始めの潜りと息つぎ（2008 年）

泳ぎの経過	タイム（潜り）	タイム（息つぎ）
1	00:06.1	
2	00:08.1	00:03.7
3	00:04.7	00:05.5
4	00:09.2	00:01.3
5	00:07.9	00:07.1
6	00:08.2	0:00:10
7	00:04.6	00:10.7
8	00:02.6	00:04.7
9	00:01.8	00:02.0
10	00:00.6	00:03.5
11	00:06.0	00:17.2
12		00:05.3
平均	00:05.44	00:06.45
SD	00:02.85	00:04.62

※数値単位は「分:秒.00」

表 7-2-4a　最沖ブイに向かう泳ぎの潜りと息つぎ時間の平均と SD（2008 年）　（単位：秒）

項目	タイム（潜り）	タイム（息つぎ）
平均	3.79	4.78
SD	2.31	1.81

表 7-2-4b　最沖ブイに向かう泳ぎの潜りと息つぎ（2008 年）

泳ぎの経過	タイム（潜り）	タイム（息つぎ）
1	00:05.9	
2	00:05.9	00:03.8
3	00:03.1	00:04.4
4	00:04.8	00:04.6
5	00:02.0	00:08.6
6	00:02.7	00:03.5
7	00:04.9	00:05.9
8	00:06.2	00:08.5
9	00:03.3	00:03.0
10	00:02.2	00:04.3
11	00:01.5	00:02.7
12	00:04.5	00:05.5
13	00:01.1	00:05.5
14	00:01.6	00:03.3
15	00:01.5	00:03.4
16	00:09.5	00:04.8
平均	00:03.79	00:04.78
SD	00:02.31	00:01.81

※数値単位は「分:秒.00」

（1）泳ぎのテンポ（潜りと息つぎの時間的関係）の概要

　以下、いくつかの表によってゴーちゃんがこの遠泳で泳いだときの様子を示してみよう。

ⅰ）遠泳前半での泳ぎの様子

①泳ぎ始め～②最沖ブイに向かう泳ぎの分析

　表7-2-3aは泳ぎ始めて、波多野Lの軽い補助（息つぎの後彼の潜る動作に合わせて少し腰を引き上げ前に押す動作＝発達の最近接領域的支援）を加えたりして、10回余りの息つぎと潜りを繰り返したとき、表7-2-4aは「小杭湾；遠泳コース」最沖に浮かべたブイにゴーちゃんが近づいていったときの15～16回の潜りと息つぎにそれぞれ費やした時間の平均とSDを示したものである。

　ゴーちゃんがこのように、泳ぎのスタート後からすぐに泳いで、みんなとともに泳ぎ始めたのは生まれて初めてのことであった。もちろん第1節に示したように、海で初めて泳ぐようになったのは2002年の夏だったし、そのとき初めてゴーちゃんはテトラポットの周りを遠泳リハーサルで200ｍ、翌日の本番では総計300ｍを超える距離を泳いだ経験を持ったのだけれども、そのときは両日とも、スタートしたみんなが泳いでいってしまってそこに誰もいなくなってかなりの時間を経た後（10分程度してから）、船の上からの私と、そして側面についている秋山Lの声かけに呼応して、初めて独力で顔をつけて浮いたのだった。

　しかし今回は、泳いでいくみんなの動きに合わせるかのようにして、スタートして少ししてから、救命ジャケットを脱ぎ、波多野Lとともに泳ぎ始めたのである。

　表7-2-3aの泳ぎ始めのときと表7-2-4aの最沖ブイ接近のときの間で、潜りと息つぎにかける時間には大きな差異は認めにくいが、息つぎ時間で一応明確な開きが認められる。2つの表での息つぎにおいて、泳ぎ始めでの平均タイムが6.45秒、最沖ブイ接近時は4.78秒でタイム平均ではそれほど大きな差異はないが、SD（標準偏差）が前者4.62秒、後者が1.81秒と大きな開きを示している。

　つまり、泳ぎ始めの頃は息つぎをしている時間の長さに結構バラツキがあったが、最沖ブイ付近まで泳いでくると（直線距離にしておおよそ150ｍ～200ｍくらい）、きわめて快調に息つぎと潜りのリズムが形成されていっていることが分かる。息つぎ時間において前者が平均タイムで6.45秒、後者が4.78秒と約2秒近く短くなっているとともにSD（標準偏差）に見るように、息つぎにかける後者の時間が1.8秒程度のバラツキとなり、安定している。

　なお、最沖に近づいたときには、息つぎでのバラツキが小さく、潜りの時間の方がバラツキが少し大きい。ゴーちゃんが2002年遠泳前日テトラの周りを泳いで、泳ぎが安

写真 7-21-1　表 7-2-2（p. 315）の②時点で水中に潜り浮かんできたときの様子

写真 7-21-2　表 7-2-2（p. 315）の③時点で息つぎしている様子；ほぼ立ち泳ぎ気味の姿勢

定していった際の潜り時間の *SD* が 0.70 秒～1.36 秒とバラツキが小さくなっていっていたこと（p. 301 参照）と比較すると、かなり大きなバラツキを抱えての潜りを行っていたと推定される。

　つまり、最沖のブイに早く到着したいと急いでいたのかな。そのような感じを抱かせる。

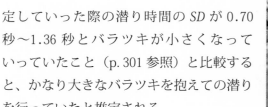

写真 7-21-3　同表の③時点で潜り、推進している様子；顔をしっかりつけ、楽な浮きやすい姿勢をしている

ⅱ）遠泳後半の泳ぎの様子

③最沖から浜に戻る泳ぎ

　続いて、最沖のブイから浜に向かって戻ってくるときの様子はどうであろうか。

　表 7-2-5 の a と b は、最沖から浜に戻る際の潜りと息つぎの時間的関係のサイクルを 50 回測定した結果を示したものである。

　ここは、上記の沖のブイに向かう段階から継続してがんばって泳いでいる泳ぎで、息つぎ時間と潜り時間は平均においてほとんど同じくらいの長さである。つまり息つぎと潜りが 3.7 秒台で、ほぼ同一の時間サイクルだということは、見ている側もそして泳ぐ本人もとても小気味のよい運動のリズムであると想定できるように思われる。しかし *SD* において、潜る場合はほぼ 2 秒の時間幅、息つぎにおいては概ね 5 秒強の時間幅があるということなので、息つぎは小気味のよいリズムというには少し語弊が生じるであろう。

　それは、表 7-2-5b に見られるように、息つぎのときに 30 秒余り水上に顔を出していたり、逆に 1 秒程度の一瞬しか顔を出していなかったりと、顔を上げて息つぎにかける時間でのバラツキが、*SD* = 5.18 秒とその日泳ぎ始めた最初の段階（表 7-2-3b）の *SD* =

表 7-2-5a　最沖から浜に戻る泳ぎの潜りと息つぎ時間の平均と SD（2008 年）　　（単位：秒）

項目	タイム（潜り）	タイム（息つぎ）
平均	3.78	3.75
SD	1.98	5.18

4.62 秒のバラツキが大きくなる方へと戻っている。そうしたことから考えて、かなり苦しい中がんばって泳いでいるゴーちゃんの姿が現れていることを表 7-2-5b のデータは示していると言えよう。

ⅲ）2007 年のときとの違い

④最沖から浜に戻る泳ぎの分析 2

以上、2008 年遠泳でのゴーちゃんの泳ぎの特徴をその前年度 2007 年の遠泳での泳ぎと比較してみるために、以下に 2007 年のゴーちゃんの潜りと息つぎの時間的関係に関するデータ（表 7-2-6b）を見てみる。

2007 年時点では、泳ぎだしているのは約 1 時間ほど過ぎて、沖のブイから帰るときになってやっと、というところである。このとき泳ぎのペース自体は、平均時間で見ると、比較的安定している。潜っている時間が 6.06 秒、息つぎをして顔を上げている時間が 5.74 秒と、どちらもほぼ同じ程度の時間配分で泳いでいると見ることができる。③の 2008 年における「最沖から浜に戻る泳ぎ」

表 7-2-5b　最沖から浜に戻る泳ぎの潜りと息つぎ（2008 年）

泳ぎの経過	タイム（潜り）	タイム（息つぎ）
1	00:01.7	00:02.3
2	00:04.1	00:08.7
3	00:08.5	00:01.7
4	00:02.0	00:36.4
5	00:04.8	00:03.8
6	00:05.7	00:05.0
7	00:01.8	00:03.7
※1		
35	00:04.9	00:04.4
36	00:02.4	00:01.5
37	00:02.3	00:02.5
※2		
41	00:02.6	00:01.2
42	00:01.6	00:02.3
43	00:05.7	00:03.8
44	00:02.7	00:02.9
45	00:05.5	00:01.1
46	00:01.2	00:01.8
47	00:02.0	00:05.9
平均	3.78	3.75
SD	1.98	5.18

※1；27 行非表示　　※2；3 行非表示
※数値単位は「分:秒.00」

の場合は、潜りの時間が 3.78 秒、息つぎ時間が 3.75 秒と相対的に所要時間がより短くなっている点での違いはあるとしても、長いなりに潜りと息つぎの時間で同じくらいの時間を費やして泳ぐこと自体は泳ぎリズムとしての安定感を感じさせるものである。

問題があるとすれば、息つぎ時のバラツキ具合（SD における差異）である。2007 年では、潜りの時間の平均 6.06 秒に対して SD が 5.40 秒、息つぎの平均時間 5.74 秒に対して SD が 3.05 秒。2008 年では、潜り時間平均 3.78 秒に対して SD が 1.98 秒と小さく、一方息つぎ時間では平均 3.75 秒に対してバラツキは SD ＝ 5.18 秒と大きいことである。しかし、潜りと息つぎの時間的配合や長さにおいてはほどよい関係にあると言える。

ただ、2008 年での息つぎでの SD ＝ 5.18 と大きい原因を探るならば、4 回目の息つぎ時間が 36.4 秒と大変長い時間であったこと、その他には 2 回目に 8.7 秒（表 7-2-5b 参照）、さらに省略したデータを確認したところでは 26 回目に 9.6 秒があり、その他の

値は1秒台〜5秒台で収まっていた。一方
2007年の息つぎにおける SD は3.05秒であ
るが、表7-2-6b から非表示になっている部
分に16.0秒（31回目）、12.2秒（14回目）、
11.9秒（43回目）の長い時間、その他同表
にも含まれるが、49回の息つぎ全体の中で
9秒台が3回、8秒台が3回など、息つぎに
かなり長い時間を含んだバラツキが示される
泳ぎであった。

　こうした点を考慮に入れると、ゴーちゃん
は2007年時点よりも最沖からの帰りにおい
ても、2008年時点では安定した泳ぎをコー
ス全体にわたって示して、泳ぎの改善ぶりが
認められると言えるであろう（ゴーちゃんを
含め、トッチー、Kナオヤ、タカちゃんにお
けるそれぞれの遠泳での泳ぎの変化につい
て、2007〜2009年時点での差異、特にゴー
ちゃんにおいては初めて遠泳で長距離を泳げ
るようになったときの2002年の遠泳前日時
点の泳ぎとの違いに着目して、詳しく検討し
ておきたく思っている）。

4）ゴーちゃんの泳ぎの2007年〜2008年全体を通した考察

　以上、ゴーちゃんの泳ぎを ⅰ）では最沖のブイに行くまでの過程（①泳ぎ始めと②最
沖のブイに向かう泳ぎ）と ⅱ）の③最沖から浜に戻る泳ぎに分けて、泳ぎの様子を捉え
る仕組みを「潜りの時間」と「息つぎの時間」に分け、その両者の時間的関係、その両
者の時間の長さの変化に着目して検討を試みた（図7-2 参照）。そして ⅲ）において、
「最沖から浜に戻る泳ぎ」に着目して2007年
との違いについて分析を試みた。

　まず両方の年度での平均値の差異に着目し
てみると、先に ⅲ)-④に詳しく見たように、
2007年時点では潜り、息つぎともに平均値
として6秒前後の時間がかかっているのに対

表7-2-6b　最沖から浜に戻る泳ぎの潜りと
　　　　　息つぎ（2007年）

泳ぎの経過	タイム（潜り）	タイム（息つぎ）
1	00:01.7	
2	00:02.7	00:07.4
3	00:03.0	00:05.9
4	00:08.7	00:05.0
5	00:04.0	00:01.8
6	00:02.6	00:09.1
7	00:04.6	00:02.4
8	00:06.7	00:06.0
※1		
28	00:16.2	00:01.6
29	00:05.3	00:04.7
30	00:03.2	00:07.9
※2		
38	00:10.2	00:05.2
39	00:05.1	00:07.8
40	00:07.1	00:06.5
41	00:09.8	00:06.1
※3		
48	00:03.9	00:08.0
49	00:07.2	00:08.3
50	00:03.4	00:07.6
タイム平均	00:06.06	00:05.74
SD（秒換算）	5.40	3.05

※1；19行非表示　　※2；7行非表示
※3；6行非表示
※数値単位は「分:秒.00」

表7-2-6a　最沖から浜に戻る泳ぎの潜りと
　　　　　息つぎ時間の平均と SD
　　　　　（2007年）　　　　　　（単位：秒）

項目	タイム（潜り）	タイム（息つぎ）
平均	6.06	5.74
SD	5.4	3.05

して、2008年では潜り、息つぎの時間がともに概ね3.75秒程度であり、どちらも潜りと息つぎのサイクルがおおよそ50回程度続いている中で各サイクルにそれぞれ2秒以上の開きがあると考えることができ、潜りと息つぎを合わせて4秒×50回＝200秒≒概ね3分程度、2008年の方が泳ぎのペースが速くなっていると考えることができる。

それと両年度の潜り、息つぎにおける SD に着目した際、潜りにおいては2008年度は平均値3.78秒で SD が1.98なので、平均4秒で振れ幅が約2秒、すなわち4＋2＝6秒と4－2＝2秒の間で泳いでいるというまとまり方をしている。それに対して2007年では、平均値が6秒で SD が5.40なので、振れ幅が約5.5秒、すなわち6＋5.5＝11.5秒と6－5.5＝0.5秒という、潜り時間の大きな振れ幅の中で泳いでいる、そうした違いのある泳ぎである。

「息つぎ」においては、逆に2008年の SD ＝5.18に対して2007年では3.05と低いので、振れ幅での数値における差は約2秒ほど2008年の方が大きくなっていると見えるのだが、実質的には息つぎでの振れ幅はそのように大きなものとなっているのではない。それは、2007年時点の息つぎ時の SD ＝3.05秒と2008年時点の SD ＝5.18秒のバラツキ差2秒余の差が示されているものの、前者の非表示データの中には10秒を超える大きな値や10秒に近い値がかなり含まれていること。一方、2008年時点での息つぎ時間の値では、そのほとんどが1秒〜5秒台の中に収まっているにもかかわらず、特別に大きな数値（36.4秒）があることで、SD 値が5.18という高い数値を示しているのである（pp. 318-319に記したとおり）。

すなわち、iii）-④「最沖から浜に戻る泳ぎの分析2」に述べたように、2008年では息つぎのバラツキが大きかったとは必ずしも言えない。潜りタイムと息つぎタイムの間の関係なども合わせて、総体としてみれば、2007年から2008年にかけてゴーちゃんの泳ぎは改善されていると考えられる（表7-2-5bと表7-2-6bを参照）。

2008年の今年は、①と②の沖に行くまでは、リーダーの波多野さんが腰を軽く上げたりして、進みと潜りをしやすくするための軽い補助をしたことで、ゴーちゃんは、それによって、息つぎ時間と潜りの時間を接近させての泳ぎを行えている。

しかし、後半の③「最沖から浜に戻る泳ぎ」（表7-2-5b）では、②「最沖ブイに向かう泳ぎ」（表7-2-4b）の泳ぎと比べてみると次のように異なっている。

すなわち、（ⅰ）息つぎ時間における SD が1.81から5.18に約3倍近くに増えていること、（ⅱ）しかし潜っているときはともに平均3.8秒（②が3.79、③が3.78）で、しかも SD では僅かながら③における方が小さくなっている（②で2.31秒、③で1.98秒）。すなわち潜り時の動作は②よりも③における方がわずかながら、より安定した動作（時間間隔）になっていること。ただこの点は、2007年時の泳ぎにおける潜りタイ

ムや 2008 年度の①におけるように、リーダーに軽く腰を押してもらってリラックスした浮き身（グライディング：顔をつけて水中に滑り込んでいくような伏し浮き動作）をしているときの泳ぎにおける潜り時間が 5.44 秒であることに比べると、3.8 秒の潜り時間は少し急ぎ気味に「潜り〜浮き身への水中姿勢」を行っているとも考えられる。そして $SD = 1.98$ という SD の小ささからみると、より急ぎ気味での泳ぎとして安定化しつつあるとも言える。もちろん、③にみるように息つぎ時間が短くなると、その時間間隔の不安定さが SD の大きさ（5.18 秒）に表れているとみることができる。ちなみに、その泳ぎの様子を具体的に表した表 7-2-4b と表 7-2-5b を比較してみればよく分かる。

　表 7-2-4b では息つぎの時間が最小 2.7 秒〜最大 8.6 秒の範囲にあるのに対して、表 7-2-5b では最小 1.1 秒〜最大 36.4 秒となっている。これは、多少の測定誤差を含んでいるとしても、次に大きな値が 9.6 秒であることと、全体的に 49 回の息つぎ回数の中で 1 秒台の短い間隔の息つぎが 17 回数えられるので、不安定さ、息苦しさの中をがんばって泳いでいる姿と読み取ることができる。

　このように、2002 年に初めて自力で泳いで以来、その翌年泳げなくなった後、その後 2005 年より復帰して 2007 年まで前半は泳がず、その後半（表 7-2-6b）になって泳げる自分を取り戻して以来初めて、2008 年の前半の地点から泳ぎに挑戦し、その後、何とかがんばって泳ぎ通すことを成し遂げた 2008 年度の泳ぎを全体としてみると、ゴーちゃんはとてもがんばって遠泳に挑戦している。それだけの泳力を付けた年であったとも言えるし、一方、そういうしんどさをこらえて泳ぎ切った遠泳の年であったと捉えることもできる。

　ただ気になる点が 2 点ある。一つは前半から泳ぐに至った要因は、波多野 L によってグライディング感覚をつかませるために腰を軽く持って押してもらうことがきっかけになっていることであり、もう一点は、上記の②と③にみたように、ゴーちゃんはまだ息つぎ時に犬かき模様に腕を数回かいて息をつぎ、しんどいときは顔を上げている時間を長く、そうでないときは短く、といった不安定なリズム、動作で息つぎをしていることである。それゆえ、今後のゴーちゃんの身体条件、精神的条件、生活的条件などにより、遠泳では成功・失敗のいろんな状況に直面するのではないかと予想されることである。これらの点は第 3 節の 2009 年時点並びに第 1 節の 2002 年時点を含めて、本第 7 章をまとめる時点で他のメンバー（トッチー、K ナオヤ、タカちゃん）の変化の具合とも兼ね合わせて何らかの検討ができればと思う。

3　他の泳者との比較

1）トッチーとの比較

　プールでは断然泳ぎのスキルも行動内容にも差のあるトッチーも海では深さに対して慎重で、様々な要因の影響で泳ぎに変化を受ける。ゴーちゃんのこれまでの泳ぎの変動および今後に対処するためにも、トッチーの泳ぎを分析し、2人の比較を試みた。

（1）トッチー＿2007年の泳ぎ

　トッチーは2007年、海で初めてライフジャケットを脱いで2周泳いだときなので、息つぎと潜りの時間はだいたい一致している（表7-2-7aと表7-2-7b）。このときは、彼が安心して泳げているときで、呼吸は1秒から2秒の間の時間をかけて行うことが多かった（15回中の9回）。ただし、このとき、前半の最沖のブイのところまでは安全を期して本人の選択で救命ジャケットを着て泳いでいた。そのブイのところで脱いでその後、さらにもう1周して泳ぐという快挙を成し遂げたのである。

（2）トッチー＿2008年の泳ぎ

　前日（8月30日）にはとても調子もよく、今回遠泳で2周すると言っていたのだが、本番当日（8月31日）、波が少し高かったとはいえ、リーダーの絢子さんについてもらって、少し張り切りすぎたのか、前半から飛ばし、泳ぎのペースを崩してしまったようだ。スタート直後の泳ぎは、表7-2-8aにみる如く潜りも息つぎもともに平均1秒台、*SD*も0.5秒より小さいもので、とても急いだものだった。この計測に入る前のトッチーの泳ぎは次のようなものであった。

　Kナオヤがスタート後飛び出したので、

表7-2-7a　初めての遠泳での潜りと息つぎ
　　　　　時間の平均とSD（2007年）

（単位：秒）

項目	タイム（潜り）	タイム（息つぎ）
平均	3.39	3.57
SD	2.73	3.12

表7-2-7b　初めての遠泳での潜りと息つぎ
　　　　　（2007年）

泳ぎの経過	タイム（潜り）	タイム（息つぎ）
1		0:00:01
2	00:06.7	0:00:02
3	00:02.9	00:01.6
4	0:00:04	00:01.8
5	0:00:05	00:02.0
6	0:00:03	0:00:10
7	00:01.8	0:00:02
8	0:00:01	00:06.7
9	00:10.0	0:00:10
10	0:00:01	0:00:03
11	0:00:01	0:00:01
12	0:00:01	0:00:02
13	00:00.9	00:01.8
14	00:01.8	00:02.6
15	0:00:06	0:00:04
タイム平均	00:03.39	00:03.57
SD秒換算	2.73	3.12

※数値単位は「分：秒.00」

彼に負けずと急いだのだろうか。いつもマイペースを崩さないように見えるトッチーなのだが、今回の泳ぎでは、まずノーブレス（無呼吸）に近いクロールで約1分程度続けて泳いでいた。表7-2-8bはその直後、クロールでへばったという感じでドル平というか、まずクロールの動作をやめ、顔を下に向け、手をかいて顔を上げ、ちょっと呼吸してそのまま水に体が落ちていく、そういう泳ぎで息を整えたときの様子を示したものである。こうした泳ぎは、普段のトッチーのペース（表7-2-7のaおよびbのように、普段のプールでの泳ぎにおいては比較的長い「潜りの時間」そして、「息つぎ」もゆっくりと間をとって泳ぐ場合が多い、そのようなペース）を全く壊すものだったと言えよう。何がそうさせていたかは、確定できないが、とにかく、あこがれのリーダーと一緒に泳げていることは決して否定できないものとも思われる。

　この2008年の泳ぎでは、その最終に近いブイに向けて必死でがんばったときの潜りと息つぎとの配合をみると（表7-2-8b）、潜りが1.28秒（平均）、息つぎが1.59秒ととてもがんばって泳いでいる様

写真7-22　泳ぎの中で疲れ、フロートで一時休憩のトッチー

表7-2-8a　スタート直後、ペースを崩した泳ぎの潜りと息つぎ（2008年）

泳ぎの経過	タイム（潜り）	タイム（息つぎ）
1		0:00:01
2	00:01.1	00:00.9
3	00:00.7	0:00:01
4	00:00.6	00:01.5
5	00:00.9	00:01.3
6	00:00.7	0:00:02
7	00:01.9	00:01.7
8	0:00:01	
タイム平均	00:01.05	00:01.32
SD秒換算	0.48	0.25

表7-2-8b　最終ゴールに向かう泳ぎの潜りと息つぎ（2008年）

泳ぎの経過	タイム（潜り）	タイム（息つぎ）
1	00:01.0	
2	00:00.9	00:01.3
3	00:00.9	00:01.3
4	00:00.9	00:01.0
5	00:00.9	00:02.7
※1		
9	00:01.0	00:02.1
10	00:00.8	00:01.7
11	00:01.1	00:01.1
12	00:01.4	00:01.5
13	00:01.7	00:01.3
14	00:01.6	00:01.9
15	00:01.8	00:01.6
16	00:00.8	00:01.2
17	00:01.3	00:02.1
※2		
24	00:01.4	00:02.5
25	00:02.6	00:00.9
26	00:01.4	00:01.7
27		00:04.5
タイム平均	00:01.28	00:01.59
SD秒換算	0.45	0.81

※1；3行分省略　　※2；6行分省略
※数値単位は「分:秒.00」

子がうかがえる。このときの SD に着目すると、潜り、息つぎがそれぞれ、0.45 秒、0.81 秒なので、2007 年の泳ぎ（表 7-2-7a、表 7-2-7b）に見られるように、本来は平均時間 3 秒程度かけて、潜り〜浮きをやり、かつバラツキはそれよりも少し大きいながらも 4 秒ほど顔を上げて息つぎをする、これが通常の泳ぎに近いパターンだと思われる。それを、潜り、息つぎともにその時間間隔を 3 分の 1 程度に短縮した、そのような動作の配合によってでないと、泳ぎを続けられない様子が 2008 年におけるトッチーの泳ぎである。1 年前（2007 年）の遠泳では、途中から（1 周目の最沖のブイから）の独力の泳ぎであるとはいえ、その後約 800 m を泳ぎ通したので、それと比べると、2008 年のできばえは遠泳の力としては少し低下したと言わざるを得ない。

　両者の泳ぎデータでの平均値の差を、＊147 に示す公式に従って「対応のない場合」における統計分析にかけてみると、「潜り」の場合で $t_0' = 2.77 > t = 2.16$（$p = 0.05$、$df = 14$）、息つぎの場合で $t_0' = 2.33 > t = 2.13$（$p = 0.05$、$df = 15$）と、いずれも 5 ％水準での有意差が見られた。

　そのように、普段様々なことに能力の高さを示すトッチーにおいても、気持ちの条件が変わることで泳ぎが左右されてしまうということが明らかにされた。

　つまり、2002 年以降のゴーちゃんの泳ぎの成長と停滞、そして停滞から再び成長へとでも言えばいいのか、2002 年にプールで顔をつけて泳げるようになってから遠泳本番前日（8 月 30 日）の小遠泳での泳ぎは、担当リーダーがプールにおいてと同じ人（秋山 L）が担当してくれたということで、最初は躊躇いながらも一挙に顔をつけて泳げるようになってからはとてもゆったりと安定した泳ぎで海での遠泳を楽しむかのように快調に泳げていた。でもその翌年 2003 年には遠泳でそれほど泳がず停滞していたけれども、2005 年に少し回復し、その後は 2008 年の遠泳において、潜るためのきっかけとして、脚部・下半身を少し浮き上がらせる軽い補助を波多野 L が行うことによって泳ぎ始め、みんなの泳ぐ速さからは遅れながらも同様にスタートできて最後まで泳ぎきるという復活を遂げることができた。

　おそらくトッチーにもゴーちゃんと同様な、調子の浮き沈みが繰り返されながら泳ぎきっていく様子が認められていくのではないだろうか。この点は、その次の年に彼の泳ぎがどうなっていくのかを確認することで障がいのある人の泳ぎの成長と停滞の様子を確認できていくのではないかと期待したいところである。

2）よく泳げる人との違いの確認

　ここまで、海で何とか泳げるようになってきたゴーちゃんとトッチー 2 人の遠泳での泳ぎを見てきたが、彼らが遠泳を泳げるようになって今後どうなっていくのか。その今

後の展望を考える上でも、既にその人なりの遠泳での泳ぎのパターンをほぼ確立してきているＫナオヤとタカちゃんの泳ぎについて取り上げ、ゴーちゃんおよびトッチーの泳ぎの場合とどのように違うのか、一定の比較を試みてみた。もちろん、比較対象のＫナオヤとタカちゃんの２人の間でももちろんその熟練度に差があるので、その違いも含めて検討してみた。

（1）Ｋナオヤの泳ぎ

　Ｋナオヤは1995年から遠泳に参加しており、97年から浮きバーをリーダーがもち、コースの所々を独力で泳げるようにもなっている。そして、明確に１周をブイや救命胴衣に頼らずに泳げたのは2003年からだった。このとき１周約500ｍくらいのコースを約26分余りで泳いでいる。2005年には１周約500ｍのコース２周（1000ｍ）を約50分ほどで帰ってくるようになっている（2005年遠泳）。2007年はコースが少し短かったのか、潮の流れに乗りやすい海水の流れなどもあったのか、約２周を泳いで27分弱で帰ってきている。

　2008年では、「（全部を）クロールで泳ぐ、２周泳ぐ」と言って泳ぎに挑戦していた。また、表7-2-9aと表7-2-9bに表すように、スタート後100ｍ〜200ｍくらいをトップで泳いでいた。いつもは、タカちゃんが最初からトップに立って泳いでいたのだが、その年はタカちゃんも普段ほとんどスポーツ的運動をする機会がなく、体力的にも落ちてきているのか、泳ぎもセーブされたものになってきていた。2007年時もＫナオヤは２周泳いだけれども、タカちゃんは1.5周で引き上げてきていて15分余りしか泳いでいなかった。

　Ｋナオヤの2008年の泳ぎ（表7-2-9a）

写真 7-23　Ｋナオヤのドル平とクロールを織り交ぜた遠泳での泳ぎ_2008年時

表7-2-9a　Ｋナオヤの泳ぎ（2008年）_タカちゃんが追いついてきたとき

泳ぎの経過	タイム（潜り）	タイム（息つぎ）
1	00:01.0	00:01.6
2	00:02.0	00:03.3
3	00:01.3	00:15.9
4	00:01.6	00:08.1
5	00:02.2	00:01.6
6	00:01.9	00:03.5
7	00:03.7	00:02.0
タイム平均	00:01.97	00:05.14
SD 秒換算	0.87	5.27

表7-2-9b　Ｋナオヤの泳ぎ（2008年）_タカちゃんに抜かれたとき（競争的意識が働いたのか）

泳ぎの経過	タイム（潜り）	タイム（息つぎ）
1	00:01.8	00:01.1
2	00:01.1	00:01.4
3	00:01.5	00:01.8
タイム平均	00:01.48	00:01.42
SD 秒換算	0.37	0.37

※数値単位は「分:秒.00」

は、タカちゃんに追いつかれる前、顔をつけて潜って進んでいるときは平均時間が約2秒、*SD* が 0.87 秒なので、概ね1秒から3秒程度の範囲、息つぎでは平均が 5.14 秒と顔を上げている時間が長く、しかし中身は 1.6 秒から 15.9 秒の大きなバラツキ（*SD* が 5.27）をもって泳いでいる。こんなに呼吸時のバラツキが大きいと普通は未習熟でしんどい泳ぎではないかと考えられるところだが、Kナオヤの場合はむしろ、いろんな息つぎの仕方をしながら自由に泳げていると見た方がいいかもしれない。これはKナオヤに限らず、知的障がいのある比較的高機能に近いタイプを示す自閉症もしくは自閉傾向の人で、こうした遠泳における泳ぎの傾向を示す人がこれまでにも幾人かいた。

特にまだ泳ぎ始めてそれほど時間の経っていない、スタート後の概ね4～5分ほど経ったときだったので、タカちゃんに追い抜かれて、体力的にもゆとりがあり、また気持ちの方も自由に、気楽に泳いでいる状態だからこのように呼吸（息つぎ）時間のバリエーションも高いのかもしれない。タカちゃんについて行こうとする泳ぎを見せたときは、表7-2-9bにおけるように、平均で潜り時間が約 1.5 秒、呼吸時間も約 1.4 秒、しかも *SD* がどちらも 0.37 秒ときわめてバラツキの小さな速いピッチの泳ぎとなり、少し速いピッチの急ぎ気味の泳ぎで対応しようとしているようだ。

タカちゃんに追いつかれたのは、スタート後概ね4～5分ほど経ったとき。タカちゃんは、最初少しの間、救命ジャケットを着けて泳いでいた。普段運動していないので、自分の体に不安を感じていたのかもしれない。この自閉症の比較的高い機能を示す人の泳ぎの詳細な分析は以下（2）で示すことにしたい。

なおKナオヤが泳いでいる通常の泳ぎは、表7-2-9cに見るように、潜り時間が平均で約 2.3 秒、*SD* も 1.82 秒、また息つぎ時間も約 2.4 秒、*SD* が約 1.5 秒とタカちゃんに抜かれたときの泳ぎに比べると、もう少しゆったりとしたペースで、僅かに偏差の増した泳ぎとなっている（表7-2-9b 参照）。

そしてゴーちゃんに比べれば、潜り、息つぎともにそれぞれにかける時間が短いことがよく分かる。ゴーちゃんの場合は、潜り、息つぎともに最も短い時間で行っていたのが 2008 年時の沖から浜のゴールに向かうときの泳ぎで、潜り、息つぎの時間がそれぞれ約 3.8 秒（表7-2-5b）であり、通常は潜り、息つぎともに5秒～6秒程度をかけて行っている（表7-2-3a および b、表7-2-6a および b）。おそらく、ゴーちゃんはゴールが見えて、そこにお母さんやみ

表7-2-9c　Kナオヤの泳ぎ（2008 年）_
　　　　　序盤（マイペースの泳ぎ）の特徴

泳ぎの経過	タイム（潜り）	タイム（息つぎ）
1	00:01.4	00:05.5
2	00:01.4	00:03.0
3	00:01.1	00:01.7
4	00:05.1	00:02.8
5	00:01.1	00:01.2
6	00:01.2	00:01.4
7	00:04.8	00:01.4
タイム平均	00:02.29	00:02.42
SD 秒換算	1.82	1.52

※数値単位は「分:秒.00」

んなの声援が聞こえてきたら、はりきって泳ぎ、また K ナオヤの場合も、ゴーちゃんとのペースや性格などの違いはあれども、彼なりのリズムが速めのペースにおいて、タカちゃんに抜かれるなど競争心が煽られる際には、負けじとより速いペースの動きとなる。そうした特徴が出てきているように思われる。

（2）タカちゃんの泳ぎ

　K ナオヤに比べてタカちゃんの泳ぎでは、まず表 7-2-10a および写真 7-24 に見るように、仕上げ段階に着目してみると、潜りが約 2.6 秒、呼吸が約 1.3 秒、そしてどちらも SD が 0.3 秒台のバラツキの小さな安定した泳ぎとなっている。この泳ぎは健常の大学生の保健体育専攻学生の遠泳（表 7-2-11）に比べると、潜り時間も、息つぎ時間も比較的短いパターンの泳ぎではあるが、共通する点は、どちらも SD が小さく、息つぎと潜りに示される泳ぎの動作パターンは安定化し定着したものであることである。いわば、マイネルのいう動作の学習のパターンは、位相 A；粗協調（粗協応[40]）に始まって、位相 B；精協調（精密協応[40]）、そして位相 C；運動の定着と変化条件への適応（運動の安定化[40]）の過程をたどるという。それゆえ、動作の定着・安定からいって、タカちゃんの泳ぎは、一応第 3 段階目の水準に入っていることを物語るものでもある[注3]。

　普段の生活で運動をすることが大幅に減少したというタカちゃんだが、この 2008 年においても 2 周を 40 分弱で帰り、K ナオヤに比べても潜りに比較的時間をかけ、その分進みの効率もいいことが窺える。そ

表 7-2-10a　タカちゃんの泳ぎ（2008 年）：仕上げ段階での潜りと息つぎの時間的関係

泳ぎの経過	タイム（潜り）	タイム（息つぎ）
1	00:02.4	00:00.4
2	00:02.5	00:01.2
3	00:02.3	00:01.2
4	00:02.8	00:01.4
5	00:02.7	00:01.4
6	00:02.7	00:01.2
7	00:02.1	00:01.3
8	00:02.6	00:01.6
9	00:02.6	00:01.2
10	00:03.2	00:01.8
タイム平均	00:02.57	00:01.26
SD 秒換算	0.31	0.36

表 7-2-10b　タカちゃんの泳ぎ（2008 年）：序盤〜中盤段階での潜りと息つぎの時間的関係

泳ぎの経過	タイム（潜り）	タイム（息つぎ）
1	00:05.1	00:01.6
2	00:01.5	00:01.5
3	00:02.6	00:01.0
4	00:02.1	00:04.3
5	00:01.8	00:01.0
6	00:02.2	00:01.1
7	00:02.6	00:01.1
タイム平均	00:02.55	00:01.67
SD 秒換算	1.10	1.11

※数値単位は「分：秒.00」

写真 7-24　息つぎをしているタカちゃん

のタカちゃんは、序盤から中盤にかけての泳ぎ（表7-2-10b）でも、平均時間は潜りが約2.6秒、呼吸が約1.7秒と、終盤の泳ぎとタイムのパターンでは類似している。しかし、終盤の泳ぐ調子が整い、ゴールを目指す目標も明確になった状態に比べると、*SD* が約1.0秒を少し上回り、泳ぎに多少のバリエーションが見られる。いずれにしても、潜り、息つぎともに動作がきわめてパターンのはっきりしたものとなっており、障がい者における遠泳においての熟練とともに見られる一つの特徴であると言えるであろう。

　ちなみに、和歌山大学教育学部保健体育専攻生（以下、体専生）の専門授業「遠泳」に例年、遠泳参加者30〜40人のうち、3〜5人程度のかなづちに近い初心者状態で参加する人々（主に1回生）がいる。その人たちを含めて、約3週間（1週間に4〜5日程度×3 ≒ 15日／練習時間 ≒ 30時間）、学生たちの自己組織化を中心としたドル平練習で3km余りを泳ぐ遠泳が実施されている。表7-2-11は2002年度体専生たちの遠泳終盤500m付近から3列の隊列において縦列と横列の動きを統一して泳いだときの、潜りと息つぎの時間的配合を示す[(注4)]。30〜40人の隊列のうちの約1

表7-2-11　和大体育専攻学生の遠泳時の潜りと息つぎの時間的関係（2002年度の遠泳実習時の終盤）

泳ぎの経過	タイム（潜り）	タイム（息つぎ）
1	00:04.2	00:03.1
2	00:04.7	00:03.3
3	00:03.4	00:03.8
4	00:05.1	00:02.2
5	00:04.7	00:03.4
6	00:05.0	00:02.7
7	00:05.0	00:03.0
8	00:04.5	00:02.7
9	00:04.8	00:03.6
タイム平均	00:04.6	00:03.1
SD秒換算	0.50	0.47

※数値単位は「分：秒.00」

割の学生が初心者から学んで実質約2週間余の練習時間をかけて、3列の隊列のもと縦横全員の「潜りと呼吸のリズム」を統一的に合わせて3kmの距離を泳ぐのだから当然、よく泳げるようになった障がい者が一人で泳ぐ（リーダーに見守られつつではあるが）リズムよりも以下に確認するように、ゆっくりとしたリズムで泳ぐ遠泳なのである。

　体専生たちは潜りと息つぎが4.6秒、3.1秒、タカちゃんは潜りが約2.6秒、息つぎが約1.3秒というより速いピッチで泳いでいる（表7-2-10a参照）。体専生たちは、障がい者のタカちゃんに比べ、その中の遠泳での泳ぎをようやくできるようになった人たちに無理のないリズムでの、よりゆったりした泳ぎで泳いでいる。しかもタカちゃんの仕上げ段階の泳ぎ（表7-2-10a）では、*SD* が潜り0.31秒、息つぎ0.36秒、体専生では潜り0.50秒、息つぎ0.47秒と、ほぼ同等なまとまりで泳いでいるといえよう。

　このように、タカちゃんの遠泳での泳ぎはなかなかスキルフルな泳ぎのペースを作って泳げていることが理解できるであろう。

4 まとめ

　ここまで、行動制御の面で特に重度な知的障がいがあると考えられるゴーちゃんの2007年から2008年の遠泳の変化に焦点を当て、知的な行動面ではより確実性のある行動をすることのできるトッチーの2007年から2008年への遠泳時の泳ぎとの比較を中心に検討した。その結果、次のようなことが本研究での成果と課題としてまとめられるのではないかと思われる。

① 2007年時までと比べて、2008年時点では最初から泳ぐパターンの行動が発揮されており、約300mほどの距離を何とか継続的に泳ぐことができた。

② これには、次の3つの事柄が作用しているように思われた。一つには、2002年の夏に初めて200mくらいの距離を泳げて、その後泳げなかった時期もあったが、2005年時よりだんだんと海でその気になれば泳げることを体験してきたことが関係しているのではないかということ、次にはリーダー波多野さんが泳ぎの前半面で潜りに入る行為をやりやすくさせていたこと(「発達の最近接領域」[*149]的仕掛け)、他方では、約半年くらいかけてプールで練習してきたシンクロの作品で特に最終的な段階で浮きバーや人の輪をくぐる動作を継続的に行ってきていたことで、遠泳時の潜る一浮く動作の系列的基盤が培われていたのではないか。

③ しかし、最沖のブイを目指して、所々で波多野リーダーの支援を受けながら、潜り~浮き、そして息つぎの一定の安定状態に比べれば、後半(沖から浜に向かうとき)は彼自身の目標を達成しようというがんばりの中、息つぎ時の顔を上げている時間の不安定さ(表7-2-5aとb:SD=ばらつき度が5.18秒)を考えると、彼自身の体調や気分の状態など、条件が悪くなったときにどうなるか。あるいは、トッチーに見られたように、気分がよすぎても、まだ自分自身の泳ぎのペースというものがつかめていない状態での泳ぎを考えると、それほど楽観的にいい方向に向かっているとばかりを考えていくことはできないだろう。ゴーちゃんが、Kナオヤのような圧倒的な体力条件の良さをもっているわけではないし、かといって、タカちゃんのような泳ぎのスキル(特にグライドして首・体幹の動きをある程度使って水中に進んでいくスキル[注5]や息つぎの安定性など)をまだ保持できていないので、前途はまだまだ多難といわざるを得ないであろう。

　ただ、ゴーちゃんはタカちゃんやKナオヤそしてトッチーたちと比べると、まだまだ大きな開きがある状態なのだが、しかしゴーちゃんにおいても遠泳に参加して10年近く経って、自力で泳げるようになり(2002年)、その後泳がないときも経つつ、2005年頃から再び遠泳での泳ぎを思い出し、さらにこの2008年ではリーダーにうま

く腰を浮かせてもらって、水中に上半身を潜らせ、その後浮かぶための「支援的助け（発達の最近接領域的支援）」をしてもらうことによって、「潜っては浮かぶ－呼吸する」という泳ぎのペースを再生させ、全コースを泳ぎ通すことに成功した（この点は第5章第3節の2012年の遠泳において、全体リーダーの久米くんや作業所の指導員の史朗リーダーによって、ゴーちゃんの腰がなかなか浮き上がらないので、お腹を軽く支えてもらう「発達の最近接領域的支援」によって泳ぐペースを取り戻して泳げていることからもゴーちゃんの泳ぎの状態がよく把握できる）。

　なお、こうした支援はシンクロ練習では横にいる学生リーダーたちから折に触れて行われているものであり、こうした動作の修正・フィードバックには常日頃より直面し、慣れてきているものでもある。その意味で、いつかこうした水中に潜り込むための技術を獲得し、定着できるならば、タカちゃんたちのスピードのペースとは雲泥の差があったとしても、ゴーちゃんなりの遠泳での泳ぎのペースを確立していくときも生まれると期待できるのではないだろうか。

④今後の課題としては、プールでの泳ぎやみんなとのシンクロ遊び等の中で、連続して泳いでいく動作の獲得や首・体幹の動きをある程度意識的に使えて泳ぐことのスキル、そして、それらの行為をもっと明確な楽しみ、遊びとして日常の中で使えるような機会をどう創っていけるか。これが私たちに課せられた大きな課題と言えないだろうか。

【注】
（注1）　こういった手法は、アフォーダンス[6]、すなわち環境が行動の契機を促す、というものでもある。
（注2）　他の泳げる人々とは、TT（トッチー）、NK（Kナオヤ）、TS2（タカちゃん）で、3人とも「自閉症」ないしは「自閉傾向」を有する知的・発達障がいの子どもたちである。
（注3）「動作の定着」を直接、学習段階の第3相の表示として取り上げるのは、マイネルの初版本[7]であり、第2版[8]以降では「協応（コーディネーション）の安定化」といった表現に改められている。いずれにしても、タカちゃんのスキルは最高次の学習相に入るといえる。
（注4）　健常者の遠泳時の泳ぎ、例えば体育専攻学生の場合には、概ね表7-2-11に示すような潜りと息つぎの配合で進んでいく。つまり、潜りが4.6秒、息つぎが3.1秒（これはお互いのテンポを合わすために「それー！」などの声を掛け合う時間も含んでいるので通常より多めの呼吸時間）くらいの配合で泳いでいくのである。通常、3km余を120分～140分程度で泳いでいる。タカちゃんは1kmを約40分程度なので、スピード的には類似した泳ぎなのだが、障がい者ではそれだけ急ぎのピッチの泳ぎとなるところに違いがある。
（注5）　ベルンシュタインによるデクステリティ（巧みさ）において、「動物から人間に至る運動構築・制御の構造とその発達」の過程で、レベルAからレベルDの4段階の階層

構造が示され、運動の最重要な基盤として、レベル A（筋の緊張を支配する「首・体幹の運動」があることが示されている。泳ぎは基本的に、このレベル A が最大の土台として機能することが楽に泳ぐためのコツであると指摘される。その意味でドル平の泳ぎで首を動かすことで、浮いたり沈んだりする原理となるのである[10]。

【文献】
1）原通範ほか「発達障害児の水泳指導プログラムの検討」,『和歌山大学教育研究所報』, NO. 9, 1985.
2）原通範「発達障害児の泳力発達に関する実践的研究」,『発育発達研究』, NO. 22, 1994.
3）原通範「発達障害児の遠泳指導」,『教育学研究紀要』, 中国四国教育学会, 第 42 巻第 2 部, 1997.
4）原通範「発達経過の進展が遅々としていた知的障害児の水泳行動にみる事例紹介」,『原ゼミ論集』第 2 集, 2003.
5）ヴィゴツキー（土井捷三・神谷栄司訳）『「発達の最近接領域」の理論―教授・学習過程における子どもの発達』, 三学出版, 2003.
6）佐々木正人『アフォーダンス―新しい認知の理論―』, 岩波書店, 1994.
7）クルト・マイネル（金子明友訳）『マイネル　スポーツ運動学』, 大修館書店, 1981.
8）Kurt Meinel, Gunter Schnabel（萩原仁・綿引勝美訳）『動作学―教授学的観点からみた運動学理論の概要（下巻）』, 新体育社, 1981.
9）原通範「行動制御の重度な知的障害児の泳ぎの変容過程―遠泳の泳ぎにおける経年的変化をもとに―」,『スポーツ教育研究―第 24 回大会号―』, p. 60, 2004.
10）BERNSTEIN, A（工藤和俊訳・佐々木正人監訳）『デクステリティ―巧みさとその発達―』, 金子書房, 2003（1948 年に執筆・版下が作成されたが、ロシアでの出版は未許可のまま、その英語訳が 1996 年に出版された）.

第3節　重度な知的・発達障がい者への水泳指導研究（2）
―好調だった前年の遠泳の成果が翌年になぜ引き継がれないのか―

1　研究目的

2008 年夏の遠泳がプールでの音楽に合わせて泳ぐ泳ぎやシンクロの導入によって、それなりの成果が上がっていることが考察された[1]。ところが、2009 年の遠泳では、この 2008 年における成果が生かされていない結果が示されている。台風で波が高かったことの影響もあったかもしれないが、その点以上にゴーちゃんの 8 月の遠泳を迎える生活状況などによる影響があったのではないかとも考えられる。

本研究では対象者ゴーちゃんの 2009 年の遠泳における泳ぎの事実に基づき、次のよ

うなことを確認し考察することが目的である。それは、広汎性の発達障害（自閉スペクトラム症／自閉症スペクトラム障害*150）の疑いもある本研究対象者（ゴーちゃん）に対するプールでの指導のポイント、彼に対してどのような学習課題を設定し、どのような方法で接近する必要があるのかについて考察することである。

ちなみにゴーちゃんの生育過程と発達特徴については、（注1）および（注2）の通りである。

2　研究方法

1）遠泳時の泳ぎの記録

①泳ぎ行動の観察・記述

今年度の遠泳が概ねどう行われたか。ビデオをもとに観察される側面および担当学生リーダーの記述を参考にして行動した様子や体調などを把握する。

②泳ぎ動作の記述

○呼吸に要する時間と潜りに要する時間の記録

泳ぎを行っている際のスキルの特徴を概略的に把握するために、潜りに要した時間および息つぎのために顔を上げている時間をストップウォッチにより記録する。

2）学生リーダーによる泳ぎ行動の観察記録

遠泳合宿の2日間の各日の終了期に担当学生リーダーによって書いてもらう。

記述してもらう内容としては、次の2つの事項についてであった。

①泳ぎの行動や動作に関すること：「泳ぎにどう取り組んだか」「泳ぎの様子はどうだったか」「どんな泳ぎ方をしていたか」など。

②その他の行動：「元気だったか」「誰とどのような関わりをしたか」など。

である。

3）プールでの動作の観察・記録

上記、海での遠泳の成果と課題を明らかにするための考察視点として、毎週行われているプールでの泳ぎの行動・動作状況を確認する（お母さんたち撮影のビデオ映像録画により）。

（1）輪くぐり（写真7-31、p. 340の写真7-35-1等）

5月に行われたシンクロ発表会のあと、泳ぎの基礎的動作の習得と習熟を目指して、息つぎに関する動作獲得に焦点化してこの課題に取り組ませた。

写真 7-31　輪くぐりのセット

写真 7-32　プカプカポールをセットした
　　　　　プール空間

（2）フロートバー（プカプカポール）くぐり[151]（写真 7-32、p. 342 の写真 7-36-1 等）

　ポールは長さ 1.8 m、直径 7 cm の発泡ポリエチレン製の柔らかい障害物で水面に浮かべた教具（写真 7-32）。縦 15 m のプールに、約 2 m 間隔でプカプカポール 6 本程度を設置できるようにしたもので、泳者はこの 15 m × 1.8 m × 6 本のポールの中（1 つの空間≒ 2 m × 1.8 m）に入り、泳ぐ（潜り、浮き、息つぎ「パー」を繰り返す）。

（3）シンクロ的動作行動[152] **の観察**

①毎回プールの最後に行う「あんなこといいな」に対して
②対象者たちが親近感を持っているシンクロ課題「めだかの兄弟」に対して

3　結果

1）概要

　今年の遠泳のコースと参加メンバーは以下の通りである（図 7-3-1 と表 7-3-1）。

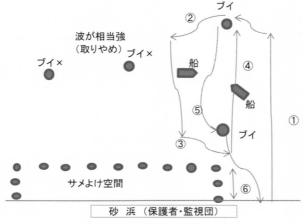

図 7-3-1　2009 年の遠泳コース

表 7-3-1　遠泳のスタート～ゴールに要した時間　　数値単位（分：秒）

到着順	参加者	泳いだ時間
1	K ナオヤ	22:50
2	タカちゃん	23:33
3	トッチー	28:53
4	アッちゃん	26:00
5	ミヤモっちゃん	30:00
6	イクヤくん	39:00
7	マエダヤっちゃん *原先生のボート近くからもどった	13:25
8	ゴーちゃん	48:00

＊遠泳スタート：10 時 14 分 25 秒

台風が接近している中、しかし直撃ではないとのことで、和歌山県日高町の小杭海岸は何とか入り組んだ海岸でそう高い時化（しけ）や大波（おおなみ）にはならないだろうと予想し、決行することにした（これまで何度か経験済みであった）。

　1日目の方が波が高いと予想されたので、1日目はテトラポットを周回するコースをとった。2日目は早朝は波もおさまっていたのと、もし波が来た場合は北側からの風が吹いてきていたので、テトラポットの方が波をまともに受ける可能性があり、北東側の岩場で波が遮られると考え、図7-3-1のようなコースで実施することにした。しかし、予想以上に波が大きくなり、沖を向いて泳ぐ際に正面から波を受けるに近い状態で泳がなければならない状態を余儀なくされた。

　ゴーちゃんの状態は、気分的には不調な傾向にあった。それ以上に、前日は好調だったタカちゃんが途中リーダーの肩につかまって休憩するというような波浪状態での実施となってしまった。タカちゃんにとっては、1988年に遠泳が始まったときも同様なことがあったが、22年ぶりの出来事でもあった。

2）ゴーちゃんの遠泳での泳ぎ
（1）大半は泳がなかった
　女性リーダーが2人ついてもらったのに、2人にしっかりと手を焼かせた。
　結果は、以下、吉岡Lの観察記録（No.1）に見るとおりである。

　スイムフロートをもって遠泳にスタートしました。ゴーさんはずっとスイムフロートを脇に抱えてしまい、昨日のように垂直になったままで、しんどそうでした。腰や足を引っ張っても、すぐに下ろしてしまい、なかなか横になった姿勢をとるのは難しかったです。きのうは、自分で無理矢理と言いながらも、顔をつけてくれたのですが、今日はなかなか顔をつけてくれませんでした。スイムフロートに頼っているせいかなと思い、スイムフロートをとったのですが、やはり顔をつけるのはいやがっていました。顔をつけるのもいやがるので、腰や足を引っ張りあげてもすぐに元に戻ってしまい、泳ぐというよりも流されているようでした。（吉岡L記録No.1：8月31日）

　ゴーちゃんが、垂直的な姿勢で海の中にいたことを吉岡Lは書いている（写真7-33-1）。

　また、写真7-33-2は浮きに乗っかったままで過ごしている様子が示されている。不機嫌なぶつくさ言っている様子を示している。ただし、さすが浮きに乗っているので、足が水面に横になった形で休憩できている。この頃は全く泳ぐ気がない様子である。

　この状態に至る原因については考察で述べることにする。

写真 7-33-1　顔をつけず、垂直姿勢で　　　　写真 7-33-2　スイムフロートに乗っかっている
　　　　　　　もがいている

（2）最後になってやっと泳いだ

　タカちゃんのリーダーだった静川くんが応援に来てくれた。静川Ｌは、ゴーちゃん
を励ましてくれるとともに、ゴーちゃんが乗っていたスイムフロートをうまく取り上げ
てくれた。ゴーちゃんには迷いもあったが、フロートを取り上げられ、顔を水中に潜ら
せて泳がざるをえなくなったのかもしれないし、逆に静川Ｌが来たことでわがままを
言ってられなくなったのか、それとも内心では、やっぱり泳ぎたかったのか？

　この点は明確ではない。

　スイムフロートを静川Ｌがもち、ゴーちゃんの後ろに林Ｌ、右横に吉岡Ｌが位置し、
３人のリーダーたちはいま正に潜ろうとするゴーちゃんを集中させることに意識を研ぎ
澄まし、協同し合っている（写真 7-34-1 では、ゴーちゃんの後方でちょこっと、小さ
な帽子だけが水面に浮かんで見える、水中に潜っている人が静川Ｌ）。

　「やったー！」今年の泳ぎに 40 分余り、もてあましたゴーちゃんの遠泳の姿に、３人
のリーダーたちにやっと安堵の表情が一斉に浮かぶ（写真 7-34-2）。でも、もっとも安

写真 7-34-1　最終ブイのところでやっと　　　写真 7-34-2　「やったー！」やっと泳いだゴー
　　　　　　　体を横にし潜ろうとする体勢　　　　　　　　　ちゃんに感激のリーダーたち

堵したのはむしろゴーちゃんだったのだろう。

そして、表7-3-2に見るごとく、17回もこの動作を繰り返し泳ぐことができたゴーちゃん。もちろん、そんなに単純に喜びが表されたわけではない。しかしその泳ぎが結構ためらい混じりであったことは、呼吸時間の平均が4.36秒、潜り時間の平均が5.54秒の比較的バランスのとれた泳ぎの様子を示しているにもかかわらず、このときのSDの大きさが、「潜り」の時間幅は1.78秒に対して、「呼吸＝息つぎ」の時間幅が4.01秒とズレの大きなものとなっている。すなわち、潜っている時間は比較的同じような時間であったのに対して、呼吸して頭を上げているときの時間でのバラツキが大きい。14回目と16回目に10秒以上長く顔を上げた状態が目立つ。早くゴールの位置を見定めたかったのだろうか？ 定かな理由は分からない。

表7-3-2　最後に泳いだときの潜りと息つぎの時間記録

泳ぎの経過	タイム（潜り）	タイム（息つぎ）
1	00:03.2	00:02.7
2	00:03.3	00:02.7
3	00:03.8	00:01.1
4	00:02.4	00:03.4
5	00:06.3	00:01.8
6	00:07.4	00:03.7
7	00:03.7	00:04.1
8	00:05.5	00:04.1
9	00:06.3	00:02.3
10	00:05.0	00:01.8
11	00:05.5	00:02.1
12	00:06.3	00:03.3
13	00:05.6	00:05.2
14	00:07.1	00:12.7
15	00:07.3	00:04.7
16	00:06.5	00:16.2
17	00:08.9	00:02.3
平均	00:05.54	00:04.36
SD（秒換算）	1.78	4.01

※数値単位は「分:秒.00」

4　考察（ゴーちゃんはなぜ泳げなくなったのか？）

これほど今回の海の状況は一変していたということができる。しかし、タカちゃんと同様、ゴーちゃんが海の状況を感知して、それに動揺し、安全策を講じて泳がなかったと考えていいのだろうか。以下、いくつかの諸点からゴーちゃんの泳げなかった原因について考察し、今後ゴーちゃんが安定して泳ぎの世界との有効な関係を築くことができないだろうか。それとも、障がいゆえの難しさで、スポーツのおもしろさをもっと定着した楽しみを享受するものとできる手立てはないものだろうか。その点について検討を加え、今後の課題を検討してみることにする。

1）リーダーの行動・観察記録に基づく分析から

ⅰ）8月30日（林L記録No.1）

　円になって泳ぐ「あんなこといいな」のときは、海に慣れていなかったせいか、頭まで潜ったり、うつぶせになって浮かぶときには、なかなか顔までつけられなかったけれど、静川さんや深野さんに言われて、口までつかってからは、頭まで潜ることができるようになりました。（①）

　終わって自由遊びになると、スイムフロートをもって泳ぎたかったみたいで、「ピンクの（スイムフロート）で行く」といって、浮かびながら少し沖まで行きました。原先生が船から、「スイムフロートを林さんに渡して泳いでみな」と言ってきたので、私にスイムフロートを渡してくれました。（②）でもまだ、体が立った姿勢のままで、ジャンプをしながら移動していたため、少ししんどそうでした。

　テトラポットを一周する遠泳の練習のときは、足が着かない深さに来ても、立った姿勢のままだったので、顔をつけて、上げての繰り返しがしんどそうでした。「5時になったらお風呂に入ります」とずっと繰り返していたので、泳ぐ感覚が取り戻せず、しんどかったのかもしれません。（③）口調もイライラしていたように思ったので、明日の遠泳の前に時間があれば、スイムフロートを使って泳ぐ姿勢に慣れて、泳ぎを思い出してもらえばいいと思います。（④）

　テトラポットは一周せずに近道をして帰ってきました。お母さんにも、ゴーさんのペースが崩されたとき、何度も同じことを言うのだと教えてもらったので、明日も気にしながら行きたいです。（⑤）

　枠内の①に見るように、背の立つところで安心できる人たちに指示（支援）されると、指示に従える（課題を遂行できる）。

　同枠②、③に見られるように、背の立たないところでせっかく安心できる道具を手に入れているのにもかかわらず、いつも指導・支援してくれて関わってくれる人（指導者・原）に言われると、つい従ってしまい、結果として出口を見いだせなかった不満が募っている。

　担当リーダーは、そのゴーちゃんの願いを叶えてやりたいとの思いを強くする。また、お母さんの説明を受けて本日不満を募らせていたゴーちゃんの気持ちを理解する（同枠④〜⑤）。

　待ち時間が分からず、海に入ることになっても、少しソワソワしていました。腰のあたりの深さまで来たときに、お腹とか手に水をかけたら、イヤだったのか、手をバタバタさせて、なかなか肩まで海につかることができませんでした。（①）お母さんもその様子を見てくれていて、どこかがどうしようもなく、「痛い」とか、「どうしようもない」という仕草が、手をバタバタさせるのだと教えてもらい、ゴーさんに「足がいたい？」と聞くと、「いたい」と言ったので、一度岸に上がりました。（②）〈中略〉

　岸に出たら、「ドラえもん。あんなこといいな」と言って、海でみんながやっている「あんなこといいな」をやりたそうにしていたけど、ゴーさんがみんなと合流できたと同時に終わってしまいました。タイミングがすごく悪くて、すぐ遠泳のスタートのために岸に上がることになりました。（③）〈中略〉

　赤いスイムフロートにしがみついてしまって、足を海に浮かすことがなかなかできませんでした。赤いフロートがあるから泳ぎにくいかと思ったけど、赤いフロートを私が預かると、顔が沈んでしまうので難しかったです。一つ目の浮きの手前でUターンをすることにしました。（④）

　だが本番当日（8月31日）の朝、①〜③のようなゴーちゃんが泳ぐにおいてのマイナス的因子が重なって生じてきて、④のように、リーダーの林さんもゴーちゃんもともにストレスというか、乗り越えたいけれど乗り越え難い気持ちの鬱積してくる様子がよく出ている。

　最終的には、リーダー林さんは、以下の⑤、⑦のように、積極的な先への課題を見いだしていくが、⑥のような思いをしながら海でもがいていたゴーちゃんに対して、この遠泳という課題設定をする原の行為は一体鬼か蛇か、地獄のような冷酷さを課していると言えるのだろうか。

　途中で静川さんが迎えに来てくれて、浮きを離して補助してもらうと、顔をつけて泳ぐことができました。最後の最後になってしまったので、もう少し早く、うまく補助できていたらなあと、思いました。（⑤）

　途中で、「岸に上がりたいぞ。まる子」とか、「もうむりだ。限界だ」と言っていたけれど（⑥）、本当に最後にがんばることができてよかったです。（⑦）

iv） 8月31日（吉岡 L 記録 No. 2）

> 　一つ目のブイのところまで、原先生のボートまで、氷砂糖をもらいに行こう、あのスイムフロートのところまで、とかどんどん目標を縮めていったのですが、どれもなかなか…たどり着くことはできませんでした。スイムフロートをとってしまうと、しんどいので林さんと私の手をもって浮いていようとしていました。自分で浮けるようにと思ったのですが、難しかったです。（①）しかし、岸に近い方のブイに戻る頃にやっと、顔をつけるようになってくれました。顔をつけると、足も上がってきて、泳げるようになりました。（②）初め嫌がっていたことがウソかのように泳いでいて（③）、すごくうれしかったです。

　この吉岡 L の記録を読むと、ワラをもすがる思いで困っているゴーちゃんには怒られるかもしれないけれど、林 L が指摘していたように、ゴーちゃんにとっては、昨年に比べると余り気が進まなかったのではないか。遠泳にはどんなことがあっても行かなくてはというお母さんの思いをそれとなく感じ取っていたものの、ともかく乗り気が余りしない（脳がそれほど動機づけられた状態になっていない）、そういう状態が今回の遠泳であったのではないだろうか。

２）プールでの泳ぎの分析から

　この点を裏付けるのが、次の遠泳前の時期から遠泳後、さらにそこから少し隔たっていく時期でのプールでの運動行動の取り組みの様子を表してみた（表 7-3-3）。

　6月に入って、輪くぐりを導入していく（p. 334：写真 7-31）。

　7月14日頃までは、15 m × 8 m のプールの中で行う輪くぐり（写真 7-35-1〜写真 7-35-3）および、片側コースでは 2、3 人のお母さんたちにもってもらったプカプカポール[注3]をくぐるようにした課題において、何とか顔をつけ輪やポールをくぐっていたが、7月21日を過ぎた頃からはほとんど顔をつけることをしなくなっていく（表 7-3-3 中、7月21日より息つぎ回数が「0」となる）。

写真 7-35-1　輪を上げてくぐる様子（2009. 6. 23）

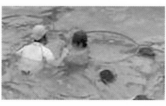
写真 7-35-2　リーダーに輪を押さえてもらったとき

写真 7-35-3　ちゃんと潜っていく様子

表 7-3-3　ゴーちゃんの 2009 年 5 月～2010 年 2 月におけるプールでの泳ぎの様子

月　　日	プール周数	顔つけ（回数）	息つぎ回数	体の伸び	備　　　　考
5 月 19 日	9	13	5	13	
6 月 9 日	9	8	6	10	
6 月 23 日	4	30	4	17	輪くぐりのみ＊
6 月 30 日	7	20	7	22	輪とポールくぐり
7 月 14 日	7	15	3	13	輪とポールくぐり
7 月 21 日	5	15	0	10	輪とポールくぐり
7 月 28 日	5	2	0	1	輪とポールくぐり
8 月 4 日	4	2	0	1	輪とポールくぐり
8 月 11 日	5	2	0	2	輪とポールくぐり
8 月 25 日	6	6	0	6	輪とポールくぐり／イルカのキャラクタ
9 月 8 日	1	0	0	3	12 分間隔から動かず
9 月 15 日	2	1	0	1	
10 月 6 日	2	4	0	0	
10 月 13 日	3	0	0	0	
11 月 10 日	3	0	0	0	よくできていた（あんなこといいな）
12 月 8 日	6	0	0	4	ビート板で流れに乗る
12 月 22 日	3	1	0	0	リーダーに動かされる
1 月 19 日	6	0	0	0	
1 月 26 日	0	0	0	0	あんなこといいな
2 月 2 日	5	4	0	0	ポールくぐり
2 月 9 日	3	10	0	10	ポールくぐり
2 月 16 日	3	21	0	10	ポールくぐり

＊ゴーちゃん：頭押さえの補助はダメ。輪っかを手で上げないように押さえる補助で顔つけ輪くぐりをした。

　そして遠泳を終えて行った後の初めてのプール（9 月 8 日）において、12 分間プールの隅から動かなくなるということまで起こってくる。

　やがて時が経ち、ようやく今年（2010 年）の 2 月になって取り入れたプカプカポール（p. 334 の写真 7-32）において再びプールでの泳ぎを行うようになってくる（3 月 9 日に収録した写真 7-36-1～7-36-3 参照）。

　輪くぐりはゴーちゃんには狭くて、そこをくぐるのは閉塞感があったのかもしれない。しかし、6 月 30 日から 8 月 11 日までは、お母さん 2 人にもってもらったポール 4 本の中をくぐる、そのコースはポールとポールの間には（幅）1.8 ｍ×（距離）2 ｍ程度のスペースがあったので決して閉塞感はなかったはずである。

　したがって、ゴーちゃんが遠泳で泳がなかったのはむしろ、泳ぎたくなかった、あるいは泳ぐ気持ちがわかない心理状態の日々を過ごしていた、とも言える。そして 11 月から 12 月にかけての時期にはプールをお休みすることも何度かあり、徒歩で片道

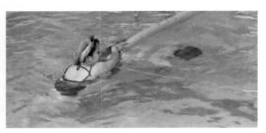

写真 7-36-1　ポールをくぐろうとする様子　　　　　写真 7-36-2　ポールをくぐっている様子
　　　　　　　　（2010. 3. 9）

写真 7-36-3　かなり慣れてきたポールくぐりをしている（2010. 3. 9）

30～40 分くらいを要する和歌山駅付近まで散歩に行ったりしてプールに来られなかっ
た、などもあった。
　一方、2010 年の 2 月頃からプールには概ね参加するようになって、この頃から写真
7-32（p. 334）のように、プカプカポールを利用したスポンジ性の柔らかい、空間も輪
くぐりに比べて相当に広くなったポールくぐりのセットを用意した。気分的な変化も関
係しているかもしれないが、表 7-3-3 の 2 月 2 日から 2 月 16 日のデータに見られるよ
うに、顔つけの回数が大きく改善している。具体的なポールくぐりの様子は写真
7-36-1 ～写真 7-36-3 に見られるように、写真 7-35-1 ～写真 7-35-3 の輪くぐり以上に、
積極的に泳ぐ様子が示されている（特に写真 7-36-3）。

3）ゴーちゃんの障がい特性をどうみるか

　このように、遠泳の泳ぎでは、2002 年に初めて泳いで 2003 年には泳がなくなり、今
回また 2008 年と 2009 年の間で同様なことを繰り返したゴーちゃん。このゴーちゃんは
一体いかなる障がい*153 を有するものと考えればいいのだろうか。

（1）行動制御の重度な障がいは「自閉性障害」と呼べるのか

　発達的特徴を有するゴーちゃんは一体いかなる障がいがあると考えればいいのだろう
か。私は彼のことを "行動制御の重度な知的障害児10)" と呼んだ。こう呼んだ理由は、
彼とは水泳指導ばかりでなく、その他体操教室などでも小学校の 2、3 年生のときから

彼の運動の指導などに関わりながら彼の運動への取り組みの様子を見てきた。その10年余りを総称して次のように言った。

> 「語彙数は一定あり、日常的な会話における自らの表現や応答には一定の流暢さがある。一方、言っていることとやることの間には大きな隔たりがあって、行動面での改善や学習には遅々とした変化しか示してこなかった。」[10] と。

　現在も彼を称して、この言葉しか思い浮かばないのだが、発達障害研究の最近の成果をひもとくと、「自閉症スペクトラム」「高機能自閉症」「アスペルガー症候群」といった形で、知的な側面では遅れのない、あるいは発達した障害のある人のことを「広汎性発達障害」（アメリカ精神医学会の分類：DSM-IV-TR）[11] あるいは「軽度発達障害」[12]、その後「発達障害」（2005年4月に文部科学省と厚生労働省の法整備された発達障害者支援法）[13] というくくりで捉えられている（ただ現在のDSM5 *154 では、これまで「広汎性発達障害」で括られている人のことを『自閉スペクトラム症、あるいは自閉症スペクトラム障害』『自閉症スペクトラム』『自閉症スペクトル』と呼称している）。

　しかしゴーちゃんの場合は、お母さんのチェックによる0歳〜6歳のポーテージの発達チェック（ボイタ法でのチェック表）を詳細に見ると、発達面での遅滞は確実にあり、それが言語面の発達と社会性の発達に比較して、認知面と運動面ではチェックの付かないところがまだまだいっぱいあって発達遅滞も大きいと考えられるのと、実際身辺自立とか動作面で見たときには、小さい頃の麻痺の影響や発達の遅れはあるとはいえ、それだけでは説明が付きにくいほど、言語面、社会性の発達などと比較すると、運動面、動作面等、運動行動表出面での遅れが顕著である。

　これまでお母さんがたくさんの専門機関に訪れた中でも、彼の障がいは直接的に、「自閉症」「自閉性障害」とはかつてまだ明確に診断されたことはないとのことである。その意味で、自閉症、自閉性障害と呼ぶには問題を残す点があるのかもしれないが、DSM-IV-TR分類に当てはめて、ゴーちゃんの問題を確認すると「広汎性発達障害」*155 の中の「自閉性障害」の判断基準Aでも、（1）から（3）の各項目（（1）は対人的相互反応の質的障害、（2）はコミュニケーションの質的障害、（3）は行動、興味、および活動が限定され、反復的かつ常同的な様式をもつ）の中で（1）でも2つ、（2）では微妙だが「十分会話がある」とまではいかないけれども「話の継続性の能力」に関しては確実に問題がある、（3）では2〜3個のチェックが付きそうである。

　という点から考えると、ゴーちゃんは自閉性障害に相当する可能性を十分にもつのと、それと、「アスペルガー障害」では杉山[14]や別府[15]そして榊原[3]や小野[2]によれば、「自閉症マイナス言語障害」と述べているように、彼は言語障害がないとはいえないし、

確実に遅れをもち、実際 5 、 6 歳の幼児や小学生低学年の子どものように理解し柔軟に使う能力の形成はできていないと考えられる。だがそうした遅れはもちながらも、言語の理解面ではかなり発達しているのと、上記（2）のコミュニケーションにおける語り言葉では、助詞などの使い方などで一部間違ったところもあるが、「なぜそんな言葉知っているの？」「どうしてそのように表現できるの？」と訊いてみたくなることが何度もあるほど、驚くほど的を得た表現をすることがある。いわゆる知的発達の遅れを考える限りは、アスペルガー障害とは呼べないと言えるであろう。しかし、上のようなことを考えると、言語発達面では「アスペルガー障害亜系」、行動面のこだわりや社会的発達での柔軟な側面を考えると、明らかに障害をもつので「自閉性障害亜系」というふうに考えられなくはない。ローナ・ウィングは『自閉症スペクトル』[16] の中で次のように自閉症スペクトラム[*156] のことを定義している。

> 「カナー型であれアスペルガー型であれ、またいずれの型をも少しずつもっているだけであれ、「自閉的特徴」をもつ子どもも、人との相互交渉、コミュニケーション、および想像力の発達が共通して欠けていたり障害されていたりすることがわかりました。」「またどの子にも狭く固い反復的な活動や興味のパターンがありました。」「この三つの障害（「三つの組」[*157] と呼びます）と反復的活動にはさまざまな幅広い種類がありますが、その根底にある類似点は確認されています。」

　これが DSM-IV-TR の診断基準と共通する土台としての自閉性障害・アスペルガー障害の共通項であるが、ただし上記ローナ・ウィングの定義では、ゴーちゃんの行動の幅や質的な深さのことをうまく言い表せない。
　現実にゴーちゃんのようにコミュニケーションの部分でうまく機能しているとは思えないし、実際は言葉の正確な把握という点では遅滞しているにもかかわらず、その発達段階においては一定の突出した語彙数や表現力をもっており、一見すると、障がいの程度が過大に評価される可能性がある。つまり、彼が使う言葉の数や質・内容においては、実際はコミュニケーションがとれていないにもかかわらず、コミュニケーションがとれているかのように思われてしまう点がある。そのため、自閉症スペクトラムからは除外される。しかし私は、彼が使って知っている言葉は、単に言語表出の通路的機能「エコラリア（反響言語＝オウム返し）」といったものではなく、彼自身が発する言葉の音韻・調子的側面、あるいはその場の状況を一定言い当てた感じで、そこに居合わせた人には一見して「すごい！」と思わせてしまうような「効果発揮の機能」として使用されているに過ぎないように思われてならない。ただしその言語は、現実の行動課題、運動課題の処理においてはほとんど生かされずに過ぎてしまっているように思われてならない。

こういう人の場合には、その人にもっとも適した解決策が考えられねばならないにもかかわらず、どうしても周りのみんなが総力を結集して発達課題・方法を見いだしていくところまでには至らない。そういうように、ゴーちゃんには現在の科学の総力が当てられなくなっているように思われて仕方がない。

　そういう点では、ローナ・ウィングも指摘するごとく、認知心理学者のウタ・フリス[17]によって「自閉症児に弱まっているのが、ほかでもない統合に向かうこの能力です」という「『統合―総合的視点』の欠如」と「（その視点欠如により）自閉症児の情報処理システムが…『分離性』によって特徴づけられること」が指摘されている。ウタ・フリスは言う。「人間の正常な認知システムには、できるだけ広範な刺激を統合し、できるだけ広範な文脈を一括して捉えようとする固有の傾向があるのです」と。

　すなわち、フリスの指摘する「統合―分析的視点の欠如」と「分離性」という自閉症児者のもつ問題性をどう解決し、その解決策をどう充実させていくのかという点を開拓することが最重要課題だと考えられる。ゴーちゃんのような人を「自閉症スペクトラム」の範疇として、その対策や解決策をその時代の科学的視点・能力を結集して取り組むことが求められているのではないかと思われる。障がい者への水泳指導研究がその一端を担うことができれば、著者の私にとって望外の喜びである。

（2）自閉性障害におけるワーキングメモリー機能障害

　アスペルガー症候群や高機能自閉症の人あるいは ADHD[*158] の人における行動制御に関して、ワーキングメモリーという前頭葉にある機能の働きがうまく働いていないのではないかとの指摘がある（小野[2]、榊原[3]）。また、萩原が何人かの著名な神経生理学者の研究をもとにワーキングメモリーについて総説した論文（萩原の晩年の研究[4],[5],[6]）の中で詳しく紹介している「体育科教育の構造分析」2001 年論文、「脳の構造から体育を考える」1993 年論文、「老人の保健体育―特にワーキングメモリーについて―」1994年論文を参考に、ゴーちゃんの遠泳時の泳ぎという運動行動の安定と不安定の過程を考察してみることが彼の遠泳や水泳での今後の対応や計画に示唆を与えるのではないかと考えるので、ワーキングメモリーについて考察する。

　萩原[5]に基づきワーキングメモリーの特徴を拾ってみる。まず Goldman Rakic によると、ワーキングメモリーは「外界の再現像を脳の中で操作したり、更新したりする神経機構、即ち、ワーキングメモリーは前頭葉にある」という。「という根拠は、前頭葉に障害があると、脳にたくわえてある知識をすぐ行動に役立てることができなくなるからである」「ワーキングメモリーは長期記憶の知識を引き出して、すぐ使える状態にし、一連の運動情報に翻訳する」「ワーキングメモリーがあるからこそ、理論的に物事を考え、計画的に行動することができるといって差し支えない」「記憶として保存されている知識を再確認

したり、瞬時に再現できる機能をワーキングメモリーという」「これは、人間が進化の過程で得たもっとも意味のある結果であろう。ワーキングメモリーのおかげで人間は未来に向けての計画が可能となり、考えをまとめ上げることができるのである」等々。

『よくわかる発達障害』の編集代表者である小野[2]は「前頭葉機能とワーキングメモリー」のところで次のように述べている。小野によると、ADHD の人たちの研究をまとめたバークリーをもとに、「計画する、まとめる、進捗状況を監視する、焦点を定める、衝動性を制御する、臨機応変に方略を修正する、結果を評価する、などといった働きがうまく機能していないことを認め、実行機能が不良である」。「これらの実行機能と呼ばれる働きは、ワーキングメモリーにおける中央実行系の働きとかなりオーバーラップしていること」とし、「ADHD あるいは HFPDD（高機能広汎性発達障害）では、ワーキングメモリーの中でも、中央実行系の働き（いいかえれば実行機能）に障害を想定することで、部分的には病態が理解できるのではないか」とまとめている。

ワーキングメモリーという概念自体はまだ科学的概念として定着している概念とはいえないかもしれないことに加え、またゴーちゃんがむしろ「注意欠陥・多動」の概念で呼ばれる ADHD との対極にある、どちらかといえば行動がじっくり、ゆったりタイプの、（1）に考察したように、自閉傾向のある広汎性発達障害（自閉性スペクトラム）タイプの障害に属するであろう。その彼の遠泳時の発達変化とその停滞は、上記の萩原と小野らの整理したワーキングメモリーを手掛かりに考えてみると、「行動の系列化、精神的構えの形成、様々な行動統合」に関与する背外側のシステム（順序づけ系）と、「ドライブ、動機づけ、意志」などの腹内側の原始的な情報処理に関連するシステム（動因系）が、言語系機能を介して統合される。その上で「実行（認知）制御システム」と「自己分析・自己気づきのシステム」が「前頭葉の中心的機能」として働く。図 7-3-2 は、このように捉えた、Benson（Stuss との共同研究を基盤）による前頭葉の制御・実行機能としての「ワーキングメモリー」を示したものである[4],[9]。

ゴーちゃんの時々の周期的な感じで訪れる快と不快系の波（例えば 2002 年遠泳時や 2008 年は "快"、2003 年や 2009 年は "不快"）などを考えると、これはもちろん、ゴーちゃんに限ったことではないが、昨年（2008 年）のようにワーキングメモリーにおける動因系と、および記憶をもとにした

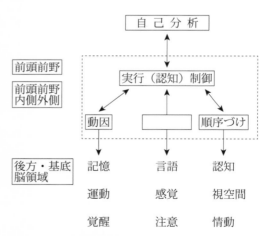

図 7-3-2　前頭前野機能の「自己分析－実行（認知）制御」に関わる背外側と腹内側の機能的統合（ワーキングメモリーのしくみ）[4]、[(注4)]

行動企画（プログラム）・行動統合の系とがよく結びついているときと、今回の遠泳（2009年）のように結びつきにくい時期とが関係しているのではないだろうか。特に、言語的表現に一定の発達を見ているとはいえ、まだ不十分、かつ表面的にしか言語機能を働かせていない（ヴィゴツキー流にいえば、「思考（知能）として十分に働かせていない言語機能」[25]の）ゴーちゃんにおいては、自分自身の生活上の感情面での不快な状態を制御しながら泳ぎや日常の行動を行っているとは到底思えない。彼の遠泳における不安定なパフォーマンスは、現在のところ、生活面で水泳に対して働く動因系と彼の運動行動制御（行動系列への見通し・運動スキル）との関係に支えられているものと考えられる。

　ゴーちゃんは言っていることはすごいことを言っても、「ハハハハハー、ハラ先生、おもしろいー！」と言うだけで、言ったことに沿ったことをやりはしない。私にとっては、そんなゴーちゃんの「重度な行動制御の知的障害」をどう解決する手立てを水泳指導の側面から考えていけばいいのだろうか。

4）今後の動作課題・学習課題に関連した検討
（1）運動は知的発達・精神発達の基礎

　大阪市で高等学校の教員や養護学校の教員を長年勤められた榊原[18]によれば、勤めていた最後の学校、難波養護学校高等部において担当した新入生に実施したWISC-III知能検査で言語性知能と動作性知能の間で15ポイント以上の開きのある生徒が目立った。15歳で12ポイント以上の開きがあると統計上の有意差があるとされているので、大きな開きがある生徒が多いということである。そうした生徒たちに対して、身体動作から発達を促そうという取り組みの方法論の意義とその方向性を巡って、「アフォーダンス」[19]や障害児の運動発達の最近接領域論[20]を具体化する仮説を示した。榊原の仮説はまだ具体的に一般化される段階までには至っているとは言えないが、学校体育研究同志会の障害児体育分科会を運営していく立場にある人々の間でアフォーダンスを具体化する実践も行われている[21]。また特別支援教育に携わる子どもにとっての利益を考えながら取り組んでいる多くの先生方は、経験的にはこのアフォーダンスを活用した教育実践の取り組みをしてきているものと思われる。要は、その視点にきっちりと沿った形で組織的に取り組んでいる段階に来ているのかどうかということにあるのではないか。

　こうした榊原の研究と教育の視点は、運動発達、運動制御の発達が人間の知的機能や精神発達にとって、土台としての重要性を強調する論拠にもなる。運動が健康や人間の発達にとって重要な基盤となることについては、国連ユネスコの体育スポーツ国際憲章に見られるごとく、不可欠の発達的基盤であることには論を待たないところであろう。そして、そうした人権保障としての価値を認識されることでは、運動発達と知的発達の関係に関する研究が、体育学はもとより心理学や教育学の分野で行われてきたその成果

であるのだが、ここでは今後、ゴーちゃんという運動行動の制御面で重度な発達障害を呈している人が、水泳というスポーツ・運動においてどのような内容をどのように取り込んでいくことが、彼がスポーツのおもしろさを享受することに結びつけられるかどうかという点である。

　差し当たり、ここではゴーちゃんのような重度な障害をもつ人たちが運動・スポーツをより我がものとして定着させうるための課題を考える上で、水泳指導における視点の提案をしておきたい。

（2）水泳指導における発達視点の展開（仮説的検討）

　榊原は自閉症を含む知的障害児の中で、WISC 検査における言語性と動作性の発達の矛盾に着目し、発達障害の根底に「発達性協調運動障害」を仮定していることである。その彼らにアプローチしていく立脚点に、アフォーダンスの理論を重視していることであり、アフォーダンスを手法に、障害児の発達の最近接領域による発達をいかに組織、支援していくかに置いていると思われる。アフォーダンス（affordance）を提唱したジェームス・ギブソン（James, J. Gibson）によれば、「アフォーダンスは事物の物理的性質ではない。それは『動物にとっての環境の性質』である。アフォーダンスは知覚者の主観が構成するものでもない。それは環境の中に存在する、知覚者にとっての価値ある情報である」[19]。榊原の述べているところからすると、アフォーダンスは「言語性＜動作性」（WISC 検査）の障害児において、言語的コミュニケーションの難しさから適用すべき方法論と考えている。

　ゴーちゃんにおいても言語的には理解力がある程度発達していると言っても、その意味するところまでさかのぼった理解はできないので、アフォーダンス道具を用いた効果は高い可能性を持っているが、それでも、輪くぐりなどはかえって、閉塞状況、制御における抵抗性を知覚させていたのかもしれない。

　今回の研究から言えば次の3点をとりあえず、障がい児の泳ぎの指導における留意すべきアプローチの視点と考えておきたい。

　ⅰ）ベルンシュタインに基づくデクステリティにおける運動構築の階層（段階）[22]
　ⅱ）アフォーダンスに基づく、デクステリティ問題を解決する手立て
　ⅲ）運動般化発達を促進するための水泳運動全体の学習内容の発展的系統性

　ⅰ）ニコライ・ベルンシュタインというロシアの科学者で、パブロフの条件反射結合に基づく学習論では人間の学習行動を説明できないと考えた神経生理学者による理論。

ベルンシュタインの学習理論の根幹はフィードバック理論で、日本では 50 年ほど前に調枝の『タイミングの心理』(1972)[23] の中でも紹介されている。

　ベルンシュタインの理論は、デクステリティを考える上で運動構築水準があるということで、次の 4 つのレベルが存在するという。レベル A（もっとも基底となる部分で、筋の緊張状態を支配し、体幹の運動制御＝首と体幹の関係により動きが規定される）、レベル B（筋－関節のリンクということで、体幹につながっている四肢の動作・操作の制御を司る）、レベル C（身体の動きの制御それ自体から離れて、空間＝動く対象や目的の環境における存在の確認、および空間認知そのものが動物に運動をさせる目的となる）、レベル D（"行為レベル" と呼ばれるように、空間を定め、そこに必要なものを確保したり獲得したりするレベル C の運動構築レベルを超え、運動をすることそれ自体の意味に基づいて「運動をするかしないか」の運動行為が決定される）、の 4 つのレベルである。そして人間のレベルでは、最終的にレベル D が主役として働くことで、その他のレベルは、順々にそれを支える背景としての機能として構成・構築されるということである。例えば、水泳では、「速く泳ぐ＝世界記録や日本記録を狙う」等の競争の行為では、レベル C の空間（どの方向やどの対象）に向かって体を動かし、その支えとして体のどの部分をどう働かせていくか（これはレベル B の問題）、例えばクロールではどのように足を打ち、腕・手はどのように動かしてどう力を加えればいいかといったことが問題となる。しかしその土台は、レベル A の首・体幹をどう姿勢制御してどのようなポジションを維持するようにすればいいかといったことが問題となる。

　言わば、泳ぎにおいて大事なことは、速く泳ぐためにも、筋疲労を起こしにくくするためにもそれに適した姿勢制御が根底として重要になる。ベルンシュタインの言ったことは簡単に言えばこういうことである。だから、四肢のない障害者が泳げるのも、首－体幹の関係の姿勢制御を確保し、そこに呼吸をもっとも行いやすい方法を伝達することができれば誰でも泳げるということになる。

　ii）アフォーダンスに関係することは水泳指導では、まず第一義的に、知的障がいのある人が泳ぎのスキルを獲得していくためにも、この土台として、ベルンシュタインによる運動行動理論を利用して、言語に大きく依存しなくてもいい、知覚的に何をすればいいかを示してくれている運動環境を設定することによって、「泳ぐための問題」を解決する手立てが生まれる。それゆえ、次のようなアフォーダンスを利用した形で泳ぎの環境空間を設定することができれば、知的な障がいの重い人にとっても泳ぎの動作を獲得することができるということである。特に、それは『（輪などを）くぐる』という首－体幹の姿勢制御に関わる運動遂行を保障する可能性をもつものとして、輪くぐりやプカプカポールくぐり、あるいはホースロープくぐり、ビート板くぐり（第 6 章でヨウ

ちゃんが泳げるようになった教具）といった教材が大きな意味を持つことになる。

　ⅲ）ただ泳ぐというスキルの達成のためには、これらⅰ）とⅱ）があればそれでも確保が可能となるかもしれないが、榊原が提案するように、『社会性の発達に働きかける』ということが重要になる。

　アフォーダンスに基づく運動環境の場は、それぞれの障がい者にとって「泳ぎのための姿勢制御」という基盤を支えはするけれど、それらの場で互いが運動し合っているところでの問題・行うべきことの交流というか、解決の仕方を伝え合うといったような行為形成は残念ながら運動をやっていくだけでは育たない。こういう力が育つためには、そこで運動を行っている人たちの相互の交流の必然性が必要になる。それはどういうところにあるかというと、ともに同じ運動を行って、それによって、場の流れ（時間的流れ）が行動を規定し、それぞれの流れに合わせて運動を選択していく能力が育てられるというところである。

　シンクロナイズ・ド・スイミング（以下、シンクロという）は、現在では音楽が伴奏ではなく、音楽と同調しながら、人々も動きを同調させていく。そういった活動、制御が求められる。シンクロはそして、自分たちのできる動きを選択して（知的障がい者の場合はそこに居合わせている健常者たちが提案・リードして、彼らが行える動作で動きを構成する必要があるが）、音楽という時間の流れ（これは何も曲の流れに沿ってというばかりでなく、お互いのよく知っている歌を歌いながらということも含まれる）と運動・行動を統合する働きをもつ機能を活用することは必然的に互いの動きを見合い、ときには「その動きを何とかして、みんなで合わせて楽しめるようになろう！」そういった行為の統一を求めて高め合う素材をもっているということであろう＊159。

　これがうまくなるかどうかは、とりあえずは二の次の課題である。

　ケファートは、『発達障害児：SLOW LEARNER IN THE CLASSROOM』[24] の中で、障害児の発達にとって、運動が発達の基盤であること、そして大事にすべきは「般化の発達＊160」であることを指摘している。その般化は、運動面では姿勢・バランス、つづいて「移動運動と接触（触り知ること）」、そして「推進と受容（働きかけることと受け入れる、受け止めること）」そうした運動の般化を促進していくために、自分自身の体における空間（重力軸を中心とした空間）と時間（物事が同時に起こっていることを確認し、そこには、起こる順番や流れ、間といったこと）を感じて、生きている空間の中の「物と物の間」、そして「物ではなく、自分とは違う存在」に対する気づき、「過去―現在―未来といった流れのこと」を知覚し、意識しながら周りとの関わりを深めていくことの大事さを強調している。

　すなわち、シンクロ的動きや歌を歌いながら、そこで泳ぎにとっても運動要素となる

動きや動作を取り上げて行う運動は、一人で行う運動ではなく、周りの仲間たちのマネをしたり、教えたりしながら成立する運動なので、空間的、時間的認知や操作・制御を拡大し、かつ対人的・社会的意味で発達させ、般化に通じる機会といえるのではないだろうか。

5　まとめ

　今回の報告は、なぜゴーちゃんは昨年あんなに泳げたのに、今年はなぜこんなにも泳げなかったのか。泳がなかったのか。

　彼自身の意図的な行為だったのか、それとももっと別の要因だったのか、ということで、ゴーちゃんが泳げなかった原因について遠泳合宿全体での行動の様子、障がいの特徴、それに基づく水泳技能形成のための運動プログラムの諸点から考察した。

（1）まず2日間の遠泳合宿全体における行動との関係について、リーダーの記録を紐解きながら確認した。

①泳げなかった原因としては、ゴーちゃんが抱えていた問題については、ゴーちゃんが説明できるわけではないから、正確にはよく分からないが、2009年の遠泳前後の数ヶ月間は不安定な生活面や精神機能状況にあり、プールでの泳ぎの行動面でも極めて不調であったということが考えられる。

②2日間の遠泳の合宿全体を通じてたどっていくと、ゴーちゃんの気分的不調さと、「泳ぎたい気持ち」をどんどん打ち消していく出来事がいろいろとあった。

・スイムフロートでもっと堪能してから泳ぐ気分を思い出していく必要があったかもしれない。船の上からの私の指示などもうるさく、落ち着いて海の気持ちよさに浸れなかったかもしれないこと。台風の煽りで海の波が高すぎたかもしれないこと。

・浜や海の中に、歩いて触れると痛い生物があって、それを踏んだかもしれないこと。

・ゴーちゃんに泳いでいる間、安心感を抱かせるような支援、指導ができなかったこと。等々である。

（2）その他、なぜゴーちゃんは泳がなかったのかという点で、遠泳合宿前後のプールにおける状況の確認をし、ゴーちゃんの行動特徴が自閉症スペクトラムに相当するかどうかについて考察した。さらに、自閉性障がいをもつ人の中では大脳新皮質前頭葉機能の障がい、とりわけ「ワーキングメモリー」という行動の系列化・予測機能が欲求充足機能（ドライブ＝動因）の影響を受けやすい可能性が高いのかもしれないということが関係しているのではないかと推測した。

（3）以上の推察を基にして、そうした障がいのある人にどのような方向からの運動指導や運動教材、課題が考えられるのかについて検討した。

その結果、課題は山積だが、運動を誘発し、泳ぎを成り立たせるスキル形成ということで、アフォーダンスやデクステリティに基づいてアプローチすることの重要さ、および、水泳の運動文化を十分に享受するために、そこでの仲間とのふれあいや交渉が生まれることを促進するシンクロなど、みんなで楽しみ合う集団的な触れあいの活動に取り組んでいくことの意味などについて考察した。

【注】
（注1）　2003年3月時点、ゴーちゃんのお母さんによる聞き取りから得た情報に基づく[7]。本著では、本章第1節 p. 290 に示しているのでここでは省略。ただし、そのページに示した和歌山市Kリハビリテーションセンターで受けたとされる「ボイタ法」についてのみ補足しておく[*161]。
（注2）　発達検査：カード式ポーテージ乳幼児教育プログラム・チェックリスト[8]（母のチェック；① 1989〜1990（小1）時点、② 1993年（小4）時点、③ 2003年（20歳）時点で記録）から。
　　　　社会性・言語系および認知面では、20歳を超えてからは5－6歳段階の課題をクリアしてきているが、身辺自立では4－5歳段階、運動では4－5歳段階でも達成できていないものも多い。
（注3）　写真7-32（p. 334）には、プカプカポールを両サイド各2mのひもでつないで、約15mの距離のプールに（片側6本の）ポールをセットしているところを参照のこと。
（注4）　萩原[4]でBenson[9]（'94）の図を一部改変し、図のタイトルを「後方－基底脳領域の一次機能モジュールに関する前頭前野皮質過程の制御機能」としていたものである。

【文献】
1）原通範：「重度な知的障害者への水泳指導研究（1）―シンクロ的泳ぎの導入が遠泳の泳ぎにどう影響しているか（2007年と2008年遠泳時の泳ぎの分析から）―」、『和歌山大学教育学部紀要―教育科学―』、第60集、pp. 43-53、2010.
2）小野次朗ほか：『よくわかる発達障害―LD・ADHD・高機能自閉症・アスペルガー症候群』、ミネルヴァ書房、pp. 10-11、2007.
3）榊原洋一：『特別支援教育のためのアスペルガー症候群の医学』、学研、pp. 77-85、2005.
4）萩原仁ほか：「体育科教育の構造分析」、『人間の運動行動システムと生理学研究―広島大学名誉教授萩原仁先生論文選集―』（教育学研究紀要＿中四国教育学会、第47巻／第2部（2001年））、pp. 149-154、2009.
5）萩原仁：「脳の構造から体育を考える」、『人間の運動行動システムと生理学研究―広島大学名誉教授萩原仁先生論文選集―』（教育学研究紀要＿中四国教育学会、第39巻／第2部（1993年））、pp. 155-160、2009.

6）萩原仁：「老人の保健体育─特にワーキングメモリーについて─」，『人間の運動行動システムと生理学研究─広島大学名誉教授萩原仁先生論文選集─』（教育学研究紀要__中四国教育学会，第 40 巻／第 2 部（1994 年）），pp. 161-166，2009.

7）原通範：「発達経過の進展が遅々としていた知的障害児の水泳行動に見る事例紹介」，『原ゼミ論文集「体育・スポーツ」授業論・つれづれ研究』，第 2 集（2002 年度），pp. 194-200，2003.

8）S. ブルーマほか（山口薫監訳）：『カード式　ポーテージ乳幼児教育プログラム（手引き）─ 0 ～ 6 歳・発達チェックと指導ガイド─』，主婦の友社，1988.

9）D. F. Benson, The Neurology of Thinking, Oxford University Press（New York），pp. 223-226, 1994.

10）原通範：「行動制御の重度な知的障害児の泳ぎの変容過程─遠泳の泳ぎにおける経年的変化をもとに─」，『スポーツ教育学会第 24 回大会号』，p. 60，2004.

11）高橋三郎ほか訳：『DSM-Ⅳ-TR　精神疾患の分類と診断の手引き（新訂版）』，医学書院，2002.

12）前掲書 2 ），pp. 38-39.
　　＊特に「文科省は 2007 年度より発達支援法の定義に準じ、『発達障害』とし、軽度（軽度発達障害）は使用しない。」と説明されている。

13）http://www.mext.go.jp/a_menu/shotou/tokubetu/main/1376867.htm

14）杉山登志郎：『発達障害の豊かな世界』，日本評論社，2000.

15）別府哲・奥住秀之・小渕隆司：『自閉症スペクトラムの発達と理解』，全障研出版部，2005.

16）ローナ・ウィング（久保紘章ほか監訳）：『自閉症スペクトル─親と専門家のガイドブック─』（THE AUTISTIC SPECTRUM ; A guide for parents and professionals），東京書籍，p. 30，1998.

17）ウタ・フリス（富田真紀・清水康夫訳）：『自閉症の謎を解き明かす』，東京書籍，pp. 175-178，1991.

18）榊原義夫：「発達障害児の運動発達の最近接領域を探る」，『ヴィゴツキー学』（ヴィゴツキー学協会編），第 9 巻，pp. 73-89，2008.

19）佐々木正人：『アフォーダンス─新しい認知の理論─』，岩波書店，1994.

20）ヴィゴツキー（柴田義松・森岡修一訳）：『子どもの知的発達と教授』，明治図書，pp. 68-95，1975.　＊ヴィゴツキー（土井捷三・神谷栄司訳）：『「発達の最近接領域」の理論─教授・学習過程における子どもの発達』，三学出版，2003. ほか，『新訳版　思考と言語』（柴田義松訳），新読書社，2001. にも詳しく議論されている。

21）学校体育研究同志会編：『みんなが輝く体育⑦　障害児の体育の授業』，創文企画，2007.

22）ニコライ・A・ベルンシュタイン（工藤和俊訳・佐々木正人監訳）：『デクステリティ─巧みさとその発達─』，金子書房，2003.

23）調枝孝治：『タイミングの心理』，不昧堂出版，pp. 75-80，1972.

24）N. ケファート（大村実・佐藤剛訳）：『発達障害児─精神発達と運動機能（上）』，医歯薬出版，1976.

25）ヴィゴツキー（柴田義松訳）：『新訳版　思考と言語』，新読書社，pp. 109-146，2001.

【第 3 節の補足データ（追記）】

第 2 節に見たと同じく、他の 3 人の障がい児者の泳ぎの様子を以下に示しておきたい。

（1）トッチー

トッチーは昨年（2008 年）に比べて安定した泳ぎを示したと言える。昨年は、最初に急いで泳ごうとしたことが疲労を生み、最後まで続けて泳ぐことができなかった。しかし 2009 年は表 7-3-4 に見るように、特に「潜り」においては平均タイム1.65 秒、SD が 0.58 秒と比較的安定した状態を示している（写真 7-37-1 と写真7-37-2 も参照）。ただ呼吸時には平均は2.17 秒だが SD が 2.49 秒と、潜りでの SDと比べて呼吸の時間の偏差は大きくなっており、2008 年時の息つぎに比べてバラツキが大きい（p. 324 の表 7-2-8 の a と b 参照）。

表 7-3-4　トッチー：沖に向かう泳ぎの
潜りと息つぎ（2009 年）

泳ぎの経過	タイム（潜り）	タイム（息つぎ）
1	00:01.1	00:01.1
2	00:02.1	00:01.6
3	00:02.8	00:01.8
4	00:01.6	00:01.0
5	00:01.4	00:01.0
6	00:01.3	00:01.0
7	00:01.4	00:07.8
平均	00:01.65	00:02.17
SD（秒換算）	0.58	2.49

※数値単位は「分:秒.00」

しかし、2008 年時は結果的には前半で K ナオヤに追いつこうとして無理をし過ぎて最後まで完泳できなかった泳ぎでの潜りと息つぎのペースだったので、SD におけるバラツキの小ささには無理があったのかもしれない。しかし 2009 年時は海が荒れていて泳ぎ難かった状況なのに、途中から救命胴衣を外して 1 周半を泳ぎきった 2007 年時の呼吸時間のペース（15 回中 9 回は 1 秒台〜 2 秒台で行っていた）と同様あるいはそれ以上の呼吸ペースで泳げている。

そうした点を考慮すると、トッチーは泳ぎにおいて成長しているものと言える。ただ、リーダーの原くんが記すように「もう少し楽な、余裕のある泳ぎができる」のがプールなどで泳いでいるトッチーの姿であり、2007 年時の潜りタイム平均が 3.39 秒、息つぎタイムが 3.57 秒（表 7-2-7a および b 参照）なので、台風迫る大きな波の中で泳ぐという状況により、このことは、トッチーのもっているゆったりしたペースが崩された泳ぎとならざるを得なかったものと考えられる。

> トッチーは、最初好ペースで進み始めました。途中から、波が大きかったのか、思うように進めない様子でした。でも前日よりは落ち着いて泳げていて、波にも少しずつ慣れているようでした。
> 　前半が終わる手前くらいで、水を飲んでしまったか、鼻に海水が入ったのか、バタつ

いてフロートをもって少し泳ぎました。

　船の周りを回って、向きが反転してから、波が追い波になったので、楽になるかなと思ったのですが、後ろから大波が急に来るので驚いて、海水を飲んでしまう場面がありました。そこで、フロートを使って少し休みながら泳ぎました。

　終わりにはフロートを使わずに一気に泳いで進みました。向きの修正等で、話しかけたこともあったのですが、聞いている余裕はなさそうでした。

　今回の泳ぎで、トッチーは計2回、フロートを使いましたが、少ししか休憩を取らず、ほとんど自力で泳いでいました。泳ぎとしてはあまり問題はないのですが、もう少し楽な、余裕のある泳ぎができればなあとも思いました。

　トッチー、お疲れ様でした。

（原一成リーダー：8月31日の記録から）

写真 7-37-1　沖のブイに向かって泳ぐトッチー：呼吸時の様子（肩まで出て縦に浮き上がって呼吸している不安定状態）。

写真 7-37-2　顔を水につけて潜りながら進んでいる（グライドしている）様子がよく読み取れるトッチーの潜りの様子（足先に水しぶきが立っていないことから分かる）。

（2）Kナオヤ

　波が行く手を塞（ふさ）ぐように向かい波となってぶち当たってくるのに、リーダーを従えながら泳いでいた。波が来るのに対してその波に乗っていくかのような泳ぎ方だった。1周目（p. 334 の図 7-3-1）では、クロールとドル平を併用しながら泳いでいた。辻リーダーの記録では2周目はほとんどドル平で泳いでいたようだった。とにかく、リーダーが遅れて、待つように呼びかけると待ってくれるといった、とてもゆとりのある泳ぎ方だったようだ。

　表 7-3-5 の平均タイムでは呼吸 1.41 秒、潜り 1.57 秒と比較的速いピッチで泳いでいたがどちらも SD が 0.6 秒〜0.7 秒台なので、昨年の泳ぎに比べて、さらに安定感を増していると言える。

　沖に向かってさっそうと泳ぐ様子が写真 7-38 より見てとれる。後ろを泳いでいるのがリーダーを務めた辻さん。Kナオヤは 1995 年に遠泳に初参加して、最終 2016 年まで

写真 7-38　高い波の中、さっそうと先頭を
泳ぐ K ナオヤ。

表 7-3-5　K ナオヤ：沖に向かう泳ぎの
潜りと息つぎ（2009 年）

泳ぎの経過	タイム（潜り）	タイム（息つぎ）
1	00:01.1	
2	00:01.2	00:00.9
3	00:01.1	00:01.7
4	00:01.4	00:02.7
5	00:01.3	00:01.1
6	00:01.6	00:00.9
7	00:02.8	00:01.1
平均	00:01.57	00:01.41
SD（秒換算）	0.64	0.71

※数値単位は「分：秒.00」

欠かさずに参加し、2009 年時点より以降はずっと、タカちゃんたちとともにみんなを
リードしながら泳いでいる。

　　海に入り、「あんなこといいな」では昨日と同じく、指示通りの動きをしてくれました。
遠泳がスタートし、まずオレンジ色のブイを目指しました。強い波にもかかわらずなか
なかの速さで泳いでいました。
　　オレンジ色のブイを目前にしたとき、少し波の流れに流されてしまっていて、左寄り
になっていたので、「ナオヤ待って、もうちょい右によって泳いで…」と言うと、止まっ
てこっちを見てから、またブイの位置を確認して、右方向に泳いでいきました。オレン
ジ色のブイに着き、2 人で休憩（ほんの 1 〜 2 分ほど）して、白のブイを目指しました。
途中、氷砂糖をもらうために、船の近くまで泳ぎ、ナオヤは、「2 つ、2 つ」と言って、
2 つもらっていました。少し距離が空いてしまったので、「ナオヤくん！」と呼ぶと、止
まってこっちを振り返り、待ってくれていました。そのとき、波が高いにもかかわらず、
安定した泳ぎ（足首から下だけ動かして浮いている）をみせてくれました。

（辻リーダー：8 月 31 日の記録から）

（3）タカちゃん

　タカちゃんは 1 日目のテトラポット 1 周では、K ナオヤよりも速く安定した泳ぎだっ
た。

　　「とても楽に泳げていたと思います。ただテトラポットの近くに行ってしまいそう
　　になったりしたので、明日はコースどりの声かけに気を付けていきたいと思いま

表 7-3-6　タカちゃん：沖に向かう泳ぎの
　　　　　潜りと息つぎ（2009 年）

泳ぎの経過	タイム（潜り）	タイム（息つぎ）
1	00:00.4	00:06.6
2	00:00.4	00:04.0
3	00:00.5	00:01.1
4	00:00.3	00:01.5
5	00:00.5	00:05.8
6	00:00.5	00:01.2
7	00:00.9	
平均	00:00.51	00:03.36
SD（秒換算）	0.17	2.46

※数値単位は「分:秒.00」

写真 7-39　疲れて、静川リーダーの背中に
　　　　　しがみついたタカちゃん。

す」（静川リーダーの記述から）。

　ところが、本番は大きく崩れてしまった。表 7-3-6 がタカちゃんの呼吸と潜りの時間的関係である。潜りにおいて各潜りの時間が 1 秒に満たない短い時間となり、呼吸において不安定な状態が見られている。その結果、今回の遠泳は途中でバテて自力で泳げなくなってしまった状態が写真 7-39 である。

　1 年前の 2008 年時は潜り時間が 2.6 秒、呼吸時間が 1.3 秒（いずれも平均）、また SD は前者が 0.3 秒、後者（呼吸）が 0.36 秒であった。そのことと比べると、今年（2009 年の波の中）では全く様相が逆転していることが分かる。潜り時間平均が 0.51 秒、呼吸時間平均が 3.36 秒で、潜っている時間が通常のタカちゃんの泳ぎの 5 分の 1 に短縮され、呼吸に要す時間が約 3 倍に増えている。長い呼吸時間が 4 秒〜6.6 秒、短い呼吸時間が 1.1 秒〜1.5 秒とその差が極端に大きくなり、呼吸の SD は約 2.5 秒にも達している。逆に潜りの SD は 0.17 秒であり、どの潜りも大変短い時間しか潜れていない。つまり、泳ぐしんどさをところどころ、長い息つぎに時間を費やしている状況を示し、それほど、泳ぎに落ち着きがなく、動揺していることが見てとれる（顔を上げている時間が長くなると、それだけ手足を動かしながら浮かぼうとしているということで、疲労が増す）。そうした影響で、顔をつけて潜っている時間が減少したのである。

　タカちゃんが普段泳ぐ機会がなく、年に一度の遠泳への参加で体力的なものが落ちたからなのか、それとも体力的、かつ技術的なタカちゃんのこれまで持っていた能力が多少落ちたことに加えて、高い波の中で泳ぐということに適応できなくなったからなのか。そうしたタカちゃんが泳げなくなった要因についてはこれ以上言及できないが、あんなに泳ぎの能力が高かったタカちゃんにおいても、今回の波の高さへの技能的な適応

力が落ちたことは確かだろうし、技能と体力的な衰えに加え、環境要因の過酷さが加わったことでのダメージの厳しさが読み取れる。波が高くなって顔などに打ちつける波の衝撃やタイミングの変化により、おそらく急激にこれまで保持していたタカちゃんの泳ぎに対する制御能力が壊れるほどにダメージを受けてしまうということが、今回の遠泳の結果として生み出されたのである。

　以上、ゴーちゃんの泳ぎも含めて、他の障がい児者の2009年での泳ぎにおいては、Kナオヤ以外の人はみんな、それ以前の時点で発揮できていた力を十分発揮できずに終わってしまった年であったと言わざるを得ない。

　その大きな要因は台風迫る中での泳ぎであったことである。

　トッチーの場合は、2008年時よりもこうした悪天候下でもがんばって泳ぐことができたと言えるけれども、本来もっていた（2007年における泳ぎのように3秒半ほどかけて潜って進むというような）ゆったりした泳ぎはできずに終わってしまった。

　タカちゃんは、日頃の泳ぐ機会のなさと加齢によって泳力が少し落ちてきているところでの波高い中での泳ぎであっただけに、残念ながら途中でダウンしてしまった。

　ゴーちゃんは遠泳に来る前からも気分的に泳ぎに対してもマイナス傾向な状態に加えて、波高い荒れ模様の海なので、体を垂直にしたままにして浮き具にもたれて泳ぐ気が全くなしといった状態だった。もうすぐ砂浜という状況になってようやく、女性リーダー2人のところに静川リーダーが加勢に来てくれたことで、バタ足をしながら何とか顔つけと息つぎを繰り返しながら泳げたということであった。

　ゴーちゃんに関してはゴーちゃんのもつ障がいとの関係の考察に止まったと言わざるを得ない記述となってしまったが、彼の泳力というか、彼のこれまでの泳ぎが彼自身のがんばりの動機づけ・気分に負わざるを得なかったところが、こうした天候悪状況で海が荒れた状態の中での遠泳では「泳がない」「泳げない」という状態を生んだのかもしれない。

　というのは、第2節のまとめの③と④でも触れた点ではあるが、彼が首・体幹の動きを利用した泳ぎ（うねりを伴う泳ぎ）を身につけるのが難しいことによるのかもしれない。これは、彼の生育歴にも示されたように、生後の発達過程の中でボイタ法による訓練をせざるを得なかった身体的障害に関係しているのではないかと思われる。だから彼の場合には、風が吹いているとか、波が高いなどの状況においては、2008年の波多野リーダーや2012年のリーダー・史朗さんなどがしたように、体が水平もしくは上体・頭からの潜りを行って、浮きをしやすくするために「腰を浮かせるのを助ける身体支援」（発達の最近接領域的支援）が重要なのだと考えられる。

　遠泳においては、こうした支援により、泳ぐリズムを取り戻し、息つぎに合わせて潜

り・進む「水泳動作パターン」の回復が得られるのではないか。2002年に秋山リーダー、そして船からの指導者・原の応援のもとに「全くの自力」で完泳できた以外では、2008年の完泳においても「発達の最近接領域的支援」を必要としていたし、それ以外の機会では、遠泳コースの一部分を自力で泳げたに止まらざるを得なかった。

　その意味では可能な範囲で、プールでの泳ぎにおいて輪くぐりやプカプカポールくぐりなどを利用して、息つぎに続いて、ゆったりとしたうねりのある泳ぎを楽しんで行う機会を作っていくことによって、ゴーちゃんなりの自らが意図的に水中に潜り、うねる運動・動作に興じていくこと＝遊び・楽しむことが必要なのではないかと思われる。

---

*144　原通範「発達経過の進展が遅々としていた知的障害児の水泳行動にみる事例紹介」，『原ゼミ論文集「体育・スポーツ」授業論・つれづれ研究』第2集（2002年度），和歌山大学教育学部 原研究室，2003，pp. 194-200.

*109　テトラポット：第5章 p. 233の注記（*109）のこと。p. 180の図5-2-1参照（本章ではp. 298の図7-1に詳しい）。

*145　写真番号の7-1-2、7-1-3、7-1-4等のそれぞれは、呼吸（顔上げ・息つぎ）1回の区間（泳ぎの1単位）を表している。例えばこの8枚の写真に示した写真（泳ぎの一連の流れ）では、まず写真7-1-1はゴーちゃんが顔を水面に出したまま海におり、いよいよ浮き棒をリーダーに渡して顔をつける前の状態。それをスタートに、写真7-1-2①（呼吸をして）〜写真7-1-2②（ちょっと顔をつけてみる）場面、写真7-1-3①（顔上げ・息つぎ）〜7-1-3②（何とか顔つけ）の場面、写真7-1-4①（顔を上げて）〜写真7-1-4②（顔上げ・息つぎして）〜写真7-1-4③（顔つけ）の場面が展開していることを表している。

　　ただし、これら一連の場面は、海で泳ぎに入る手探りの場面だと言える。

*146　写真7-2-1〜写真7-2-5の泳ぎの流れでは、呼吸〜呼吸への「泳ぎの単位」展開において、「顔をつけて、潜り進むこと」に力点を置いている。*145は海での泳ぎの手探りだったので、「顔上げ・息つぎ」に場面展開の起点をおいたが、ここでは「潜り・進むこと」〜「顔上げ・呼吸」への流れを「泳ぎの単位」として場面展開している（写真7-2-1の顔上げ・息つぎをスタートに、「顔つけ・潜り」〜「顔上げ・息つぎ」写真7-2-2、続いてその次の顔つけ・潜り〜顔上げ・息つぎを写真7-2-3…として展開）。なお、写真の中で実際に顔上げ・息つぎの場面が直接示されていなくても、その次の顔つけ・潜りが示されていることで、新たな場面展開としている。

*147　前掲書*83のpp. 102-105に示されたExcelでの解決手順：Welchの法による「平均値の差の検定」（対応のない場合；かつ母分散が未知で、等しいと仮定されない場合）に基づき行った。その公式は次の通りである。

　　①利用する統計量：人数（n_1, n_2）、平均（$\bar{X}_1$, $\bar{X}_2$）、標準偏差（S_1, S_2）、不偏分散（$u_1{}^2$, $u_2{}^2$）

②２つの標本の分散の同質性が保証されないかもしれないと考えて次の公式に基づき統計量を算出した。

$$u_1{}^2 = n_1 S_1{}^2 / (n_1 - 1), \ u_2{}^2 = n_2 S_2{}^2 / (n_2 - 1)$$
$$C1 = u_1{}^2 / n_1 = S_1{}^2 / (n_1 - 1)$$
$$C2 = u_2{}^2 / n_2 = S_2{}^2 / (n_2 - 1)$$
$$t_0{}' = (\overline{X}_1 - \overline{X}_2) / \sqrt{C1 + C2}$$
$$df = (n_1 - 1)(n_2 - 1) / \{(n_2 - 1) L^2 + (n_1 - 1)(1 - L)^2\}$$
$$\text{ただし、} L = C1 / (C1 + C2)$$

③有意差は、(両側検定、有意水準 $\alpha = 0.05$)、すなわち５％水準以上で判定される。関数 TINV (α, df) により $t \ (df, \alpha/2)$ が得られ、$t_0{}' \geqq t \to$ 有意差あり。$t_0{}' < t$ → 有意差なし、である。

*148 (ここに示した思いは、後年 (2022 年) 執筆時点での著者の想定である。)：すなわち、「しかしこの安全性が確保され、そうした状態においてならば、安心して少しずつチャレンジすることを通じて、徐々に海の中での自分自身の限界を広げていく」、その後の泳ぎのための力を蓄積していくことに繋がっていったことを予想させる、そのような「停滞の数年間」であったということではないか。そのように想定した。

*40 「粗協応」「精密協応」「運動の安定化」という運動学習の階層構造（３つの各位相）にはどれも、総称的に同一の後注番号（＊40）を付した（第７章 p.328）。これらの各位相は、第２章 p.46 の表 2-1「水泳学習の階層モデル」の第２層〜第４層の各階層に対応させている。これらの各階層は、同章 p.73 の後注＊40 に示したマイネルの「スポーツ運動の学習過程の位相構造」に由来したものであり、それはクレストフニコフやプーニの「運動習熟形成の３層説」（第１章 p.40 の後注＊20：第１層＝汎化の層、第２層＝内制止発達の層、第３層＝安定化の層）に相当する概念でもある。

*149 『発達の最近接領域』とは、ヴィゴツキー（レフ・セミョーノヴィチ・ヴィゴツキー）が提唱した理論で、次のようにヴィゴツキーによって語られている。「発達の最近接領域は、まだ成熟していないが成熟中の過程にある機能、今はまだ萌芽状態であるけれども明日には成熟するような機能を規定します。つまり発達の果実ではなくて、発達のつぼみ、発達の花と呼びうるような機能、やっと成熟しつつある機能です」と。それは、「子どもの発達の最近接領域は、自主的に解決される問題によって規定される子どもの現在水準と、大人に指導されたり自分よりも知的な仲間と協同したりして子どもが解く問題によって規定される可能的発達水準とのあいだのへだたりのこと」である。／ヴィゴツキー著，土井捷三・神谷栄司訳『「発達の最近接領域」の理論―教授・学習過程における子どもの発達』，三学出版，2003 年，pp.61-64.

*150 米国精神医学会では、DSM-IV が 1994 年に出され、その後 2002 年に DSM-IV-TR が出され、そして 2013 年に DSM-5 が出されて、前２者の時点では自閉性障害の人は『広汎性発達障害』に分類されていた。そこには、自閉性障害やアスペルガー障害、特定不能の広汎性発達障害の人などを称してその分類名で当てはめていた。

しかし米国精神医学会で 2013 年に改訂された DSM-5 は 2014 年に日本精神神経学会より「DSM-5　精神疾患の分類と診断の手引き」として翻訳され、これまでの DSM-IV

-TRにおいて「広汎性発達障害」に分類されていた障害に属する人々はすべて「自閉スペクトラム症」「自閉症スペクトラム障害」と呼ばれることになった。

　本著で、障がい児の障害分類名を呼称するに当たり、最新の分類概念提示の根拠とされる、DSM-5の精神疾患の分類基準における考え方について触れておきたい。

　「(DSM-5の) 診断分類では、DSM-IV-TRから多くの幅広い変更が生じている。最も目立つのは、DSM-5診断が発達遅延の中心となる領域に基づいて整理統合され、症状の多様性を特徴づけるために診断の特定用語が導入されていることである。変更には、社会認知障害を自閉症スペクトラム症の下に、また、学習技能の習得の障害のグループ分けを限局性学習症（注意欠如・多動症＝ADHD）の下に統合することが含まれる。厳密な年齢基準は、知的能力障害、自閉スペクトラム症、およびADHDの発達期間にみられる診断的症状の臨床的多様性を取り込めるよう広げられている。」（傍点部：(DSM-5の) は筆者による）／L. W. Roberts, A. K. Louie著，高橋三郎監訳，塩入俊樹・森田幸代・山田尚登訳『DSM-5　スタディガイド―1冊で身につく診断と面接の技法』，医学書院，2016, p. 38.

*151　輪くぐりやホースロープくぐりよりもスペースもゆったりとした潜り進み（グライド）や息つぎの空間を確保されており、潜って進み〜呼吸動作の系列的動作のスキルや運動行動を習得させやすい場・道具（運動空間）である。

*152　京都で毎年5月に1回行われている『障害者シンクロナイズドスイミング・フェスティバル』に2004年〜2015年にかけて毎年参加していて、2005年からは私たちのチームなりに課題曲も振り付けもきっちりと決めて練習し参加していた。ただし、初参加した2004年は「あんなこといいな」の歌を自分たちで歌いながら、「潜る」とか「浮く」などの動作を決めて行う「うたシンクロナイズド・スイミング」であった。

*153　「障がい」と書く場合と「障害」と書く場合の区別として本著では明確な区別ができているわけではないことを、まずお断りしておきたい。が、一応次のように区別して使用している。

　学会や障害児教育等の専門分野、ないしは国の制度など公共的な形で使用される場合などを対象として記述する場合は「障害」や「○○障害」として使用し、私自身がその人に対して自分自身の個人的ニュアンスとして、その人の障害特徴を指して使用する場合は、「障がい」や「○○障がい」といった形で用語使用をしている。

　例示するならば、「車いすの人」や「聴覚障害者」、「視覚障害者」など身体部位の欠損・欠陥が明確な『身体障害』の人、あるいは、「統合失調症型のパーソナリティ障害（妄想の持続性）」や「躁鬱の明確な症状」を1日中あるいは毎日でも示すような『精神障害』の人などに対しては、「障害」を使用し、一方、「社会的コミュニケーションおよび対人的相互反応における持続的な欠陥」（DSM5でのA：顕著な特質）として示される『自閉症スペクトラム障害』や「臨床的評価や知能検査等によって、論理的思考、問題解決、計画、学校での学習など、知的機能の欠陥」（DSM5でのA）として示される『知的能力障害』が顕著な場合は「障害」を使ってもよいかも知れないが、通常はAかその他（BやCなど）の判断が難しい。

　なので、私が知的能力障害や自閉症スペクトラム障害の人たちを称して使用する場合

は「個人的・主観的な使用」ということで、「知的障がい」「発達障がい」などを使用した。同様に、身体障害や精神障害の人々においても、その障害の程度が中軽度かつ、学習や発達により変化するので、「身体障がい」や「精神障がい」を使用する場合が出てくる。

*154 日本語版用語監修　日本精神神経学会（監訳：高橋三郎・大野裕）『DSM-5　精神疾患の分類と診断の手引』, 医学書院, 2014, pp. 26-29.

*155 高橋三郎, 大野裕, 染矢俊幸訳『DSM-IV-TR　精神疾患の分類と診断の手引き（新訂版）』, 医学書院, 2002年, pp. 55-59.／この文献において「広汎性発達障害」は, 1「通常, 幼児期, 小児期, または青年期に初めて診断される障害」の1つとして挙げられ, その障害の中には「精神遅滞」「学習障害」「運動能力障害」「コミュニケーション障害」「広汎性発達障害」「注意欠陥および破壊的行動障害」などが指定されている。広汎性発達障害には,「自閉性障害」「レット症候群」「小児期崩壊性障害」「アスペルガー障害」「特定不能の広汎性発達障害（非定型自閉症を含む）」が示されている。

　　本章第1節の冒頭に紹介した生育歴に見るゴーちゃん（p.290）に関しては, 生後すぐには異常には気づかなかったが,「1週間後に百日咳に感染, 呼吸停止するような咳が続く」とあり, その後すぐ総合病院に入院し,「ビタミンK欠乏症で意識障害」を起こし, 障害名として「百日咳およびビタミンK欠乏症による後遺症」と診断された。その後3歳過ぎから自閉的傾向として「エコラリア」や「こだわり」が見られるようになったとある。しかし10歳頃にはエコラリアは見られなくなったがこだわりは顕著だったとされている。

　　ただゴーちゃんのこだわりはとても強いものがあるが, 自閉症かといえば「自閉症」とは呼び難い「孤立的症状」をもつ子どもではなかった。だから私は彼を「自閉症」だとは感じてはいない。かといって「精神遅滞」や「学習障害」, ましてや「注意欠陥および破壊的行動障害」でもない。さらに「広汎性発達障害」の中で特定の呼称をされている「レット症候群」や「小児期崩壊性障害」など, 生後一定時期までの発達が正常であり, その後合目的な技能の喪失を伴っているとされる障害ではないと思う。

　　要するに, 自分自身の世界だけに閉じこもって行動する傾向のある「自閉的障害」というよりも, 自分自身のすることをそれなりに一貫性（「特徴性」と言えばよいか？）を持って行動する傾向があること（これを「行動制御」と呼ぶならば）, 彼には行動の調子を周りとそれなりに合わせたりすることもできるし, その周りの様子を見て言語的に表現する能力もそれなりに備わっているような人である。それが運動行動・運動能力や技能として表すことが下手・苦手な人で「行動の一貫性に乏しい人」。彼くらいの言語力からすれば, 普通だったら「習得」していなければいけないはずのことでも,「全く習得していない」かのような行動を示す人。そういう意味で, 本章タイトルのように「行動制御の重度な障害」と呼ばせてもらった。

*156 自閉症スペクトル：「自閉症スペクトラム」「自閉症スペクトラム障害」はローナ・ウィング（第3節における文献の16）においても原著タイトルが "THE AUTISTIC SPECTRUM" となっており, 2013年5月に米国精神医学会においてもDSM-5が出版されて, 従来のDSM-IVが改訂されている。このDSM-5において, DSM-IVで「広汎性

発達障害」として、その第1に挙げられていた「自閉性障害」、「アスペルガー障害」「その他特定不能の広汎性発達障害」などの障害が一括されて『自閉症スペクトラム』あるいは『自閉スペクトラム症／自閉症スペクトラム障害』と括られている。／前者は、ローナ・ウィングの著に加えて、橋本創一編著『知的障害・発達障害児における実行機能に関する脳科学的研究—プランニング・注意の抑制機能・シフティング・ワーキングメモリ・展望記憶』（福村出版，2020，pp. 24-26）より参照し、後者は、日本語版用語監修／日本精神神経学会（高橋三郎・大野裕監訳）『DSM-5　精神疾患の分類と診断の手引』（医学書院，2014，pp. 26-29）と、L. W. Roberts & A. K. Louie 著（高橋三郎監訳，塩入俊樹・森田幸代・山田尚登訳）『DSM-5　スタディガイド—1冊で身につく診断と面接の技法』（医学書院，2016，pp. 42-47）より参照した。

＊157　ローナ・ウィングは文献 16）（p. 353：上記＊156 において文献内容のアウトラインは説明されているが）において、「三つの組」とは「社会性」「コミュニケーション」「想像力」としている（p. 43）。

＊158　ADHD とは注意欠陥・多動症／注意欠陥・多動性障害の人のこと（DSM-IV-TR ではそのように呼称：DSM-5 では「注意欠如・多動症／注意欠如・多動性障害」としている）。原語ではどちらも「Attention–Deficit/Hyperactivity Disorder」ということで違いはない。

＊159　私たちも 2004 年〜2013 年まで約 10 年ほど、京都の障害者スポーツセンターで行われている「障害者シンクロナイズドスイミングフェスティバル」に参加させてもらった。途中、学生さんたちが楽曲を選び、振り付けも工夫してくれて、私たちの「火曜ドルフィンプール」の後半のプログラムにおいてはフェスティバルで発表するシンクロ作品の練習にも取り組んだりした。しかし、私たちの火曜プールに参加している障がい児者たちでは京都のフェスティバルに参加しない人もかなり存在し、結局この 10 年間の参加が精一杯であった。

　　ただ、京都への参加は取り止めたけれども、最初の 2004 年に参加した際に発表した「あんなこといいな♪　できたらいいな♪」の歌を歌いながら行う『歌・模倣・シンクロ…』は、第8章最終章に示すように、私たちのプールで大事にしている中心プログラムの一角である。

＊160　ケファートは『発達障害児（Slow Learner In The Classroom）』の中で、「発達の過程は、次第により複雑な一連の般化作用が可能になることを意味する。…（中略）…般化作用は、中枢神経系の中に機能的なある種のパターンが発達してくることを意味する。情報はばくぜんと蓄積されるのではない。パターンの性質に応じて、共通の要素や性質を持った対象がいっしょになり、相互に密接な関係を維持している」。

　　そして上記引用の（中略した）記述として、「各般化の段階は、以前のそれ（般化作用）と比較して、より多くの資料を効果的に操作することを可能にする」と述べている。

　　このように、「般化の発達」とは「成長に伴い、事（問題）に直面する中でより効果的な般化作用（パターン）が発達してくること」である、と理解できる。

　　本文に示した運動系における般化の発達では、「姿勢・バランス面での般化」「移動運動での般化」「推進と受容の運動での般化」を通じて、知覚と運動、そして中枢の間の

関連性・統合（般化作用）の発達が行われていく、ということになる。

＊161　ボイタ法は「Vojta 法：Treatment of the Vojta method」のことである。「ボイタ（Václav Vojta）が考案した理学療法。神経生理学的理学療法ともよばれ、出産前後に由来する脳障害が原因として発達に問題がある子におもにおこなう。運動の麻痺に発展する危険のある子（ハイリスク児）がぐにゃぐにゃの胴体とつっぱったかたい手足を持っていることに着目し、胴体の筋肉を強化し姿勢を安定させることを第1とする。そのことにより手足のかたさがとれ、やりたかった動きが出てくるようになり、姿勢もよくなることにより摂食量もふえ活発になる。…」／茂木俊彦編集代表『障害児教育大事典』, 旬報社, 1997.

第 8 章

《終章》遠泳体験をプールでの
指導にどう繋げていくか

前章まで、「輪くぐり」を泳ぎの技術習得のための基礎的教具として取り入れることで発達障がい・知的障がいのある子どもたちや大人たちに、その泳力向上を図り、プールや海での泳ぎ・遠泳指導の場で実現してきている事実を明らかにしてきた。本最終章では、遠泳体験をした人々が市内の温水プールの場でどのような練習をしているのか、また泳ぎをより確実にし発展させていくためにどのように活動を展開していくことが望まれるのかといった点に焦点を当て課題の検討をしていきたい。

第1節 泳ぎに比較的慣れた人たちの遠泳と その後のプールでの活動

体育の研究サークル（学校体育研究同志会）編集の 2017 年『たのしい体育・スポーツ』（通称「たのスポ」）夏号編集部から「2017 年当時における障害児水泳の実践活動」、特に「広がる水泳の世界：障害者シンクロ」といった趣旨の依頼をされたが、障がい者シンクロに関する私たちの実践は京都で毎年行われている『障害者シンクロナイズドスイミングフェスティバル』に、私たちなりに週 1 回 1 時間弱の活動として行っている『火曜プール』でプログラムの 1 つとして毎回 15 分ほど行っているシンクロ的活動をそのままそのフェスティバルに持っていくだけだったので、以下のようなテーマに変更させてもらって投稿させてもらうことにした。

それは、「知的障害の人々が『泳ぎ』に楽しみを見い出す場を追い求めて」[*162] というテーマであった。

私たちが運営する「ドルフィン（シンクロ）わかやま」あるいは「和大ドルフィン遠泳」に関わる水泳（志向）の会は、前者は 2002 年 5 月〜2015 年 5 月で障害者シンクロナイズドスイミングフェスティバルへの参加を終了、また障がい児者遠泳も 1988 年 8 月末〜2016 年 8 月末をもって遠泳合宿の開催をひとまず終了することにした。各々の会はそれなりの理由があって、取り止めざるを得なくなったのだが、勿論、水泳の会自体を閉じたわけではない。「和大ドルフィン」（通称『火曜プール』）の会として、今（2017 年の執筆当時）も和歌山大学教育学部特別支援教育専攻[*163] の学生さんたち、障がい者のお母さんと私との共同運営のもとで、ボチボチ・活発に続けている。

シンクロも遠泳もどちらもそれぞれ、一定の追求課題の多様性と技量の深さが要求され、知的障がいの人々がその意味するところを分かって「楽しむことができる」には、ちょっと荷が重すぎるゆえ、自分たちの技量に合った形で、そのための核、基本となる技を、こちら運営者側で見定め、彼らへの追求課題の設定が必要である。そのためには、水泳を楽しむ場は、差し当たり、週に一度行うプールの場に限定し、そこで楽しんで泳

げるための課題と指導方法を追求していくことが大事だと考えた。

　本稿では、2016年夏の遠泳で400mほどの距離をそれぞれの人の力量に合わせて泳いだ際に発見された課題（泳ぎをより楽しむのに必要な技術とその習得方法）を対象者に即して例示し、遠泳からプールでの指導の場でどのような成果として表れているかに着目して、今後の水泳教室での課題を確認していくことを焦点に据えている。

1　「ドルフィン遠泳の会」最後の遠泳に挑戦した3人の泳者たちの泳ぎの様子

　2015年、2016年と連続し、参加者（障がい者）が2名、3名と極小の人数で遠泳合宿を行うことになった。場所は、開始した1988年よりずっと同じ場所で、和歌山県内中紀の日高町小杭という所にある堺市立日高少年自然の家での宿泊合宿をして、2日間にわたって、海慣れ（1日目）、2日目朝から遠泳である。当時通例では、1周300m～400mのコース*164に大きな浮き球（オレンジ色）を5個ほど浮かべて行っている。以前は多いときで、参加者（障がい者）が約20名のときもあり[1]、2、3名で行う遠泳は少々寂しい限りでの実施である。それでも、各泳者にそれぞれ学生の伴泳リーダーが付き、陸の浜辺でお母さんたちが声援し、泳ぎ着いてくる人たちのために飲食物を用意して待っていてくれるので、小さな湾の中で夏の終わりを飾る風物詩でもある。

　さて、参加した人は、NK（Kナオヤ：30歳。1995年より遠泳参加）、IK（イクヤ：31歳。1994年より遠泳参加）、TM（タクミ：26歳。2014年遠泳初参加で、2回目の参加）の3名。泳ぎはKナオヤが自力で800m（2周）、イクヤとタクミはフロートバー（浮き棒）を手や脇に挟んだりしながら1周（400m）泳いだ。

　3名の遠泳時の様子は次の通り。

◆Kナオヤはスタート後しばらくしてからトップに立ち、「初めは『1周』と言ってました。が、そう言っている最中に、『2周泳がんの？』と聞かれ、ルート変更して、2周泳ぎました」（伴泳リーダー：井上穂乃花さんの記録）。そして泳ぎの様子は、「横向きの息つぎは難しかったので、クロールをしながら前向きに息つぎをしていました。足が着かない怖さは全くなさそうで、びっくりしました」（同リーダー記）。

◆イクヤは足かけ23年の参加経歴の持ち主だが、これまで泳ぎで息つぎの煩わしさ・難しさからか、浮き具に頼ることなく泳いだことはなかった。それが今回の遠泳では、最終ゴール手前、足が地面に着いてからではあったが、初めて浮き具を離し男性のリーダー（末家仁也L）の手に手を乗せ泳ぐことができた。末家Lの記録によると、「始まったときから、『フロートなしで泳いでみよう』と言っても、かたくなに嫌がっていましたが、浜が近くなると、フロートを離して、僕の手を持って泳ぐことができました。お風呂に入る前に話をしたときに、本人もとても喜んでいました」。

写真 8-1　Ｋナオヤのクロール息つぎ。
（手前：井上穂乃花リーダー）

写真 8-2　Ｋナオヤのクロール顔つけ。
左手プル、右手リカバー。

写真 8-3　イクヤのフロートを脇に挟んでの比較的リ
ラックスした泳ぎ（これまでは大抵手にしっかりと
バーを握り、バタ足を続けて進む泳ぎだった）。

写真 8-4　イクヤは足の着くことを確認
して、リーダーの手を軽く借りながら
浮きバーなしで泳ぐ。

◆タクミはプールでは足が着くのと、その安心感からかいつも自分で動きのバリエーション、
例えば背浮きで輪くぐりしたり、ビート板を数枚お腹の下に抱えたり、股の間に挟んで輪く
ぐりをするなど、自分で楽しみを見いだす動作を創り出して楽しむところがある。しかし、
自分なりの動作バリエーションを楽しめるが、息つぎなどを連続して行うなどの泳力に繋が
る行為は避けることがほとんどだった。

　だから、２日目の遠泳のとき、「泳ぎ始めると、足が着かない場所ではフロートを離さな
くなり、フロートを持ちながらバタ足をしたり、顔をつけてバタ足をしたり、休憩したりし
ていました。足が着かないことの恐怖感と不安感からかなと感じました」「海という環境は、
足が着かない、波があるということ以外に、大きなゴミが流れていることが、タクミくんに
とって、集中が切れました。大きいゴミを取りたいという欲望に負けて、泳ぐのを中断する
ことが何回もありました」（いずれも担当の今井大陽リーダー記）。しかし、遠泳のゴール地
点に近づいたとき、２つの写真のように、フロートバーを離して 10 m ほどは自力で何とか
呼吸しながら泳ぐことができた。２年前の 2014 年の遠泳では、こうした泳ぎは明確に示さ
れていなかったので、彼にとっては着実に泳ぐ力を伸ばしていることは指摘できる。

以上、３人の泳ぎに見られる点等からそれぞれの課題を以下まとめておくと、

写真 8-5　タクミはゴールに近づいたとき、よう　　　写真 8-6　タクミのクロールにおけるリカバー動
やくずっと持って頼っていた浮きバーをリー　　　　　作。動作はなかなかリラックスのとれたいい形
ダーに渡し、クロール系の泳ぎ（プールの最後　　　　を見せる。
終了後に、クロールを泳ぐ仲間のマネをして、　　　　　彼においてはまず、ドル平系で息つぎとグラ
毎回行っている泳ぎ）をする。顔を横の方に向　　　　イド潜りの結びつきを獲得させたいところ。
き息つぎをどうにか行っている。

① K ナオヤについては、写真 8-1 と写真 8-2 で見ると、プル動作がこじんまりしてい
　て屈曲傾向が強いこと。他に今回は直接計測していないが、別の論文[2]（第 7 章 pp.
　326-329）で分析したところでは、他の自閉症で熟練していた人（タカちゃん）との
　泳ぎで比較すると、潜り時間も息つぎ時間も 2 人の間に大きな違いはないが、動作の
　安定性ではタカちゃんが優れている（タカちゃんの潜り＝ 2.6 秒、息つぎ＝ 1.3 秒に
　対し、K ナオヤのいいときの泳ぎでの潜り＝ 2.3 秒、息つぎ＝ 2.4 秒。SD（動作の
　バラツキ）で、タカちゃんは潜りおよび息つぎの両局面とも概ね 0.3 秒台に対し、K
　ナオヤは両局面とも 1.5 秒を超えている）。
　　それゆえ、SD が小さくなるように（少なくとも 1 秒未満になるように）、安定した
　泳ぎが求められる。ちなみに、遠泳を自力で泳げるようになった自閉傾向のある人た
　ちの泳ぎは、潜り時間も息つぎ時間も短い傾向にある（参考までに、毎年ドル平で泳
　げるようになってから集団遠泳を行っている和歌山大学保健体育専攻の学生たちで
　は、潜り時間が約 5 秒、息つぎ時間が約 3 秒かけて行われており、潜り、息つぎの
　SD は両方とも 0.5 秒くらいでバラつきはほとんど見られない。それは、3 km ほど
　の遠泳を、数人の初心者で泳ぎを覚え、そうした、まだ泳ぎが安定しない人たちを含
　んで潜りと息つぎのペースを合わせて、統一的に遠泳を実施できるように行っている
　ので、とりわけ息つぎの時間を長めにとって行うことでそのような統一的な遠泳の実
　施が可能になっているのである）。
② イクヤの場合は、とにかく自力で「潜り－浮いて－パー（息つぎ）」をできる力をつ
　けたい。勿論、無理に強いることなく。今回の遠泳での最後に自力で泳ごうとする意
　志を初めて見せたことは、イクヤの泳ぎの今後に明るい展望を示している。
③ タクミの場合は、息つぎを確実にすることを、プールでの泳ぎの場面において確立す
　ることが求められる。それには、輪くぐりやフロートバーくぐりなどで呼吸を確実に
　するための「潜り－浮き」の動作を習得することが何よりも基本になると思われる。

ただ彼個人としては、友だちが行うクロールを見よう見まねで習得したい願望が強いのだろう。それだけに、その動作習得を成就させてやりたい気持ちも生じるが、その両者の実現は至難の業だ。

2 プールで取り組んでいる泳ぎのための基本技術とその導入方法
～3人の泳ぎの基本課題と泳ぎの基本技術エッセンス～

1）泳ぎの基本課題

　三者三様、それぞれ技術課題は微妙に違うけれども、共通項を求めれば、①顔をつけて潜っても確実に浮いてくるのだということを実感・認識する体験をもつこと。②顔および上体が浮いてきたときに、確実に息つぎができること。

　この2点の課題を解決できるようにするために、どのように練習のための場の設定をするか。彼ら、障がいのある人たちにすべき必要のあること（具体的には息つぎが必要であること）を、どのような練習の場を設定して、どのように伝え分からせていくことができるかどうか、が問われていると言える。

2）泳ぎの基本技術エッセンス

　泳ぎの基本はドル平泳法の基本構造だと捉えている。それは、「潜り・進み～浮くこと」（①～②）と「呼吸（息つぎ）」（③）の確保にある（第2章 p.67 図2-10①～③参照）。

　「潜り・進み～浮く」ことの根底には、浮心である、空気を入れた肺に重みをかけて沈めること（加重：①）、それとかけた重みから力を抜くこと（抜重：②）によって、体は浮き上がりやすくなる。この肺への加重と抜重は、体重の約10%程度を占める（約5kg）と言われる頭の上げ下げ（「起こす・前方を見ること」と「うな垂れること」）によって行われる。息つぎ（③）は、頭を起こして顔が浮き上がってきたときに、前を向いて気道を確保することで行いやすくなる。気道を開けるには、水面に口を出せる状態になったときに、一旦呼気する「パー」とか「プファッ」とか、空気を出す（「浮いて『プファー』」である）。この吐き出しができれば、その反動で自然に吸気される。

■Kナオヤの輪くぐり活動での様子（写真8-7；2017年3月28日）

Kナオヤ：①～②（潜り～グラ　　Kナオヤ：②（グライド～浮上　　Kナオヤ：③（息つぎ局面）
イド・推進の局面）　　　　　　　していく局面）

■イクヤの輪くぐりでの様子（写真8-8；同年同月日）

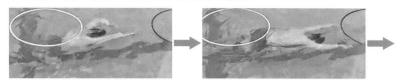

イクヤ：①（潜りへの準備局面）　　　イクヤ：①〜②（潜り〜グライド・推進の局面）

イクヤ：②（潜り〜グライド・　　　　イクヤ：③（息つぎ局面）　　　　イクヤ：③の後「良かったかな？」
　　　　推進〜浮きの局面へ）　　　　　　　　　　　　　　　　　　　　　　　（足を着き、振り向き場面）

■タクミの輪くぐり（写真8-9；同年同月日）

タクミ：③息つぎ局面　　　　　　タクミ：③息つぎ〜①潜り準　　　タクミ：①（潜り、輪くぐり
　　　　　　　　　　　　　　　　　　　　備局面へ　　　　　　　　　　　　　　準備の局面）

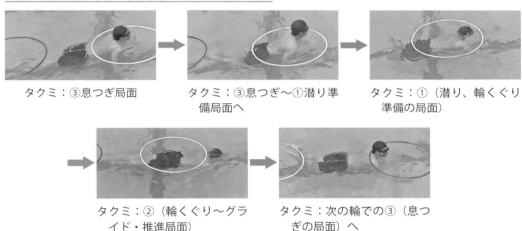

タクミ：②（輪くぐり〜グラ　　　タクミ：次の輪での③（息つ
　　　　イド・推進局面）　　　　　　　　ぎの局面）へ

■プールでの3人の泳ぎのまとめ

　Kナオヤはいつも確実に息つぎし、連続して輪くぐりやフロートバーくぐりをしていく。難点は、プルやキックに頼った、速いながらも振幅の小さな動作で泳ぐ、その彼の動作の習慣を崩して、より大きな動作に入っていくのが難しいところである。

　イクヤは、昨夏の遠泳の後、見違えるように輪くぐり動作ができてきた。これからの課題は、浮いて呼吸して、少し連続して動作ができるとすごいな。でも焦らせないことが大事だと思う。いま身につけた潜りと浮きの動作の結びつきを安定させていきたい。

　タクミはグライドというか、潜って（写真8-9①の局面）から滑るように推進して浮かんでいく（②）がまだまだ速く動作することが多い（最後の息つぎの局面を少し急い

でいる（③）。しかし、彼が本気で取り組めば、スピードもよく制御し、落ち着いて息つぎ（③）もできつつあることも増えている。

　そうしたスピード制御の端的な例は、『あんなこといいな♪』の「歌声シンクロ」（模倣・集団的演技種目）においても最近、「『潜って（①＝写真8-11：(1)〜(2)）』、『前を見て浮いて（②＝同写真：(3)〜(4)）』、『手をかいてパー（息つぎ）（③＝同写真：(5)）』」と続く。総合して「1、2、3、パー」（1＝潜って①、2＝前を見て―②、3＝浮いて―、パー＝息つぎ③）の課題を行っている。同写真（写真8-11：(1)〜(5)）に示すように、タクミは大変上手にやってみせる。すなわち、ドル平系の、左右対称型の頭の上下動動作の制御によって成り立つ泳法においては、ゆっくりとスピードコントロールし、息つぎも上手に行えていることが明らかである。

3　その後のプールでの取り組みの模索：みんなで楽しむ模倣・シンクロ的遊び

①-2（潜り〜浮きへ）

①-2〜②（浮き〜プルして息つぎへ）

写真8-10　みんなでシンクロ遊び「潜り〜浮き・呼吸」の場面

　そこでプールの教室では、みんなで取り組むシンクロなどの他に『あんなこといいな♪』という「歌声シンクロ」とでもいう模倣・集団的演技の活動を行っている。障がい者仲間たちが互いに周りのみんなの動作も確かめながら、ともに集団的にも活動できる

「私たちのシンクロナイズドスイミング」の先駆けともなった、「模倣・マネっこ動作」である。これまでも『たのしい体育・スポーツ』誌に載せたことがあり[3]、みんなで行う『あんなこといいな♪』等の場面では、本節の2－1）と2－2）の基本課題および基本技術エッセンスを、私や他のリーダーが示範して見せたりし、みんなで手をつないで「あんなこといいな♪　できたらいいな♪」の歌を歌った後、みんなでチャレンジしてもらっている（写真8-10）。どうやら半分くらいの人が何とか取り組めているが、全体としてバラバラというのが現在の姿である。

　タクミはほぼ完璧に、この泳ぎの動作の形およびタイミングともによくできてきている（写真8-11）。

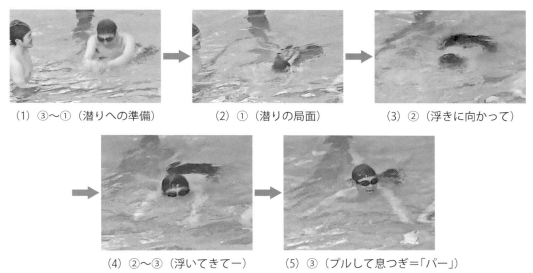

（1）③〜①（潜りへの準備）　　（2）①（潜りの局面）　　（3）②（浮きに向かって）

（4）②〜③（浮いてきてー）　　（5）③（プルして息つぎ＝「パー」）

写真 8-11　タクミのシンクロ遊びでの「潜り〜浮き・呼吸」の動作

　他に、どうしてもプールの底から足を離せない人や、プールサイドの壁から手を離すと不安定になってしまう人、また、みんなと一緒に混じっては活動するのが難しい人など、いろいろな状態ではあるがほとんどの人々は、「輪くぐり」か『あんなこといいな♪』のシンクロ的課題のどれかには関わってきている。この過程を様子見しつつ、みんなが「潜り〜浮き〜息つぎ」が不快でなく、水の中での楽しみを広げられるプールでの課題を追求したい。

　以下では、上記写真8-10および写真8-11に見られるように、学生リーダーたち数人がいつも会の運営に携わって教室での活動に参加してくれていたときと、彼らが卒業して、お母さん方と私や一人の学生リーダーとだけで運営するようになってからの活動の様子並びにその後の取り組みについて取り上げてプールでの活動運営の課題を検討したい。

第2節　その後の火曜プールでの活動の様子

⚫ ⚫ ⚫ ⚫ ⚫ ⚫ ⚫ ⚫ ⚫ ⚫ ⚫ ⚫ ⚫ ⚫ ⚫ ⚫ ⚫ ⚫ ⚫ ⚫

1　学生リーダーたちとともに楽しむプールでの活動

1）学生リーダーがたくさんいたときのシンクロ遊び

　p.372 の写真 8-10 に示した、学生リーダーたちがプールに来てくれていた頃のみんなで楽しむ「シンクロ・模倣遊び」での様子を少し深めてみてみよう。

写真 8-12-①　「さあ今からみんなで歌声シンクロやるよ」「チャラ ラララ ラララ♪」「あんなこといいな。できたらいいな」さあ行くよ！

写真 8-12-②　多くの人が潜りにタイミング合わせている。が、潜りに入っている人、今から潜ろうとしている人などいろいろ。

写真 8-12-③　「さあまた次の動作の準備だよ」「いいかな。手をつないでいるかな」「チャラ ラララ ラララ♪…チャチャ♪」「次背浮きをするからまず中に集まるよ！」

写真 8-12-④　「さあ、集まったかな？」「あれ！まだ中に寄ってこない人もいるよ」「どうかな？　トモくん（左下隅）、寄ってこないの？」「じゃあ、他のみんなで集まって！」

写真 8-12-⑤　「今度は"あお向け浮き"」「それ、頭を水につけてー」まだスタンバイできていない人もいるが、多くの人が背浮き準備OK！

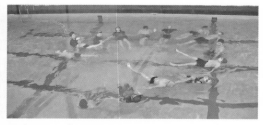

写真 8-12-⑥　それー、あお向けでの浮き。上手！　両足をそろえ浮いている人、両足を開き浮いている人などタイプあるが、背浮きOK！

2）みんなで手つなぎ、人の輪くぐり遊び

　シンクロ遊びとは違うが、次のように、みんなが円陣の中、2人もしくは3人で手を
つないで、その下を潜って進んでいくような演技にも取り組んでいる。

写真 8-13-①　全体で円陣形を組み、リーダーと
　　利用者〔障がいのある人〕が手つなぎでペアも
　　しくはトリオになり、その両手の間をくぐる。

写真 8-13-②　Ⅰナオヤが人の輪の中で顔を上げ
　　て息つぎしたところ。後ろでひなちゃんがお母
　　さんに抱かれ待っている。

写真 8-13-③　（右手前）ひなちゃんがお母さん
　　に抱かれて一緒に潜った後、恵ちゃんが覗き込
　　んで声かけている。

写真 8-13-④　（右手前）輪に潜ってきた人は誰
　　かな？（左上の輪）Ⅰナオヤ、頭をかきながら
　　「どうしようかな？」。

写真 8-13-⑤　（右手前）タクジくんが息つぎ
　　「パー」。恵ちゃんたちが手をつなぎ、タクジ
　　くんを見守っている。（左下）トモくんが手つな
　　ぎせず、場から離れようとしている。

写真 8-13-⑥　（左下側）ひなちゃん、お母さん
　　に抱かれ、次の輪に向かっている。（右下の輪）
　　タクジくんはさっそうと潜っていく。恵ちゃん
　　や他の人はタクジくんに注目！

2　1人の学生リーダーとお母さんたちだけになったときの活動の様子

1）活動の最初はリーダーが前に出て、あいさつ

　前項の1）や2）のような活動を、学生リーダーが参加していた時期（〜2018年3月末頃）まで行っていた。より正確に言うと、2018年3月いっぱいまではその春卒業した井上穂乃花さん、今井大陽くんや大学院生の服部涼平くんたちが一緒にリーダーをしてくれていた。しかし、2018年4月からは大学3年生となった西山和輝リーダー（西山L）が1人、プールで主リーダーを務めてくれ、そこにお母さんたちがプールでの活動を支えるようになった。

写真8-14-①　西山L（左端；映像外）が終わりのあいさつをするためにみんなの前に立っている。お母さんたちも集まっている（母たちと西山Lのみ名を表示）。

写真8-14-②　西山Lがもう少し前に寄り、みんなが揃うのを待っている。既に集まっている人はまだ来てない人がいる方を見ている人たちもいる。

　そして2018年9月から西山Lが3年生で教育実習に行くことになり（9月〜9月末小・中学校実習、10月〜10月末頃附属特別支援学校実習）、その9月からは基本的にお母さんたちのうちの3、4名がリーダーとしてプールに入り、その間、原が声かけリーダー役となり先頭に立ちながら、お母さんたちとともに活動を運営していくことになった。

　それでプール内では、水着で参加者とともに活動するお母さん、またプールサイドで潜るための輪や少し長めに潜るコースとして使う1m四方や50 cm × 2 mのプール浮きマットを支えたりしつつ活動を励まし支援するお母さん、2階のプール覗き窓からビデオを撮ったり時間管理するお母さん、などの役割を分担・連携しながらプール運営をしていった。

　そして活動の主役である障がいのある人たちに少しずつ少しずつリーダー的活動を手渡していった。当初のリーダー活動としては、プール活動開始と終わりの「今日のプールを始めます」「これで今日のプールは終わります」のあいさつ役をIあゆみちゃんとKナオヤくんを中心に行っていった。

２）学生リーダーと母親たちが進めるドルフィンプールの泳ぎの活動

（１）輪くぐり泳ぎの様子（Ｉナオヤの動きを中心に）

　以下、西山リーダーと一緒にお母さんリーダーたちとともにみんなで一緒に取り組んでいく活動のいくつかを追ってみよう。

写真 8-14-③　さあいよいよ活動開始。いつもの輪くぐりから始める。トモくんは輪を持って、輪くぐりセットの準備に向かっている。

写真 8-14-④　Ｉナオヤはビート板を持って輪くぐりに向かっていく。水中移動でバランスが不安定になるのでこうすることが多い。

写真 8-14-⑤　顔をつけて、ビート板を輪っかの下に差し入れながら、輪くぐりをしようとＩナオヤは前に進んでいく。

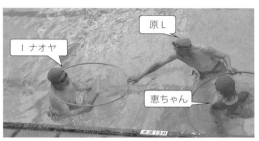

写真 8-14-⑥　Ｉナオヤは「輪くぐりができたよ」と息つぎしながら満足げ。原Ｌが「さあもう一つくぐるかい」と手を差し伸べる。

写真 8-14-⑦　Ｉナオヤはビート板をプールサイドに置いて、プールフロアの上の輪をくぐろうと輪をつかんで顔を水につけようとしていくところ。後ろからトモちゃんが潜って進んでいる。

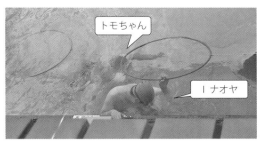

写真 8-14-⑧　Ｉナオヤは顔をつけて輪っかをもち、実はバランス保持が苦手なプールフロア上での輪くぐりに挑戦しているところ。トモちゃんはＩナオヤが持つ赤い輪の中に浮上目前。

写真 8-14-⑨　Ⅰナオヤ、向こうサイドに行ってからはプールフロア上ではなく、プールの底に立ってくぐる縦輪なので、輪っかに入っていく姿に躍動感が出ている。

写真 8-14-⑩　こちら側のプールフロア（床板）の上でしなければならなかった水平輪での輪くぐりとは違って、自分ペースでスイスイと調子よく輪くぐりで進んでいく様子が現れている。

写真 8-14-⑪　Ⅰナオヤはそのまま次の輪（母2がもつ縦の輪）をさっそうとくぐっていく。彼はビート板を手にすると、床板のあるところでよりも落ち着いて輪をくぐる。

写真 8-14-⑫　こちらのサイドでは床板のある所をくぐっている人たちが1つの床板の所でそれぞれの思いで輪くぐりに取り組んでいる。恵ちゃんは原Ｌに話しかけている。

（2）みんなで行う活動

ⅰ）あお向け浮き（＝背浮き）に取り組む

写真 8-15-①　西山Ｌのリードのもと、みんなで「あんなこといいな、できたらいいな♪」に取り組む。「では行くよ」のかけ声が始まり、お母さんたちも一緒に輪の中に入り活動を支える。

写真 8-15-②　まずはあお向け浮きだ。トモくんはプールサイド（壁）から離れるのが怖く、みんながあお向け浮き準備のために中に集まりだしたら、みんなとは逆に壁の方に寄っていく。

写真 8-15-③　あお向け浮きの用意に入る。両手を上げてその構えに入れている人、少し小さくなって様子を見ている人、顔つけて潜って、別のことに準備している人など様々。

写真 8-15-④　どうも準備状態はバラバラのようだ。あお向け浮きに入れたのはあゆみちゃんと母2だけ。母1や母3は担当している人の準備状態を気にしているし、西山Lも周りに対処。

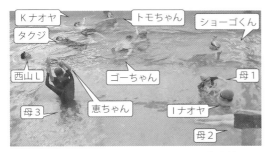

写真 8-15-⑤　恵ちゃんとⅠナオヤを除く他の人はそれなりにあお向け浮きに入れている（タクジとKナオヤとトモちゃんは既にあお向けで浮いている）。

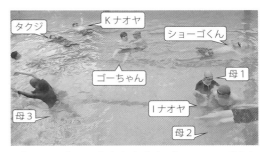

写真 8-15-⑥　Kナオヤとタクジ、ショーゴくんはきれいに浮いている。トモちゃんは既にあお向け浮きで上の方に浮き進んでいった。Ⅰナオヤと恵ちゃん、ゴーちゃんは本日未習熟。

ⅱ）うつ伏せ浮きに取り組む

写真 8-16-①　うつ伏せ浮きに取り組み始めた。リーダーの支援を受けているⅠナオヤとゴーちゃんもうつ伏せ潜りに入れている。ただ、あれっ、恵ちゃんはどこに行ったのだろう？

写真 8-16-②　みんなが真ん中の方にうつ伏せ浮きをしながら寄ってくる。恵ちゃんとトモくんを除くみんながきれいにうつ伏せ浮きに取り組んでいる。

写真8-16-①でうつ伏せ浮きは1人（左上部のタクジ）を除いて準備も早く、ほぼ一斉に動作に入れているね。ちょっと浮きをして潜っていく方向にムラがあるけれど、画面に見えている人々には一致して伏し浮きで進んでいる様子が見てとれる。

　でも写真8-16-②で、母2さんが I ナオヤと手をつないでいながら、こちらの方の様子を窺っているよ。どうしたのかな？

　それはね、写真8-16-①で左下手前の方で手をつないでいた母4とトモくん（左下）がこちらの壁際に寄りすぎて、見えなくなってしまっていたのに、うつ伏せ浮きになり、以下同写真③〜⑥のようにみんなと離れた場所ではあるけれど1人でがんばってうつ伏せ浮きには取り組んでいるからだよ。

写真8-16-③　上記画面から消えていた1人・トモくんが床のある所で、両手を差し伸べた母4を目標に1人うつ伏せ浮きに取り組んでいる。

写真8-16-④　さすが壁の近くはトモくんが安心して活動できる場所だ。母4がしっかりサポートしてくれた。おかげで、最後は目標の母4の手に辿り着き、壁から手を離していた。

写真8-16-⑤　母4にタッチしてから後は、今度は自分1人でその逆のコースを戻っているトモくん。

写真8-16-⑥　トモくん、フロア1つ分を自力で進むことができた。もちろんまだ、今回の課題である「伏し浮きでキックをせずに進むこと」まではいかなかったが、1人でキックしながらフロア分を進めたのだ。

　ここを見逃しては私たち水泳指導に取り組む者にとっては指導者としての価値は落ちるよね。それと、母4がしばらくどこに行ったのかな？と思っていたら、さすがだね。みんなの実践の場ではうまくいかないトモくんにちゃんと寄り添っていたんだ。

ⅲ）プール全体を使ったみんなで取り組む活動の様子

　西山リーダーが 1 人の状況の中、最後の方では以下の写真のように、横 8 m ×縦 15 m のプールの縦のコースにみんなで 1 列になって横を横断する潜り―浮きに取り組んだ。元気で泳いでいける子はこちらの指示を聞くよりも自分本位に進んだ実感を得ようと「キックして、進んでいくこと」を選ぶ傾向にある。このときもお母さんたちがしっかりと支え、そこに西山 L や原 L が泳ぎや活動への参加に課題を残す人たちをサポートしているのである。

写真 8-17-①　前写真の近日後、トモくんはプールの横横断課題にも右端の壁沿いに進む。

写真 8-17-②　①に続きヤル気満々、トモくん。顔を上げつつ、かつ壁に手を添えず進む。

写真 8-17-③　やったー！　トモくん、向こう岸到着。母 2 の泳ぐペースよりも速かったぞ！

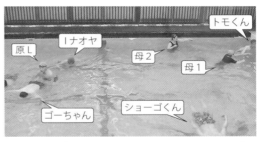

写真 8-17-④　さあ、元のコースのリターンバック。今度は不安なのか、体を左壁の方に？

写真 8-17-⑤　トモくん、顔をつけ進むことにチャレンジしようとしてたんだ。トモ、ガンバ！（がんばってね）

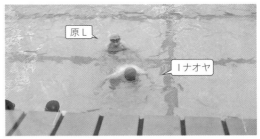

写真 8-17-⑥　プール横の横断の最後は I ナオヤ。原 L が後ろからサポート。ナオ、ガンバ！

写真 8-18-①　みんなで輪になって、西山Ｌが前
へ飛び込んで潜るところを示範。みんなはよく
西山Ｌの動作を見ていることに注目。原Ｌが
ゴーちゃんに何やら解説中のところもあるが、
みんなは注目だ。

写真 8-18-②　西山Ｌの示した課題をさっそく実
践している人（タクジ、Ｋナオヤ、ショーゴ、
タクミ、Ｉナオヤ、恵）、今から実践のヒロキ、
ゴー、Ｉナオヤに注目のイクヤ、壁際で試みの
トモくん。

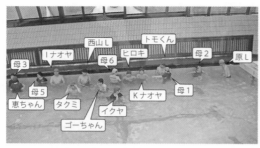

写真 8-18-③　プール横断到着時の様子。復路の
スタートに向けての準備・待つ間。なぜだか、
右端壁伝いに来たはずのトモくんが中付近に？

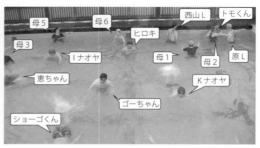

写真 8-18-④　みんな（泳ぐ人々）はそれぞれス
タートし顔つけ進む。トモくんは原Ｌの所、壁
際へと向かう（この後の展開は写真 8-17-⑤、
-⑥へとつながっている）。

写真 8-18-⑤　さあ、西山Ｌ中心のドルフィン
プールの活動もこうして元の場所（左下・あゆ
みちゃんがいる所）に戻り、フィナーレとなる。

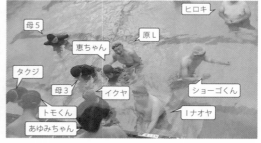

写真 8-18-⑥　活動の最後は障がいのある仲間が
その日の別れのあいさつを行っていく。今日は
あゆみちゃんとトモくん。

　先の前ページ掲載のプール横を横断する「潜り－浮き」課題（写真 8-17-①〜⑥）の
前に、上記の写真 8-18-①と②に見るように、西山Ｌが中心課題＝床を蹴って「飛び込
み－潜り」課題を提示・練習させており、その後これら「飛び込み－潜り」課題の実践・
応用として取り組ませたのがプール横断課題であった（写真 8-18-③と④および写真

8-17-④~⑥）。

　みんなはさっそうと向こう側の壁・床を蹴って、こちら側に向け、潜り・進んできて（特に、同写真 8-18-④）、西山 L の提示した課題が功を奏したことが示されている。

　それで写真 8-18-⑤と⑥に示されるように、みんながその日、気持ちよくプールで過ごせた様子が終わりのあいさつに向かう姿の中に表れている。

　こうして、学生リーダーが西山くん 1 人になってしまうというドルフィンプールにおける状況変化の中、毎週の活動機会ごとに、活動主体である障がいのある人々が、①前に出てあいさつ（「今日のプール始めます」の合図）をし、②輪くぐりなどの個人的課題への取り組み、③みんなで「あんなこといいな！できたらいいな！」の集団的課題への取り組み、そして④最後のあいさつ（「これで今日のプールを終わります」のあいさつ）の 4 つのパターンを行う。このことが習慣として定着していってくれている。

　西山 L が作ってくれたこの練習・活動パターンによって、そのあと彼が教育実習でいなくなり（2018 年 9 月～）、半年間ほどの間でお母さんたちを中心に、障がいのあるドルフィンプールの主人公たちにとって可能な限り、仲間たち自身で前に出ながら活動を進めていける機会をつくれるようになり、自己組織化[165]を発揮することのできる泳ぎの機会へと進んでいけることになったように思われる。

　上記注（[165]）に示すスチュアート・カウフマンの「自己組織化」定義をさらに詳述した意義[166]に示したように、自己組織化とは「自己複製能力」による同じこと、同じものを再生・再現できるとともに、「自己触媒作用・能力」によってそれまでの組織の一部の器官や機能・能力を変化・成長させ、その組織・システム全体の機能・能力を高め、その生物・生命体が環境の中で適応し生きていきやすくするものである。

　自己組織化能力の発揮は、生物体である私たち人間においては誰もが持っている、そして発揮することのできる成長の原動力とも言える能力である。だから、私たちが行う水泳の活動、とりわけ技能習得過程における行動には知的障がいのある人たちの誰においてもこの能力・機能を発揮することによって、顔をつけることさえ怖かったり、水中でぎこちなく動作・運動ができない状態から、顔をつけて息つぎをしながら海での遠泳やプールでいくつかの泳ぎや水中での多様な運動に取り組み、技能を発揮して彼らなりに熟練した運動行動が取れるようにもなってきているのである。

　ここでは、本ドルフィンプールのメンバーの中では水との関係において適応力の弱い I ナオヤとトモくんを例に、彼らが彼らなりに自己組織化の姿を表出しながら毎週のプールにおけるプールでの適応力を強め、変化している様子について見てみることにする。

（3）自己組織化能力の発揮〜泳ぎ技能発揮の苦手なＩナオヤとトモくんを例に〜

ⅰ）Ｉナオヤの場合

　動きにおいてはバランス機能の発達面では遅れた状態を示していて、プールでは腰から胸くらいの深さのところではそれなりに自由の取れた移動運動やビート板を持ってのバタ足等を示すことができても、膝から腿あたりの浅い所では、腹這いになったり四つん這いになったりして動かねばならないので、かえってバランスが不安定になり、動く自由が失われて動作することが怖くなったりするのが、この人の特徴である。

　なので、Ｉナオヤは水に顔をつけることはできるけれども、pp. 377-378 の写真 8-14-④〜⑪の一連の写真に見られるように、ビート板を持ちながらでないと安心してプールの中での輪くぐりなどもうまくやっていけないところがある。特に、写真 8-14-⑦と⑧に見られるように、プールの底から 40 cm ほどの高さのプールフロア（床板）のあるところでは、他の場面で移動するよりも不安定で怖そうに顔をつけながら移動しているところが如実に見られるのである。

　しかしこのＩナオヤも、以下一連の写真（写真 8-19-①〜⑬）に見るように、輪くぐりの輪があるところで学生リーダーたちや私が何度かじっくりと補助するなどの取り組みを経ることを通じて、自ら独力で輪くぐりできるようにもなってきている。

　写真 8-19-①〜④は、pp. 377-378 の写真 8-14-④〜⑪と同様、Ｉナオヤがビート板を持ち輪くぐりしている。それは、写真 8-19-④〜⑤でビート板を私に預けて、自力で輪を一つずつくぐりながら進んでいることで分かる。しかも、その⑤と⑨では輪をくぐるために潜る際、左手で輪に手をかけながら潜ってはいるが、⑫では輪に手をかけることなく、自力で潜っている。

　おそらく輪をくぐって、潜りにおける下方向きから上方向きに姿勢の方向が切り替わり、顔を水面に出すまでの段階での姿勢制御がうまくできず、バランスが不安定になることが、彼に潜り〜浮き上がり、呼吸するという動作過程・系列に取り組むことをできなくしてきた、あるいは躊躇（ためら）わせてきた要因だったのであろう。つまり、顔を下に向けると、足にも浮力が働いて足場が不安定になり、顔を前に向ける際にバランスをとるのが難しくなる。しかし、何度も補助の過程を繰り返す中で、彼なりに顔を前に向けるとか、いつ腕・手をかけば顔を水面から出して立ち上がり、息つぎができるかを確認していく中で、ビート板を持たなくても輪くぐりをしては立つ・呼吸するということを安心してできるようになってきたのであろう。それが⑫における姿なのであろうと推測される。

　こうした輪くぐり動作におけるバランス・姿勢制御の行動を取れるようになっていったことは、Ｉナオヤにおける自己組織化能力の発揮と言えるであろう。

　ただ、Ｉナオヤの場合、このように輪くぐりではビート板に頼らずに泳げるようになってきているけれども、以下の写真 8-20-①〜④のように、輪のないところで泳ぐ場合にはビート板を頼りに進んでいくのが彼の通常のパターンである。

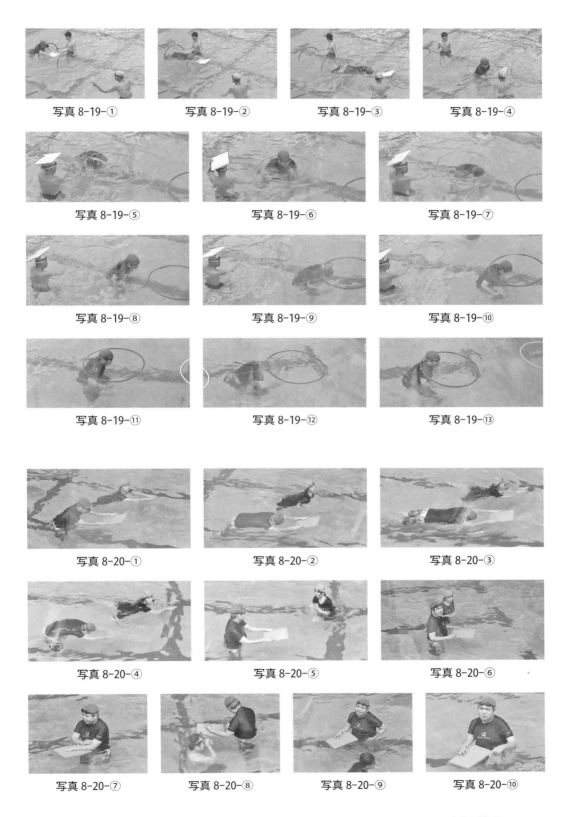

写真 8-19-①　　　　　写真 8-19-②　　　　　写真 8-19-③　　　　　写真 8-19-④

写真 8-19-⑤　　　　　写真 8-19-⑥　　　　　写真 8-19-⑦

写真 8-19-⑧　　　　　写真 8-19-⑨　　　　　写真 8-19-⑩

写真 8-19-⑪　　　　　写真 8-19-⑫　　　　　写真 8-19-⑬

写真 8-20-①　　　　　写真 8-20-②　　　　　写真 8-20-③

写真 8-20-④　　　　　写真 8-20-⑤　　　　　写真 8-20-⑥

写真 8-20-⑦　　　　写真 8-20-⑧　　　　写真 8-20-⑨　　　　写真 8-20-⑩

そしてさらに、写真8-20の⑦～⑩に見られるように、ビート板で泳ぐ取り組みにおいて、プールの片道方向で泳いだらその後はビート板を持ちながらプール内で周りを見て回りながら楽しんで過ごすことも多い。おそらく彼はこのように、プールでリラックスして過ごせる時間があることで、輪くぐりにおいて「ビート板なしでの潜り・進み」に挑戦したりして、彼流の徐々に進む進歩を楽しみつつ（彼流の「自己組織化的能力の発揮」をしつつ）、プールで過ごす楽しみを得ているのではないかと思う。

　したがってIナオヤにとっては、泳ぐ技術・能力の獲得はなかなか遠い道のりであると言わざるを得ないけれども、彼にとってはこのペースでの取り組みを尊重してやらなければならないだろう。こうした彼ペースのなじみ方を中心としてプールで過ごすことの楽しみを得ているからこそ、そのうち、何らかのきっかけで水中でのバランス・姿勢制御に変化を来す可能性が訪れることも期待できるのではないかと考えている。

ii）トモくんの場合

　本章第2節の写真8-12～写真8-16における「みんなで行う活動」においては、写真8-14-②と③および写真8-15-①における以外ではほとんどトモくんの姿は映っていないといっていい。それほど、彼はプールにおいての活動ではプールの壁から手を離せないできていた。

　ところが写真8-16-③～⑥（p.380）に見る如く、プールの壁沿いに置いたプールフロアの所で、母4（ゴーちゃんのお母さん）が「ここまで来て！」と彼に泳いで進む側に立って向き合うことによって、初めて彼自らが顔をつけて（片手は最初壁を持っているが）、両手で迎えてくれている母4の手をつかみに顔をつけて進み（同写真④）、また1人で逆方向に面かぶりで進んでいる（左手は壁をしっかりと持ってはいるが）。

　このことがきっかけとなって、写真8-17-①～③に見るように、プールの短いコース（8m）の側面を壁伝いに1人で進み、帰りは顔をつけながら戻ってきている様子（写真8-17-⑤）が示されている。

（a）プールの輪くぐりコースを変更するきっかけは「障がい児教育実践講座」から

　私自身、学校体育研究同志会冬大会[167]における講座「障がい児体育の授業づくり講座」（当時、神戸大学発達科学部特別支援学校教諭で現在日本福祉大学准教授の大宮とも子氏による）に参加し、氏はみんなの居る場に入れず自分なりの感覚遊びに耽る子どもに付き合い、その子どもと一緒にいる中で、彼の示す行動をしっかり観察し、その彼自身の感覚的遊びから教育実践の方法を追求する「『手応えと達成感』を求める障がい児体育実践（の方法）」を学ぶ機会を得た。

　私はさっそくプールにおいて、それまでは輪くぐりのコースをプールの壁（端）より1コース空けて第2コース設定していたものを、トモくんが壁を持ちながらでも行える

壁際のコースに設定することに変更した。

（b）壁際コースに変更した輪くぐりでのトモくんの様子1

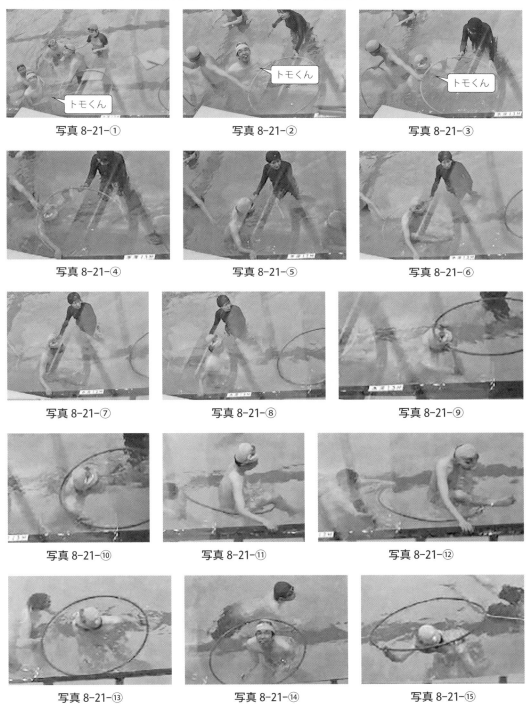

写真 8-21-①

写真 8-21-②

写真 8-21-③

写真 8-21-④

写真 8-21-⑤

写真 8-21-⑥

写真 8-21-⑦

写真 8-21-⑧

写真 8-21-⑨

写真 8-21-⑩

写真 8-21-⑪

写真 8-21-⑫

写真 8-21-⑬

写真 8-21-⑭

写真 8-21-⑮

まず、輪くぐりを開始する際には一番先頭で開始を待つ（前ページの写真8-21-①）。

写真 8-21-⑯

輪くぐりに向かう。その際、両手で輪を持ち潜り始める（壁から両手が離れている）（同写真の②と③）。

しかしくぐるために潜っている際には、不安な気持ちからか、右手は壁を持ちながらくぐっている（同写真④）。

一つ目の輪はくぐるが、輪から出るときは足で跨いで（右足を上げて）出ようとする（同写真⑥～⑦）。このとき彼の左手は輪をもって水中に下げて、跨ぎやすくしている（同写真⑥～⑦～⑧）。

その次の濃い色の輪にはくぐって入り（同写真⑨～⑩）、そして跨いで出ようとする（同写真⑪～⑫）。

が、後ろから来た人がそのとき（同写真の⑪と⑫）、彼が跨いで出ようとする輪を持ったので、跨いで出るのを止めて後ろを振り返り（同写真⑬）、そして「僕はここまで顔をつけて輪に入り進んだよ。どうだい」と2階のギャラリーの方（お母さん方）に満足げな表情を見せている（同写真⑭）。

そして振り返って、もと来たコースを輪くぐりしてコースアウトし戻ってくる（同写真⑮、⑯）。このときはそれまでのように跨いで出ることはせずに、ちょっと手で輪を少し上げながらではあるが、顔を水につけてくぐって輪を出ている。

つまりトモくんは、輪に入る際も出る際も、何らかの必要がありさえすれば顔をつけての出入りは可能なはずである。

（c）輪くぐりでのトモくんの様子2～輪から潜って出ることもできた～

トモくんはいったん元の場所に戻った後、引き続いてもう一度輪を跨ぎながら進んだ。

写真8-22-①を見ると、元の場所に戻ったトモくんはさっそく、輪を持って、泳ぐみんなが輪くぐりをうまく行ってくれるようにと支えてくれている母3（恵ちゃんのお母さん）に、「僕がまた輪くぐりするからね。見といてね」と母3の腕に手をかけ呼びかけた上で、同写真②のように、自分のゴーグルに手をかけ、潜る準備をする。母3もトモくんのその意気に応えて、微笑んで応援している姿が見てとれる。

だからトモくんは張り切って、同写真③のように両手を前に出して輪をくぐる姿勢を表している。が、同写真④、⑤のようにその色の濃い方の輪では脚で跨ぎ進み、ついでに次の色の薄い方の輪をも跨いで入ってしまう（同写真⑥）。

しかし、次の色の薄い輪では脚から入っているが（同写真⑥）、その輪では同写真⑦～⑪のように、きっちりと顔を潜らせて進み、壁を持たずに輪くぐりをしている。すご

写真 8-22-①

写真 8-22-②

写真 8-22-③

写真 8-22-④

写真 8-22-⑤

写真 8-22-⑥

写真 8-22-⑦

写真 8-22-⑧

写真 8-22-⑨

写真 8-22-⑩

写真 8-22-⑪

写真 8-22-⑫

写真 8-22-⑬

写真 8-22-⑭

写真 8-22-⑮

い進歩だ！

　ところがこのとき、恵ちゃんのお母さん（母3）は、恵ちゃんがその前の壁際に近い輪の前で立ち止まったまま潜り進もうとする動作を見せないのが気になり、トモくんから気が逸れてしまった。このことを、トモくん自身が見てとり（同写真⑬〜⑭）、トモ

くんはこちら2階の窓から見てくれているであろうお母さんたち（特に、自分の母かな？）の方に目をやり、"こういう事情で僕は次の輪を潜らなかったの。分かってくれる？"といった同意を求めるような仕草をしている（同写真⑮）。

　このように、トモくんはプールの側壁のすぐそばに輪くぐりのセットを用意し、お母さんたち（ここでは恵ちゃんの母）がその輪のそばで付き添ってくれていることが励みになって、側壁を頼らずとも輪に対面しつつ、その輪の中に顔・頭を潜らせてくぐっていけるようになっている。こうしたプールで壁から離れても水慣れ、泳ぎの行動へと結びつくための大きな（飛躍的な）進歩のきっかけを得ていることも見てとれる。
　この後のトモくんの進歩の様子は収録したビデオにそれほど残っていないが、トモくんはプールで輪くぐりをこちらサイドではしつつ、そしてプールの向こう側ではお母さんたちがビート板やフロートバーなどを潜るための障害物として用意してくれているところなどを通っていけるようになった。

（d）プールの壁沿いのコースを周回できるようになったトモくん
　こちら側での壁沿いに張った輪くぐりでの出入りで顔をつけてできるようになるやトモくんは、壁伝いに向こう側の壁の所までも行けるようになるとともに、向こう側に張ったプカプカポールを片手でもって、唇まで水につけながらくぐって進んでいけるようになった（写真8-23-①～③）。なお、各プカプカポールは約2m離れた位置に置かれていた。

写真8-23-①　　　　　　　写真8-23-②　　　　　　　写真8-23-③

ⅲ）その後のIナオヤにおける成長・進化
　トモくんが壁から離れられないことで、輪くぐりを壁際にセットするようになり、Iナオヤもトモくんがプールで顔をつけての輪くぐりができるようになることで、行動・運動範囲も広がっていくことを目の当たりにして刺激を受けたのかもしれない。それと、お母さん方がトモくんとIナオヤに特に関わって応援・支援していくことも増えて、2人とも、がんばってプールでのチャレンジをたくさんできるようになってきた。
　さらに再度、Iナオヤにおける変化のケースとして次の2つを紹介しておきたい。

（a）プールの横断：8 mのプールサイド間の移動における「顔つけ〜少し足を底から離す→立って息つぎ」の繰り返しができている。

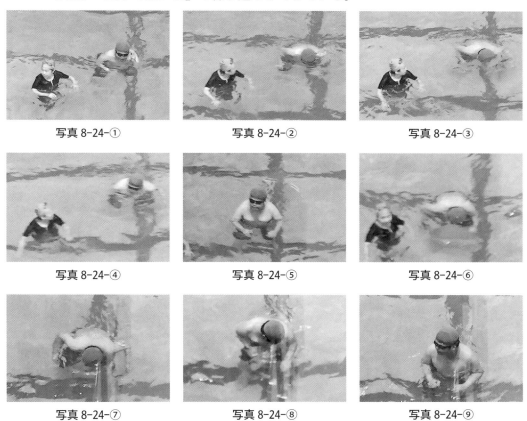

写真 8-24-①　　　　　　写真 8-24-②　　　　　　写真 8-24-③

写真 8-24-④　　　　　　写真 8-24-⑤　　　　　　写真 8-24-⑥

写真 8-24-⑦　　　　　　写真 8-24-⑧　　　　　　写真 8-24-⑨

　なかなか足を浮かせるところ、腕を前に伸ばして浮くところまではいかない。つまり蹴伸び的なところはまだ全く不十分とは言える段階だが、それでも彼がビート板などに頼ることもなく、みんなとともに向こう側プールサイドからこちら側プールサイドまで、母1（Kナオヤのお母さん）に励まされながら、息つぎと顔つけをしながら移動できたのは、すごい進歩と言えるであろう。

　このように、お母さん方からの言葉かけの支援を得つつ、これまで物につかまってでなければ移動できなかったプールの中で、自力で「顔つけと顔を上げての呼吸」の姿勢変換を繰り返してできるなんてことは、Iナオヤにとってのすばらしい自己組織化による進歩の行為と言えるのではないだろうか。

（b）ポールくぐり時でのビート板を持っての蹴伸びによる浮き動作の獲得

　独力での「顔つけ〜息つぎ」動作の繰り返しとともに、ビート板を支えにしてプカプカポールをくぐる際に、写真 8-25-③〜⑤のように顔をつけて、脚部を浮かせた平浮き

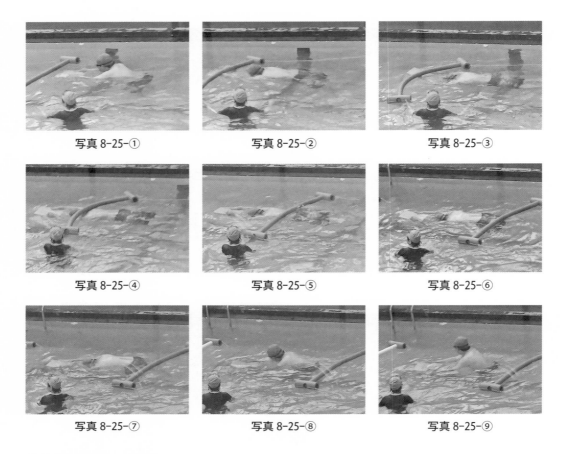

写真 8-25-①　　　　　　　　写真 8-25-②　　　　　　　　写真 8-25-③

写真 8-25-④　　　　　　　　写真 8-25-⑤　　　　　　　　写真 8-25-⑥

写真 8-25-⑦　　　　　　　　写真 8-25-⑧　　　　　　　　写真 8-25-⑨

的姿勢もきれいにできてきている。

　この場面は、写真 8-14-⑨〜⑩および同写真⑪（p. 378）でのＩナオヤのビート板を持って縦輪をくぐる 2018 年 5 月 29 日のケースと同様に、その翌週 6 月 5 日にプカプカポールをセットした中で連続的に泳いでいくこともできるポール下くぐりの様子である。両場面は、期間として 1 週間だけの開きがあるだけの違いではあるが、このポール下での泳ぎにおける方が写真 8-25-③〜④および⑤に見られるように、頭を水中に潜らせて脚部が水面に浮いてきている様子が明瞭に認められるのではないかと思われる。

　このようにたった 1 週間だけの違いで幾分浮かせる動作に変化を来している要因としては、ビート板を使って顔をつけて進む場を何度か踏むにつれての慣れということが大きいかと思われるが、p. 385 における写真 8-19-①〜③並びに以下の写真 8-26-①〜③のように、西山リーダーが縦にした輪っかを 2 つ並べて持ち、その中をくぐり抜ける状況をセットしたことも影響しているのではないかと思われる。

　Ｉナオヤにおいては、この 2 つの輪の間（約 1 m）をくぐるために相当な時間（10 秒〜15 秒程度）を要しており、頭・顔の動きを上手に操作することの難しさがあって、そのため体幹のうねりや脚部を浮かせる動きを創り出す不自由さがある。それは、ビー

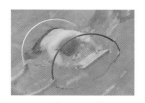
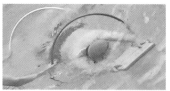

写真 8-26-①　　　　　　　写真 8-26-②　　　　　　　　写真 8-26-③

ト板を持たないで向こうの壁からこちらの壁まで顔つけと呼吸の繰り返しで移動する（写真 8-24-①〜⑨）にも見られたように、水中に体を投げ出すこと自体に怖さを感じていることで体の屈曲と伸展の協応のコンビネーション・操作の難しさがある。

　しかしそれにもかかわらず、両方の足を交互に動かすゆっくりしたバタ足的動作を加えて両足を浮かせながら、ビート板に両手を乗せての呼吸と浮き身動作のコンビネーションで比較的リラックスした泳ぎができるまでに変化している。

　以上のような I ナオヤとトモくんにおける自己組織化的活動が芽生え、発揮される様子を見てきたが、これらは学生リーダーが西山くん 1 人となった中で、彼も 2018 年 8 月終わり頃より教育実習に行くことになり、実質的にはそれ以前の同年 4 月以降はお母さんたちがプールに入り、西山リーダーをサポートするとともに、母たちが指導力を徐々に発揮していった。お母さんたちは、障がいのある人々がその人それぞれのやり方で輪くぐり、プカプカポールくぐりなどに取り組んでいくのを支え、彼らを励ましながら行い、進める活動となっていったように思われる。

　そうした中、pp. 378-379 における写真 8-15-①〜⑥、写真 8-16-①〜⑥（pp. 379-380）、写真 8-17-①〜⑥（p. 381）、写真 8-18-①〜⑥に見られるように、「みんなで取り組む活動」で、西山 L、私、お母さんたちとともに、障がいのある人々がともに顔を水中に潜らせたり、浮き身をとったり、プールの端から端まで顔つけ・蹴伸び〜息つぎなどを繰り返しながら行って、pp. 374-375 に示す、多くの学生リーダーがいたときのようなシンクロ的活動などにも取り組んでプールでの楽しい時間を過ごす。そのような活動を引き続き展開している。

3　お母さんたちと進める今後のプールでの活動の課題
〜泳ぎへの自己組織化と内発的動機を促すための活動に向けて〜

　以上のように、まだプールで足を離して体を水に潜らせて水平的姿勢をとって 1 人で浮くことができない I ナオヤやトモくんにおいては、少し横からお母さんたちに声をかけてもらったり、見守ってもらったりすることによって、心の内部に水の中で少しでも

自分を解き放ちたい気持ちが芽生え、お母さんたちからの賞賛や注目を受けることで、自らの新たな行動の芽生えへと向かっていく状態が創り出されていく。

　しかし、周りからの見守りやサポート体制が不十分な状態だと、どうしても独自に水中での運動や行動が取れないのも事実だし、p. 385 のＩナオヤの写真 8-20-⑦〜⑩に見られるように、一定の課題に取り組んだ後でホッとして一息つくお休みの行動となって現れることが多くなる。

１）壁・床蹴りから潜り・グライドはできるが、継続しての泳ぎ課題に取り組むことの難しい人たちの泳ぎ行動の特徴（ヒロキと恵ちゃんの場合）

　だから、壁を蹴って水中に潜ることはできても息つぎしながら泳ぎを続けていくことが難しい人々の場合では、特に身を持て余す行動が顕著となっている現実がある。ヒロキと恵ちゃんの場合がその顕著な例である。

　恵ちゃんの場合は、p. 389 の写真 8-22-⑫〜⑮において輪っかの終点あたりで輪の前で座って佇んでいる行動にみられる。またヒロキの場合は、みんながプールの向こう側からこちら側に顔つけ面かぶり等で泳いでくる際に、写真 8-27-①〜④のようにずっと手をたたいてジャンプしながら彼独自の時間を過ごしているケースによく見られる。

写真 8-27-①　　　　　　写真 8-27-②　　　　　　写真 8-27-③　　　　　　写真 8-27-④

　しかし彼においても、真剣に泳ぐときももちろんある（写真 8-28-①〜⑥）。

　これは輪をくぐるという課題が目の前に確実にあり、それを声かけ、見守ってサポートしてくれる人が明確な場合はこれら①〜⑥に見られるように、自分でしっかりと輪をくぐってゆく。

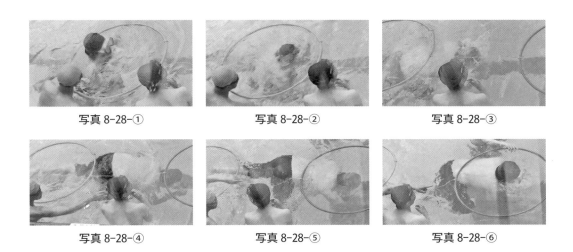

写真 8-28-① 写真 8-28-② 写真 8-28-③

写真 8-28-④ 写真 8-28-⑤ 写真 8-28-⑥

　また、恵ちゃんにおいても、課題がはっきりしているときは行う。プールフロアの上およびプールの底に置いてあるゴム石や小輪っかを拾うなどの興味深い課題に取り組み、輪くぐりする（写真 8-29-①～⑥）。

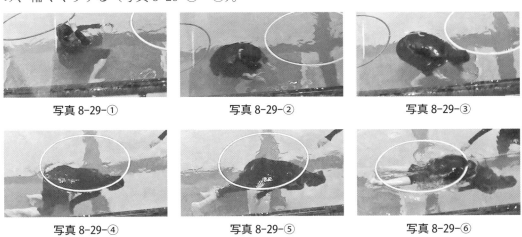

写真 8-29-① 写真 8-29-② 写真 8-29-③

写真 8-29-④ 写真 8-29-⑤ 写真 8-29-⑥

２）ヒロキと恵ちゃんに床に立たずに息つぎする要求をどう形成するか

　ただ、ヒロキや恵ちゃんは自分にとっての興味ある課題を見つけたときは、その課題にしばらく取り組むが、その取り組む課題からすぐに気が逸れてしまって、自分流の手慰みというか、手持ち無沙汰の遊びや何もしない活動で時を過ごすことが目立つ。

　問題はどうすれば、彼らにとって持続する課題、内発的にも動機づけられる課題をセットできるか。こうした課題を見い出すことができるか、またこうした、課題に持続的に取り組めるようなお母さんや私などの支援体制を設定できるかどうかがとても重要な解決策を担っていると考えられる。

彼らは体の発達の上では既に大人として成熟してきているのだが、これまでの教育と発達の過程上での問題として考えてみると、ヒロキ、恵ちゃんともに水泳の行動・動作の発達においては「潜り～浮き上がり」に至る「潜り～グライド」の動作に関しては十分に発達している（Ⓐ）。

　しかし、浮き上がった際に呼吸をするときには床・プールの底に足を着いて、立ち上がって呼吸動作を行う。すなわち泳ぎを継続しながらの息つぎの動作を獲得していない（Ⓑ）。

　というか、プールの中では泳ぎながらの息つぎスキルは必要でなかった。なぜならば、プールではすぐに立ち上がって呼吸ができるので、その呼吸を続けて行って泳ぎを継続しなければならない必然性（問題＝課題）がなかったのである。

　通常、誰においても、Ⓐの現在の発達水準に、息つぎ＝泳ぎながらの呼吸動作を獲得すれば、泳ぎとして、連続して水中を移動する（進んでいく）ことが可能（Ⓒ）なのだが、彼ら2人にはそのように継続して「潜り～浮きの動作」を続けていくのに、「息つぎ＝泳ぎながらの呼吸」（Ⓒ）は無理をして手に入れなくても、（プールの底に）立ちさえすれば簡単に達成することが可能（Ⓑ）なので敢えて無理をしてまで、連続的に息つぎしながら泳ぐ必要がなかったのである。しかしこうした技能習熟のレベルでは泳ぐこと（＝水泳）というもののもつ固有の運動技能・技術の快適さ（運動結合・系列動作の固有性・特殊性）を味わうことができているとは言えない[*168]。

　この「Ⓑの状態で息つぎができる（足を立って呼吸する）水準＝呼吸における現在の発達水準」を「Ⓒの『連続的に息つぎしながら泳ぐ』発達水準＝明日の発達水準」にどう高めることができるか。この点が正に大きな課題である。

　すなわち、ⒶやⒷの水準からⒸの水準にいかにすれば到達できるのか、ということが問題なのである。

　こうした発達の壁を乗り越えさせる課題＝ヴィゴツキーのいう「発達の最近接領域」[*169] の課題こそが、重要ではないだろうか。

　図8-1[*170] はヴィゴツキーの発達の最近接領域の説明として辻内俊哉氏が表したイメージ図であるが、彼の引用原著[*171] にはこうある。「ヴィゴツキーの見解の基本には子どもの発達を二つの水準によってとらえる。（中略）ひとつは『現在の発達水準』とよばれるもので、すでに『成熟した精神機能』をあらわし、具体的には自主的な課題解決の水準である。

　もうひとつは『明日（＝未来）の発達水準』とよばれるものであり、『現在成熟しつつある過程、成熟し始めたばかりの、発達し始めたばかりの過程』を意味し、具体的には大人の助けや友達の協力によって可能となる課題解決の水準である」と。

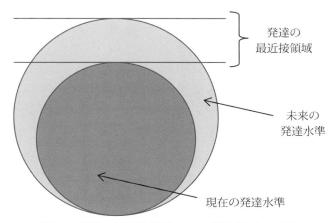

図 8-1　発達の最近接領域イメージ図（辻内，2022）

発達の
最近接領域

未来の
発達水準

現在の発達水準

　本人たちに、息つぎ時に際してどう補助すれば「連続的に息つぎすること」（未来の発達水準）の気持ちよさを獲得させることができるか。輪くぐりやプカプカポールくぐりの呼吸時に、お母さんや私がタイミングよく、彼らに「連続的息つぎ」での補助動作をどのように行うか。彼らが泳いでくるタイミングに合わせて、私たちも先に潜り、下から彼らの息つぎを助けるか、それとも写真 8-30-①〜③（Ⅰナオヤを母 6 ＝ヒロキの母が直接彼の両手をもって（補助して）顔をつけてキックして進むことを経験させる場面）のように、お母さんたちがヒロキや恵ちゃんの息つぎを助けて、彼らに足を着かずに呼吸する手助けをする。このような発達の最近接領域的場面を設定できるかどうか。

　ただ、ヒロキや恵ちゃんの「潜り〜グライド」での泳ぎは進みが速いので、実際に補助が成功するかどうかはとても難しいかもしれない。

　それと、Ⅰナオヤにおいては母 6 の援助は両手をもって行っているが、ヒロキや恵ちゃんでは手をもつのではなく、下から彼らの両手や前腕部に手をかける等をして、呼吸時に顔・上体部を引き上げてやる補助が必要だろう。

写真 8-30-①　　　　　　　　写真 8-30-②　　　　　　　　写真 8-30-③

　要は、このように彼らの息つぎ動作の獲得（未来の発達水準）に対して、みんなで一致団結しながらの学習（息つぎにおける発達の最近接領域を達成する）場面をいかにして成功させていくかどうか。

これは子どもの発達の最近接領域の達成（成功）場面のケースと違って、大人に習得させていくのは相当骨の折れる活動となろう。なぜならば、ヒロキや恵ちゃん自身、息つぎはプールの底に立って行うものとの習慣が根づいてしまっているからだ。

　したがって、彼らがその息つぎ（足を着かずに行う息つぎ）の状態を「できそうでできないが、何とかして達成・習得したい課題」として、内面での要求として形成できているか、形成していけるかが最大の核となる問題かもしれない。

　ただ、発達の研究者・障がい児の発達研究を長年にわたって取り組まれてきている白石正久氏によれば、「発達とは矛盾をのりこえること」*172 で、「発達は、子どもの発達への願いからはじまります。（中略）発達のらせん階段を一歩一歩登り、自らを高めようとする願いです。発達要求のあるところには表裏をなして、必ず『そうならない自分』があります。この発達要求と現実の自分とのへだたりがたいせつなのです」と述べている。その意味で、ヒロキと恵ちゃんの泳ぎにおける「できること＝潜ってグライドして進むこと」と「やろうと取り組まない＝続けて息つぎをしないで、泳ぎを止めてしまうこと」とのへだたりは、正にこの発達要求が彼らの内面に秘められた証（あか）しなのではないだろうか。彼らに対して、どうすれば息つぎして連続的に泳げたことでの快感を感じさせることができるかどうか。ここが私たちの取り組みの最大の課題である。今はまだ、その具体的な解決策が見つかっていない。

３）発達の最近接領域課題達成（できそうでできない内面の葛藤・矛盾形成）に向けての取り組み：集団的に行う「あんなこといいな♪　できたらいいな♪」場面でのリーダー体験の試み

　たくさんのお母さんたちがプールに入って、参加する障がい者たちとともに泳ぎ、サポートをすることで、火曜ドルフィンプールには新たな活気が生まれている。

　その活動の一つの柱は輪くぐりやプカプカポールくぐりの要所に立って行う声かけや、ともに泳いだり、彼らの泳ぎに沿ってお母さんたちリーダーも移動しながら進めていく活動である。

　これらに対し、写真 8-15-①〜⑥（pp. 378-379）や写真 8-16-①〜②（p. 379）に見られたように、「あんなこといいな♪　できたらいいな♪」を彼らとともに行い、このときにお母さんたちがリーダー役として音頭取りをしたりもしつつ、障がいのある彼らにリーダー役を交代しながらやってもらったりもしている。

　その初め頃は、よく泳げるＫナオヤやタクミ、あゆみちゃんなどがリーダー役を務めることが多かったが、そのときは泳ぎの苦手なＩナオヤやヒロキ、恵ちゃんなどはフォロアーで、どちらかというと受け身的に参加していただけかもしれない。

　そこで、コロナが蔓延（まんえん）しだす前の 2019 年秋頃からは、むしろフォロアー役であるこ

の人たちをリーダー役にし、みんなで共同的にリーダーに仕立てている彼らのサポートをしながら（発達の最近接領域的な活動として支えながら）、代わる代わるリーダー役を交代してもらうことに取り組んできていた。

　しかし、残念ながらその活動を広め、深めていく 2020 年段階になって、コロナが広がってきて、結局これからこの活動を充実させたいなと思っている 4 月いっぱいで火曜プールをいったん休止することになった。

　それが今 2023 年に既に時は 3 年以上経ってしまった。いつ再開できるかは全くまだ分からないが、いつかきっと再開し、彼らとともに行う発達の最近接領域を念頭に置きつつ、彼らの自己組織化的行動を開かせ、根づかせていくことができたらと思う。

 ## 第3節　研究全体のまとめと課題

1　知的な発達に障がいのある子どもたち（人々）が泳げるようになるための泳ぎの種類（型）と方法

　1979 年よりともに取り組んだ和歌山県情緒障害児体操教室での取り組みをきっかけに、和歌山大学教育学部障害児教育教室（橘英彌先生）が中心に行う教育相談に参加する子どもたちを対象に泳ぎの機会を提供してみませんかと、橘先生から私たち（体育教室の私と家崎満大先生）にご相談があったことをきっかけにして、1980 年 8 月末頃から、水泳指導に取り組むことになった。

　比較的水に慣れていた子どもたちの泳ぎ方が、水に潜り、その後浮き上がってくるタイプの動作であったので、自ずとドル平型の泳ぎ*173 をもとに指導していった。

　しかし、彼らは言語的コミュニケーションをとることが難しかったために、最初は小学低中学年の子どもたちが使用する浅いプールを中心に、私たち（学生や教員を含めて）が手をつなぐその下をくぐったり、輪っかなどの障害物の下をくぐったりすることも可能であること等が分かり、息つぎを連続的に行うことも可能な輪くぐりを連続的にセットするというような方法を用いて行った。

　数年間の取り組みで少し深いプールでもそれを取り入れるなどにより泳げる子どもが出てきた（第 1 章、そして具体的な方法論およびその根拠は第 2 章に示した通りである）。

2 泳ぎに熟練した障がい児の泳ぎの技術や泳力および泳ぎ時の身体機能 （心拍数変動）

　第3章に示したように、彼らのドル平はドル平熟練者の泳ぎ方と違って、呼吸後に水中に潜っていく際にキックもしつつ両手を後方（自分の腰・大腿部の方）にかき寄せながら進んでいく。そのような泳ぎをほとんどの泳げる障がい児者は行っていく。

　彼らはそのような泳ぎで遠泳においてもブイ間距離が概ね100m、合わせて1,000m～2,000mほどの距離を、担当する学生リーダーとともに泳ぐことができるようになっている（第5章）。

　第4章において心拍数変動を400mを泳ぐ際のケースで7名の知的障がい者を対象に確認してみたところ、平均的には概ね120拍～140拍／分くらいで泳いでおり（第4章 p.121 の図4-1）、熟練者1名（大学体育教員 SK：42歳時）とドル平で200mを継続して泳げるようになって日の浅い大学生男子（非熟練者：NSK）の心拍数のほぼ中間くらいの心拍数変動であった（ただし SK には前半200mはゆっくりドル平、後半200mは速めのドル平という指定で泳いでもらった）。

　こうして、50mプールでドル平を泳いでいくとき、熟練者および一般学生の場合は前半25mと後半の25mをほぼ類似したペースを保って泳いでいくことができるが、知的・発達障がい児者で400m以上を自力で泳げる人の場合には次の人以外はすべて、後半25mでの心拍数の方が高くなる傾向があった（統計的に有意差があった）。前後半25m間に有意差が見られなかったのは、泳いでも疲れない泳ぎ方と泳いだら疲れてくる泳ぎ方を身につけているタカちゃんだけであった。

　ただし、800mというプールで最大の距離を泳いだトシオくんの場合は、前後半の25m間では有意差があったけれども、各50mの泳ぎでの心拍数では前半から後半まで差異の少ない泳ぎ方をしていた。この点、他の障がい児では前半から後半にかけて漸次心拍数が上昇していくか、タカちゃんのように、ドル平では心拍数が漸増の傾向、背泳ぎでは心拍数が低い状態で推移しているかという泳ぎ方であった。

　なお熟練者の泳ぎでは、前後半の25m間で心拍数に差異は見られないものの、それは、後半25mでの泳ぎにおいて、スピードを遅らせて泳いでいることによることが窺えた。

3 水を怖がり、泳ぎを覚えるのが苦手な障がい児での泳ぎ・水慣れの 獲得過程の考察

　水を怖がり、シャワーに顔を向けたり、水中に顔をつけることにかなり時間を要した

2人の子どもたちが水慣れしていく過程、そしてそのうち1人はプールで何とか50 mほどを泳げるようになった過程について考察した（第6章）。

　こうした子どもたちへの指導は、とにかく学生の担当リーダーによる子ども自身の気持ちを尊重し、彼自身から出てくる水に向かう気持ちを待つ優しさとねばり強い取り組みに尽きるといっても過言ではない。

　一緒にプールでの泳ぎに取り組み始めた周りの子どもたちが段々とプールに慣れ顔をつけて連続的に泳げるようになっていくのを横目に、水を怖がっていた子どもたち自身もきっとみんなのようになりたい気持ちをもちつつ、かと言ってプールの水に顔をつけるのが怖い自分自身の気持ちからなかなか乗り越えられない。

　そんなジレンマと闘って、大好きなリーダーがそばにいてくれて励ましてくれたり、上手に自分自身の手を取ってくれたり、からだを支えてくれたりすることで、ほんとに徐々にではあるが水に顔をつけることができるようになった。そして顔をつけている時間も少しずつ増していった。

　一部データの散逸により、取り組みの数年間は成長の詳細を確認することができなかったけれども、1人の子どもは泳ぐことができるようになったし、もう1人の子どももそれまで近寄るのさえ抵抗感を抱いていた輪くぐりで自力で輪っかを持ち上げて顔を水につけて進んだり、そして近寄るのさえ怖かった深いプールにおいても大好きなリーダーに支えられながらプール内の散策も楽しめるようになってきた。

　そのような、人をも寄せ付けないほど水を怖がるトシアキくんに少しでも水慣れをさせていこうとした数年間（1984年夏休みのプールから毎年参加していた）の取り組みの様子を記したリーダーと子どもたちのデータを散逸してしまったことを残念に思うし、担当していただき彼のプールでの様子を丁寧に書いてくれていた各リーダーたちに大変申し訳なく、お詫びのしようがないところである（要はトシアキくんのことをまとめようと特別に保存していた中で記録を散逸してしまった私自身の怠慢に尽きる）。

　ただ、84年でのお母さんがトシアキくんのプール、水との関わりの様子を書いてくれていた記録（感想等）からすると、84年度の夏の水泳教室に初めて参加した時期の中盤（7月25日頃）では午前に和大のプールに参加した後、午後からは学校のプール（和歌山大学附属養護学校／当時の名称）に親子で入り、

　　　「私が入っていれば、手にビート板、足に浮きを付けて浮いています。水面の境の
　　　　下（水中）は自分が気が向けば指示で潜るようになりました」
とある。

　しかし、その年の最終前日（7月28日）の感想では次のように書かれていた。

　　　「どうもご苦労様でした。トシアキは力が強いので学生さんも大変だったことと思
　　　　います。でも熱心に取り組んでおられたようで本当にありがとうございました。水

を怖がっている面が多くて、学校で私が付いていても、身体がコチコチでこれでは当分だめみたいです。何年か先では少しでも自分で手足を動かしてくれるのを夢見てまた来年も、宜しくお願いします」

　要するに、この84年の段階でプールでの活動を、和大の午前のプールと、さらに午後からの学校のプールでお母さんと水に入り取り組んでいる中で、特に顔をつけたりする（あるいは"させられる"）経験の中でプールに入ること、人々とともにプールで活動すること自体が怖くなった。そのような様子が、お母さんの記録の中から浮かび上がっている。その意味で、第6章で取り上げた1990年夏のトシアキとリーダーたち、特に当時教育学部生だったリーダー村上博信くんの熱心で、トシアキの水を受け入れる機会を辛抱強く待ち、取り組んだ活動の価値は極めて高いものと言えるだろう。

4　水を怖がりはしなかったが、泳ぐ意志が不鮮明・遊びたがり屋で泳げるようになるのに時間を要した人のその後の泳力や泳ぎの様子（ゴーちゃんのケースから）

　3の2人のケースと違って、この対象であるゴーちゃんは私がその子を知った当初から水を怖がっておらず、何らかの興味ある対象として（例えば波打ち際などでバシャーと砂利混じりの浜辺に波が打ち付けて、白く泡立ち、そのあと水が引いていく等の妙な動きをする興味深い対象として）、水の動きや水そのものを見ているようなところのある、ちょっとした遊び心・好奇心を示す感じの子である。

　ゴーちゃんが遠泳に参加し始めた頃（1991年夏の遠泳時）から徐々に1998年頃までは基本的に浮き具を付けて沖までも泳いで進むようになっていた。ただその泳ぎに関しては一進一退といった感じだった。1992年には途中で浮き具をはずして泳いでみたり、また浮き具を付けて泳げる人たちが泳いだ沖の半分近い所まで泳いだりもできるようになっていた。でも1995年頃にはそれほど沖の方まで泳ぐことはなく、コースの途中に浮かべた数人の人が乗っても大丈夫な浮島に乗って遊ぶことに終始してしまったりしていた。つまり泳ぎとしては停滞状況、本人の気持ちからすれば深いところでの遊び道具・空間を見つけたといった感じでもあった。

　1999年から2000年にかけては浮き具を取って泳ぐこともできることを示した。ただし、顔はつけないままでの犬かき的泳ぎで50m以上ある距離を泳ぎきってしまうという泳力を示すようにもなっていた。

　泳ぎにおけるそうした自力が大きく発展したのは、事前のプールでの泳ぎ練習で顔を水につけて徐々に息つぎすることを覚えたからだ。特にその決定的なきっかけは、いつも使っていた縦の長さが15mのプールから25mのプールで泳がねばならない機会が

訪れ、そこで一つのコースを使ってよく泳げる息つぎの上手な子たちと泳ぐ機会に恵まれ、担当の秋山リーダーもじっくりと自分のペースにつき合ってくれて息つぎを教えてくれたことで、その25mプールの端から端までを、「1、2ー、パー」とタイミングを合わせた息つぎによって泳げるようになった。そして2002年夏の遠泳で、秋山リーダーに付き添われて初めて顔をつけて息つぎをしつつ、合計で200mほどの距離を、途中ところどころでリーダーの持つ浮き具につかまり、休憩しつつでありながらも泳ぎきった。彼がこのとき息つぎをリズミカルにできるようになったことは、正しく本終章の第2節でKナオヤやトモくんが示していた自己組織化能力の発揮の典型であったと言えるのであろう。

　しかしゴーちゃんの泳力の獲得や泳力の発揮は行きつ戻りつしつつの過程であった。

　それは遠泳で示す泳力発揮と獲得の12年間くらいの過程もそうであったように、彼の泳ぎの力は2002年の遠泳で見せた泳力を、その後数年間は示すことなく過ぎていくという発達経過を示した。その意味で彼の泳力獲得過程を「遅々とした発達経過」であると表現できるものであり、「ほんとに彼はいつになったら本気で持続的に泳げる力を発揮できることになるのだろうか？」そのようなことを思わせるその後の発達過程でもあると言えるかもしれない。

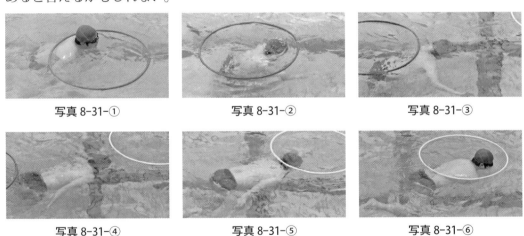

写真 8-31-①　　　　　　　写真 8-31-②　　　　　　　写真 8-31-③

写真 8-31-④　　　　　　　写真 8-31-⑤　　　　　　　写真 8-31-⑥

　しかしながら彼がプールで見せる輪くぐりやプカプカポールくぐりでの泳ぎ方を見ていると、タカちゃんやKナオヤなどのような持続的に息つぎしながら泳ぎを楽しめる段階にまでは至っていないながらも、上記の写真に見るように、彼流の泳ぎでゆったりと輪くぐりで泳いでいく様子を確認できる。このように、息つぎをゆったりと行えるようにもなったことは、海での遠泳がもたらした成果と言えるのであろう。

　しかし一方、海の水は波が高くなったり、風が吹いたり、流れが生じたりと、ゆっくり、ゆったりの泳ぎのままでは前に進めない状況が生まれたりする。こうしたことによ

り、一度覚えた泳ぎ方だけでは対応できず、ゴーちゃんの「遅々とした」泳ぎの発達過程が生まれたのかもしれない。

5　プールは遠泳などの成果の確認とみんなで楽しむ活動および自己組織化的能力発揮の場

　本章の第1節と第2節において、参加者が少ない人数になりながらも遠泳を最後までやり遂げたことによる成果が、参加したKナオヤ、イクヤ、タクミら3人によってプールでの泳ぎにおいてゆったりとした形で輪くぐりでの「潜り～息つぎ」のグライド的動作遂行へと向かってきている（p. 370の写真8-7、p. 371の写真8-8、写真8-9）。特に、それまで顔をつけての輪くぐりがあまりできなかったイクヤ（写真8-8）の輪くぐり動作の習得は、遠泳の最後に足が着くようになった地点に来てからではあるが浮き具に頼らずにリーダーの手に頼りつつ泳げたことも大きかったのかもしれない（p. 368の写真8-4）。

　こうした遠泳で泳ぐことの成果は、4に記したように、ゴーちゃんがプールで輪くぐりをする際にゆったりとした泳ぎで輪くぐりができるようになっていることにも現れていた。

　そしてプールでは井上穂乃花さん、今井大陽くんたち学生リーダーたちの取り組みで「みんなで楽しむ集団的活動」が行われ、リーダーたちのかけ声などを通じて楽しんだ活動が展開され、みんなが一つになってプールで活動することの楽しみを得られるようになってきている。こうした集団で取り組む活動はリーダーがいなくなり（後輩の西山リーダーが1人となり）、お母さんたちが取り組む活動へと継続的に展開するようになっている。

　こうしたみんなで取り組む集団的活動が展開される中で、輪くぐりなどの個人的に取り組む活動やプールサイドを挟んで横断するような集団的・個人的課題の取り組みなどの場を通じて、それまで浮き具なしではプールの中で顔を水につけて浮いたりすることができなかったIナオヤ、壁から手を離せずに移動することができなかったトモくんが徐々にお母さんたちに支援されながら自己組織化能力の発揮ができるようになり、プールでの泳ぎが進化しつつあることも明らかとなってきている。

　こうした状況の中で、大変残念ながら、今も引き続いてコロナ禍でプールでの泳ぎができなくなって既に3年以上が過ぎようとしている。

　プールでの活動が再開されるようになった場合に、プログラムの重要な柱は、①輪くぐり等を通じた泳ぎにおける呼吸と、潜り～浮き（グライド動作を伴って）の動作結合、系列動作の習得が重要であること。そして、②そうした動作がみんなで取り組む歌声・

模倣・シンクロ的動作課題や壁から壁へのプール空間を利用して、そうした運動課題への慣れと実施、そこに障がい対象者に応じて発達の最近接領域による成長・変化を促す取り組みを試みていくことが大事にされていく必要がある。

6 残された課題：自己組織化能力の発揮を尊重し、息つぎの連続や、自力で「顔つけ－蹴伸び」・「顔つけ－グライド」をどう獲得させていくか

　これらの課題を実現しながら、お母さんたちとともに、プールでの課題にどのように取り組んでいくか。何とか、虎視眈々とコロナ禍が開けるのを待ちわびる私たちである。ヴィゴツキーが打ち出した発達の最近接領域の理論を生かした発達観をもとに、息つぎをしながらの連続的泳ぎの喜びをどうやって障がいのある人たちに身につけさせてやれるか。これが最も大事な基本的追求課題である。このための具体的方法として、水慣れ、泳ぎの段階の人たちにどのような補助や支援をしていくか。それがお母さんと私に課せられた大きな課題である。

　何とか、コロナ禍が早く確実に終息し、気持ちよく水泳指導というか、障がいのある人たちとともにプールで楽しく泳いだり、みんなで楽しく歌声などを発しつつ、ともに泳ぎを楽しめる場の回復を切に望むものである。

　なお、こうした私たちの願いを実現する上において不可欠な水泳の指導・学習の場について触れて、本稿を閉じたいと思う。

　図 8-2 は、私たちが 40 年間の中で取り組んできた和歌山大学が関与する泳ぎの指導に着手した、1988 年から 2013 年を振り返った中でまとめた「取り組みの 4 つの場・過程の模式図」[3] を更新してまとめた図である。現在（2020 年 5 月時点）にも残っている場が本章に示した『火曜プール』である。しかしコロナ禍により、火曜プールの活動は

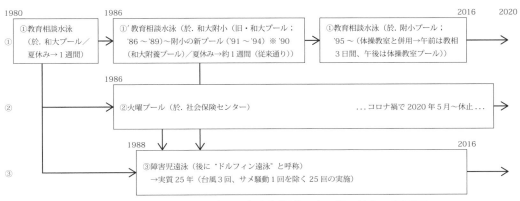

図 8-2　和歌山大学障がい児者水泳指導研究の場の流れ・経過図

2020年4月いっぱいで最後となってしまった。火曜プールは、2013年に「社会保険センター」から継承した「トップウェルネス和歌山」の下でも約7年以上にわたり実施できたが、プールのあったビルは2023年の夏以降に壊され、更地となってしまった。

　誠に残念なことではあるが私としては、本著を世に問い、知的障がい・発達障がいのある人々が、輪くぐり等の教具での学びを通じて、ドル平泳ぎを楽しんでいることを明らかにしたい。そして、できれば、今後とも障がいのある人々とともに、泳ぐ楽しみを享受できる機会・場を求めていきたいと願ってやまない。

【文献】

1）原通範, 知的障害者の遠泳実践の報告,『原ゼミ論文集（10周年記念集）「体育・スポーツ」授業論・つれづれ研究』（第10集）, 2011年3月, pp. 101-108.
2）原通範, 重度な知的障害者への水泳指導研究（1）,『和歌山大学教育学部紀要（教育科学）』（第60集）, 2010年2月, pp. 43-53.
3）原通範, ドル平理論から応用した和歌山大学での障害児者水泳指導実践,『たのしい体育・スポーツ』（NO. 273）, 学校体育研究同志会編, 2013年7・8月合併号, pp. 64-67.

---

*162 原通範「（実践記録）知的障害の人々が『泳ぎ』に楽しみを見い出す場を追い求めて」,『たのしい体育・スポーツ　2017年夏号（通巻304号）』, 学校体育研究同志会編, 2017, pp. 36-40.

*163 2007年4月より、和歌山大学教育学部においてそれ以前の「障害児教育専攻」（学部内では通称「丁類」と呼ばれていた専攻課程）が「特別支援教育専攻」と名称変更された。

*164 遠泳の周回コースは、第5章 p.180 に記すように、1996年以降は救命胴衣を着て泳ぐ人、浮きバーを使って泳ぐ人などいろんな人が参加するようになり、それまでの1周600m～700mほどから短くした距離で湾内のそれほど沖の方までは行かないようにコース設定したので、このような距離に変更している。

*165 スチュアート・カウフマン[i]による「『自己組織化と進化の論理～宇宙を貫く複雑系の法則～』, 1999, 日本経済新聞社（Stuart Kauffman: At Home In The Universe; The Search For Law of Self-Organization and Complexity, Oxford University Press. Inc., 1995)」を参考にすると、カウフマンはまず自己組織化の重要性を次のように言う[ii]。
・「生物における秩序の多くは自然淘汰（ダーウィンによる偶然性の中での適者生存の理論）の結果などではなく、自己組織化された自発的秩序であると提案する」（傍点は筆者による）
・「それは打ち寄せるエントロピーの波と闘って得たものではなく、壮大な生成力をもったものである」
・「しかも、無償で利用できるものであり、次々と起こる生物のあらゆる進化を支えるものである」

・「生物圏における秩序の根源は、いまや自然淘汰と自己組織化の両方を含むものでなければならない」

　ここでカウフマンのいう自己組織化を特徴づける点のみに言及するならば、生物の自己組織化の基本的仕組みは概ね次のように示されていると整理できる[iii]）。

・自己複製能力をもっていること。

・この自己複製能力には、自己の組織における一定の部分組織あるいは組織全体を進化・成長させる「自己触媒作用・能力」を備えている。

・この自己触媒作用・能力によって自己を複製し維持するとともに、さらに発展・進化させる働きをもっている。これらを総合して「自己組織化」と言われる。

i）スチュアート・カウフマンは『自己組織性とはなにか〜21世紀の学問論にむけて』（吉田民人・鈴木正仁編著，ミネルヴァ書房，1995）の第2部第4章「自己組織理論の現段階―パラダイム転換をめざして―」の執筆者である黒石晋によれば、

　　　「今日、（自己組織性）の論理を進化論に接合する、という大テーマに挑んでいる第一人者と目されている人物は、〈複雑性〉研究のメッカ、米ニューメキシコ州・サンタフェ研究所の理論生物学者スチュアート・A・カウフマンを置いて他にあるまい」
　　と称される研究者である。

　　　カウフマンは本著の2年前には、「『秩序の起源〜進化における自己組織化と選択〜』（Kauffman, Stuart・A., The Origines of Order : Self Organization and Selection in Evolution. Oxford Univ. Press, 1993）という700ページに及ぶ大著を上梓し」ていた。

ii）スチュアート・カウフマンの著書（『自己組織化と進化の論理〜宇宙を貫く複雑系の法則〜』）：p. 54より引用。

iii）ii）と同書：著書全体にわたり自己組織化の仕組みには言及されているが、とりわけ第3章「生じるべくして生じたもの〜非平衡系で自己触媒作用をもつ分子の集団〜」にその仕組みとしての自己触媒作用・能力について、モデル、具体例を挙げながら説明されている（以下①〜③のフレーズは自己触媒作用を特質づけるもので、pp. 94-96から引用）。

①「生命の秘密は、化学者たちが触媒作用と呼んでいるものにあると私は信じている。多くの化学反応は、非常な困難を伴いつつ進むものである。長い時間かかって、やっと、少量の分子Aが分子Bと化合して、分子Cが生ずる。しかし触媒―多くの分子、ここではDと呼ぶことにしよう―が存在すると、反応は大幅に促進され、非常に速く進むことになる。」

②「自己の複製に対して触媒能力をもつ化学物質の系、これが生物の核心である。酵素のような触媒は、非常にゆっくりとしか進まないような化学反応のスピードを速める。『集団的に自己触媒作用を営む系』と私が呼ぶシステムの中では、分子たちが、自分自身を形成する化学反応のスピードを増加させる。」

③「素材となる分子が供給されると、ネットワークは絶えず自分自身を複製し続ける。生きたあらゆる細胞内に存在する物質代謝のネットワークと同じように、このネットワークも生きているのだ。私が示そうとしているのは、さまざまな種類の分子の混合物がどこかに蓄積されれば、自己触媒系―自己維持的、自己複製的な物質代謝―が生じる見込みが、ほぼ確実なものになるということである。これが正しければ、生命が創発するのは、われわれが考えていたよりもずいぶん簡単なことになるだろう。」

＊166　上記の注記（＊165：スチュアート・カウフマン氏のいう自己組織化）に示した内容の補足。

　　ただし、情報・制御系の「適応能力」に示される「自己組織化＝自己組織的適応」においては、調枝孝治氏が「自己組織系としての人間の運動学習」（『広島大学総合科学部紀要』，Ⅵ，４巻，1986）（以下の＊168にも記述）に示したように、「（系列反応課題において）すべて見越し反応で対処するように求める『自己組織的適応』で取り組ませることがもっとも見越し反応を創出させる」とされている。

　　しかし、そうなると、知的発達の遅れのある発達障がい児者においては生物系として本来的に備わっている自己組織化的能力（ここではそれを「萌芽的自己組織化的能力」とひとまず呼んでおく）それ自体を否定することになる。私は、そうした点からこうした障がい児者においても「自己組織化的能力」は否定されるものではなく、人間の能力の持つ可能性を強調して、敢えて調枝氏のいう意味での「自己組織化適応」のことではなく、スチュアート・カウフマンの示す「自己複製能力」とその土台の下に内包される「自己触媒作用・能力」が彼ら知的障がい・発達障がいの人に存在していることを、Ｉナオヤ、トモくんが示した私たちのプール・水泳教室（ドルフィンプール）における泳ぎの事実から提示させてもらった。

＊167　学校体育研究同志会では、全国の各支部で通常毎月ごとの学習会や例会を行う中、夏と冬（学校の夏休みと冬休みの期間）での全国大会が行われている。夏の全国大会では、実技講座を含む発達別分科会（幼、小、中、高校、障害児体育など）や実技教材別の分科会（器械運動、陸上競技や球技別各種目など）や教科内容論に焦点を当てた分科会（体育理論、グループ学習論、「子ども・スポーツ・社会（学校づくり）」、健康教育など）が行われている。冬の全国大会は主に理論に焦点を当て、各年度で問題となっている主要なテーマを設定しての大会である。その他５月の連休後に行われている「中間研究集会」（2023年から、「同志会・春の学校」となり、公開授業・実技講座・理論講座を若手教師や学生ほか若者対象に開催）がある。それと、コロナ禍の中で各支部からの例会をオンラインを含めたオープンな形で実施するようになっている。

＊168　運動学習課題において、運動における気持ち良さは対処せねばならない課題（刺激）に対して正しく反応すること（正解）による気持ち良さもさることながら、運動においては連続的、系列的に発される課題（刺激系列、例えば投手の投げる球のコース、スピードをもって飛んでくる位置）にバットを持っていって当てるというだけではなく、その球の飛んでくる位置、到着時間を見越して、自分自身ができる速度と強さのスイングによってバットに乗せて、できれば思ったコース、距離に球（ボール）を飛ばす＝運ぶことができると最高だろう。そのような筋肉運動の快適さで対応できるならば運動として気持ちの良い動作対応（手応えのある反応）を感じ取ることができるのではないだろうか。

　　調枝孝治氏は、いつ刺激がこの場所にやってくるかの見越し＝予測が立てられて運動反応できるという点での時間的一致タイミングを見越す能力を形成することの重要性を指摘した（『タイミングの心理』不昧堂出版，1972）。

　　そしてこの見越し能力は「（系列反応課題において）すべて「見越し反応」で対処す

るように求める『自己組織的適応』で取り組ませることがもっとも見越し反応を創出させる」という（調枝孝治「自己組織系としての人間の運動学習」，『広島大学総合科学部紀要』，Ⅵ，4 巻，1986，pp. 11-21）。

　乾信之氏は調枝氏のタイミングコントロールの研究を土台にしつつスポーツの学習における見越し反応の重要性を指摘するとともに、脳科学・神経科学の視点から運動学習・運動プログラムにおける認知過程・認知的発達のもつ意味を多様かつ深く考察している（乾信之『タイミングの科学〜脳は動作をどうコントロールするか』京都大学学術出版会，2022）。

　調枝氏や乾氏はスポーツの学習は「見越し反応が出るまで練習しなければならない」ことを指摘している。

　そうなるとさらに一歩進んで、スポーツ運動における気持ちよさ・快適さは、タイミングコントロールで終わるだけではなく、運動の系列動作を伴うスポーツのタイミングスキルにおける運動の快適さという点を強調するならば、かつてマイネル，K が運動の精緻協応の上に立って筋肉運動の流動化（運動の自動化）を指摘し、また日本の猪飼道夫が「スポーツの習熟にはタイミング（時間的コントロール）、スペーシング（空間的コントロール）、グレーディング（筋運動の強さのコントロール）」と言い、また旧ソビエト連邦のツェー・プーニが運動習熟形成の第3層＝安定化の層で指摘した皮質におけるダイナミックなステレオタイプの形成、すなわち「（筋肉のコントロールを基礎に）運動体系が時間との結合関係において強固な固定化、安定化を示し、運動の精密さの完成、ステレオタイプの一層の強化、またはその改善に向けられる（等々）」の如く、筋運動自体の快適なコントロールまでに達することが重要と言える。

　知的障がいのある人たちにおいてはできればこの筋肉動作における習熟の過程が保障される運動の獲得がなされやすいタイプの運動に触れさせ、その運動の達成過程を経験し、習熟の段階に達しておくことが、彼・彼女が運動を求め、続けていくことの大事な必要条件であると考えられる。その意味で、水泳においては輪くぐりなどを通じて、呼吸と潜り・グライド動作の結合・系列動作化の得られる活動でこうした運動の快適さに高めることのできる課題の体系化、学習課題の系統化・系列化が重要な課題であるように思われる。

　おそらく調枝氏は最も難しい運動行動である「見越し反応で対応する」という予測能力を身につけさせることが、自分自身からの主体的・能動的な反応（行動）を誘発し、環境世界からの問いかけに対する有意味な、積極的・能動的行動で応ずることの人間的意味・意義を強調し、それがひいては「人間としての主体的な喜びに通じる」ということを指摘したのではないかと思われる。

　私は知的・発達障がいのある人における場合、こうした能動的・主体的行動に依拠した新たな反応形成・行動形成の機会をその人個人レベルの適応行動の視点からもしっかり追求していくことがこれからの重要な課題であると考える。

　そうした意味で、水泳学習の場で、泳ぎの系列的反応・系列的運動行動を誘発・形成する可能性の高い装置・仕組み・場としての「輪くぐり」や「海での遠泳」等の機会を可能な限り追求することが重要であると指摘しておきたい。

＊169 ヴィゴツキー（レフ・セミョノヴィチ・ヴィゴツキー：1896〜1934）の発達理論。彼は
ロシアの非凡な心理学者で、「子どもの思考と言語の発達の問題に関する研究」「内言の
研究」「生活概念と科学的概念の研究」「障害児の研究」などを行った。その中でもっと
も有名な大著は『思考と言語』（新訳版：柴田義松訳，新読書社，2001年：最も晩年の
著作でヴィゴツキーの心理学説が最も詳しく体系的に著述されている）とされ、その中
で「発達の最近接領域の問題」が「学齢期における教授と発達のすべての問題にとって
の中心的意義をもつ問題」として挙げられている。それは、「（心理学者も発達状態を評
価するときには）成熟した機能だけでなく、成熟しつつある機能を、現下の水準だけで
なく、発達の最近接領域を考慮しなければならない」（同新訳版，pp. 297-298）に示さ
れる如くである。

　　この水泳においてヴィゴツキーを取り上げたのは、泳ぎの実行者の現在の発達水準と
発達の最近接領域（その人＝ヴィゴツキーは子どもと称している人、が「非自主的に共
同の中で問題を解く場合に到達する水準」＝明日の発達水準）との間の相違が子どもの
発達の最近接領域を決定する（第7章 p. 360 の＊149 にも説明するとおりである）。

＊170 ヴィゴツキーのいう「発達の最近接領域」（第7章＊149 および前述の本章＊169）のイ
メージ図として表したものである。学校体育研究同志会編『新 みんなが輝く体育5「障
害児　体育の授業」』，創文企画，2022，p. 10（辻内俊哉氏執筆の第1章「障害児体育
の目標と内容」より）。

＊171 ＊149 および＊169 のヴィゴツキー著（土井捷三・神谷栄司訳）『「発達の最近接領域」
の理論―教授・学習過程における子どもの発達』，三学出版，2003年．この著の原典と
したテキストは『教授―学習過程における子どもの知的発達』（ザンコフ、シフ、エリ
ニコン3氏による編集：国立学術教育出版，1935）とのこと。

　　なお、土井、神谷両氏の同著の最後には、（ヴィゴツキーの発達の最近接領域理論に
関わる内容の）翻訳にあたり柴田義松、森岡修一両氏の既訳を参考にした旨を記してい
る。

＊172 白石正久著『発達とは矛盾をのりこえること』，全国障害者問題研究会出版部，1999, pp.
12-13.

＊173 顔・上体を水につけて潜らせるために、両足の甲を同時に下に打ち下ろすドルフィン
キックを必ず使用しているとまでは言えなくても、それに類似した脚部の動作（例えば
「トン・トン」と片足ずつ交互に足を打ち下ろすバタ足キックに続けて、最終的なキッ
クをする際には「ト・トン」と両足のキックが同時に近いタイミングで打ち下ろしたり、
平泳ぎキックのカエル足的な挟み動作によるようなキックも含んで）を行って、顔・上
体から水中に潜らせていく。そうした両脚のキック動作と呼応して、両腕のかきも同時
的に行われることも合わさって水中に推進し、そのあと浮き上がって顔を水上に出し呼
吸する（息つぎ動作の）際にも、両手を同時的にかいて行う。このような両足、両手を
同時的に使って泳ぐ泳ぎ方で息つぎをしながら泳いでいく泳ぎを総称してドル平型の泳
ぎと総称している。こうした動作の例は第3章に示す TS2（タカちゃん）、AT（アッちゃ
ん）、YU1（ヨシヒロくん）、TS1（トシオくん）などに典型的に見られる。

あとがき

　29年間の遠泳を振り返った際に見たように（第5章第3節表5-3-1）、遠泳に参加した障がい児者の延べ参加数が271名で、総計、1回でも参加したことがある人から最大回数22回に及ぶ年数を参加した障がい児者までを合わせて実質63名の人の参加がありました。一方、1980年〜1990年頃まで私たちが和歌山大学で夏休みに行った「教育相談プール」と、和歌山市内の温水プールで1986年〜2020年まで続けてきた温水プールでの水泳指導に参加した障がい児者は100名を超える人数でした。そうした中、本著において直接の研究対象として取り上げた障がい者は概ねその10分の1に満たない方々に過ぎません。それでも、第6章で取り上げたようなYY1（ヨウちゃん）やTI1（トシアキくん）のように、当初水への恐怖心が大変強く、水慣れしていくのに何年も時間を要したケースにおいても、ドル平的な泳ぎを念頭に置いて、輪くぐりなどを利用し、かつじっくりと時間をかけて水泳指導に取り組むことで、顔をつけて、徐々にではあるが、水に対する恐怖心の壁を乗り越え、自ら泳ぎができる方向に近づいていくように進めることができたように思います。

　一方、当初より顔をつけたりすることにはそれほど抵抗がないけれども、潜り・進むことには動作習得や行動改善上での問題を抱えていたGK（ゴーちゃん）におけるように（特に第7章第1節参照）、1991年に遠泳に参加し2002年に初めて自力で泳げるようになった経過から見れば、10年ほどで遠泳で泳ぐことも可能であると言えるでしょう。プールでの泳ぎの取り組みと海での遠泳における成果から共通して言えることは、学生リーダーがマンツーマンでの指導体制で臨めたことによって達成できてきたということにあるでしょう。

　つまり、泳ぎの動作技術課題としては、「ンー・パー」や「1、2、3ー・パー」という掛け声を伴わせて息つぎのタイミングを伝え、輪くぐり教具などを用いることによって、ねばり強くかつ優しく子どもたちを受けとめることさえできれば、いつか子どもたちの方から動作課題を習得できるようになりうるということがご理解いただけたのではないでしょうか。ご判断は読者の皆さんにお任せする以外にありませんが、本著の全体を通して彼らの変化の様子を確認していただければと思います。

　総じて、本著でお示しすることができたのは、①泳ぎを練習するための場所と時間があること、②一緒にいて、泳ぎの指導や声かけ、見守ってくれるリーダーがあること（若い指導者ばかりでなく、お母さんたちでプールサイドに張り付き、もちろん水の中に入って一緒に泳いだり、近くで声かけしたりすることができる人も含む）、③泳ぎのために取り入れる泳法が、呼吸し、潜ったり、浮いたりするのに単純な原理で構成されていて、習得のしやすい運動の内容（ドル平型の泳ぎ方＝泳法）があること、④その指導

方法として、輪くぐりなどの手軽な物的道具を取り入れて、練習を繰り返す機会があること。こうした泳ぎのための時空間的・物的な条件、対人的・社会的関係を取れる人的環境条件などが備わっていれば、多くの知的・発達的障がいのある人々においても十分に「水泳」という運動文化を習得させることは可能だと言えます。このことをお伝えすることができていれば、私には望外の喜び、限りなしです。

　ここに40年にわたる私たちの障がい児者水泳の取り組みにおいて、ほんとに数え切れないほどたくさんの方々の支えやご協力並びに「ともに活動をすることができたお陰」だと感謝せずにはおれません。

　最初にお礼を述べなければならないのは和歌山大学の学生さんたちに対してです。彼らは、夏休みに大学のプールで行った「教育相談プール」や和歌山市内の温水プールで週1回行う「火曜プール」での障がいのある子どもや大人の人々に直接、指導をしてくれました。そして夏休みの末に日高の海での「遠泳」に参加してともに泳ぎ指導してくれたりしました。彼らの多くは教育学部の障害児教育専攻並びに保健体育教育専攻の学生さんたちですが、和歌山大学システム工学部生の方々や近隣の信愛女子短期大学の学生さん、並びに障害者施設の職員の方々です。大変お世話になりました。

　本著は、学生さんたちと障がいのある彼らがともに精出し、生み出した成果であり、学生さんたちがこの本の共同執筆者です。学生リーダーたちがねばり強く取り組んでくれたおかげで達成された成果です。ここにお世話になった、子どもたちのリーダーを務めてくださった当時学生さんだった方々には誠に感謝致します。あまりにも多くの学生さんにお世話になったので、今はその方々のお顔を思い出しながら感謝せずにはいられません。皆様方のお顔はくっきりと浮かぶのですが、今はお名前を忘れていたりもして曖昧な点もありますので、私の個人的な胸のうちに収めさせていただくことをお許しください。

　感謝という点でお名前を出して想起されるのは、何よりも他界されて10年余となる故橘英彌先生（障がい児教育）、そして故家崎満大先生（保健体育教育）です。お二人がいらっしゃらなかったら、私自身の障がいのある子どもたち・人々への水泳実践はじめ、障がい児体育実践は全く存在しなかったし、そして何よりも研究者として、大学教員としての私の存在はなかった。感謝この上なしです。

　そして研究という点では心拍数測定や動作分析をともに行ってきた和歌山大学で同僚として一緒に教育研究に取り組んできた保健体育教室の加藤弘先生や矢野勝先生はじめ、心拍数データの収録と分析データの整理をしてくださった当時筑波大学の大学院生（元和歌山大学生で障害児教育学専攻生）だった永浜明子さん、また現和歌山大学学長の本山貢先生（当時保健体育教室）にも私が退職した後にも、障がい者遠泳（ドルフィ

ン遠泳）に出かけるに際し和歌山大学プールの使用や保管している浮き具や救命具の借用などのご提供・便宜を図っていただいたりしました。感謝申し上げます。

それと、特に知的な障がいのある子どもたち、人々にとっては何と言っても、日常的に練習・活動できる場（プール）をお借りすることができたこと。そして海での遠泳を行うことができたこと。どちらも、費用負担を比較的安価に利用できる場であったことに負う面も大きかった。前者の場・プールとしてはトップウェルネス和歌山（元・和歌山社会保険センター）のプール（ここは和歌山大学附属小学校で体育担当の教員であった宮崎弘志先生を介して 1986 年 9 月からお借りする手はずを整えていただきました）が使えたこと。また後者としては、日高郡日高町（志賀 小杭村）に所在の堺市立日高少年自然の家（今は YMCA が現地管理者）を 88 年夏休みの最終日程の一泊二日間、その後毎年、同時期に使わせてもらったことに負うところが大きいと言えます。

特に遠泳においては、その施設の職員として管理運営に携わり、また船頭さんもしてくれた私の幼なじみである故鈴木良次さんに大変お世話になりました。またこの遠泳には、快く船頭に携わってもらった地元漁師の川瀬正一さん、川瀬さん以後は同級生・幼なじみで隣村の方杭から船で来てくれた故山本如さんに、そして如さんの後を同村の浜一己さんにも引き継いでもらって、船頭を務めていただきました。この方々には、ビデオ撮影をしながら泳ぐ子どもたちに声かけをし、さらに飴を配る船として、遠泳でリーダーとともに泳いでいる子どもたちのそばに、私の希望に添ってすぐに求める場所に連れて行ってもらいました。

さらに、この長き障がい児者への水泳指導実践を支え続けてくださるお母さん方の子どもさんたちに注ぐねばり強い愛情と、私の拙い指導に対する許容心には感謝以外の何ものもありません。今後コロナ禍が治まり、ともにプールで再会する際には、またご一緒に水泳指導にも携われることを楽しみにしています。ただし、誠に残念ながら、これまで 3 年余りのコロナ禍により、ずっと優先的に使わせてもらっていた、プールを管理するトップウェルネス和歌山が倒産し、2023 年の夏が過ぎてから私たちが使用させてもらっていたプールがなくなり、今は建物が全くない状態になってしまいました。コロナ禍がほんとに終息したあとで、もし使えるプールがあり、私たちドルフィンプールのメンバーに水泳を続ける余力・情熱があるなら、そのときの条件に合わせて再度水泳クラブ的活動を続けていきたいと思います。

さて以下、私自身、後期高齢者となって初めての単著出版の運びとすることができたことに鑑み、その思いとして、他界された方への思いと単著出版に際し、ここまでの人生でお世話になった方々への謝辞等を記しておきたく存じます。

一昨年（2022年）夏に98年の生涯を閉じた私の母のおかげで、こうして持続的に研究する人生を歩むことができています。下支えしてくれた母の面影は今も私に、勉学への熱意を失わせず光明となって輝いています。さらに、ともに知り合ってすでに半世紀になろうとしている妻、そして4人の子どもたちとその家族の存在が私の現在と未来の心の拠り所です。感謝と希望を共有できることをいつまでも願うばかりです。

　なお今日までの数十年の間には私自身の研究対象でもあり、私自身に教育研究の機会を与えてくれたにもかかわらず、私よりも先に他界してしまった障がいのあった方々、また、親御さん方で既に他界された方々のご冥福をお祈りさせていただきたく思います。

　障がい児者ご本人としては、故赤松弘康くん、故吉田慎太郎（SY1）くん、故小薮隆（TK）くん、故上田真宏（MU）くん、故塩谷浩司（KS）くん、故永井敦（AN）くん、故石井敬子ちゃんおよび故宮崎由紀ちゃんです。親御さん方では、藤内誠一郎くんのお母さん、故永井敦（AN）くんのお母さん、和田直樹くんのお母さん、松本篤雄（AM2）くんのお母さん、熊倉智子さん（トモちゃん）のお母さん、故塩谷浩司（KS）くんのお母さん、種子島穣二くんのお母さんです。改めて、ご冥福をお祈りいたします。そして、ごく最近のことですが、タカちゃん（TS2）のお母さんも他界されました。佐武さんがお世話をしてくれたおかげで、私たちの遠泳が途につくことができました。かけがえのない貢献をしていただきました。改めてご冥福をお祈りいたします。

　それと、学生リーダーをしてくれて当時学生だった故中道周知くんと故秋山友加里（旧姓：河村）さんもお亡くなりになっています。とりわけ後者の故秋山さんには、2002年に大学での教育相談プールおよびドルフィン遠泳での夏合宿ともに高橋翔吾くんとのコンビでチーフリーダーを務めてくれた際に、お二人が作ってくれた「『ドラえもんのうた』に合わせて行う『あんなこといいな♪できたらいいな♪』」は、ドルフィン火曜プールに至っても愛用している、私たちの水泳クラブ・教室での十八番の集団演技です。いつまでも大事に使わせてもらいたい演技種目です。謹んでご冥福を祈りたく思います。

　本著を締めくくるにあたって次の方々へのお礼を欠くことができません。

　私が研究者の人生を歩む気持ちを抱くきっかけを提供して下さった神戸大学の恩師である故佐藤裕先生（先生と出会った当時は神戸大学附属中学校教育実習での指導教員でありその後神戸大学での卒論指導担当の教授）には、広島大学の大学院へと進む契機を作っていただきました。そして広島大学大学院時代の恩師・故萩原仁先生には研究ばかりでなく、「人生常にこれ勉学研究の喜び追求の道」そして「『平和』であることの尊さ」を学ばせてもらいました。故佐藤先生は神戸大学の学生寮から先生の教員官舎が見え、毎夜遅くまで先生宅の窓辺に灯るスタンドの明かりが印象的です。研究者であることの

すばらしき人生が、当時学生だった私の憧れの姿となりました。そして故萩原先生からは、先生ご退職後に『よう診ておくれまっせ―長崎県鷹島における離島診療の記録―』（てらぺいあ，1993）、と『戦友愛―竜六七三六部隊水渕大隊奮戦の栞（歩兵第一四八聯隊第一大隊）―』（著者 萩原仁・高柳好松，自費出版，1997）をいただき、今も私の座右の銘、人生の糧として輝いています。先生たちが他界されて既に20年ほど経過し、遅ればせながら、不学な私なりの著作をお供えできることでようやく胸のつかえが取れた気がします。感謝に堪えません。

　他にも私自身の単著の出版を遂げることに強い動機を抱かせてくれた方々（神戸大学時代の学生寮での先輩であった故孫信雄さん、そして大学院生時代での初の著書出版に際し、一部執筆の機会を提供しご指導下さった調枝孝治先生はじめ大学院時代の先輩と同輩、および執筆を直接下支えしてくれた私の妻など）にこの場を借りて、お礼申し上げます。並びに、大学院時代の最後の難関・修士論文の作成に切羽詰まった私の気持ちを癒やし、支えて下さった雀荘兼喫茶店を開業されていた、井上知治・京子ご夫妻に感謝申し上げたく思います。また、私の近隣にお住まいの高校時代の恩師・原敏晴先生には、清風堂書店の編集の方々をご紹介いただき、奥村礼子様、長谷川桃子様には本著の出版に際して、著書作成上のイロハを誠に懇切丁寧にご指導いただきました。感謝申し上げます。さらに申し遅れましたが、人生100年の3/4を過ぎて執筆への原動力を保てたのは、ひとえに研究会・研究サークル「学校体育研究同志会」の仲間の面々とともに、日々ニュースを書いたり討議したりする生活を続けているおかげです。誠にありがとうございます。今後ともよろしくお願いします。

著者 原　通範（はら　みちのり）

1948 年　和歌山県日高郡御坊町（旧）に生まれる。
　　　　御坊市立御坊小中学校～和歌山県立日高高校をへて、神戸大学教育学
　　　　部保健体育専攻卒業、広島大学大学院教育学研究科（修士課程）修了。
1976 年　和歌山大学教育学部に勤務（助手採用～教授）。
2013 年　同大学同学部教員定年退職、現在に至る（和歌山市園部に在住）。
著作等：著書（萩原仁・調枝孝治編著／共同・分担執筆）『人間の知覚－運動行
　　　　動』（第Ⅶ章第 2 節「知覚－運動行動のシステム研究」担当，不昧堂出
　　　　版，1975，pp. 294-311）、『（教師と子どもが創る）体育・健康教育の教
　　　　育課程試案 2』（第 2 章「発達編：障害児教育_（解説の部）」担当，創
　　　　文企画，2004，pp. 139-143）。他、和歌山大学教育学部紀要等に「障害
　　　　児の運動教育実践並びに障害児の水泳指導実践に関する論文」を多数
　　　　掲載。

泳ぎを楽しめるようになったよ！私たち
～「知的障がい・発達障がい児者への水泳指導実践 40 年」の記録～

2024 年 7 月 6 日　発行　初版　第 1 刷発行

著 者　原　　通　範
発行者　面　屋　　洋
発行所　清 風 堂 書 店
〒 530-0057　大阪市北区曽根崎 2-11-16
TEL　06（6313）1390
FAX　06（6314）1600
振 替　00920-6-119910

制作編集担当・長谷川桃子

ISBN978-4-86709-031-2 C3075